国家社科基金重大项目研究成果　　　　　　"十三五"国家重点图书出版规划项目
教育部哲学社会科学研究重大课题攻关项目研究成果　工商管理理论与中国道路研究书系
上海文化发展基金会资助项目

中国特色社会主义国家审计理论研究

（第六卷）
经济责任审计论

蔡春　朱荣　刘雷　等著

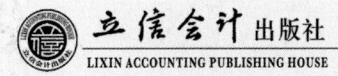

图书在版编目(CIP)数据

中国特色社会主义国家审计理论研究. 第六卷，经济责任审计论 / 蔡春等著. --上海：立信会计出版社，2022.12

ISBN 978-7-5429-7282-8

Ⅰ. ①中… Ⅱ. ①蔡… Ⅲ. ①政府审计－研究－中国 Ⅳ. ①F239.44

中国国家版本馆CIP数据核字(2023)第016505号

策划编辑	孙　勇
责任编辑	孙　勇
美术编辑	北京任燕飞工作室

中国特色社会主义国家审计理论研究(第六卷)：经济责任审计论
ZHONGGUO TESE SHEHUIZHUYI GUOJIA SHENJI LILUN YANJIU JINGJI ZEREN SHENJILUN

出版发行	立信会计出版社		
地　　址	上海市中山西路2230号	邮政编码	200235
电　　话	(021)64411389	传　　真	(021)64411325
网　　址	www.lixinaph.com	电子邮箱	lixinaph2019@126.com
网上书店	http://lixin.jd.com		http://lxkjcbs.tmall.com
经　　销	各地新华书店		
印　　刷	常熟市人民印刷有限公司		
开　　本	710毫米×1000毫米　1/16		
印　　张	28.25	插　　页	6
字　　数	523千字		
版　　次	2022年12月第1版		
印　　次	2022年12月第1次		
书　　号	ISBN 978-7-5429-7282-8/F		
定　　价	88.00元		

如有印订差错，请与本社联系调换

蔡 春

西南财经大学教授（1994）、二级教授（2008）、经济学（审计学）博士（1991）、博士生导师。中国审计学会副会长、中国政府审计研究中心主任、全国先进会计工作者、财政部会计名家（2018）、中国内部审计协会学术委员、中国成本研究会常务理事。美国伊利诺大学国际会计教育与研究中心高级访问学者（1996-1997）。中国CFO好导师（2016）。被学术界誉为我国"审计领域系统研究审计理论结构第一人"。世界银行贷款资助项目、教育部哲学社会科学研究重大课题攻关项目和国家社科基金重大项目首席专家，享受国务院政府特殊津贴专家。中央军委审计署咨询专家、中央军委装备发展部财务与价格专家、审计署国家审计准则咨询专家、国务院学位委员会全国审计专业学位研究生教指委委员、中国会计学会审计专业委员会副主任委员、四川省学术和技术带头人、四川省有突出贡献的优秀专家、四川省审计学会副会长、四川省科研管理专家。教育部霍英东青年教师奖励基金经济学最高资助获得者（1996）、教育部会计学国家级教学团队负责人。担任《审计研究》《会计研究》《中国会计与财务研究》等期刊编委和《中国会计评论》理事会理事等学术职务。在《经济研究》《会计研究》《审计研究》《经济学家》和 Accounting Horizons, Managerial Auditing Journal 等期刊发表学术论文多篇。曾任西南财经大学会计学院院长和西南财经大学科研处处长等行政职务。长期致力于推动审计理论创新发展，传播审计文化。

贵州大学副教授、硕士生导师。管理学博士（审计学专业）、美国伊利诺伊理工学院高级访问学者。注册会计师（非执业）、资产评估师（非执业）。主要从事会计、审计与公司治理方面的研究。主持国家社科基金项目1项、省部级课题2项，先后在《经济学动态》《会计研究》《财经科学》《审计研究》《审计与经济研究》等期刊发表学术论文20余篇，有多项研究成果被人大报刊复印资料全文转载。曾获中国会计学会2012年度优秀论文三等奖、2014年审计署优秀博士学位论文奖。

朱 荣

重庆理工大学会计学院副教授、硕士生导师。管理学博士（审计学专业）、重庆银行与四川大学联合培养博士后。担任审计署第二届审计信息化标准化技术委员会观察员、《中国内部审计》审稿专家等学术职务。主要研究方向为审计基本理论与实务、内部控制与风险管理、公司治理等。在《会计研究》《审计研究》《管理学报》等期刊发表论文近20篇，有多篇论文被人大报刊复印资料全文转载。主持中国博士后科学基金面上项目、重庆市社科规划培育项目等多个省部级科研项目，作为主研人员参与了国家自然科学基金项目、国家社科基金重大项目等多个国家级科研项目。曾获审计署优秀博士学位论文奖。

刘 雷

编写委员会

主　任

蔡　春　西南财经大学
　　　　中国政府审计研究中心

成　员
（以姓氏汉语拼音为序）

鲍瑞雪（西南财经大学）　　　　孙　勇（立信会计出版社）
蔡　利（西南财经大学）　　　　唐嘉尉（重庆工商大学）
陈　晔（西南财经大学）　　　　唐凯桃（重庆理工大学）
崔　云（贵州财经大学）　　　　王　朋（西南财经大学）
方涵若（中国建设银行乐山分行）　谢柳芳（西南政法大学）
韩梅芳（重庆理工大学）　　　　徐　藩（西南财经大学）
何　雨（西南石油大学）　　　　杨惠雁（西南财经大学）
黄　昊（西南财经大学）　　　　张　筱（云南民族大学）
李江涛（中国政府审计研究中心）　张翼凌（西南财经大学）
李　明（中国政府审计研究中心）　郑开放（四川农业大学）
刘　静（四川师范大学）　　　　郑倩雯（四川大学）
刘　雷（重庆理工大学）　　　　郑伟宏（四川师范大学）
刘玉玉（山东财经大学）　　　　周　微（成都大学）
马　睛（西南财经大学）　　　　朱　磊（西南财经大学）
马荔丽（西南财经大学）　　　　朱　荣（贵州大学）

序

蔡春同志于1988—1991年在天津财经学院攻读博士学位,师从我国著名会计审计大师李宝震教授,他是我国本土院校培养的最早毕业的审计方向的博士之一。我有幸成为蔡春同志博士学位论文的评审人之一,也见证了他从博士到著名学者的蜕变。他的博士学位论文《审计理论结构研究》于1994年和2001年由西南财经大学出版社和东北财经大学出版社分别出版,影响重大且深远,他也因此获得我国"审计领域系统研究审计理论结构第一人"的赞誉。从1988年至今的30多年时间里,蔡春同志持之以恒地坚守在推进审计理论创新发展的学术探索领域,成果丰硕卓著,堪称审计理论创新研究的大胆追求者和卓越探索者。因其在审计理论创新研究领域的突出重要贡献,蔡春同志于2014年入选财政部会计名家培养工程,2018年荣获财政部颁发的"会计名家"证书。蔡春同志已经成长为我国具有重要影响的会计审计学家。

即将呈现在读者们面前的"中国特色社会主义国家审计理论研究"是一套六卷本著作,包括《中国特色社会主义国家审计理论研究(第一卷):国家审计理论框架论》《中国特色社会主义国家审计理论研究(第二卷):公共经济权力审计论》《中国特色社会主义国家审计理论研究(第三卷):经济安全审计论》《中国特色社会主义国家审计理论研究(第四卷):民主政治审计论》《中国特色社会主义国家审计理论研究(第五卷):国家治理审计论》和《中国特色社会主义国家审计理论研究(第六卷):经济责任审计论》,共计200余万字,可谓鸿篇巨制,是系统探讨国家审计理论的创新之作和扛鼎之作。

这套著作是蔡春同志作为首席专家承担的两个国家级重大课题——国家社科基金重大项目(13&ZD146)和教育部哲学社会科学研究重大课题攻关项目(07JZD0018)的系统化研究成果,集中展示了蔡春同志及其团队于2005—2021年围绕推进审计理论创新研究所做的重要工作。本套著作以公共受托经济责任观和服务国家治理为研究视角,理念新颖,特色鲜明。

第一卷是对其《审计理论结构研究》的拓展,构建了包含"一个原点、四个圈层"的圈层结构式国家审计理论框架。"一个原点"是指公共受托经济责任。蔡春同志开展的国家审计理论研究是以公共受托经济责任为原点的,他认为国家审计理论研究应以公共受托经济责任为内在依据,促进和保障公共受托经济责任的全面有效履行。"四个圈层"包含"十大要素",是指:第一圈层,国家审计本质理论、国家审计假设理论、国家审计目标理论;第二圈层,国家审计行为理论、国家审计功能理论、国家审计组织理论;第三圈层,国家审计规范理论、国家审计信息理论、国家审计方法理论;第四圈层,国家审计环境理论。这种构思新颖奇妙,把国家审计理论框架的各个部分有机地联系起来。本卷的出版无疑是对国家审计基础研究的重大贡献。

第二卷深入系统地讨论分析了公共经济权力审计的内在机理与实现路径,构建了权力监督导向的审计监控体系。本卷深入地讨论了国家审计与腐败治理、权力清单审计、公共经济权力特殊领域(包括预算执行、政府采购、税收制度与政策执行、指标审批)审计问题。蔡春同志认为,经济责任的履行和经济权力的行使是一个问题的两个方面,经济责任履行与经济权力行使直接关联。自2005年以来,蔡春同志带领其团队开展"公共经济权力审计"这一新领域问题的研究,先后有多位他指导的博士生围绕"公共经济权力审计"选择研究方向并完成了博士学位论文,其本人也通过申请国家社科基金项目来推进这方面的研究。本卷的出版标志着蔡春同志提出并推动的"公共经济权力审计"这一审计理论创新研究的新领域正式确立,同时也为党的十六大以来党中央特别强调审计对权力制约和监督发挥重要作用,提供了重要的审计学理论解释和理论支撑。

第三卷深入系统地讨论分析了关于审计维护经济安全的一系列重要理论与实践问题,包括国家审计维护经济安全的作用机理与内在逻辑问题,金融安全审计、财政安全审计和产业安全审计问题,重大风险防控中的关键审计问题,经济安全审计监测与预警机制构建问题等。蔡春同志从2009年开始带领其团队推进"审计维护经济安全与服务风险防控问题"的研究,先后申请到多项国家级基金项目和省部级重大、重点项目支撑该项研究。他指导的几位博士生分别重点研究了审计维护金融安全、审计维护财政安全和审计维护资本市场安全的问题。本卷是对蔡春同志及其团队10余年创新研究成果的进一步系统化和升华,对学者们在新时代按照习近平总书记提出的总体国家安全观要求,研究国家审计如何服务重大风险防控、构建完善的重大风险防控机制和体系,具有特别重要的理论创新意义和实践指导价值。

第四卷深入系统地讨论分析了民主政治审计的系列理论与实践问题。"国家审计是民主政治的重要内容和推动民主政治发展的重要方式"几乎是审计学术界的共识性观点。但从理论上对审计服务民主政治的内在机理与实现方式进行探讨的研究在国内外都是缺乏的。蔡春同志带领其团队从2009年开始对这一问题的研究进行了大胆创新与深入探讨,第四卷便是研究成果之一。本卷基于中国情境,探讨国家审计如何服务中国特色社会主义民主政治的发展与完善这一重大课题。本卷基于马克思主义民主政治理论和公共受托经济责任观,系统深入地研究和探讨了国家审计服务社会主义民主政治的作用机理、内在逻辑与实现方式等重大理论与实践问题。聚焦于"维护与保障公民权利"与"制约和监督公共权力"两个维度,本卷提出并探讨了审计参与听证制度、制度合理性审计、民生审计和构建以审计为核心的问责机制等问题。我认为,本卷的出版具有特别重大的理论创新价值和实践指导作用,具有填补这一领域审计学术研究空白的意义。

第五卷全面分析了国家审计如何服务国家治理。党的十八届三中全会提出推进国家治理体系与能力现代化的总体改革目标,推动了审计学术界对国家审计服务国家治理的理论与实践问题的全面系统研究。党的十九大以来,国家治理的要求进一步提高,国家审计跃升到了国家治理体系的更高层次。新时代赋予了国家审计在国家治理中的新使命。审计学术界围绕国家审计服务国家治理的机理、机制和实现路径等重大问题的研究,推陈出新、成果丰硕。蔡春同志从2011年开始带领其团队对这一重大问题开展了大量的研究,提出了很多极具特色的思想和观点。第五卷是蔡春同志及其团队10余年研究成果的集成和深化。本卷基于公共受托经济责任观,深入系统地分析和探讨国家审计服务国家治理的机理、机制、内在逻辑和实现方式,形成了"无审计,不治理"这一核心思想和观点。区别于现有的研究,本卷主要从国家审计与依法治国、国家审计与政策措施执行、国家审计与环境治理、国家审计与责任政府建设、国家审计与经济高质量发展、国家审计与国企治理等方面探讨国家审计服务国家治理、提高治理效率的实现方式和路径等。本卷的出版有利于丰富和拓展国家审计服务国家治理这一重大研究领域的研究,具有重要的理论与实践意义。

第六卷深入讨论分析了经济责任审计的相关理论与实践问题。经济责任审计是一项极具中国特色的经济监督制度,是现代审计理论、方法、制度与中国实际相结合的重大创新,现已成为国家审计服务国家治理、领导干部考核评价、权力制约和监督、追责问责机制假设的一种必不可少的审计类型与方式。从20世纪80年代中后期算起,我国经济责任审计的实践探索、制度建设已有30多年。围绕经济责任审计理论与方法的研究成果可谓汗牛充栋。但其中一些重要的基本理论问题,包括经济责任审计的基本理论依据、领导干部经济责任履行与特定组织管理层治理层的责任履行的关系、领导干部经济责任的内涵和外延、经济责任审计运行机制、经济责任审计与其他类型审计的关系、经济责任审计评价体系的构建等一直是没有解决好的问题。蔡春同志带领其团队从2005年开始关注和推动经济责任审计问题的探索与研究,发表了多篇有影响力的论文,承担了与之相关的教育部哲学社会科学研究重大课题攻关项目和多项国家级、省部级项目。他指导的多位博士生围绕经济责任审计进行了博士学位论文选题和写作。第六卷是蔡春同志及其团队近16年的研究成果的集成与升华,主要研究了经济责任审计的功能与目标、经济责任审计的运行机制、目标经济责任确定与经济责任履行报告构建、经济责任审计评价方法与指标体系、经济责任审计报告模式与公告制度、经济责任审计与组织治理和经济责任导向审计模式等重大理论与实践问题。本卷的出版是对该研究领域的重大贡献。

据悉,本套著作还获得了国家出版基金的资助,也是新闻出版署"十三五"国家重点图书出版规划项目,同时还是西南财经大学"工商管理理论与中国道路研究书系"的重要成果,实在是可喜可贺!

党的二十大明确了新时代新征程中国共产党的使命任务:中国共产党的中心任务就是团结带领全国各族人民全面建成社会主义现代化强国、实现第二个百年奋斗目标,以中国式现代化全面推进中华民族伟大复兴。会计审计研究应更加聚焦于构建服务中国式现代化建设的会计审计理论与方法体系。国家审计已经成为国家治理结构中独具特色、不可或缺的重要机制,在服务中国式现代化的建设中无疑具有独特的优势。蔡春同志领衔撰写的这套著作的成功出版,必将对推动构建服务中国式现代化建设的审计理论与方法体系的研究产生重大积极的影响。在我看来,这套著作的出版,本身就代表着蔡春同志及其团队对构建服务中国式现代化建设的国家审计理论创新研究作出的重要贡献。我期待着蔡春同志为审计理论创新发展不断作出更大的贡献!

是为序!

中南财经政法大学

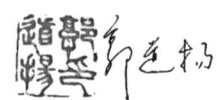

2022年12月于武汉

丛书自序

我们正处于一个需要创新理论、能够创新理论的新时代,国家审计领域的理论创新研究尤其重要、独具魅力!

一、国内外审计研究现状

我们团队以 The Accounting Review(TAR)、Journal of Accounting Research(JAR)、Journal of Accounting and Economics(JAE)、Contemporary Accounting Research(CAR)、Review of Accounting Studies(RAST)、Journal of Accounting,Auditing & Finance(JAAF)、Journal of Accounting and Public Policy(JAPP)、Journal of Business Finance & Accounting(JBFA)、Accounting Horizons(AH)、Auditing:A Journal of Practice & Theory(AJPT)国际十大代表性会计、审计期刊为考察对象,统计发现,2016—2020 年国际十大期刊发表论文 2 896 篇,其中,审计领域的论文有 303 篇,占比为 10.46%,相较以前呈现增长趋势。但以国家审计或者政府审计为主题的论文只有 49 篇,按发表年度算,历年发表量分别为 2016 年 12 篇、2017 年 7 篇、2018 年 15 篇、2019 年 6 篇、2020 年 9 篇。总体来看,与国家审计相关的论文数量较少,说明国家审计领域的研究在国际上仍不被重视。

我们团队对国内审计研究现状的调研分析发现,国内学术界对审计的研究也存在不少问题,主要表现在三个方面。

(1) 学术研究水平不够高,有待大力提升。我们基于中国知网对"十三五"时期审计领域的论文发表情况做了统计,统计发现,发文总量为 42 931 篇,其中,中文核心期刊和 CSSCI 期刊两类核心期刊共发表审计论文 3 744 篇,占比只有 8.72%[①]。这一结果说明高质量审计研究确实有待进一步提升。

---

① 中文核心期刊与 CSSCI 期刊有交叉,对同一篇论文,我们只统计一次。

从我们以往调研收集的意见来看,论文质量上存在的问题主要有:研究具体细节性问题的偏多,研究我国重大现实需求问题的偏少;跟随性研究偏多,实质性创新研究偏少。在国家审计方面,部分论文理论深度不够,存在偏重政策解读、描述经验做法的现象。

(2) 从以审计为主题的基金立项分布看,明显存在"名校"与"非名校"严重不均衡的现象。"十三五"时期,以审计为主题的国家社科基金年度项目和青年项目共53项。其中,属于"名校"科研人员的只有6项,占比为11.32%;属于"非名校"科研人员的有41项,占比为77.36%;属于其他机构科研人员的有6项,占比为11.32%。77.36%这个数据说明"非名校"具有不甘示弱、勇于争先,不断提高自身审计科研水平和研究能力的精神品质。11.32%表明一些"名校"的审计学科对国家社科基金年度项目和青年项目的投入不够,重视程度不够高。"名校"相对集聚更多优质师资,如果能有更多的教师和学者参与国家社科基金审计主题类项目的申报并获得立项,必将更有利于带动整个国家社科基金项目中审计研究水平的提高。

(3) 在国家级基金的重大项目中,审计学科的项目严重偏少。"十三五"时期,国家社科基金重大项目招标公告中没有审计立项。教育部哲学社会科学研究重大课题攻关项目中,以审计为主题的项目只有2项。这说明关于审计问题的研究确实严重偏少,与国家重大现实需求不相适应。

国内外国家审计研究现状表明,在国家审计领域,尤其是中国特色国家审计领域的创新研究存在巨大空间和机会。

由立信会计出版社出版的"中国特色社会主义国家审计理论研究"(六卷本)是我作为首席专家承担的两个国家级重大课题——国家社科基金重大项目(13&ZD146)和教育部哲学社会科学研究重大课题攻关项目(07JZD0018)的研究成果的总结和升华,集中展现了我带领团队在2005—2021年的16年间围绕国家审计理论创新研究所做的思考和探索。

二、本套著作的研究视角

本套著作是基于公共受托经济责任观和服务国家治理的视角展开研究的。

(1) 基于公共受托经济责任观的视角。公共受托经济责任观是贯穿本套著作的主线。公共受托经济责任观是本套著作依托的重要审计动因学说。国家审计理论框架的构建以公共受托经济责任为理论原点,公共经济权力审计研究、经济安全审计研究、民主政治审计研究、国家治理审计研究和经济责任审计研究的基本理论逻辑都基于公共受托经济责任观。

(2) 基于服务国家治理的视角。从广义的视角来看,服务国家治理是公共受托经济责任内涵拓展的要求。国家治理基于公共受托经济责任关系而开展,其核心是监控公共权力的阳光运行,促进公共资源合理有效配置,妥善处理或均衡各方的利益诉求,保证公共受托经济责任的全面有效履行。以保障和促进公共受托经济责任的全面有效履行为本质目标的国家审计是国家治理的主要机制之一。

从狭义的视角来看,服务国家治理是国家审计功能拓展后的最终目标。公共经济权力审计监控体系的重心在于关注公共经济权力的运行,公共经济权力运行所涉及的国家治理的各个领域是国家审计发挥功能的主要阵地。经济责任审计是公共经济权力审计监控体系的有效手段或方法;维护经济安全和推进社会主义民主政治发展是国家治理的两项重要内容,也是国家审计服务国家治理的两条重要实现路径。

三、本套著作的总体研究目标

本套著作的总体研究目标是:基于我国的基本国情,结合中国特色社会主义的基本特征,以国家审计功能拓展为逻辑主线,为实现国家审计服务国家治理的目标,深入研究国家审计领域的若干重要问题,以推动国家审计理论创新,同时为国家审计促进社会主义法治国家的建设提供政策参考。

《中国特色社会主义国家审计理论研究(第一卷):国家审计理论框架论》以公共受托经济责任为理论原点,国家审计功能拓展为基础,探讨构建中国特色社会主义国家审计理论框架。

《中国特色社会主义国家审计理论研究(第二卷):公共经济权力审计论》探讨公共经济权力审计监控机理、机制与实现方式,尝试构建公共经济权力审计监控体系。

《中国特色社会主义国家审计理论研究(第三卷):经济安全审计论》以风险监控为基本出发点,以金融安全、财政安全和产业安全为切入点,探讨国家审计维护经济安全的内在机理、作用路径与实现方式。

《中国特色社会主义国家审计理论研究(第四卷):民主政治审计论》基于社会主义民主政治的内涵,探讨国家审计推进社会主义民主政治发展的内在机理、作用路径及实现方式。

《中国特色社会主义国家审计理论研究(第五卷):国家治理审计论》讨论国家审计服务国家治理的内在机理与作用路径,探讨国家审计促进社会主义法治国家建设的实现方式。

《中国特色社会主义国家审计理论研究(第六卷):经济责任审计论》探讨经济责任审计的功能与目标、经济责任审计的运行机制、目标经济责任确定与经济责任履行报告构建、经济责任审计评价方法与指标体系、经济责任审计报告模式与公告制度、经济责任审计与组织治理和经济责任导向审计模式等重大理论与实践问题。

四、本套著作的研究思路

本套著作围绕公共受托经济责任内涵的拓展,按照"从国家审计功能拓展的基础(中国特色社会主义国家审计理论框架)到国家审计功能拓展的内容(经济责任审计体系、公共经济权力审计监控体系、国家审计维护经济安全、国家审计推进社会主义民主政治发展、国家审计服务国家治理)"的逻辑主线,以服务国家治理为国家审计目标,结合中国特色社会主义的基本特征,研究有关国家审计功能发挥的若干重要问题。

本套著作按如下研究思路逐层展开:

第一,探讨国家审计功能拓展的基础,构建中国特色社会主义国家审计理论框架。以公共受托经济责任观为理论基础,从国家审计理论框架的内涵及特点、构建模式、理论原点、构成要素等方面探讨并构建中国特色社会主义国家审计理论框架。

第二,围绕国家审计功能拓展的内容,分别探讨和研究公共经济权力审计监控问题、国家审计维护经济安全问题、国家审计推进社会主义民主政治发展问题、国家审计服务国家治理问题和经济责任审计问题。

五、本套著作的核心观点和主要创新贡献

在世界范围内,公认的审计基础理论及其体系尚未形成。国家审计理论研究更是非常缺乏,甚至有很多空白无人探索。现有审计教科书上的审计理论根本无法解释丰富多彩的中国特色的审计实践与制度创新。因此,推进和创新具有中国特色的审计理论特别是国家审计理论研究,构建中国特色社会主义国家审计理论体系,具有特别重大的理论和现实意义。

本套著作形成如下核心观点和原创性成果。

第一卷提出了"以公共受托经济责任为理论原点构建圈层结构式国家审计理

论框架"的原创性观点。国家审计理论框架的理论原点是公共受托经济责任。四个圈层分别是：第一圈层，国家审计本质理论、国家审计假设理论、国家审计目标理论；第二圈层，国家审计行为理论、国家审计功能理论、国家审计组织理论；第三圈层，国家审计规范理论、国家审计信息理论、国家审计方法理论；第四圈层，国家审计环境理论。本卷的研究对推进中国特色社会主义国家审计理论体系的构建具有重大意义。

第二卷原创性地提出了"公共经济权力审计"的概念并对公共经济权力审计的内在机理进行了深入讨论，重点研究了公共经济权力审计的实现路径与体系构建，包括国家审计与腐败治理、权力清单审计、公共经济权力特殊领域审计和权力导向审计监控体系的构建等。本卷的研究对党的十六大以来党中央特别强调审计对权力制约和监督发挥重要作用，提供了重要的审计学理论解释和理论支撑。

第三卷在创新性地讨论国家审计维护国家经济安全的机理和内在逻辑的基础上，重点探讨了金融安全审计、财政安全审计和产业安全审计中的关键审计问题，进一步提出了构建经济安全审计监测与预警机制的设想。本卷的研究对国家审计助力"三大攻坚战"中的"防范化解重大风险"，探索构建完善的重大风险防控机制具有重大理论创新意义和实践指导价值。

第四卷提出了"审计特别是国家审计是民主政治的重要内容和推动民主政治发展的重要方式""健全完善的民主政治体制机制必然要求完善的国家审计体制机制与之协调配合"的鲜明观点，讨论了国家审计服务和推动民主政治发展的内在机理与内在逻辑，提出并重点讨论了国家审计服务和推动民主政治发展的实现路径，包括审计参与听证制度、制度合理性审计、民生审计和构建以审计为核心的问责机制等问题。本卷的研究对推进中国特色社会主义民主政治制度的完善具有重大的理论意义和实践价值，具有理论上的原创性。

第五卷提出了"国家审计是国家治理结构和体系中内生的必不可少的组成部分，是国家治理机制中不可或缺的一种治理机制"，即"无审计，不治理"的核心观点，探讨了国家审计服务国家治理的内在机理和内在逻辑，重点讨论了国家审计服务国家治理的实现路径问题，包括国家审计与责任政府建设、政策执行效果审计、国家审计服务环境治理、国家审计服务经济高质量发展以及国家审计服务国家治理的其他特别问题。本卷的研究对从国家审计的视角推进国家治理体系和治理能力现代化，具有重大的理论意义和实践参考价值。

第六卷提出了"经济责任审计是一项具有中国特色的经济监督制度，是现代审计制度在中国的一种创新",探讨了经济责任审计的基本理论依据、目标经济责任与责任履行报告、领导干部经济责任履行与特定组织管理层治理层的责任履行的关系、领导干部经济责任的内涵和外延、经济责任审计运行机制、经济责任审计与其他类型审计的关系、经济责任审计评价体系的构建等问题。本卷总结了经济责任审计推动的十大审计理论创新,较为全面、系统地研究了经济责任审计推动审计理论创新的若干问题,对丰富和发展中国特色社会主义国家审计理论体系、指导经济责任审计实践、推进国家治理体系和治理能力现代化,均具有极其重要的理论价值与现实意义。

本套著作在立信会计出版社的大力支持下,获得了国家出版基金资助,也被新闻出版署列为"十三五"国家重点图书出版规划项目,在此,对立信会计出版社致以特别感谢。同时,我也要感谢西南财经大学将本套著作纳入其"工商管理理论与中国道路研究书系"中。

本套著作是以我所主持的两个国家级重大课题的研究为基础的,没有两个重大课题的支撑,就不会有本套著作的成功出版。

我要诚挚地感谢在2007年教育部哲学社会科学研究重大课题攻关项目申报和研究中给予过我大力支持的教授和专家,他们是:审计署原党组成员、副审计长孙宝厚研究员,北京大学王立彦教授,清华大学郝振平教授,审计署审计科研所原所长崔振龙研究员,审计署法规司原司长王秀明,中南财经政法大学张龙平教授,四川大学干胜道教授,西南财经大学党委书记赵德武教授,西南财经大学会计学院原院长彭韶兵教授,西南财经大学统计学院原院长(现西南财经大学党委常委、副校长)史代敏教授,西南交通大学经管学院原副院长黄登仕教授,英国赖皮尔大学高善生教授,纽约城市大学巴鲁学院叶建民教授,香港城市大学邹宏教授。在项目的申报和研究工作中作出过卓越贡献的团队成员包括:张勇博士、李江涛博士、徐荣华博士、刘更新博士、陈晓媛博士、赵莎博士、杨晓磊博士、谢赞春博士、朱荣博士、李明博士、刘雷博士、朱磊博士和博士研究生杨惠雁。在此表示衷心感谢!

特别感谢在我申报2013年国家社科基金重大项目过程中,武汉大学王永海教授、南开大学张继勋教授、西南财经大学会计学院院长马永强教授、西南财经大学会计学院副院长唐雪松教授和西南财经大学公共管理学院原院长唐兴霖教授的大力支持!该项目的研究工作历时8年之久,先后有多名团队成员参与其中并作出了卓越的贡献,他们是:蔡利博士、谢柳芳博士、张筱博士、刘静博士、唐凯桃博士、李江涛博士、李明博士、刘雷博士、田秋蓉博士、陈孝博士、董延安博士、车宣呈博士、饶翠华博士、苗连琦博士、毕铭悦博士、马可哪呐博士、郑伟宏博士、韩梅芳博士、刘玉玉博士、崔云博士、黄昊博士、郑开放博士、何雨博士、唐嘉尉博士、郑倩雯博士、周微博士、张翼凌博士、博士研究生鲍瑞雪、博士研究生陈晔、博士研究生王朋、博士研究生徐藩、博士研究生马睛、硕士研究生方涵若、硕士研究生马荔丽。他们的接续奋斗，保障了国家社科基金重大项目得以顺利完成！在此一并致以特别的敬意和万分感谢！

我还要特别感谢国际著名会计史学大师、著名会计审计学家、中南财经政法大学郭道扬教授，他欣然接受邀请为本套著作作序并给予本套著作极高的评价！

党的二十大吹响了以中国式现代化推进中华民族伟大复兴新征程的新号角！审计领域的创新研究应聚焦推动服务中国式现代化建设的审计理论与方法体系研究。中国的国家审计在全世界范围内独具特色，在国家治理的最高层次和全过程都发挥着不可或缺、不可替代的重要作用。探讨和研究服务中国式现代化建设的国家审计理论，进一步推动国家审计理论创新研究，应当成为新时代审计学者的重大使命。本套著作的出版，既代表着我们团队对服务中国式现代化建设作出的部分审计学术贡献，也为我们继续大力推动服务中国式现代化建设的审计理论创新研究奠定了雄厚的基础。我们唯有踔厉奋发，勇毅前行，方能不负伟大时代！

西南财经大学/中国政府审计研究中心

2022 年 12 月于成都

本卷前言

经济责任审计作为一项独具中国特色的经济监督制度,是对权力运用进行制约和监督的一个重要举措。为了更好地适应推进国家治理体系和治理能力现代化建设对经济责任审计提出的新要求,2019年7月,中共中央办公厅、国务院办公厅印发了修订的《党政主要领导干部和国有企事业单位主要领导人员经济责任审计规定》,推动了审计学术界对经济责任审计理论与实践问题的全面系统研究。审计学术界围绕经济责任审计基本理论依据、领导干部经济责任履行与特定组织管理层治理层责任履行的关系、领导干部经济责任的内涵和外延、经济责任审计运行机制、经济责任审计与其他类型审计的关系、经济责任审计评价体系的构建等重大问题进行研究,推陈出新、成果丰硕。

我们团队从2005年开始对这一重大问题开展了大量的研究,提出了很多极具特色的思想和观点。《中国特色社会主义国家审计理论研究(第六卷):经济责任审计论》是我们团队16年研究成果的集成和深化。本卷提出了"经济责任审计是一项具有中国特色的经济监督制度,是现代审计制度在中国的一种创新",探讨了经济责任审计的基本理论依据、目标经济责任与责任履行报告、领导干部经济责任履行与特定组织管理层治理层责任履行的关系、领导干部经济责任的内涵和外延、经济责任审计运行机制、经济责任审计与其他类型审计的关系、经济责任审计评价体系的构建等问题。本卷总结了经济责任审计推动的十大审计理论创新,较为全面、系统地研究了经济责任审计推动审计理论创新的若干问题,对丰富和发展中国特色社会主义国家审计理论体系,指导经济责任审计实践,推进国家治理体系和治理能力现代化,均具有极其重要的理论价值与现实意义。

本卷由9章构成。

第1章为导论。本章首先介绍了经济责任审计的研究背景及研究意义,其次以经济责任审计的制度背景和已有研究文献为基础,阐述本卷的研究思路及研究内容,并对本卷的创新之处进行提炼。

第2章是经济责任审计的功能、目标及目标实现。本章首先分析了经济责任审计的功能及本质,其次在此基础上分析了经济责任审计的本质目标和具体目标,最后提出实现经济责任审计目标的方式和途径。

第3章是经济责任审计的运行机制。本章先以经济责任审计委托人、审计对象、审计人和审计信息使用者四个行为主体为逻辑起点,构建了经济责任审计运行机制的框架,然后从审计动因、审计委托机制、审计执行机制、审计信息传递机制和审计成果运用机制五个维度阐述经济责任审计的运行机制。

第4章是目标经济责任确定与构建经济责任履行报告。本章首先阐述了经济责任审计评价目标的发展,其次在分析受托经济责任与目标经济责任的关系的基础上探讨了目标经济责任的确定,再次分别分析了地方党委负责人和行政负责人的目标经济责任,最后探讨了经济责任履行报告体系的构建。

第5章是经济责任审计评价方法与指标体系。本章首先阐述了经济责任审计评价方法选择与指标体系设计的导向、基础和原则,其次分析经济责任审计评价方法及选择使用,最后探讨了基于目标经济责任内容和责任层次的评价指标体系选择。

第6章是经济责任审计报告模式与公告制度。本章首先对经济责任审计报告的特点和现行报告的缺陷进行了分析,提出了经济责任审计报告规范化的要求,其次对经济责任审计报告的价值进行了探讨,最后分析了经济责任报告的结果运用和经济责任审计结果公告制度的构建。

第7章是经济责任审计运行效果及其治理效应。本章在理论分析的基础上,利用有关数据构建实证研究模型,分别对经济责任审计运行效果、领导干部自然资源资产离任审计的环境治理效应以及经济责任审计与地方政府治理进行了实证检验,进而为后续的研究获取了有价值的经验证据。

第8章是经济责任导向审计模式。本章在分析审计模式创新的基础上,提出了构建经济责任导向审计模式,分析了该模式的内涵、概念体系与本质,并探讨了经济责任导向审计模式下的审计策略选择、审计风险防范和审计质量控制。

第9章是促进经济责任审计发展的对策建议。本章在前8章内容的基础上,从树立受托经济责任理念,推进责任政府建立;确立经济责任审计目标,提升经济责任审计理论研究的深度和广度;加强党风廉政建设,创造良好经济责任审计氛围;构建经济责任审计监控体系,进一步深化经济责任审计;经济责任审计与政府问责制有机结合;重构经济责任审计委托制度,完善经济责任审计委托机制;建立注册经济责任审计师制度,完善经济责任审计执行机制;建立绩效审计职业制度,提高经济责任审计效率;建立绩效审计报告与绩效审计结果公告制度,提高审计透明度;完善经济责任审计信息传递与结果运用机制10个方面提出促进经济责任审计发展的对策建议。

  本卷整体内容框架由蔡春设计。各章责任分工是:第1章、第7章和第9章由朱磊负责;第2章和第3章由刘雷负责;第4章和第5章由朱荣负责;第6章和第8章由杨惠雁负责。全书由蔡春负责统稿和审定。

  理论研究的复杂性和挑战性决定了本卷研究可能存在一定瑕疵和问题。敬请读者们不吝赐教、批评指正!

作者

2022年12月

目 录

1 导论 ··· 1
 1.1 经济责任审计研究背景 ··· 1
 1.2 经济责任审计研究意义 ··· 2
 1.3 经济责任审计制度背景 ··· 4
 1.4 经济责任审计研究述评 ··· 10
 1.5 经济责任审计研究思路 ··· 36
 1.6 经济责任审计研究内容 ··· 36
 1.7 经济责任审计论的创新之处 ·· 38

2 经济责任审计的功能、目标及目标实现 ······································ 40
 2.1 经济责任审计功能 ·· 40
 2.2 经济责任审计目标 ·· 47
 2.3 经济责任审计目标的实现 ·· 56

3 经济责任审计的运行机制 ·· 61
 3.1 经济责任审计运行机制的框架 ··· 61
 3.2 经济责任审计的动因 ·· 66
 3.3 经济责任审计委托机制 ··· 77
 3.4 经济责任审计执行机制 ··· 84
 3.5 经济责任审计信息传递机制与成果运用机制 ······················ 94

4 目标经济责任确定与构建经济责任履行报告 ···························· 102
 4.1 经济责任审计评价目标的发展 ·· 102
 4.2 受托经济责任与目标经济责任 ·· 103

4.3 目标经济责任的确定 ································· 108
   4.4 地方党委负责人的目标经济责任 ···················· 115
   4.5 行政负责人的目标经济责任 ························· 119
   4.6 构建经济责任履行报告体系的意义及国内外现状 ····· 124
   4.7 经济责任履行报告体系的构建 ······················· 137
   4.8 地方党委负责人的经济责任履行报告 ················ 143
   4.9 行政负责人的经济责任履行报告 ···················· 151

5 经济责任审计评价方法与指标体系 ······················· 168
   5.1 经济责任审计评价方法选择与指标体系设计的导向、基础和原则 ····· 168
   5.2 经济责任审计评价方法及选择使用 ·················· 171
   5.3 基于目标经济责任内容的评价指标体系选择 ········· 187
   5.4 基于目标经济责任层次的评价指标体系选择 ········· 210

6 经济责任审计报告模式与公告制度 ······················· 231
   6.1 经济责任审计报告的特点与现行报告缺陷分析 ······· 231
   6.2 经济责任审计报告的规范化 ························· 255
   6.3 经济责任审计报告的价值分析 ······················· 272
   6.4 经济责任审计报告的结果运用 ······················· 275
   6.5 经济责任审计结果公告制度的构建 ·················· 286

7 经济责任审计运行效果及其治理效应 ···················· 302
   7.1 经济责任审计运行效果实证研究 ···················· 303
   7.2 领导干部自然资源资产离任审计的环境治理效应 ····· 313
   7.3 经济责任审计与地方政府治理 ······················· 326

8 经济责任导向审计模式 ··································· 344
   8.1 审计模式创新分析 ·································· 344
   8.2 经济责任导向审计模式的内涵、概念体系与本质 ····· 350
   8.3 经济责任导向审计模式下的审计策略选择 ············ 359
   8.4 经济责任导向审计模式下的审计风险防范 ············ 370
   8.5 经济责任导向审计模式下的审计质量控制 ············ 385

9 促进经济责任审计发展的对策建议 ... 403
9.1 树立受托经济责任理念,推进责任政府建立 ... 403
9.2 确立经济责任审计目标,提升经济责任审计理论研究的深度和广度 ... 404
9.3 加强党风廉政建设,营造良好经济责任审计氛围 ... 404
9.4 构建经济责任审计监控体系,进一步深化经济责任审计 ... 405
9.5 经济责任审计与政府问责制有机结合 ... 406
9.6 重构经济责任审计委托制度,完善经济责任审计委托机制 ... 407
9.7 建立注册经济责任审计师制度,完善经济责任审计执行机制 ... 408
9.8 建立绩效审计职业制度,提高经济责任审计效率 ... 409
9.9 建立绩效审计报告与绩效审计结果公告制度,提高审计透明度 ... 410
9.10 完善经济责任审计信息传递与结果运用机制 ... 411

主要参考文献 ... 415

1 导 论

经济责任审计的前身是离任经济责任审计,其在我国始于1985年。1986年,审计署发布《关于开展厂长离任经济责任审计工作几个问题的通知》,推动了离任经济责任审计的发展。经过多年的发展,离任经济责任审计已发展为经济责任审计,经济责任审计对象已从县级以下党政领导干部扩大到地厅级干部。我国已积极稳妥地开展了省部级党政领导干部经济责任审计试点,取得了丰硕的成果。2010年,中共中央办公厅、国务院办公厅(简称"两办")印发《党政主要领导干部和国有企业领导人员经济责任审计规定》(2010年版)。党的十八届三中全会通过的《中共中央关于全面深化改革若干重大问题的决定》首次提出探索实施"领导干部自然资源资产离任审计"。2017年,"两办"发布《领导干部自然资源资产离任审计规定(试行)》。2019年,"两办"发布《党政主要领导干部和国有企业领导人员经济责任审计规定》(2019年版),将经济责任审计的发展推向新的高度。

1.1 经济责任审计研究背景

经济责任审计是对权力运用进行制约和监督的一个重要举措。加强对党政领导干部的经济责任审计,对于惩治和预防腐败、深化干部人事制度改革、建立健全干部选拔任用和管理监督机制、落实问责制度、建立责任政府、促进政治体制改革、发展社会主义民主政治、建设法治社会均具有重大而深远的意义。在党的领导下,我国经济责任审计实务工作不断发展,从1999年开始对县级以下党政领导干部和国有企业领导干部进行经济责任审计,审计对象的范围已逐渐扩大到地厅级党政领导干部。2010年,"两办"印发的《党政主要领导干部和国有企业领导人员经济责任审计规定》把经济责任审计对象的范围扩大到省部级领导干部,随后,经济责任审计实务工作取得了丰硕的成果。2017年,"两办"印发的《领导干部自然资源资产离任审计规定(试行)》将领导干部自然资源资产离任审计的地位提升到重要高度。以2020年为例,审计署结合中央部门经济责任审计、自然资源资产离任(任中)审计等项目,重点审计了11户央企2019年年底账面资产总额,金额达20.27万亿元;5户中央金融企业和2户地方银行2019年年底资产总额,金额达39.48万亿元;还审计了43个中央部门及所属单位和4所高校,并对16个地区和部门开展了25名领导干部自然资源资产离任(任中)审计。这有效发挥了经济责任审计在加强干部管理监督、促进经济平稳较快发展、完善国家治理等方面的积极作用。

学术界对经济责任审计的研究是随着经济责任审计实务的发展而逐步深化的。以往的研究对于经济责任审计理论的发展做出了重要的贡献,并且较好地指导了经济责任审计实践。然而,经济责任审计理论研究在一定程度上滞后于经济责任审计实践的进展,经济责任审计的一系列基本理论问题还没有得到学术界深入的探索和研究。在此背景下,以贯彻党中央的方针路线为契机,系统总结和深入研究我国开展经济责任审计的经验与问题,用规范分析与实证检验相结合的方法,较为全面、系统地深入研究经济责任审计,进行相关方面的审计理论创新,这对于丰富和发展审计理论,正确指导经济责任审计实践工作的开展,促进社会主义民主政治建设和国家经济社会的发展,无疑具有极其重要的理论与现实意义。

1.2 经济责任审计研究意义

离任经济责任审计揭开了经济责任审计的序幕,但在20世纪80年代后期到90年代早期,离任经济责任审计仍然处于初步发展阶段,以企业厂长(经理)为主要对象。至20世纪90年代中期,离任经济责任审计得到全面发展,审计对象从企业领导扩展到机关、事业单位领导,而且引起中央和地方各级党委、政府的普遍重视。经过多年的发展,经济责任审计对象的范围已从县级以下党政领导干部扩大到地厅级党政领导干部。我国已积极稳妥地开展了省部级党政领导干部经济责任审计试点,取得了丰硕的成果。经济责任审计已成为一项具有中国特色的经济监督制度,在强化权力制约和监督、促进政府依法行政、加强对干部的监督管理和党风廉政建设等方面发挥了重要作用。

审计基本理论认为,受托经济责任(accountability)乃现代会计、审计之魂,受托经济责任关系(accountability relationship)的存在是审计产生、发展的首要前提。经济责任审计的基本理论依据是特定受托经济责任关系的存在,此种受托经济责任关系更明确指向行为人本身,即依法属于审计机关审计监督对象的国家机关和其他单位的主要负责人(审计署法制司,2006)。经济责任审计作为一种独特的审计类型,其主要关注受托经济责任关系中的行为人本身,这与传统审计关注的内容和重点有所不同。分析和研究经济责任审计,有助于进一步推动审计理论的创新,在理论和实践上都具有重大意义。

(1) 有利于我国实现共同富裕。共同富裕是指全体人民通过辛勤劳动和相互帮助最终达到丰衣足食的生活水平,也就是在消除两极分化和贫穷基础上的普遍富裕。我国人多地广,共同富裕不是同时富裕,而是一部分人、一部分地区先富起来,先富的帮助后富的,逐步实现共同富裕。共同富裕是社会主义的本质要求和奋斗目标,也是我国社会主义的一个根本原则。2021 年,《中共中央 国务院关于支持浙江高质量发展建设共同富裕示范区的意见》发布,共同富裕示范区落地浙江。

共同富裕奋斗目标的实现牵系政治、经济与社会领域的各个方面。坚定不移发展社会主义民主政治是实现共同富裕的重要方面,为了发展社会主义民主政治,必须强化对权力的制约和监督。经济责任审计是现代审计理论与适应中国政治、经济与社会制度特点的审计实践相结合而产生的一种审计制度创新,是一项具有中国特色的经济监督制度。经济责任审计工作的开展,对于我国完善社会主义民主,增强可持续发展能力,深化经济体制、政治体制和行政管理体制改革,深化干部人事制度改革,加强对权力的制约和监督等具有重要的意义,从而有利于推进共同富裕奋斗目标的实现。

(2) 有利于实现国家治理体系和国家治理能力现代化。完善党和国家监督体系,加强审计监督,是我国在社会主义民主政治建设和实现依法治国战略总体进程中长期坚持的一条主线。党的十九大报告以健全人民当家作主制度体系、发展社会主义民主政治为宗旨,通盘考虑深化机构和行政体制改革,健全党和国家监督体系,夺取反腐败斗争压倒性胜利的总体布局,进一步点明了完善我国审计监督的具体要求和突破口:"改革审计管理体制,构建党统一指挥、全面覆盖、权威高效的监督体系,把党内监督同国家机关监督、民主监督、司法监督、群众监督、舆论监督贯通起来,增强监督合力。"经济责任审计制度已经成为中国特色国家审计制度中的重要内容,与财务审计及其他监督机制共同构成国家治理体系的重要组成部分,促进国家实现良治,推动经济社会可持续发展。

(3) 有利于强化对权力的制约和监督,惩治和预防腐败,完善领导干部选拔任用和考核管理制度,促进民主政治的发展。国家机关、事业单位领导人等履行受托经济责任的过程,实际上就是其运用权力经营管理受托经济资源的过程。对国家机关、事业单位领导人等进行经济责任审计,实质上就是对其权力运用情况的制约和监督。审计机关对领导干部在任期内执行财经纪律等的情况进行检查,并在一定程度上对领导干部是否全面有效履行其受托经济责任进行鉴证和评价,能够为干部选拔任用和考核管理提供依据,从而促进党和政府健全领导干部选拔任用和考核管理制度。强化对权力的制约和监督,完善领导干部选拔任用和考核管理制度,是促进我国民主政治建设的重大举措。政治民主的先进性集中体现在领导者的权力运用是否处于人民(广义委托人)的监督之下,国家是否对领导者的权力运用建立有效的监督与约束机制。由此可见,经济责任审计不仅是一种审计监督形式,而且肩负着强化对权力的制约和监督、完善领导干部选拔任用和考核管理制度、促进民主政治发展的重任。经济责任审计密切联系着治国安邦之大计,牵系国家政治、经济和社会方方面面的发展。

(4)有利于实现审计功能的拓展,推动审计理论的创新。经济责任审计是伴随受托经济责任内容的发展而产生和发展起来的。经济责任审计的产生和发展拓展了审计的功能。本卷对经济责任审计的功能、目标及目标实现,经济责任审计的运行机制,目标经济责任确定与构建经济责任履行报告,经济责任审计评价方法与指标体系,经济责任审计报告模式与公告制度,经济责任审计运行效果及其治理效应,经济责任导向审计模式等方面的理论问题进行全面、深入、系统的研究,有利于实现审计功能的拓展,进而推动审计理论的创新。

1.3 经济责任审计制度背景

1.3.1 党的十八大以来关于领导干部经济责任审计的重要论述

党的十八大报告要求"健全权力运行制约和监督体系",并特别提出"健全质询、问责、经济责任审计、引咎辞职、罢免等制度,加强党内监督、民主监督、法律监督、舆论监督,让人民监督权力,让权力在阳光下运行"。这充分说明,经济责任审计作为监督领导干部的重要手段,已得到党中央、国务院的高度重视。开展好经济责任审计,是审计机关深入贯彻落实党的十八大精神的要务之一。

党的十八大将生态文明建设纳入"五位一体"总体布局,把绿色发展作为五大新发展理念之一。习近平总书记多次强调,绿水青山就是金山银山,保护环境就是保护生产力,改善环境就是发展生产力。习近平总书记高度重视生态文明体制改革,对生态文明制度体系的"四梁八柱"做出了部署和要求。这些重大举措能不能落到实处,关键在领导干部,因而我国要落实领导干部任期生态文明建设责任制,实行自然资源资产离任审计。

习近平总书记在十八届中央纪委第二次全会上指出:"反腐倡廉建设,必须从领导干部,特别是主要领导干部抓起。主要领导干部也就是一把手,把该负的责任负起来了,把自身管好了,很多事就好办多了。"

党的十八届三中全会提出,加强和改进对主要领导干部行使权力的制约和监督,加强行政监察和审计监督。全会通过的《中共中央关于全面深化改革若干重大问题的决定》对领导干部自然资源资产离任审计做出明确部署。

2015年,中共中央、国务院印发《生态文明体制改革总体方案》,提出构建由自然资源资产产权制度等八项制度构成的生态文明制度体系,将领导干部自然资源资产离任审计纳入生态文明绩效评价考核和责任追究制度中。

2017年,中共中央办公厅、国务院办公厅印发《领导干部自然资源资产离任审计规定(试行)》,这是我国贯彻落实党中央关于加快推进生态文明建设要求的具体体现,是党中央关于生态文明建设战略部署的又一重大成果,对于领导干部牢固树立和践行新发展理念,坚持节约资源和保护环境的基本国策,推动绿色发展方式和生活方式的形成,促进自然资源资产节约集约利用和生态环境安全,完善生态文明绩效评价考核和责任追究制度,推动领导干部切实履行自然资源资产管理和生态环境保护责任具有十分重要的意义。

党的十八届四中全会进一步要求,对领导干部履行经济责任情况实行审计全覆盖,坚持党政同责、同责同审,做到应审尽审、凡审必严、严肃问责。

党的十九届三中全会明确提出,设立中央审计委员会作为党中央决策议事协调机构,旨在加强党中央对审计工作的领导,构建集中统一、全面覆盖、权威高效的审计监督体系,更好地发挥审计监督作用。中央审计委员会的主要职责是,研究提出并组织实施在审计领域坚持党的领导、加强党的建设方针政策,审议审计监督重大政策和改革方案,审议年度中央预算执行和其他财政支出情况审计报告,审议决策审计监督其他重大事项等。

党的十九届四中全会要求,加强对高级干部、各级主要领导干部的监督,完善领导班子内部监督制度。

党的十九届五中全会进一步强调,加强政治监督,强化对公权力运行的制约和监督。

党的十九届中央纪委五次全会明确提出,制定关于加强对"一把手"和领导班子监督的意见,着力破解对"一把手"监督和同级监督难题。

党的十九大报告以健全人民当家作主制度体系,发展社会主义民主政治为宗旨,通盘考虑深化机构和行政体制改革,健全党和国家监督体系,夺取反腐败斗争压倒性胜利的总体布局,进一步点明了完善我国审计监督的具体要求和突破口。

1.3.2 《党政主要领导干部和国有企业领导人员经济责任审计规定实施细则》(2014)

中央纪委机关、中央组织部、中央编办、监察部、人力资源社会保障部、审计署、国务院国资委于2014年7月27日联合印发了《党政主要领导干部和国有企业领导人员经济责任审计规定实施细则》(简称《细则》)。这份《细则》共8章60条,细化和完善了经济责任审计对象、审计内容、审计评价、审计报告、审计结果运用、组织领导和审计实施等内容。

《细则》明确规定,经济责任审计监督对象包括地方各级党委、政府、审判机关、检察机关,中央和地方各级党政工作部门、事业单位和人民团体等单位的党委(含党组、党工委,统称党委)正职领导干部和行政正职领导干部,以及国有和国有资本占控股地位或者主导地位的企业(含金融企业)的法定代表人和不担任法定代表人但实际行使相应职权的董事长、总经理、党委书记等企业主要领导人员。

根据《细则》,经济责任审计监督的重点是:贯彻执行党和国家有关方针政策及决策部署情况;制定和执行本地区、本部门、本单位发展战略、规划和政策措施,推动地区、部门、单位科学发展情况;重大经济决策情况;财政、财务收支和内部管理情况;履行有关党风廉政建设第一责任人职责及本人遵守有关廉洁从政(从业)规定情况等。

审计评价重点关注经济、社会、事业发展的质量、效益和可持续性,关注与领导干部履行经济责任有关的管理及决策等活动的经济效益、社会效益和环境效益,突出任期内举借债务、自然资源资产管理、环境保护、民生改善、科技创新等重要事项,关注领导干部应承担直接责任的问题。

《细则》确定,经济责任审计结果应当作为干部考核、任免和奖惩的重要依据。各级经济责任审计工作领导小组和联席会议、相关部门应当逐步健全经济责任审计情况通报、责任追究、审计整改、审计结果公告等制度。

1.3.3 《领导干部自然资源资产离任审计规定(试行)》(2017)

2017年,中共中央办公厅、国务院办公厅印发《领导干部自然资源资产离任审计规定(试行)》(简称《规定》)。《规定》明确,开展领导干部自然资源资产离任审计,应当坚持依法审计、问题导向、客观求实、鼓励创新、推动改革的原则,主要审计领导干部贯彻执行中央生态文明建设方针政策和决策部署情况,遵守自然资源资产管理和生态环境保护法律法规情况,自然资源资产管理和生态环境保护重大决策情况,完成自然资源资产管理和生态环境保护目标情况,履行自然资源资产管理和生态环境保护监督责任情况,组织自然资源资产和生态环境保护相关资金征管用和项目建设运行情况,以及履行其他相关责任情况。

根据《规定》,审计机关应当根据被审计领导干部任职期间所在地区或者主管业务领域自然资源资产管理和生态环境保护情况,结合审计结果,对被审计领导干部任职期间自然资源资产管理和生态环境保护情况变化产生的原因进行综合分析,客观评价被审计领导干部履行自然资源资产管理和生态环境保护责任情况。

同时,《规定》明确,被审计领导干部及其所在地区、部门(单位),对审计发现的问题应当及时整改。国务院及地方各级政府负有自然资源资产管理和生态环境保护职责的工作部门应当加强部门联动,尽快建立自然资源资产数据共享平台,并向审计机关开放,为审计提供专业支持和制度保障,支持、配合审计机关开展审计。县以上地方各级党委和政府应当加强对本地区领导干部自然资源资产离任审计工作的领导,及时听取本级审计机关的审计工作情况汇报并接受、配合上级审计机关审计。

1.3.4 《党政主要领导干部和国有企业领导人员经济责任审计规定》(2019)

2019年,中共中央办公厅、国务院办公厅印发《党政主要领导干部和国有企业领导人员经济责任审计规定》(简称《规定》)。修订后的《规定》共7章52条,比2010年版《规定》[①]多了3 000余字。《规定》增加了"坚持和加强党对审计工作的集中统一领导""促进领导干部履职尽责、担当作为,确保党中央令行禁止"等相关的内容。

经济责任审计是中国特色社会主义审计监督制度的重要组成部分。坚持党对审计工作的集中统一领导,强化对权力运行的制约和监督,对促进领导干部履职尽责具有重要意义。

《规定》强调"坚持和加强党对审计工作的集中统一领导"与2018年3月中共中央印发的《深化党和国家机构改革方案》提到的"组建中央审计委员会"一脉相承。《深化党和国家机构改革方案》提到,为加强党中央对审计工作的领导,构建集中统一、全面覆盖、权威高效的审计监督体系,更好发挥审计监督作用,组建中央审计委员会,作为党中央决策议事协调机构。

《规定》从几个方面对经济责任审计进行了明确。

---

① 2010年版为中共中央办公厅、国务院办公厅于2010年印发的《党政主要领导干部和国有企业领导人员经济责任审计规定》(中办发〔2010〕32号)。

(1) 什么是"经济责任"。《规定》指出,经济责任是指领导干部在任职期间,对其管辖范围内贯彻执行党和国家经济方针政策、决策部署,推动经济和社会事业发展,管理公共资金、国有资产、国有资源,防控重大经济风险等有关经济活动应当履行的职责。

《规定》将经济责任审计内容分为三部分:地方各级党委和政府主要领导干部经济责任审计的内容;党政工作部门、纪检监察机关、法院、检察院、事业单位和人民团体等单位主要领导干部经济责任审计的内容;国有企业主要领导人员经济责任审计的内容。《规定》对每一部分内容都有详细规定,关于地方各级党委和政府主要领导干部经济责任审计的内容共包括七项:①贯彻执行党和国家经济方针政策、决策部署情况;②本地区经济社会发展规划和政策措施的制定、执行和效果情况;③重大经济事项的决策、执行和效果情况;④财政财务管理和经济风险防范情况,民生保障和改善情况,生态文明建设项目、资金等管理使用和效益情况,以及在预算管理中执行机构编制管理规定情况;⑤在经济活动中落实有关党风廉政建设责任和遵守廉洁从政规定情况;⑥以往审计发现问题的整改情况;⑦其他需要审计的内容。

(2) 审计结果怎么用。《规定》解决了审计结果怎么用的问题。《规定》的计划性比较强。在《规定》出台前的经济责任审计实践中,更多的审计内容是离任审计,且审计计划性不太强。《规定》第五条明确提出,以任职期间审计为主,这就极大地增强了审计的计划性。《规定》还提出,年度经济责任审计项目计划一经确定不得随意变更,这为做好审计工作提供了有力支撑。

《规定》明确了审计结果的运用和审计问题的整改措施。《规定》明确了"联席会议其他成员单位""有关主管部门"应当在各自职责范围内运用审计结果,"被审计领导干部及其所在单位"根据审计结果应当采取的整改措施。例如,第四十八条规定,被审计领导干部及其所在单位根据审计结果,应当采取的整改措施包括以下五个方面:①对审计发现的问题,在规定期限内进行整改,将整改结果书面报告审计委员会办公室、审计机关,以及组织部门或者主管部门;②对审计决定,在规定期限内执行完毕,将执行情况书面报告审计委员会办公室、审计机关;③根据审计发现的问题,落实有关责任人员的责任,采取相应的处理措施;④根据审计建议,采取措施,健全制度,加强管理;⑤将审计结果及整改情况纳入所在单位领导班子党风廉政建设责任制检查考核的内容,作为领导班子民主生活会及领导班子成员述责述廉的重要内容。

比较而言,2010年版《规定》对审计结果的运用没有做明确具体的要求,修订后的《规定》在第六章专门规定审计结果如何运用,内容非常细化,并且明确"联席会议其他成员单位""有关主管部门"怎么运用,"被审计领导干部及其所在单位"怎么整改等,这对今后各方面加强对审计结果的运用提出了非常明确的要求,解决了之前审计机关只负责审计,而在审计结束后各方面不能有效运用审计结果的问题。

(3) 如何实现审计全覆盖。审计全覆盖是指审计机关在法定职权范围内,对公共资金、国有资产、国有资源和领导干部履行经济责任情况进行的审计,做到在一定周期内对所有审计对象的全覆盖。概括地说,全覆盖就是对法定审计对象和范围的全面覆盖。

《规定》第十二条提到了审计全覆盖:经济责任审计应当有计划地进行,根据干部管理监督需要和审计资源等实际情况,对审计对象实行分类管理,科学制定经济责任审计中长期规划和年度审计项目计划,推进领导干部履行经济责任情况审计全覆盖。《规定》还提出,经济责任审计可以在领导干部任职期间进行,也可以在领导干部离任后进行,以任职期间审计为主。

1.3.5 《党政主要领导干部和国有企业领导人员经济责任审计规定实施细则》(2019)

2019年7月16日,两办印发了《党政主要领导干部和国有企业领导人员经济责任审计规定实施细则》(简称《细则》)。《细则》对《规定》的相关内容进行了细化和解释。

(1) 聚焦经济责任,充分发挥经济责任审计在规范权力运行中的重要作用。经济责任审计是中国特色社会主义审计制度的重要组成部分,是强化干部管理监督、规范权力运行的重要措施。《细则》要求各级审计机关充分认识经济责任审计的政治属性和政治功能,紧扣领导干部经济责任,以公共资金、国有资产、国有资源的管理、分配和使用为基础,恪守审计权力边界,既不能越位,也不能缺位;根据领导干部职责要求,围绕应该干什么、干了什么、干得怎么样等,找准审计切入点和着力点,突出党和国家经济方针政策贯彻落实情况,突出经济社会发展中各类风险防范化解情况,突出重点民生资金使用和项目建设情况;要严格审计质量控制,规范审计程序,依法依规作出审计评价,敢于和善于揭示问题,更好地发挥经济责任审计作用。

(2) 经济责任审计项目不得委托其他组织独立实施。经济责任审计是党中央、国务院交给审计机关的一项重要政治任务,各级审计机关要严格依照法定职责、权限和程序行使审计监督权,依法开展审计;遇有审计力量不足、相关专业技能受到限制等情形时,在严格项目管理、强化质量控制的前提下,可以从社会中介机构、科研机构、高等院校以及其他企事业单位等组织聘请具有与审计事项相关专业知识的人员参加审计工作或者提供专业技术支持,但不得将经济责任审计项目整体委托其他组织独立实施。审计机关要加强与组织部门的沟通协调,不断强化经济责任审计项目计划管理,既要尽力而为,也要量力而行,坚持有所为、有所不为,确保审计质量。

(3)加强对外聘人员参与经济责任审计项目的组织管理。审计组如果需要外聘人员,应当经具体组织实施项目的审计机关批准。审计机关要对外聘人员做好组织管理,强化审计进度、审计流程、审计内容等方面的主导和控制,规范审核复核审理程序,明确权利义务,防范审计风险。外聘人员要落实审计机关有关质量控制的要求,遵守廉洁、保密等审计工作纪律,服从审计机关的工作安排。外聘人员不能担任审计组(含审计小组)组长、主审,不能独立开展外部调查,不能承担现场廉政监督、经费管理、涉密资料保管等工作。外聘人员对其工作结果负责,审计机关对利用其结果所形成的结论负责并做好相关事项的归档工作。

(4)加强经济责任审计工作的培训和督导。《细则》要求各级审计机关进一步加强审计干部队伍专业化建设,坚持以政治建设为统领,加强实践锻炼、专业训练,不断提升政治素质和专业素养;加强经济责任审计的制度化规范化建设,强化对下级审计机关的检查指导和业务培训,抓好各项制度规范在本地区的贯彻落实。各部门、各单位内部管理领导干部经济责任审计工作参照本《细则》要求执行,各级审计机关要做好指导和监督,深入开展调查研究,及时了解、掌握工作进展,研究解决遇到的困难和问题,推动内部管理领导干部经济责任审计工作不断深化。

1.4 经济责任审计研究述评

本小节介绍经济责任审计的历史沿革、经济责任审计的国外研究状况及相关文献、经济责任审计的国内研究状况及相关文献、领导干部自然资源离任审计研究状况及相关文献,在此基础上,本小节对研究状况进行总体评述并阐述经济责任审计推动审计理论创新的十大表现。

1.4.1 经济责任审计的历史沿革

受托经济责任是审计产生和发展的基础。纵观中外审计发展史,我们可以发现,早期的审计,特别是政府审计,都将审查与评价经济责任人履行经济责任的情况作为审计的主要目标和重要内容,审计所运用的方式与方法与现在我们开展的经济责任审计相似,这与审计产生的基础及目的是密不可分的。

1. 国外经济责任审计的历史沿革

(1) 国外古代的经济责任审计。

古埃及在法老统治的时期就设有监督官,监督官负责对全国各级机构和官吏是否忠实地履行受托事项、财政收支记录是否准确无误进行监督检查(林钟高和龚明晓,1998)。这种对官员管理和监督的形式具有经济责任审计的性质。

古代希腊的政府审计更是如此。在2 000多年前的雅典城邦,官吏从当选到卸任的短短一年多时间里,要接受上任前的资格审查、任职期间的称职与否的信任投票和卸任时的经济责任审查。当时500人议事会的所有官员在卸任时均必须按照规定在离职后30天以内向审计官报送自己登记的会计账簿。只有在审计官确认他们报送的账簿中不存在任何工作差错,他们无贪污、受贿行为之时,他们才可以卸任离职,否则就要提交法院判决;法庭倘若判决罪证属实,就对官员处以贪污或受贿款额的10倍罚金(文硕,1996)。

古罗马在哈德良和马卡斯安略统治时期设置有监督官,其职责是对一些城市在公共建设方面的挥霍浪费所导致的财政巨额赤字现象进行就地审计并加以制止(林钟高和龚明晓,1998)。

(2) 国外中世纪的经济责任审计。

中世纪的欧洲国家也设有审计机构和人员,他们负责对国家的财政收支进行监督。例如,法国在资产阶级大革命前就设有审计厅,1256年法兰西国王圣路易曾下令,命其官吏将计算书送到巴黎,接受审计人员的审查。17世纪之初,英国出现了与经济责任审计类似的审计,当时英国设置国库审计长一职。由其负责对国家财政进行审计。当时,审计的目的仍是检查经管财务收支的人员是否有贪污舞弊行为。例如,听证人制度、寺院审计制度、行会审计制度、庄园审计、城市审计、宫廷审计等,都是为了检查会计账目是否正确、收入是否实在、开支原因是否合理,以此确认经管者是否诚实,以及其经济责任的履行过程和结果等情况(林钟高和龚明晓,1998)。

(3) 国外现代的经济责任审计。

虽然现代审计的审计目标在不断发展变化,但是,归根结底,现代审计是一种对经济责任人履行经济责任情况的审查。法国会计法庭、西班牙审计法院、日本会计检查院和罗马尼亚最高财政监督院等就是很好的例证。

法国会计法庭主要审查经营或使用公共资金的所有法人或自然人的会计账目

的真实性和管理质量。为此,会计法庭内部建立了一个预算纪律法庭,负责处理各级领导人的问题。如果会计法庭经过检查认为需要给领导人以适当惩处,可以将案件移交给预算纪律法庭审议。法国会计法庭对会计人员具有特殊审判权,如果发现会计人员有舞弊行为,经过审判,对轻者可追究责任,责令赔偿损失,对重者可判决监禁,其判决属于终审判决,会计人员不能上诉。

西班牙审计法院具有经济司法的职能,即可以对经济案件予以审判裁决。它通过对经济违法案件的审理,有权依法判决对当事人处以罚款、赔偿或建议政府给予违法官员以停职、停薪、调离等行政处罚;但不能对当事人进行刑事判决,对于犯罪情节严重的当事人,可按法律的规定,移交普通法院审理。西班牙审计法院能制约国王权力,是抵制集权王朝滥用职权的机构,为保证国家法律和政策法令的贯彻执行,其同立法和行政执行机构相互制约、协调工作。

日本会计检查院将国家出资金额在50%以上的法人财务事项都列为必审项目,如检查结果表明国家和公司的会计人员由于失职或重大过失导致国家和公司遭受重大损害,会计检查院可要求其上级及其他监督者对其给予惩罚处分(林钟高和龚明晓,1998)。

罗马尼亚曾经设置最高审计组织最高财政监督院,在执行其他审计的同时,最高财政监督院还可以对工业中心经理以上领导人员的违反财经纪律问题行使司法权。罗马尼亚最高财政监督院的审计工作十分强调在查出问题后依法惩处当事人。最高财政监督院司法委员会可以审判任何领导干部违反财经纪律的案件。该院司法监督部享有司法审判权,可以起诉审判因违反国家财经纪律、贪污受贿等给国家造成财产损失的单位和负责人,也接受和处理当事人因对其他监督部门处理不服而上诉的案件。该院对当事人可判处罚款、扣款、赔偿损失和冻结工资等处罚。涉及行政纪律处分的,该院可以建议其上级主管部门处理,包括提出撤换领导人的建议。对涉及刑事的案件,应移交给国家法院审理。

上述国外经济责任审计的历史说明,对政府官员等经济责任人实行经济责任审计自古有之。国外的经济责任审计是随着社会生产力发展、所有权与经营权的分离,伴随着受托经济责任关系的产生与发展而产生和发展的。

2. 国内经济责任审计的历史沿革

1) 中国古代的经济责任审计

我国审计始于周代。据《周礼》记载,当时有从经济责任方面来考察百官之治,并以此论功行赏的制度。西周司会的钩考之权涉及王朝各财物保管部门和使用部门,司会负责考核各部门、各个经济环节的百官工作。宰夫对官府、郡都、县鄙行使考核的职权,负责全面审查各级官府财政收支的合法性。宰夫对不合法的情形直接向冢宰乃至君王报告并依法惩办相关官员;对奉公守法的官吏则予以奖赏。可见,周代的审计活动既从真实、正确、合理的角度来审查群吏履行其经济责任的情况,又从合法性的角度来考核评价群吏。

战国时期形成的"上计制度"是年终以送审会计报表的形式考核地方官吏政绩的一种制度,其实质就是从经济责任的角度来考核官吏,并根据其履行经济责任状况的考核结果对其进行赏罚。

到了秦代,我国有了较为丰富的经济责任审计的内容。秦法规定,如果官员的会计记录不正确,有漏记、错记、不应有的注销等,不仅要依法对其进行罚款,而且要令其赔偿所造成的损失;仓库因过分超储,或亏空不足,或以多报少,或瞒而不报,或非法注销而造成损失的,要其进行赔偿并对其追究责任;在新旧官吏交接时,由专人对经管的库存实物进行清点,确保账实相符,若发现问题要报告上级,并派人重新审核复查;若审查出会计或主管会计的官员不按照制度的规定收缴实物,造成差错事故的,不论问题轻重都要进行经济处罚。

西汉的"上计制度"作为法律条款被列入了"上计律",具有强制性的法律效力。根据规定,各级地方官吏将辖区内的户口、垦田、钱财、谷物变化情况编成簿册,层层上报,由御史大夫主持,皇帝亲自"受计",即听取报告。这样不仅可以监督官吏经手的财物收支情况,而且可以考核他们履行职责的情况,评价他们的业绩,进行奖惩。

隋文帝在执政时期亲自抓公务费的管理,改领用报销为"咸置廨钱,收息自治",即由国家拨给各部门一笔资金作为本钱,由各部门取其利息作为百官办公费用,并加强对利息收入的监察管理,不准滥用。对善于理财并躬行节俭的官吏,通过考核,给予奖励;对于贪污犯罪的官吏从严处治,甚至处以死刑。

唐朝实行比部和御史台制度。政府各部门的上计报告均先由户部审查,再送比部复核。比部在复核时,如发现有违章、差谬、失职、弊伪之事,有权直接给予当事人行政处分。如果高级官吏有贪污舞弊行为,则由比部移送御史台,御史台上奏君王予以弹劾,并按唐律处以革职查办、判刑、流放及死刑。

宋朝设置审计院以加强对百官职责履行情况的考核工作。

明朝设置都御史和道御史,由其分别审查中央财赋和地方财赋,并规定监察御史每3年对当地行政长官逐一进行审查。

清代由都察院户、工两科和各道执掌审计职权。户科对支领财物、直省钱粮交盘等有审计职权,在执行这些职权时,如发现有"浮冒""蒙混""违限"等情况都要揭发其罪状。"直省钱粮交盘"职权规定:"藩司交代,必将其任内收放钱粮交盘,出给造册。呈巡抚送户科查核。若州县钱粮完欠不清,长官提同捏报,或抑勒放任接收,许接任官清理,直揭户科题参。"这足以说明,在清代,对地方行政长官的离任要进行经济责任审计。

2) 中华民国时期的经济责任审计①

在中华民国时期,经济责任审计延伸至工商企业,企业经营者的经济责任是重要审计内容。国民政府制定的《审计法》(1938年)不仅把稽察财政上的不法或不忠于职务的行为列入其审计职权之一,而且把公有营业及公有事业列入审计的范围。民国审计依其职权范围而言,包括事前审计、事后审计及稽察三项。稽察的目的在于审计财政上违反法令规定的行为和法定负责处理财务的人员"应为而不为"的行为。修正后的《审计法》(1939年)中又增补了"核定财务责任"等三项职权,明确规定,机关人员要解除应负的财务责任,必须通过审计机关的考核。审计人员如发现机关人员有财务上不法或不忠于职务的行为,应报告其主管审计机关,通知该机关长官进行处理,并由审计机关报请监察院依法处理,对涉及刑事者,移送法院办理,并报告监察院。

这一时期,中国共产党领导的新民主主义革命政府十分重视经济责任审计工作。1931年,中华苏维埃共和国临时中央政府(简称中华苏维埃政府)成立,1932年中华苏维埃政府成立了中央苏维埃政府审计委员会,由其负责掌管总预决算的审核、簿记之检查及审核国家预算支出、国库现金及存款事项等。1934年,中华苏维埃政府颁布了《中华苏维埃共和国宪法大纲》《中华苏维埃共和国中央组织法》和《中华苏维埃政府审计条例》,规定中央执行委员会下设审计委员会,负责审核国家岁入与岁出,监督国家预算之执行等。在抗日战争、解放战争时期,各解放区也设立了相应的审计机构,负责审核财政、财务收支和财政干部忠于职守情况。此时经济责任审计的目标是"节省每一个铜板为着战争和革命事业"。中国共产党领导下的经济责任审计在战争年代对节约财政支出、保障战争供给、维护革命纪律、树立廉洁作风起到了应有的作用。

上述史实说明,经济责任审计在我国源远流长,经济责任审计始终与受托经济责任有着不解之缘。

---

① 摘编自朱锦余和赵新杰主编的《经济责任审计》(东北财经大学出版社2002年版,第10页)。

1.4.2 国外围绕审计责任的确定、解除、问责的研究

美国审计署(United States Government Accountability Office,字面译为美国政府责任署,简称GAO)是服务于美国国会的专门机构。GAO的作用在于帮助国会监督联邦政府的规划和各种活动以保证其履行对美国人民的受托经济责任(accountability)。政府的受托经济责任是指受托管理并有权使用公共经济资源的政府和机构向公众说明其全部活动情况的义务。

加拿大联邦总审计长公署(Office of the Auditor General,简称OAG)的总体职责在于对联邦政府运作过程进行审计,并向国会提供独立的信息、建议和认证服务,以帮助政府承担应有的公共受托经济责任。

意大利审计法院的职责在于对国家预算管理及资金平衡表的情况行审计,并向议会报告工作。它主要通过事前或事后审计的方式,对政府的公共资金(资产)管理责任的履行情况进行调查,并提供评价意见。

美国《政府审计准则》对政府责任及审计的职能做了如下的描述:坚持透明公开并负责地使用公共资源原则是政府运行的关键;政府官员和政府资金的领取人应在追求期望目标的同时保证公共部门有效、经济并遵循道德标准公正地运行;高质量的审计对政府责任公开和使资源利用及产出关系透明化至关重要。

美国《政府审计准则》指出,公共资源的受托经济责任概念对于国家的治理过程非常关键,立法者、其他政府官员和社会公众需要了解:第一,政府资源管理是否适当,并且符合法律法规要求;第二,政府项目是否达到了其目标或获得满意的结果;第三,政府所提供的服务是否有效率、是否经济、是否有效果。

加拿大联邦总审计长 Sheila Fraser 曾说,加拿大人期待政府能负责任地花费纳税人的钱并且以应有的勤勉去处理相关的项目和提供服务。他们期待政府和官员诚实、友善以及对他们的行动负责。

Chennai(2004)在其论文 *Better accountability of public service agencies: listen to the voice of people* 中指出:"确保政府有效地运用权力来向任何一个需要帮助的人提供合法的服务,是人们对审计的另外一个基本要求,这个基本要求将使公众对公共服务机构和行使权力的官员都产生积极的影响。"

上述文献、事实与观点说明,国外审计机构对官员使用公共资金的情况实施监督、评价,以及对政府官员施政责任的情况进行考评,其内容与要求与经济责任审计相似。这也从一定意义上促使我们要结合自身的实际,学习和借鉴国外的经验,

研究适合我国国情的经济责任审计理论与方法。

1.4.3 关于经济责任审计的国内研究状况及相关文献

随着审计署对经济责任审计的日趋重视,经济责任审计在国家审计中所占的比重日益提高,理论界也展开了对经济责任审计的大讨论,其主题涉及经济责任审计的各个方面(蔡春和陈晓媛,2007)。经济责任审计是国家审计研究的重点内容,关于经济责任审计的研究大致有如下几类。

1. 关于经济责任审计的概念

目前,理论界对经济责任审计的概念基本达成共识。经济责任审计是指审计机关或其他审计组织受干部管理部门委托,根据国家法律法规和相关政策,对党政领导干部及国有企业领导人员所在部门、单位的财政、财务收支或企业资产、负债、损益情况的真实性、合法性、效益性,以及有关经济活动的经济责任进行的审计监督行为(胡力,2001;于保和和张相洲,2002;崔孟修,2007),其主要内容包括对行政机关、企事业单位主要负责人任职期间履行经济职责、遵纪守法情况的监督评价活动(刘炎,2000)。

经济责任审计不仅审计单位财政、财务收支的真实性,还审计单位经营管理活动的合法性及领导者个人经营管理活动的合理、有效性。概括而言,经济责任审计包括与责任人相关的经济行为、经济结果和管理制度(姜彦秋,1999;辛金国,2002)。党政领导干部任期经济责任审计是指国家审计机关对各级党政领导干部任期内负责的地区、部门或单位的财政、财务收支的真实性、合法性和效益性以及应承担的经济活动责任进行的监督和评价(刘颖斐和余玉苗,2007;阮滢,2008)。企业经济责任审计则是对企业领导人在任职期间所在企业的资产、负债、损益情况的真实性、合法性、效益性以及相关经济责任的审计监督、鉴证和评价(彭振威,2005)。

经济责任审计具有较强的政策性,审计内容广泛,审计结果针对性强,审计风险高(张玉鹏,2001)。它与传统的财政、财务收支审计既有区别又有联系:两者的动因、审计主体、程序和范围相同,但其审计目标、客体、内容、目的和评价指标体系不同。经济责任审计可以利用财政、财务收支审计的成果(胡力,2001)。

1999年5月24日,中共中央办公厅、国务院办公厅发布了《县级以下党政领导干部任期经济责任审计暂行规定》和《国有企业及国有控股企业领导人员任期经济责任审计暂行规定》(简称中办国办两个暂行规定),分别定义了领导干部和企业领导人员的任期经济责任。2010年12月8日,中共中央办公厅、国务院办公厅印发了《党政主要领导干部和国有企业领导人员经济责任审计规定》,由其取代1999年发布的暂行规定。2019年修订的《党政主要领导干部和国有企业领导人员经济责任审计规定》进一步明确了经济责任的定义和审计内容。

从国内文献来看,当前学术界对任期经济责任审计的概念界定及相关问题的认识逐渐趋同,基本统一于中共中央办公厅和国务院办公厅的规定。

2. 关于经济责任审计的种类

经济责任审计的种类主要依据审计内容和审计对象进行划分。按审计内容分类,主要有离任经济责任审计、任期内定期经济责任审计和任期经济责任审计(姜彦秋,1999)。关于离任经济责任审计的研究多集中于其时效性(萧玉琴,2001;单彗贞,2002)。关于任期经济责任审计的研究则主要基于现状,提出改进建议,将事后监督改为事前、事中监督,及时发现并纠正问题,防止失误(张炳权和贺振山,1998)。

3. 关于经济责任审计的主体

经济责任审计的主体包括国家审计机关、内部审计机构和社会审计组织(简燕玲和辛旭,2006)。国家审计机关是唯一合法的经济责任审计主体(韩锐,2010),在企业领导人员经济责任审计中扮演执行者角色,真正主体是行使出资人权利的各级政府(姚爱科,2007)。党政领导干部任期经济责任审计的主体必须是国家审计机关,而社会审计组织进行经济责任审计则符合委托人利益最大化(底萌妍,2007)。审计人员不能以个人名义行使经济责任审计权力(梁雪铖,2009)。国有企业领导人员经济责任审计应由国资委主导(郑英林,2005)。

4. 关于经济责任审计的内容

关于经济责任审计的内容,相关学者的代表性观点,如表1-1所示。

表1-1　　　　　　　关于经济责任审计内容的代表性观点

代表性学者	核心观点
姜彦秋(1999)	任期经济责任审计具体包括的内容有:任期经营目标的实现情况;重大经营活动的决策是否具有民主性与科学性;资产、负债、损益的真实性;职工收入及福利情况;遵纪守法的情况
吕文基(2002)	党政领导干部经济责任审计的评价内容包括:预算执行和决算审计或财务收支计划执行情况和决算审计;审计预算外资金的收入、支出和管理情况;审计专项基金的管理和使用情况;国有资产的管理、使用和保值增值情况审计;遵守国家财经法律法规,财政、财务收支的内部控制制度,廉政法纪等有关需要审计的事项

（续表）

代表性学者	核心观点
陈晓芳和桂珍若(2006)	高校经济责任审计的内容包括：国家和学校财经法规、文件、制度的贯彻与执行情况；单位内部各项管理制度和内部控制制度的建立与执行情况；本单位财务收支的预算、计划、分配的执行情况；各项资金收入的真实性、合法性情况；各项支出及分配的合规性与真实性情况；本人勤政理财与廉洁自律情况等
高占江(2007)	县长经济责任审计的主要内容包括：任期经济发展实绩审计；全部政府性资金收入审计；全部政府性资金支出审计；资金管理制度和经济政策审计；县长本人遵守财经纪律和廉洁自律情况
白日玲(2008)	基层领导干部经济责任审计的内容主要关注决策责任、执行责任、发展责任、管理责任、廉政责任等"五项责任"

5. 关于经济责任审计的动因

经济责任审计作为中国特色的经济监督制度，源于我国独特的制度背景(陈波，2005)。民主思想的确立和公有制是催生官员经济责任审计的两个关键社会因素(巫昌国和程庆，1997)。审计产生的客观基础和根本动因在于受托经济责任关系，而这种关系构成了经济责任审计的理论基础(秦荣生，1999)。经济责任审计和财务收支审计都以受托经济责任关系为基础，是资源占有人实现对资源有效管理与使用的必要手段和保证机制(梁雪铖，2009)。审计的理论依据在于特定受托经济责任关系的存在，这种关系明确指向行为人本身(蔡春和陈晓媛，2005)。政府委托的直接管理者和经营者，即党政领导干部和国有企业经营者，是经济责任审计的对象，因此，经济责任审计的实质为委托审计，是政府指令下的行为(郭振乾，1997)。党政领导干部经济责任审计是随着经济体制改革逐步建立和发展的，体现了经济和政治体制转型的内在需求。

6. 关于经济责任审计的独立化

关于经济责任审计的理论定位，目前国内存在两种观点：一种观点是独立审计类别论。蔡春和陈晓媛(2007)认为，经济责任审计能够或可以独立为一种新的审计类型或形式，其基本理由是：经济责任审计独立化是审计产生和发展之内在依据（或规律）所决定的；受托经济责任的内容和形式与时俱进地创新与发展是经济责任审计独立发展的内在依据；经济责任审计独立化是回归审计产生之历史本原。柏继民(2000)认为，经济责任审计是与财政、财务收支审计，经济效益审计，财经法纪审计并驾齐驱的独立审计类别。

另一种观点以李金华(2002)为代表，认为经济责任审计作为财政、财务收支审计、经济效益审计、财经法纪审计结果的人格化,是特定政治经济环境下的产物,不是独立的审计类别。

7. 关于经济责任审计的风险

相较于常规的财政、财务收支审计,经济责任审计所处的审计环境更为特殊和复杂,审计风险因素更高(王道成,2003;秦小丽和常丽娟,2005)。审计的高风险因素包括:被审计人员责任目标不明确、被审计单位会计资料不真实、经济活动资料不完整、审计对象任期时间长和情况复杂、行业评价指标体系尚未建立、经费预算不足等外部客观性因素,以及审计程序不到位、审计方法单一、审计人员素质不够高、内控不到位、审查未分离等内部主观性因素。这些因素共同导致经济责任审计风险难以避免(刘炎,2000;李少军等,2007;黄长江和杨慧媛,2009)。

8. 关于经济责任审计的评价与方法

(1) 党政领导干部经济责任审计。韦小泉和王立彦(2015)在中国审计理论体系基础上,系统提出了设计地方党政主要领导干部经济责任审计指标体系的理论框架。他们设计了包括区域经济和社会发展状况、地方财政收支状况、重要经济决策情况、贯彻执行国家或上级党委政府政策情况以及廉政勤政五个维度的评价指标体系。该体系采用层次分析法和模糊综合评价法对各指标进行定量分析和综合评价,为地方党政主要领导干部经济责任审计提供了指导。评价指标包括财政收入增长率、税费上缴增长率、国有资产保值增值率、财政支出增长率及专项支出占总支出比重、财政资产负债率、投资收益率、社会保障资金增长率、财政财务真实率、违规违纪金额比率(吕文基,2002)。王学龙(2003)提出了经济性指标体系和非经济标准相结合的评价方法。传统的综合评价方法难以体现重要影响因素的均衡性要求,黄溶冰(2013)利用层次变权综合评价法提出了一种新的权重分配方法,对违反或遵循科学发展观的节能减排因素进行"惩罚"或"激励",有助于实现地区经济绩效与环境绩效的和谐。刘慧斌和任宏伟(2003)提出用六大指标来量化经济责任审计评价,包括经济决策指标、制度落实指标、经费管理指标、物资管理指标、事业保障指标、廉洁从政指标。成法民(2011)认为,高校经济责任审计评价指标体系可包含预算状况、资产状况、主要费用支出状况、内部控制状况、经济创收状况、经济责任目标完成状况、违纪违规情况和个人廉洁自律情况八个部分。宋晴蔚(2004)提出的党政领导干部经济责任审计方法强调期内全面审计与期外适当延伸审计相结合、账据数表的全面审计与必要的社会调查相结合、受托审计内容的全面审计与典型事项的重点解剖相结合、纵向比较与横向比较相结合。

然而,常规的环境审计往往未与环境责任承担者的个人责任联系起来,导致环境责任的弱化。刘笑霞和李明辉(2014)介绍了将区域环境审计纳入地方党政主要领导干部经济责任审计的实践,这有助于促进领导干部履行环境保护责任,实现地区经济绩效与环境绩效的和谐。

(2) 企业领导干部经济责任审计。关于企业领导干部经济责任审计指标体系构建的主要观点如表1-2所示。

表1-2　　关于企业领导干部经济责任审计指标体系构建的主要观点

代表性学者	核心观点
张建国和沈潞嵘(2001)	通过经费自给率、资产负债率、负债增减率、资产保值增值率、资产增长率等指标对事业单位党政领导干部任期内经济责任审计进行评价
田国双等(2002)	从定量、定性两方面对领导干部任期内单位的资产、负债和损益状况及其他经济责任进行反映,并借鉴《国有资本金绩效评价规则》中的权数以打分的形式来评价
洪承旭和阎建军(2002)	商业银行领导人员任期经济责任审计评价指标体系可从发展能力指标、资产安全性指标、资产流动性指标和财务效益性指标四个方面予以确定
李晓群(2003)	从财务效益状况、资产营运状况、偿债能力状况、发展能力状况、社会贡献与积累状况、投资状况六个方面来评价
王晓慧(2006)	国有企业经济责任审计评价指标涉及财务责任评价指标、管理责任评价指标、法纪责任评价指标、社会责任评价指标四个方面
张英福和马丽莹(2008)	包括评价财务活动真实合法性状况、国有资产保值增值状况、内部控制制度健全和执行状况、重大经济决策状况、可持续发展状况和领导干部个人廉洁自律状况等指标
王学龙等(2010)	根据平衡计分卡的结构设立四个层面的评价指标体系,即财务层面、客户层面、流程层面和发展层面,并按一定的权重进行打分,最后按公式计算出综合评价分值。其中,财务层面的权重为50%,客户层面的权重为20%,流程层面的权重为20%,发展层面的权重为10%
黄溶冰(2016)	从马克思主义经济学的产权理论出发,基于压力(P)—状态(S)—响应(R)模型,以自然资源开发压力削减、自然资源资产状态改善、自然资源管理响应落实之间的有机联系为基础,构建自然资源资产离任审计的理论结构,在此基础上,分析自然资源资产离任审计的目标、对象、内容、方法和模式。根据PSR模型,设计自然资源资产离任审计的评价指标体系

(续表)

代表性学者	核心观点
郑国洪(2017)	从生产经营、可持续发展、绿色社会责任三个维度,构建国企绿色经济责任综合审计评价指标体系,该指标体系包括三个一级指标、十七个二级指标。以层次分析法(AHP)构建了国企绿色经济责任综合审计评价模型

9. 关于经济责任审计的治理效应

经济责任审计被视为加强权力监督、强化干部管理的重要工具,在我国已经运行多年。其主要目的是评估领导干部的经济行为。根据经济控制论和免疫系统观,经济责任审计通过加强审计力量、审计执行力度和审计业务量,预防和惩治领导干部腐败,提高财政收支绩效。其关键在于揭示领导层制度性腐败漏洞,通过审计反腐机制的变革和创新进行权力制约。特别审计制度与"惩治和预防腐败体系"相结合,构建了惩防并举的廉政审计模式。经济责任审计不仅是强化权力监督和推进依法治国的重要方式,也是国家治理效率提升的关键手段和国家审计参与国家治理的最佳切入点。然而,全面推进依法治国和国家治理能力现代化,对经济责任审计提出了更高的要求和新的挑战,需要进一步探索其服务国家治理的路径。深化经济责任审计需要推行权力清单制度、完善审计结果公告制度、创新平等互动的审计模式和加强责任政府文化的培育,以更好地服务于国家治理。

审计机关作为政府责任的问责主体,经济责任审计作为重要的问责方式,在加强和促进政府履行责任中发挥着重要作用。然而,由于审计机关作为问责主体的资格尚不明确,相关法律法规不够完善,审计问责意识不强等原因,经济责任审计在政府问责制建设方面还存在诸如审计问责不公开、内容延伸不到位等问题。

经济责任审计力量的增强和执行力度的加大能够有效预防领导干部职务犯罪;同时,审计人员数量的增加也能够强化审计力量,降低单位国内生产总值耗费的行政管理费用。为了提高经济责任审计的运行效果,需要构建完善的经济责任审计监控体系。研究发现,经济责任审计执行力度的增强与下一年财政支出配置效率的提高呈现稳健的正相关关系,这进一步证实了经济责任审计制度的溢出效应。本卷的研究为我国独创的经济责任审计制度的治理效应提供初步的经验证据,并为提升财政资源配置效率指出了一个可能的路径。

(1) 经济责任审计与反腐败。反腐败体系必须具备预防、发现、惩戒、预警和控制等功能。政府审计在预防、发现、惩戒、预警和控制腐败等方面具有重要意义。

与其他反腐败机制相比,审计在专业性、经常性等方面具有独特优势。因此,我国在建立反腐败预防和惩治体系的过程中,应重视政府审计的作用。我国政府审计在反腐败方面取得了显著成就,但仍存在许多问题和不足。未来,应正确认识审计在反腐败体系中的地位和作用,并从审计体制、基础制度、审计思维以及审计内容等方面进行改革和完善,以更好地发挥政府审计的作用(李明辉,2014)。吴勋和王雨晨(2016)利用2008—2012年省级面板数据,实证检验财政分权、经济责任审计功能对官员腐败的影响程度。研究发现,财政分权和经济责任审计的预防功能显著影响官员腐败,但经济责任审计的揭示功能与抵御功能对官员腐败影响不显著。马志娟(2013)尝试通过将腐败治理和经济责任审计与政府问责联系在一起,从完善经济责任审计问责制的角度寻找治理腐败的有效途径。政府问责与经济责任审计密切相关,腐败治理有利于实现政府问责和建立责任政府,有效的政府问责可以遏制腐败的发生,为腐败治理提供有效途径。经济责任审计是政府问责制中不可或缺的一环,从有效实施问责制的角度来看,经济责任审计问责制可视为政府问责制的一部分,其有效实施将有利于腐败治理。

(2)经济责任审计与干部任用。经济责任审计与党政领导干部选拔任用制度的理论逻辑具有一致性,后小仙和赵中伟(2016)探讨了经济责任审计与领导干部选拔任用的制度耦合效应。从规范性、科学性、开放性和修复性四个维度出发,反思了当前党政领导干部选拔任用制度所面临的现实困境,并提出了基于经济责任审计的党政领导干部选拔任用制度的优化路径。

(3)经济责任审计与微观企业治理。国家审计促进了地方国有企业创新,提高了地方国有企业创新投入强度。国家审计主要通过缓解地方政府干预对地方国有企业创新的不利影响和降低地方国有企业代理成本两种机制来影响创新投入。国家审计有助于改善地方国有企业未来的财务绩效,但对地方国有企业创新绩效的影响并不显著(程军和刘玉玉,2018),他们通过2012—2016年省级地方政府数据,以环境污染为研究切入点,实证检验了领导干部经济责任审计与地方政府治理的关系。研究表明:国家审计具有治理功能,经济责任审计强度越大,地方政府治理效率越高;与市场化程度和法治水平较高的地区相比,经济责任审计对政府治理的促进效果在市场化程度和法治化程度较低的地区更为明显;从经济发展质量考察,经济责任审计对地方政府治理的积极作用主要体现在高GDP增长组和低GDP水平组。此外,地区环境污染问题越严重,经济责任审计的投入力度越大,即国家审计能够识别并在审计实践中切实关注被审计对象应承担的环保责任(蔡春等,

2020)。

10. 关于经济责任审计的其他方面

除了前述经济责任审计所涉问题,学术界还对其他方面进行了一定的探讨。在审计报告方面,经济责任审计报告指的是审计组在完成经济责任审计后向指定的审计机构提交的报告,其实质上属于内部审计文献。编写经济责任审计报告需要注意以下三个方面:一是把握经济责任审计报告的特点,二是准确确定经济责任审计报告的主要内容,三是规范经济责任审计报告的格式(路秀丽,2003)。就政府审计问责制度而言,审计机关作为政府责任的问责主体,经济责任审计作为重要的问责方式,在加强和改进政府责任方面发挥了关键作用,其主要作用体现在强化政府及领导的责任、健全政府问责机制、深化问责内容、扩大问责范围以及提高问责效率等方面(郑颖,2009)。梁雪铖(2009)对比了经济责任审计与财政、财务收支审计在审计主体、项目立项方法、审计监督依据、审计管辖权限、审计目的、审计目标、审计对象、审计范围、审计重点、审计标准、审计方法、报告文书形式、审计处理方式、责任追究主体、审计结果利用方式、实践状态、审计思维逻辑以及审计资源配置要求十八个方面的异同。韩锐(2010)从经济责任审计法律关系、经济责任审计监督权、经济责任审计评价、经济责任审计中的责任划分、经济责任审计报告的法律地位以及经济责任审计的行政复议权六个方面研究了经济责任审计的法律问题。陈荣高(2011)、阎宝泰(2011)和梁雪铖(2011)分别从审计的必要性、审计内容、审计评价、责任界定等不同角度深入探讨了经济责任同步审计,并提出了促进经济责任审计工作规范开展的对策和建议。蔡春等(2011)从经济责任审计与现代审计制度创新、经济责任审计与审计关系人理论创新、经济责任审计与审计类型划分创新、经济责任审计与审计理论结构构建创新、经济责任审计与审计目标理论创新、经济责任审计与审计运行机制创新、经济责任审计与审计报告模式创新、经济责任审计与审计方法理论创新、经济责任审计与审计职业制度创新以及经济责任审计与审计功能的拓展与创新十个方面探讨了经济责任审计推动审计理论创新的重要问题。

综上所述,学术界的众多学者对经济责任审计展开了广泛而深入的研究,取得了丰富的理论成果。在经济责任审计的概念、风险以及主体等方面已经形成了基本共识,但在内容、动因等方面仍存在不同的观点,在独立性问题上甚至存在截然相反的观点,这反映了学者们对经济责任审计的理解尚存偏差,认识尚不够深刻,也表明经济责任审计研究的魅力无穷。此外,在实践中,经济责任审计仍存在许多问题。理论与实践问题的存在制约了经济责任审计工作的顺利开展及其作用的有效发挥。因此,对经济责任审计进行系统、深入的研究,具有重要的理论和现实意义。

11. 经济责任审计的法律、法规及制度类综述

自1985年我国开始实施经济责任审计以来,从中央到地方一系列法律、法规及相关制度文件出台。这些规定,无论是直接的还是间接的,为国家审计机关和内部审计组织开展经济责任审计工作提供了坚实的法律依据。

1) 离任及其他经济责任审计的法律、法规及制度综述

《全民所有制工业企业厂长工作条例》(1986年9月15日)第10条规定,在厂长离任前,企业主管机关(或与干部管理机关合作)可以提请审计机关对厂长进行经济责任审计评议。

1986年12月31日,审计署发布《关于开展厂长离任经济责任审计工作几个问题的通知》,要求各级审计机关在党委、政府的领导下,有计划、有步骤地开展厂长离任经济责任审计工作,并明确了审计内容的规定。

1986年12月5日,国务院发布《关于深化企业改革增强企业活力的若干规定》,强调了承包经营责任制的试点,并要求加强审计监督。

1986年12月2日通过的《中华人民共和国企业破产法(试行)》第42条规定政府监察部门和审计部门负责查明企业破产责任。

《中华人民共和国全民所有制工业企业法》第37条规定企业必须接受财政、审计、劳动工资和物价等方面机关的监督。

1987年审计署制定的《审计署工作考核试行办法》将厂长(经理)责任审计纳入考核指标。

1988年国务院颁布的《全民所有制工业企业承包经营责任制暂行条例》规定审计机关对合同双方及企业经营者进行审计。

1988年,国务院批转国家体改委关于《1988年深化经济体制改革总体方案》的通知,强调了推行厂长(经理)负责制和任期终结审计制。

自1989年起,一些地方将企业领导人员的经济责任审计引入党政机关和乡镇领导干部层次。

1993年国务院颁发的《国家公务员暂行条例》第14章第77条规定了国家公务员辞职或被辞退时应接受财务审计。

1993年审计署、国家体改委、国家经贸委联合发布了《全民所有制工业企业转

换经有机制审计监督规定》,要求对承包厂长任期经济责任进行审计。

1995年国家经贸委、劳动部联合制定的《国有企业资产经营责任制暂行办法》规定对资产经营情况进行审计。

1997年1月,中共中央在《关于进一步加强和改进国有企业党的建设工作的通知》中强调了企业年度审计和厂长(经理)离任审计制度的落实。

这些法律、法规和制度文件为我国经济责任审计提供了明确的指导和支持,有助于促进审计工作的规范开展和有效实施。

2) 任期经济责任审计的法律、法规及制度综述

以下是关于任期经济责任审计的重要法律、法规及制度文件的综述。

(1) 山东省菏泽地区的实践。1996年,山东省菏泽地区全面推行任期经济责任审计,覆盖党政机关领导干部、企事业单位主管领导人员和乡镇主要领导干部,取得了成功的经验。1997年9月5日,新华社《国内动态清样》刊载了《菏泽三年中135名一把手未过"离任审计关"》一文,胡锦涛同志批示:"此事对加强监督,推进党风廉政建设很有好处。需研究有关范围及办法,先试行起来,然后总结、推广。"

(2) 中共中央纪委研究室与山东省纪委的联合调查。1997年,中共中央纪委研究室与山东省纪委组织联合调查组,对"菏泽地区实行领导干部离任审计制度"进行调查,并于11月4日发布调查报告,详细介绍了该制度的形成过程、基本做法和积极反应。1998年2月11日,中共中央纪委、中共中央组织部、监察部、人事部、审计署(五部委)联合下发通知,向全国推广菏泽经验,要求各地区、各部门积极稳妥地推行领导干部任期经济责任审计工作。

(3) 中纪委第二次全体会议。1998年1月,尉健行在中纪委第二次全体会议上明确提出,国有企业、县(市)直属部门和事业单位、乡(镇)党委、政府主要领导干部应实行离任审计制度,未经审计不得离任,有条件的地方可扩大该制度的适用范围。胡锦涛同志也在中纪委《关于落实胡锦涛、尉健行同志批示的工作情况报告》上作了重要批示,赞成扩大试点,总结经验,逐步推广。

(4) 中共中央办公厅、国务院办公厅的通知。1999年5月24日,中共中央办公厅、国务院办公厅印发的《县级以下党政领导干部任期经济责任审计暂行规定》和《国有企业及国有控股企业领导人员任期经济责任审计暂行规定》分别有18条和20条,为任期经济责任审计提供了制度保证,统一了不同认识和做法,明确了经济责任的定义、审计条件和程序、审计结果的处理及报告等内容。

（5）五部委关于经济责任审计的意见。2000年6月28日,中共中央办公厅、国务院办公厅转发五部委关于认真贯彻落实中办发〔1999〕20号文件的意见,主要内容包括加强领导、部门协调、总结经验、规范审计工作、建立健全审计机构、落实审计经费及加强业务培训等。

（6）全国经济责任审计工作会议。2000年10月26日至28日,在北京召开的全国经济责任审计工作会议讨论修改了"中办国办两个暂行规定的实施细则"和《五部委关于进一步做好经济责任审计工作的意见》。2000年12月26日,审计署发布了《县级以下党政领导干部任期经济责任审计暂行规定实施细则》和《国有企业及国有控股企业领导人员任期经济责任审计暂行规定实施细则》,进一步规范了任期经济责任审计工作。

（7）审计法的修正。修正后的《中华人民共和国审计法》于2006年2月28日通过,并于2006年6月1日开始实施。其第二十五条规定,审计机关应对国家机关及其他单位主要负责人在任职期间的财政收支、财务收支及相关经济活动进行审计监督,为经济责任审计的发展提供了法律保障。

（8）中共中央办公厅、国务院办公厅的规定。2010年12月8日,中共中央办公厅、国务院办公厅印发了《党政主要领导干部和国有企业领导人员经济责任审计规定》,对党政领导干部和国有企业领导人员的经济责任审计进行了详细规定,并废止了1999年的中办国办两个暂行规定。新规定增加了审计对象,深化了审计内容,规范了审计程序及审计结果运用程序,明确了经济责任审计联席会议制度,进一步规范和推动了经济责任审计的发展。

（9）国家审计准则。2010年9月14日,审计署发布了《中华人民共和国国家审计准则》,自2011年1月1日起实施,进一步明确了经济责任审计报告的基本要素和内容,以及责任界定和审计结果报告等具体要求,提升了经济责任审计的规范性和科学性。

此外,2010年,"两办"印发了《党政主要领导干部和国有企业领导人员经济责任审计规定》(2010年版)。党的十八届三中全会通过的《中共中央关于全面深化改革若干重大问题的决定》明确探索开展"领导干部自然资源资产离任审计"。2017年,两办发布《领导干部自然资源资产离任审计规定（试行）》。2019年,两办发布《党政主要领导干部和国有企业领导人员经济责任审计规定》(2019年版),经济责任审计的发展迈向新的阶段。

综上所述,这些法律、法规和制度文件的颁布和实施,为我国经济责任审计工作的开展提供了坚实的法律依据,推动了经济责任审计的制度化、规范化发展,这要求学术界进一步深入研究经济责任审计的理论,以更好地指导实践,促进经济责任审计工作的有效落实。

1.4.4 国内关于领导干部自然资源资产离任审计的研究

为更好落实绿色发展理念,完善领导干部生态绩效考核评价体系,领导干部自然资源资产离任审计应运而生,该项审计的实施,既能抑制官员盲目透支资源、超前开发资源的冲动,起到事前预警作用,也可以纠正地方政府官员以往畸形的政绩观,起到事后追责作用,从而促进各地各部门将生态文明建设的顶层设计落到实处,改善资源环境管理。同时,该项审计也对审计工作提出了新要求。该项审计一经提出,就受到我国学术界广泛的关注,审计署和地方各级审计机关也积极开展试点和探索,但各方认识尚不统一,且多集中于该项审计的基本内涵、基本要素以及定性评价等领域。为梳理与领导干部自然资源资产离任审计相关的各项理论,本节对相关文献研究成果进行系统的回顾。

1. 关于审计主体的文献回顾

关于领导干部自然资源资产离任审计"由谁审计"这一问题,理论界主要存在"一元论""多元论"及"一元为主、多元参与"三类观点。多数观点认为国家审计机关应是进行该项审计工作的唯一主体。安徽省审计厅课题组及戴克柱(2014)指出,各级政府作为全体公民的代理人,对自然资源资产管理和生态环境保护负有责任,且国家审计机关具有相应的职责权限,其他审计组织难以承担此项工作。另一部分学者(如陈献东等,2014)则认为,国家审计、注册会计师审计以及内部审计都应参与其中,因为自然资源资产保护责任不应局限于政府。蔡春和毕铭悦(2014)提出"一元为主、多元参与"的观点,认为国家审计机关应为主要审计主体,其他主体可协助国家审计机关。

2. 关于审计客体的文献回顾

关于领导干部自然资源资产离任审计"审计谁"的问题,实际上是要确定对审计对象或对审计对象信息负责的主体。黄溶冰和赵谦(2015)提出,自然资源资产负债表是领导干部自然资源资产离任审计的重要依据。陈波等(2015)认为,审计客体应包括承担自然资源开发、利用和保护责任的相关部门、各级政府及其负责人,如地方政府党政负责人、自然资源主管部门负责人以及资源性国有企业负责人等。

3. 关于审计对象的文献回顾

关于审计对象,理论上需要区分审计对象、审计客体、审计对象信息。安徽省审计厅课题组和戴克柱(2014)认为,地方各级党委、政府负责自然资源资产管理和生态环境保护,应将地方各级党委和政府主要领导干部作为主要审计对象。蔡春和毕铭悦(2014)、刘明辉和孙冀萍(2016)则认为,自然资源资产离任审计是经济责任审计的延伸,审计对象应是责任主体自然资源资产管理和生态环境保护的履责情况,审计对象信息为反映其履责情况的报表和指标。

4. 关于审计标准的文献回顾

审计标准是用来评价或计量审计对象的基准。多数学者认可包括法律法规、政策规定、规划计划、考核制度等正式规定的审计标准,如《中华人民共和国环境保护法》等(张鲁娜,2014)。刘明辉和孙冀萍(2016)强调,要重视与特定审计对象有关的规则、公认的业务惯例等非正式规定。

5. 关于审计证据的文献回顾

审计证据方面的研究涉及需要哪些证据并采用什么方法评价审计证据。林忠华(2014)、刘明辉和孙冀萍(2016)认为,审计证据至少应包括反映约束性指标完成情况的证据、生态红线考核指标的证据、目标责任制完成情况的证据、自然资源资产管理和生态环境保护相关政策落实情况的证据、自然资源资产管理状况及资金使用的证据、重大生态破坏和环境污染事件处理的证据等。审计人员为获取审计证据可采用检查、观察、询问、重新计算等传统方法,也可以借助遥感测绘、自动监测等高科技手段。

6. 关于审计结果的文献回顾

开展自然资源资产离任审计,旨在通过监督、评价和鉴证领导干部的履责情况,推动其有效履行自然资源资产管理和生态环境保护责任。多数学者认为,审计结果应包括标题、主送单位、导语、被审计对象基本情况、审计发现及结果、审计评价和审计建议等部分。对于审计结果反映出的普遍性和倾向性问题,审计机关应提请有关部门改进工作、完善制度,对人为因素造成的资源环境损害,应提出处理意见并移送相关部门。

7. 总结

现有文献多为概括性讨论,对领导干部自然资源资产离任审计的内容和重点认识不统一,未形成体系,难以适应这一新兴审计活动的发展需要。此外,虽然该审计已试点几年,但鲜有文献实证检验其实施效果,这为进一步研究该项审计的政策后果提供了机会。

1.4.5 经济责任审计推动审计理论创新的十大表现

经济责任审计制度的确立与实施进一步推动了审计理论的创新与审计实务的发展,进而推动了中国特色社会主义审计理论与方法体系的形成与发展。我们结合多年的研究与探索经验,将经济责任审计推动审计理论创新的表现归纳为十大方面。

1. 经济责任审计与现代审计制度创新

目前,世界上绝大多数国家和地区建立并实施了现代审计制度,其最基本的特点是对特定组织(包括政府组织、非营利组织、企业和事业单位)管理当局而非对领导干部和领导人员履行受托经济责任的情况进行审计。经济责任审计无论作为一个专业术语,还是作为一项审计制度,都是中国所独有的,其主要特点是针对党政主要领导干部和国有企业领导人员履行经济责任情况进行审计。我们认为,经济责任审计是现代审计理论与方法和中国审计实践相结合之后形成的一种制度创新,是现代审计制度在中国实现的一种创新。作为一种制度创新,经济责任审计确立的基本依据可以用审计动因学说之"受托经济责任观"给予恰当的解释,它体现了对审计产生之历史本原的回归。中国的经济责任审计推动了现代审计制度的创新,这种创新无疑是中国对世界审计发展的一大贡献!

2. 经济责任审计与审计关系人理论创新

审计关系人理论认为,审计行为产生于审计委托人、被审计人和审计人这种三方关系人的互动联系。其中,审计委托人是资源财产的所有者(投资者),被审计人是资源财产的受托经管者,审计人是审计行为的直接实施者。我国经济责任审计的审计委托人是各级党委组织部门而非一般意义的资源财产所有者或投资者。因此,我们必须对传统的审计关系人理论进行创新和发展,必须对审计委托人的内涵和外延进行深入研究并做出新的诠释。因此,经济责任审计的确立必然推动审计关系人理论的创新。

3. 经济责任审计与审计类型划分创新

一般审计理论认为,审计类型划分可以有多种标准,但无论按哪种标准划分,现有的审计类型中都没有经济责任审计的一席之地。经济责任审计制度的确立,必然引起我们关注审计类型划分的研究进而推动审计类型划分的创新。关于审计类型划分的创新,可以考虑两种方向:一种是扩充现有的按审计基本内容划分形成的"财政、财务收支审计,合规性审计(遵循性审计)和绩效审计",增加经济责任审计；另一种是新确立一种划分标准，即按审计是对"人"还是对"事"，将审计划分为经济责任审计与其他审计，或者按审计工作是否直接针对行为责任人的履责情况，将审计划分为经济责任审计与其他审计。如此对审计类型划分进行创新，可以使经济责任审计在理论上成为一种新的类型。

4. 经济责任审计与审计理论结构构建创新

审计理论结构的构建模式是多元化的。在审计学术界，关于审计理论结构构建的逻辑起点，有人选择审计目标，有人选择审计假设，还有人选择审计环境，其共同特点是以财务会计信息质量和相关经济活动遵循特定标准的程度为重心来构建审计理论结构。已有的审计理论结构的构建模式，并未考虑到经济责任审计作为一种新的特殊的审计类型的出现带来的变化与影响。我们主张，以公共受托经济责任作为逻辑起点构建圈层式国家审计理论框架，并由此构建以"国家审计本质理论""国家审计假设理论""国家审计目标理论""审计规范理论""审计信息理论"等为组成要素的审计理论结构模式。在这种模式中，审计在本质上是一种保证和促进特定主体（组织）全面有效履行受托经济责任的控制机制，构建审计理论结构的重心是受托经济责任履行。但这种责任履行主要强调特定主体（组织）管理当局层面的履责情况而非特定主体（组织）行为责任人（领导干部和领导人员）的履责情况。经济责任审计这一审计类型在理论上的确立必然要求我们重新思考或探索审计理论结构构建的创新问题。之所以说经济责任审计体现了审计产生之历史本原，主要是因为经济责任审计使审计针对行为责任人和受托经济责任履行本身，这是审计之原本要义。

在考虑经济责任审计后，探讨审计理论结构构建的创新可以从两个方面进行：一是可以从行为责任人和管理当局两个维度，更加全面地以受托经济责任履行情况为出发点来探讨审计假设、审计目标、审计方法、审计规范以及审计信息等要素的新的内涵；二是可以探讨构建以经济权力审计监控为重心的审计理论体系。因为经济权力与经济责任的对称性，经济责任审计的实质意味着对行为责任人经济权力使用与行使状况的审查，其主要目标是促进相关行为责任人恰当行权、正确行权、有效行权，保障经济权力在阳光下运行。我们认为，可以构建"以权制权、以利制权、以德制权"三位一体的经济权力审计监控机制及理论体系。

5. 经济责任审计与审计目标理论创新

审计目标理论是审计理论体系中的重要组成部分。理论上，审计目标可以分为三个层次，即表象层次、中间层次和本质层次。在表象层次，审计目标的重点是提高财务会计信息和其他相关信息的质量,包括真实性、公允性和透明度等。在中间层次,审计目标的重点是考察相关经济活动对其应遵循的特定标准或原则的遵循情况,包括真实性、合法性和效益性等。在本质层次,审计目标的重点是保证和促进受托经济责任的全面有效履行。经济责任审计作为一项制度被确立,促使我们重新思考和认识审计目标理论的内容并进行创新。审计目标理论的创新意味着审计目标内涵的进一步拓展。我们认为,拓展创新后的审计目标应当包括促进领导干部推动事业科学发展、全面考察领导干部作为行为责任人的经济责任履行情况以及其对拥有和掌控的经济权力的行使情况等内容。

6. 经济责任审计与审计运行机制创新

经济责任审计作为一项制度被确立,对原有的审计活动的运行机制产生了重大的影响。《党政主要领导干部和国有企业领导人员经济责任审计规定》实现了对领导干部的组织监督、纪检监督与审计监督的有机结合,对促进惩治和预防腐败体系建设具有重要意义。它确定的经济责任审计的组织协调、审计评价与结果运用、审计结果公告及责任追究的相关内容与要求为学者们研究审计运行机制创新指明了方向。经济责任审计引起的审计运行机制创新包括审计动因与委托机制创新、审计组织与实施机制创新、审计评价与结果运用机制创新、审计问责机制创新四个主要方面。

7. 经济责任审计与审计报告模式创新

现行的审计报告是审计人员为针对被审计单位财务会计信息的质量水平与财政、财务收支及相关经济活动遵循特定标准的程度发表审计意见而编制的,审计人员通常需将其报送给作为资源财产所有者的审计委托人和作为资源财产受托经管者的被审计人。经济责任审计制度的确立改变了现有的审计报告模式。经济责任审计结果报告的内容必须包括对领导干部作为行为责任人的履责情况的审计评价;经济责任审计结果报告的对象范围已拓展,包括被审领导干部及其所在单位、本级政府行政首长,必要时经济责任审计结果报告需报送本级党委主要领导,提交委托审计的组织部门。我们需要进一步研究经济责任审计报告的内容、格式和审计意见表达方式等。

8. 经济责任审计与审计导向模式创新

从方法论的角度,我们可以把现代审计模式分为账项导向审计模式、制度导向审计模式和风险导向审计模式。审计模式即组织审计工作的方式、方法或途径,是配置审计资源、控制审计风险、规划审计程序、收集审计证据以及形成审计结论的一种范式。审计模式中的"导向"可以理解为指导审计行为活动开展的一种系统的、战略的思想或理念。它贯穿于审计工作的全过程,在具体的审计工作中体现为:审计活动中的向导、指导思想和组织方式;制定审计策略的出发点;实施审计调查的切入点;收集审计证据的着重点;提出审计意见的立足点。

我们认为,审计导向模式是可以拓展和创新的。经济责任审计制度的确立为我们创新审计导向模式提供了现实可能。经济责任导向审计模式应当成为审计模式创新的一种方向。在经济责任审计确立后,审计工作的组织应以确认领导干部作为行为责任人的经济责任的履责情况为出发点和立足点;审计调查的实施和审计证据的收集应以领导干部履责情况为切入点和着重点。创新性地构建经济责任导向审计模式,需要深入研究该种审计模式与其他审计模式的关系,该种审计模式下的审计策略选择、审计风险防范与审计质量控制等重要问题。

9. 经济责任审计与审计职业制度创新

作为一种制度创新,经济责任审计极具广泛性、全面性、系统性和复杂性。经济责任审计工作的开展对审计人才提出了更高的专业化和复合化的要求。现代审计职业发展的一种明显的趋势是更加专业化和精细化。继注册会计师、注册内部审计师之后,国外新兴的法务会计师(审计师)、注册舞弊审计师、注册环境审计师、注册金融审计师和注册IT审计师等职业资格及其对应的专业服务就是最好的例证。随着我国经济责任审计制度的确立和经济责任审计工作更加全面地展开,我们认为可以探讨建立注册经济责任审计师制度的可能性及其实现方式,进而在我国实现一种审计职业制度的创新。为此,我们应着重研究建立注册经济责任审计师制度的可行性,注册经济责任审计师的业务范围、能力框架、管理和考核、职业规范以及后续教育等重要问题。

10. 经济责任审计和审计功能的拓展与创新

审计功能是审计本质属性的体现,它不是一成不变的,而是随着审计环境的变化和社会经济的发展进步而与时俱进动态发展的。经济责任审计制度的确立促进了现代审计功能的进一步拓展与创新。

诚如审计署原审计长刘家义所说:"《规定》①的颁布施行对于指导经济责任审计工作深入开展,加强干部管理和监督,健全权力制约和监督机制,促进经济社会科学发展,健全完善责任制、问责制和责任追究制,完善惩治和预防腐败体系都具

---

① 即《党政主要领导干部和国有企业领导人员经济责任审计规定》。

有重要意义。"审计署原总审计师孙宝厚在中国政府网解读《规定》①时特别强调指出,《规定》的发布和实施对推进社会的民主法治建设和加强审计法制化建设具有重要意义。

我们认为,经济责任审计制度的确立是保证和促进国家审计充分发挥"免疫系统"功能的最佳制度安排,是实现国家审计"免疫系统"功能最有效的现实路径选择。经济责任审计制度的实施更加凸显了国家审计原本就具备的价值增值、强化组织治理和完善民主政治等功能。

1.4.6 对研究状况的总体评述

前文对经济责任审计的历史沿革,国外围绕审计责任的确定、解除、问责的研究,国内关于经济责任审计的研究状况及相关文献,国内关于领导干部自然资源资产离任审计的研究,经济责任审计推动审计理论创新的十大表现进行了阐述,本部分从学术贡献、不足与缺陷和未来展望这三个方面对研究状况进行总体评述。

1. 学术贡献

由于经济责任审计极具中国特色,在国外没有直接与之对应的概念,国外与经济责任审计紧密相关的审计类型主要针对政府机构的绩效审计、面向政府和企业的社会责任审计与环境审计等,国外这方面的文献众多,最大的特色是对责任的强调,为本卷的研究提供了许多可以借鉴之处。

国内关于经济责任审计和与经济责任审计紧密相关的审计类型的研究文献对本卷的研究有着重要的学术贡献:①论述了经济责任审计的含义和法规依据,为本卷科学地界定经济责任审计的内涵提供了有益的参考;②在一定程度上揭示了经济责任审计发展的动因,为经济责任审计研究提供了可以参考的线索;③提出了经济责任审计的一系列评价方法和评价指标,为科学构建经济责任审计评价方法与指标体系奠定了一定的基础;④国外关于与经济责任审计紧密相关的审计类型如政府绩效审计、环境审计和社会责任审计等的研究,有利于我们科学地探讨经济责任审计的目标与假设、本质与功能、方式与方法等。

2. 不足与缺陷

我国关于经济责任审计的研究可谓方兴未艾,机遇和挑战并存。我国的社会、政治和经济环境客观上要求经济责任审计加快发展。目前经济责任审计发展水平不

---

① 即《党政主要领导干部和国有企业领导人员经济责任审计规定》。

高,与经济责任审计理论研究滞后存在直接关系,经济责任审计实践迫切需要先进的经济责任审计理论作为指导。经济责任审计研究可谓任重道远,这需要学术界积极投入经济责任审计领域的研究。综观国内外研究,研究的不足和缺陷主要体现在以下几个方面。

第一,现有文献对经济责任审计的定位和功能分析不到位。对于经济责任审计是否能够成为独立的审计类型,不同的学者持有不同的观点,但未能从理论层面深入、系统地分析经济责任审计独立化的问题。

第二,对目标经济责任的界定不够明确。理论研究的缺失,致使人们对经济责任审计的认识不够深入。这进一步导致关于经济责任审计的研究发展缓慢,少有突破,研究内容分散、相互联系不强。

第三,经济责任审计缺乏相应的理论体系。现有的研究主要集中在实务操作层面,对经济责任审计的理论体系缺乏深入细致的探讨,没有专门针对经济责任审计理论框架这一基本理论问题的研究。

第四,对经济责任审计运行机制缺乏系统的研究。由于经济责任审计开展的时间不长,实践的水平还比较低。对于经济责任审计有效运行的各要素和组成部分之间的关系,理论和实务界较少关注,关于经济责任审计运行机制方面的研究少之又少。

第五,缺乏对经济责任审计目标及其实现方面的系统性研究。经济责任审计目标以及如何实现经济责任审计目标是学者们研究经济责任审计需要关注的重要问题。相关研究的缺乏必将影响经济责任审计的有效开展。

第六,缺乏关于合理划分行为责任人和组织之间的受托经济责任的深入系统研究。目前相关文献对受托经济责任的概念界定比较清楚,中外学者亦从不同视角对受托经济责任进行细分,但是缺乏基于行为责任人的受托经济责任的细分,仅关注组织的受托经济责任,对行为责任人和组织之间的受托经济责任的合理划分缺乏研究。

第七,尚未形成比较公认的经济责任审计评价方法与指标体系。理论和实务界较少科学界定行为责任人的经济责任,也缺乏一种能反映行为责任人履责情况的报告方式,经济责任审计实务的深入推进受到限制。

第八,对经济责任审计的导向缺乏深入系统的研究。已有的对审计导向模式的研究主要是基于账项导向审计模式、制度导向审计模式和风险导向审计模式,缺乏对以行为责任人的经济责任履行情况的审计评价与鉴证为导向的审计模式的研究。

第九,缺乏对经济责任审计职业制度的研究。经济责任审计是一种独立的审计形态,应该由专门的、有一定的专业胜任能力的职业人员来执行经济责任审计工作,然而理论和实务界并没有提及经济责任审计师的职业化。

第十,经济责任审计报告模式与公告制度方面的研究不完善。在民主进程中,经济责任审计结果公开制度尤为重要。但经济责任审计开展至今,经济责任审计结果的公开形式与规范的审计报告之间还存在差距。

第十一,关于经济责任审计与治理效率的研究还处于起步阶段,尚不深入。经济责任审计与政府及公司治理密切相关,但经济责任审计提升政府及公司治理效率的作用发挥得不够好。怎样深化经济责任审计,提高政府及公司治理效率是值得我们探讨的问题。

3. 未来展望

综上所述,不可否认,我国理论界一直致力于经济责任审计的理论研究,但到目前为止,经济责任审计理论方面深入、系统的研究仍然缺乏,尚待深化(蔡春和陈晓媛,2007)。因此,本卷认为,为了适应我国经济责任审计实践不断发展的需要,未来应该从以下几个方面拓展关于经济责任审计的理论研究。

(1) 构建经济责任审计的理论体系,从理论层面指导经济责任审计实践。经济责任审计是一项极具中国特色的经济监督制度,与一般审计,特别是财务审计相比,在审计对象具体内容、审计目标、审计评价标准、审计方法、审计报告和审计结果处理等方面具有显著的特点(蔡春和陈晓媛,2007)。这就需要理论界和实务界通过构建经济责任审计理论体系,研究经济责任审计基本理论的难点和重点,进而从理论层面指导经济责任审计实践。本卷认为,未来理论界主要应以审计本质作为经济责任审计理论体系构建的基点,对经济责任审计的审计假设、审计目标、审计规范、审计信息和审计方法等理论要素的内容及其逻辑关系进行深入的研究。

(2) 确立经济责任导向审计模式,探索组织审计活动的新方式。经济责任审计独具特色,其作为一种独立的审计类型,在审计理念、审计组织方式等方面异于其他审计类型。因此,本卷认为,应该树立针对行为责任人履行经济责任行为的审计理念,基于对经济责任审计实践的理论创新,确立经济责任导向审计模式,探索组织审计行为活动的新方式。

(3) 创新研究范式,积极开展交叉学科的整合研究。在研究范式方面,本卷认为理论界应该倡导规范研究和实证研究相结合,积极开展与经济学、管理学、统计学、社会学等学科的交叉研究;在对相关问题进行研究时,应鼓励采用定量分析的方法,实现定性分析与定量分析的有机融合,提高研究成果的说服力;在研究队伍方面,应倡导高等院校和科研院所的专家教授、审计学会(组织)、审计实务工作者三支力量的结合,优势互补,形成合力。

1.5 经济责任审计研究思路

本卷的研究思路是:通过对经济责任审计的背景分析与研究述评,从经济责任审计推动审计理论创新的主要表现入手,深入研究经济责任审计的运行机制、目标及其实现。

在此基础上,从受托经济责任观出发,本卷提出受托人应当有明确的目标经济责任,并以目标经济责任为依托,编制经济责任履行报告。经济责任履行报告是经济责任审计的重点内容,本卷认为,各方应以目标经济责任为导向、经济责任履行报告为基础,完善经济责任审计评价方法,构建经济责任审计评价指标体系。在此基础上,本卷拟对经济责任审计的结果——经济责任审计报告和结果公告制度进行探讨,进一步分析经济责任审计与组织治理强化。基于以上分析,本卷创造性地提出经济责任导向审计模式,重点从不同维度系统研究经济责任导向审计模式的内涵、概念体系与本质,经济责任导向审计模式下的审计策略选择、审计风险防范及审计质量控制等具体内容。本卷最后提出了促进经济责任审计健康发展的一系列对策。本卷的研究思路如图 1-1 所示。

1.6 经济责任审计研究内容

本卷由 9 章构成。各章主要内容如下。

(1)第 1 章是导论。本章对研究现状进行了评述,分析了经济责任审计推动审计理论创新的十大表现,讨论了本卷的研究意义,展示了本卷的研究思路。

(2)第 2 章是经济责任审计的功能、目标及目标实现。本章首先分析经济责任审计的功能,其次讨论经济责任审计的本质并阐述经济责任审计的本质目标和具体目标,最后提出实现目标的方式和途径。

(3)第 3 章是经济责任审计的运行机制。本章以经济责任审计委托人、审计人、审计对象和审计信息使用者四个行为主体为逻辑起点,构建经济责任审计运行机制的框架,该框架由审计动因、审计委托机制、审计执行机制、审计信息传递机制和审计成果运用机制构成,为经济责任审计评价提供了机制基础。

(4)第 4 章是目标经济责任确定与构建经济责任履行报告。本章分析了制约

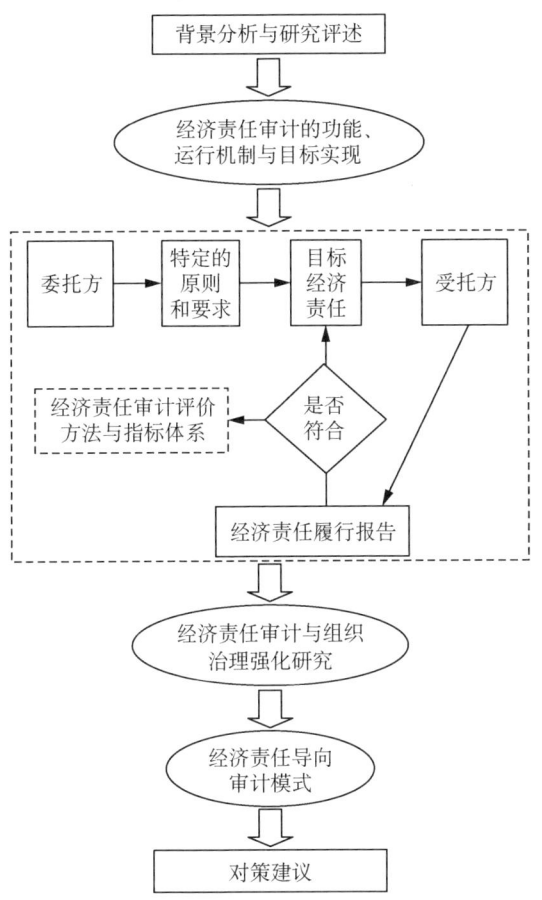

图 1-1 本卷的研究思路

经济责任审计理论与实践进一步发展的瓶颈,指出由于缺乏明确的评价目标和可行的评价载体,经济责任审计实践无法规范化。从受托经济责任观的角度出发,本章认为必须在受托经济责任的基础上构建目标经济责任,通过确定目标经济责任的方式明确党政领导干部所应当承担的保全责任、合规责任、控制责任、效率责任、效果责任和环境责任以及社会责任等。领导干部必须以目标经济责任为依托,编制反映其目标经济责任履行状况的经济责任履行报告。经济责任履行报告与目标经济责任相对应,反映了目标经济责任的履行状况。经济责任履行报告包括行政负责人的经济责任履行报告和地方党委负责人的经济责任履行报告。

(5)第5章是经济责任审计评价方法与指标体系。本章对经济责任审计评价方法与指标体系的研究现状进行了评述,指出现行经济责任审计评价方法与指标体系存在的缺陷,提出以目标经济责任为导向、以经济责任履行报告为基础的基本原则,并对经济责任审计的十大评价方法进行了阐述,为经济责任审计方法的选择提供基础。在评价指标方面,分别构建了基于地方党委负责人和行政负责人的经济责任审计评价指标体系。

(6) 第 6 章是经济责任审计报告模式与公告制度。本章对经济责任审计报告的特点与现行报告的缺陷进行分析,提出对如何规范经济责任审计报告进行研究,分析经济责任审计报告的内容,并对经济责任审计报告的价值进行探讨。在此基础上,本章分析经济责任报告的运用以及经济责任审计结果公告制度的构建。

(7) 第 7 章是经济责任审计运行效果及其治理效应研究。一方面,本章探讨了经济责任审计及其治理效应的理论基础;另一方面,本章在理论分析的基础上,阐述了经济责任审计促进政府效能提升、经济责任审计防治腐败和经济责任审计提高公司治理水平的经验证据。

(8) 第 8 章是经济责任导向审计模式研究。本章在分析经济责任审计特性与审计模式创新的基础上,提出构建经济责任导向审计模式,分析了经济责任导向审计模式的内涵、概念体系与本质,并讨论了经济责任导向审计模式下的审计策略选择、审计风险防范和审计质量控制。

(9) 第 9 章是促进经济责任审计发展的对策建议。本章在前面 8 章的基础上,提出应当构建以权力制约权力、以权利制约权力和以道德制约权力的经济权力审计监控机制,提出完善经济责任审计委托机制以及经济责任审计职业化等对策建议。

1.7 经济责任审计论的创新之处

(1) 本卷全面系统地研究和探讨了经济责任审计的若干基本理论问题,以推动审计理论的创新与发展。本卷探讨了经济责任审计运行机制的构建,基于受托经济责任观提出了目标经济责任的确定与经济责任履行报告的编制及审计;以目标经济责任为导向、经济责任履行报告为基础构建了经济责任审计评价方法与指标体系;从经验数据和理论分析两个角度探讨了经济责任审计与组织治理水平的提高。

(2) 本卷对经济责任审计相关的应用与理论问题进行创造性研究,以推动审计功能的拓展与创新。为了更好地发挥经济责任审计的功能,本卷对经济责任审计相关的应用与理论问题,如目标经济责任的确定与经济责任履行报告编制及审计、经济责任审计评价方法与指标体系的确定、经济责任审计报告与公告制度设计等进行深入、系统的研究，以推动审计功能的拓展与创新，同时为我国经济责任审计的实践工作提供有价值的政策建议。

(3) 提出经济责任导向审计模式。本卷提出经济责任导向审计模式的全新审计概念，以经济责任导向审计模式的内涵、功能与目标为出发点，对经济责任导向审计模式的理念、假设与原则，经济责任导向审计模式下的审计策略选择、审计风险防范、审计质量控制等基本理论问题进行全面、系统、深入的研究。本卷通过提出经济责任导向审计模式，强化相关人员的经济责任理念和意识，以期实现经济责任审计由信息质量控制向经济责任控制的转变。

2 经济责任审计的功能、目标及目标实现

经济责任审计的功能决定了其研究价值,经济责任审计的目标决定了学者们研究经济责任审计的方向。本章分为三个小节,第一节主要分析经济责任审计的功能,第二节在分析经济责任审计本质的基础上提出经济责任审计的本质目标和具体目标,第三节在分析经济责任审计目标的前提下提出实现目标的方式和途径。

2.1 经济责任审计功能

本小节首先对经济责任审计功能进行概述,主要对功能的含义和审计功能的含义进行阐述,其次在此基础上阐述经济责任审计的功能,将经济责任审计功能分为基本功能和拓展功能两个方面,并进行进一步的说明。

2.1.1 经济责任审计功能概述

1. 功能的含义

"功能"一词的英文一般译为"function",作名词解时,《牛津现代高级英汉双解词典》将"function"解释为"职责,作用,功能"[1];《简明英汉词典》将其解释为"功能,官能,作用,职责"[2];《现代英汉综合大辞典》将其解释为"官能,功能,机能"[3]。在中文里,功能一词通常可以理解为作用或职能,如《新华字典》中"功能"一词的词条解释为"器官或物体所发挥的有利的作用"[4]。《现代汉语》词典中"功能"一词意为"事物或方法所发挥的有利的作用"[5]。可见,功能一词的含义与英语中"function"的含义是相对应的,该词的含义包含"作用、职能"等意。

2. 审计功能的含义

按照功能的含义,"审计功能"可以理解为审计发挥的作用或职能。正因为如此,我国审计学术界在探讨审计功能时往往习惯以"审计职能""审计作用"来描述。

---

[1] 详见商务印书馆出版的《牛津现代高级英汉双解词典》(1996版)第470页。
[2][3] 详见金山词霸2003有关"function"的词条。
[4] 详见商务印书馆出版的《新华字典》(2001年修订版)第324页。
[5] 详见商务印书馆出版的《现代汉语词典》(2002年增补版)第434页。

国外的研究目前对于审计功能往往统一用"audit function"来描述。我们认为,为了实现研究的统一性以及方便国内外交流的需要,可以将审计功能、职能、作用等领域的研究统一归类为"审计功能"研究。基于此,我们将审计功能定义为审计基于其本质属性所发挥的职能、作用与职责。

3. 经济责任审计功能的含义

经济责任审计是现代审计理论与中国特色审计实践相结合而产生的一种审计制度。结合审计法中关于经济责任审计的规定以及中共中央办公厅、国务院办公厅发布的《党政主要领导干部和国有企事业单位主要领导人员经济责任审计规定》和众多学者的不同研究结论,本卷将经济责任审计界定为:审计主体接受委托,对党政领导干部、国有企业以及事业单位领导人员的经济责任履行情况进行监督和评价的活动。这一定义体现了经济责任的本质属性。鉴于此,我们把经济责任审计基于其本质属性所发挥的职能、作用与职责称为经济责任审计的功能。

2.1.2 经济责任审计功能分析

经济责任审计是一种具有中国特色的现代审计制度安排,作为一种十分重要的国家审计类型,它发挥着重要的功能。经济责任审计具有众多类型审计的共同功能。由于经济责任审计的对象是特定行为人,经济责任审计的目标主要在于鉴证或认证受托行为人应承担的任期目标经济责任的履行是否符合特定标准或既定要求,经济责任审计的内容是受托责任人的经济责任履行情况,经济责任审计的评价标准是与受托责任人履职相关的各项法律、法规、政策、制度以及受托责任人的工作计划等。经济责任审计的报告模式不同于财务审计报告等,它具备不同于其他类型审计的拓展功能。本小节分别从基本功能和拓展功能两个方面来对经济责任审计功能进行阐述。

1. 经济责任审计基本功能分析

审计的基本功能包括监督功能、鉴证功能和评价功能。经济责任审计作为众多审计类型的一种,同样具备这三种基本功能。

(1) 经济责任审计的监督功能。审计的监督功能作为审计的基本功能之一,是指审计机构和审计人员以一定的标准为评价依据,对被审计对象的财政、财务收支和其他经济活动进行检查和评价,以衡量和确定其会计资料和其他资料是否正确、可靠,其所反映的财政、财务收支和其他经济活动是否合规、合理,有效检查被审计对象是否履行其责任,有无违法违纪、损失浪费等行为,追究或解除其所负责任,从而督促被审计单位纠错防弊,遵守财经纪律,改善经营管理,提高经济效益。

具体到经济责任审计,经济责任审计的监督功能指的是经济责任审计主体以审计法和中共中央办公厅、国务院办公厅发布的《党政主要领导干部和国有企事业单位主要领导人员经济责任审计规定》等法律法规为评价标准和依据,对党政主要领导干部、国有企业以及事业单位主要领导人员的经济责任履行情况进行检查和评价,以衡量被审计行为人的经济责任履行情况,包括其会计资料和其他资料是否正确、可靠,其所反映的财政、财务收支和其他经济管理活动是否合规、合理、有效,被审计行为人有无违法违纪、损失浪费等行为,被审计行为人管辖范围内党和国家经济方针政策是否得到执行,公共资金和国有资产资源是否得到有效管理、重大经济风险是否得到防控等情况,以达到解除其所负经济责任,督促其纠错防弊、遵守财经纪律等目的。

(2)经济责任审计的鉴证功能。审计的鉴证职能指的是审计机构与审计人员根据一定的标准对被审计对象的会计报表及其他经济资料进行检查与验证,确认其财务状况和经营成果等经济情况是否真实、公允、合法、合规,同时出具书面证明,以便为审计的授权人或委托人提供可靠的信息,是审计取信于社会公众的一种职能。审计的鉴证职能包含鉴定和证明这两个方面。经济责任审计的鉴证功能是指经济责任审计主体因领导干部和领导人员所任职务,依法对其所任职的(任职期间)地区、部门(系统)、单位的财政收支、财务收支、有关经济活动及其应当履行的职责、义务进行检查和验证,出具一定的书面证据来确认被审计行为人的经济责任是否得到全面有效履行以及履行程度如何。实践中,党政领导干部、国有企业以及事业单位领导人员的工作成绩如何,是否履行了经济责任及履行状况如何,需要经济责任审计对其进行鉴证,给出客观公正的结论,向相关部门提供管理、考核、任用、选拔的依据。同时,民众通过经济责任审计的鉴证报告可以了解和认识本地区、本部门(系统)或本单位领导干部和领导人员的工作情况,可以更好地行使选举和监督等权利。

(3)经济责任审计的评价功能。通常来说,审计的评价功能指的是审计机构和审计人员对被审计单位的经济资料及经济活动进行确认和检查,并依据一定的标准对所查明的事实进行分析和判断,肯定取得的成绩,指出存在的问题,不断总结经验,同时寻求改善管理,提高效率、效益的途径。审计的评价功能包括评定和建议两个方面。经济责任审计的评价功能指的是经济责任审计主体根据相关的法律、法规,对被审计对象党政领导干部、国有企业以及事业单位领导人员任职期间发生的经济行为进行确认和检查,明确其经济责任的履行情况,在此基础上,肯定取得的成绩,发现存在的问题并进行评价和认定,然后提出相应的处理意见和建议,包括给出改正建议。审计机关在经济责任审计中发现的应当由其他部门处理的问题,应依法移送有关部门处理。2019年颁布的《党政主要领导干部和国有企事业单位主要领导人员经济责任审计规定》关于审计评价有具体的规定。例如,第三十八条规定:"审计委员会办公室、审计机关应当根据不同领导职务的职责要求,在审计查证或者认定事实的基础上,综合运用多种方法,坚持定性评价与定量评价相结合,依照有关党内法规、法律法规、政策规定、责任制考核目标等,在审计范围内,对被审计领导干部履行经济责任情况,包括公共资金、国有资产、国有资源的管理、分配和使用中个人遵守廉洁从政(从业)规定等情况,作出客观公正、实事求是的评价。审计评价应当有充分的审计证据支持,对审计中未涉及的事项不作评价。"又如,第三十九条规定:"对领导干部履行经济责任过程中存在的问题,审计委员会办公室、审计机关应当按照权责一致原则,根据领导干部职责分工,综合考虑相关问题的历史背景、决策过程、性质、后果和领导干部实际所起的作用等情况,界定其应当承担的直接责任或者领导责任。"

2. 经济责任审计拓展功能分析

在分析经济责任审计拓展功能之前,本节先对经济责任审计功能拓展的内在依据作一说明。受托经济责任乃现代审计之魂。受托经济责任是指"按照特定要求或原则经管受托经济资源和报告其经营状况的义务"。受托经济责任的基本内容包括行为责任和报告责任两个方面。行为责任的主要内容是按照保全性、合法(规)性、经济性、效率性、效果性和社会性以及控制性等要求经管受托经济资源,它们分别构成受托经济责任的某个方面,而报告责任的主要内容是按照公允性或可信性的要求编报财务报表(蔡春,2002)。随着政治经济的发展和社会民主的进步,受托经济责任所反映的以委托人为代表的社会需要的层次与水平在不断提高,即委托人的期望与要求从低级向高级、由简单到复杂不断发展变化,这导致了受托经济责任的内容和要求的拓展。受托经济责任内容的拓展主要体现在受托经济责任的行为责任内容由保全责任、节约责任、效率责任等传统的责任内容向安全责任、认证责任、治理责任等新兴的责任内容拓展;受托经济责任要求的拓展体现为由狭义的受托经济责任(指受托人对资源的法定的直接利益所有者的责任)向广义的受托经济责任(指受托人对与其有关的所有利益关系人的责任)拓展。受托经济责任内容及要求的不断拓展对现代审计功能提出了更高的要求,要求现代审计的具体功能(如监督、鉴证、评价等功能)不断拓展。因此,受托经济责任内容及要求的拓展是现代审计功能拓展的内在依据。正如杨时展教授所说:"审计因受托责任的发生而发生,又因受托责任的发展而发展。"实际上,只有不断开发新的审计形式,才能确保已扩展的受托经济责任得到全面有效履行。

对于可以称为新审计类型的经济责任审计而言,除了传统的审计功能外,随着社会政治经济的发展和国家对经济责任审计的重视,我国2019年颁布的《党政主要领导干部和国有企事业单位主要领导人员经济责任审计规定》赋予了经济责任审计更多的使命,如促使领导干部和领导人员增强遵纪守法意识和自我约束能力,正确行使党和人民赋予的权力,推动从机制上、源头上预防和治理腐败,加强党风廉政建设,加强领导干部管理和监督,使党内监督制度更加完善、监督手段更加有效,促进党和国家经济方针政策的贯彻执行,有效管理公共资金、国有资金和国有资源,防控重大经济风险,这将有利于推进党的建设,有利于推进经济和社会事业发展,有利于推进社会主义法治建设和社会主义民主发展,有利于推进国家治理体系和治理能力现代化。

在此基础上,我们认为经济责任审计具有权力制约、国家治理和促进政治民主三种拓展功能。

(1) 经济责任审计的权力制约功能。

权力自出现的那一天起就需要控制,正如孟德斯鸠(1959)所言,一切有权力的人都容易滥用权力。我国古代的法家思想就曾强调法律对权力控制的重要作用,这说明了当时人们就认识到权力控制的重要性。权力需要控制在西方已是根深蒂固的思想。洛克(2001)在其享有盛名的《政府论》中提出了立法权、执行权和对外权三权分立的思想,他认为三种权力应当相互分立,但也应当相互制约、协同行动。

受托经济责任乃现代审计之魂。受托经济责任是审计产生的前提,受托经济责任根据受托人的不同可以划分为公共受托经济责任、企业受托经济责任和组织内部受托经济责任。这三种受托经济责任决定了国家审计、社会审计和内部审计的产生和发展。公共受托经济责任是国家审计产生和发展的前提和基础。经济责任审计作为国家审计的一种类型,其产生和发展同样是由公共受托经济责任决定的。一个国家(政府)的资源属于全体人民所有,国家(政府)是受人民之托而管理和经营资源,所以,国家(政府)必须对所托付的资源负责,必须就其经管情况向人民做出报告或说明。国家(政府)对人民所负的这些经济责任就是公共受托经济责任。公共受托经济责任的履行需要特定的主体来负责,在我国,党政领导干部、国有企业及事业单位领导人员就是公共受托经济责任履行的主体。经济责任的履行需要赋予履行主体一定的经济资源和经济权力,经济资源和经济权力是履责的基础。履行经济责任的过程就是使用经济资源和运用经济权力的过程。经济责任审计的本质目标是促使公共受托经济责任可以得到全面有效履行,经济责任审计的审计对象是具体的自然人,即党政领导干部、国有企业及事业单位的领导人员,那么,经济责任审计就会关注作为审计对象的自然人在履责过程中对经济资源的使用和对经济权力的行使情况,这必然促使作为党政领导干部、国有企业及事业单位的领导人员的自然人在履责过程中按照法律法规的要求使用经济资源和行使经济权力,从而会预防和限制腐败现象和其他滥用权力的情形。因此,经济责任审计具备权力制约的功能。

(2) 经济责任审计的国家治理功能。

英语中的治理(governance)起源于拉丁文和希腊语,原意是控制、引导和操纵。长期以来,治理概念主要运用于与国家公共事务相关的管理活动和政治活动中,并产生了政府治理理论与非营利组织治理理论。20世纪70年代,西方经济学家赋予了治理新的内涵,将治理概念引入经济领域,公司治理理论从此取得了长足的发展。治理效率是组织治理理论内容体系的一个方面,也是组织治理行为结果的必然体现。治理理论的相关研究起源于委托代理关系。在委托代理关系中,委托人与受托人利益目标的不一致以及他们之间信息的不对称,导致委托人具有发生道德风险以及实施逆向选择行为的动机和环境条件。因此,在委托人与受托人之间建立一种监督与制衡机制很有必要,制度安排可以合理配置委托人与受托人之间的权、责、利。

国家作为一种组织,同样需要治理,国家审计是国家治理的重要组成部分。经济责任审计作为促进受托人全面有效履行经济责任的一种制度安排,就是通过对受托人履行经济责任情况的监控,在委托人与受托人之间形成一种制衡,减少委托人与受托人之间的信息不对称,并确保受托人的行为决策、权力运用尽可能实现委托人利益的最大化,从而内嵌于国家治理结构之中。就理论层面而言,经济责任审计作为国家治理中的一项制度安排,理应有助于提升国家治理的效率;就实践层面而言,经济责任审计在我国受到高度重视并得到大力推广,恰好验证了经济责任审计在提高国家治理效率方面的作用。按照属性划分,组织包括政府组织、事业单位以及企业组织;按被审计主要负责人所在单位属性来划分,经济责任审计包括政府部门经济责任审计、事业单位经济责任审计以及企业经济责任审计。

在2008年7月举行的联合国经济及社会理事会(United Nations Economic and

Social Council，简称 UNESC)会议上，最高审计机关国际组织(International Organization of Supreme Audit Institutions，简称 INTOSAI)时任秘书长 Moser 指出，国家审计是国家治理的关键要素，国家审计通过公正和客观地评价政府是否负责和有效地管理公共资源并实现既定目标，帮助政府履行责任、改善管理，以增强公民和利益相关者对政府的信心。经济责任审计通过对政府行政部门主要负责人的审计，能够对政府部门领导干部的权力运行状况进行监督，促进政府部门有效地管理公共资金和公共资源，并为领导干部的业绩评价、提拔、任用和管理提供依据，从而能够促进领导干部全面有效履行公共受托经济责任，完善政府治理。因此，经济责任审计具备治理的功能。

(3) 经济责任审计的促进政治民主功能。

我国著名的审计学家杨时展教授有过精辟的论述："民主，是现代审计的实质，审计，是民主政治的表现；民主，是现代审计的目的；审计，是现代民主的手段。没有现代审计这一手段，就很难达到现代民主这个目的；而没有现代民主这个目的，现代审计也就失去其意义。"

文硕(1990)强调了民主政治对于国家审计发展的意义，他认为，民主的范围越大，民主的权力越真实，人民通过审计机关对政府的制约也就越强。李金华(2004)指出："审计是领导决策和民众的眼睛，国家审计就是要推进民主的进程，代表公众的意愿，让政府接受公众或纳税人的监督，用公众的民主监督推动政府执政为民。"

孙永尧(2006)基于对国家审计本质的认识，提出审计包括四大职能：监督、评价、司法和民主。他认为审计的民主职能是审计的应有之义，只不过学者们以前没有发现它。

2010 年，时任审计署审计长刘家义在全国审计工作会议上指出："'十二五'期间审计工作要在服务经济社会科学发展、促进深化改革和民主法治建设、维护国家经济安全和促进反腐倡廉建设方面迈上新台阶。"在 2011 年的全国审计工作座谈会上，时任审计署审计长刘家义进一步指出："进一步深化经济责任审计工作，对于推进社会主义民主法治建设和反腐倡廉建设，推动国家治理和干部监督管理，促进经济社会科学发展，具有重要意义。"

审计署相关人员在对"十四五"国家审计工作发展规划的解读中，提出审计署会对标国家"十四五"规划纲要确定的重点任务，立足审计实际，组织安排审计工作，围绕加强社会主义民主法治建设、健全党和国家监督制度，加强经济责任审计。

从学者们和审计署领导的观点以及审计署的解读可以看出,经济责任审计理应发挥促进政治民主功能,起到促进改革深化和民主法治建设的作用。经济责任审计作为国家审计的一种类型,其审计对象是作为自然人的领导干部和企事业单位负责人。无论是实现和促进国家的民主还是企事业单位内部的民主,都是党政领导干部和企事业单位负责人重要的职责之一,党政领导干部和企事业单位负责人也是加强民主法治建设的有力主体。经济责任审计的实施,制约和监督党政领导干部和企事业单位负责人权力行使和资源使用,必然会更好地促进党政领导干部和企事业单位负责人的民主法治建设职责得以更好履行。

2.2 经济责任审计目标

审计的本质决定了审计目标,经济责任审计的本质决定了经济责任审计目标。本小节先从审计本质入手,逐步引出经济责任审计的本质,并在此基础上提出经济责任审计的本质目标和八大具体目标。

2.2.1 经济责任审计的本质

1. 关于审计本质认识的动态发展

20世纪90年代以前,学界有关审计本质的认识存在三种观点,包括查账论、方法过程论以及经济监督论。

(1) 查账论。查账论认为审计就是查账,即检查会计或财务报表的有关资料。从审计发展史看,这种观点持续且占主导地位的时间最长。综观古今中外,无论是国家(政府)审计、内部审计,还是民间审计,从其诞生之日起,就与查账结下了不解之缘。由于早期的审计方法比较简单,审计人员将绝大部分的精力都投向了会计凭证与账簿的详细检查工作,审计给人们留下的印象就是查账。查账论的思想由来已久,根深蒂固。

(2) 方法过程论。1973年,美国会计学会在其发布的《基本审计概念说明》中对审计做了新的定义,认为审计是一种客观地收集与评价有关经济活动和事项的断言的证据以确定其断言与既定标准之相符程度并将其结果传递给利害关系人的系统过程。这个定义从方法论的角度对审计本质进行了概括,形成了关于审计本质的方法过程论。方法过程论的影响重大而深远,于20世纪80年代初传入我国,对我国审计理论界突破传统的查账论观点发挥了积极作用。

(3) 经济监督论。从1983年起,我国会计审计理论界就审计本质问题展开了讨论,初步确立了审计的本质是经济监督这一论点。1984年,中国审计学会成立,之后,经济监督论得到了较快的发展与完善。1989年年初,中国审计学会在贵州安顺举行的学术讨论会上将审计定义为"由专职机构或人员,依法对被审计单位的财政、财务收支及其有关经济活动的真实性、合法性、效益性进行审查,评价经济责任,用以维护财经法纪,改善经营管理,提高经济效益,促进宏观调控的独立性经济监督活动"。

2. 审计控制论的确立

控制的内涵。控制论中的控制的概念与控制目的(标)直接相关,是指对系统的控制。所谓对系统的控制,就是保证系统在变化着的外部条件下完成某种有目的的行为,即保持系统原有的状态,一旦发生偏离,就要使它复原;或者引导系统的状态,使其变化到一种新的预期状态。更通俗地说,它是指人们根据给定的条件和预定的目标,改变或创造条件,使事物沿着可能性空间内确定的方向或状态发展。按照控制论创立者诺伯特·维纳的观点,信息是控制的基础。控制系统是通过信息交换发挥控制功能的,即通过对信息的监测、反馈和调节发挥控制功能。换言之,控制是通过对系统的输入和输出信息的不断跟踪与监测、反馈和调节来进行的。

说到控制,绕不开监督与控制的关系。在中文里,"监"与"督"两字基本同义。"监"有从旁察看、监视等意思,"督"即监督指挥。而"控制"一词的意思很明确,即"掌握住不使任意活动或越出范围"或"使处于自己的占有、管理或影响之下不超出一定范围"之意。这种解释与现代控制论中的控制含义相当接近。

从上述监督与控制的基本含义中可知,两者具有下列关系。

① 控制包含监督,而监督只是控制的一大要素。显而易见,监督相当于控制过程中对信息的跟踪与监测部分,它当然是控制功能的一大要素或条件。没有监督,即没有对信息的跟踪与监测,反馈也就失去了内容,调节也就失去了基础与依据,控制终究难以奏效。如前所说,监督即从旁察看,发现问题。而按照正常的思维逻辑,某个主体从旁察看,发现了问题,必然就要纠正问题。但严格说来,监督的意义只限于发现问题,而纠正与解决问题则属控制的范畴。

② 如果把监督与控制视为相对独立的两种行为,那么,从行为主体的态度看,控制是积极主动的,着眼于全局,因为"控制就是指作用者对被作用者的一种能动作用";而监督相对来说则能动性没控制强,它总是为某种控制目的服务的。

③ 监督与控制客体具有同一性。原因很简单,因为监督总是服务于某种控制目的的,因而两者的客体自然是一致的;从信息论的角度说,监督即对信息的监督,

而控制是对信息的控制。

审计的本质是一种特殊的经济控制。审计控制论并非我们之主观臆断,而是有着充分的理由与依据。

关于审计是一种控制的权威性表述较多。《利马宣言》指出,审计本身不是目的,审计是控制系统不可分割的组成部分。《蒙哥马利审计学》第12版也开门见山地指出,政府关心收支核算和赋税征收,体现这种关心的一个重要方面是建立包括审计在内的控制手段以减少因官员不称职或欺诈所造成的错误和舞弊。审计师责任委员会(The Commission on Auditor's Responsibility)指出,审计是对会计信息质量的一种控制。美国会计学会审计基本概念委员会(Committee on Auditing Concepts)认为,审计能够起到控制会计信息质量的作用。管理学家哈罗德·孔茨(Harold Kootz)和西里尔·奥唐奈(Cyril O. Donnan)(1982)认为,管理控制的另一种方法是企业内部审计,按照目前流行的说法就是经营审计。英国著名审计学家曼肯泽(Machenize)教授认为,没有受托经济责任,就没有审计;没有审计,就没有控制;如果没有控制,权力就无法实施。英国著名审计学家David Flint(1988)认为,审计是一种由独立于有关方面的人员所实施的、旨在将绩效水平与预期目标进行比较并报告其结果的特殊检查,它是监督受托人履行经济责任的控制机制的组成部分。

我国一些审计学家也认为审计是一种控制,如杨纪琬教授早就提出审计应有管理控制职能。自1986年以来,我国审计理论界对"审计与宏观控制"问题展开了热烈的讨论,认为审计参与宏观控制有两种最基本的形式:一是从宏观要求出发,通过加强微观审计,为宏观控制服务;二是从宏观控制出发,通过建立并实施宏观审计,更直接更有效地为宏观控制服务。

审计与控制有着天然联系。我们提出审计控制论,并非说现在的审计才具有控制属性。之所以说审计的本质是控制,是因为审计本身就是作为控制手段而产生的。两者之间有着天然联系。从我国历史上的"听其会计"与英文中"audit"最初表达的"倾听"(audire)意思,可推断出审计是一种控制行为。

审计过程与审计行为具有控制性。

审计过程是一种控制过程。根据前文所述的1973年美国会计学会在其发布的《基本审计概念说明》对审计的定义,我们认为,其定义一方面描述了审计过程的共同特点,另一方面表达了审计过程是一种控制过程的思想。该过程中的控制主体显然是审计人;被控制对象是有关经济活动和事项的断言所包含的经济信息;控制手段是收集与断言相关的证据,将其与既定标准相比较,以判断相符程度;传递控制结果的媒介是审计报告,它将断言与既定标准相符程度的信息传递给有利害关系的使用者,同时也反馈给被审单位管理当局,对其行为施加影响,受审计报告信息影响的使用者的看法与信任对被审计对象行为起着社会控制作用。

审计行为是一种控制行为。按照审计关系人理论(Herbret,1979),审计行为的发生必须有审计人、被审计人和审计委托人(或审计接受人)这样的三方关系人,他们顺次为第一关系人、第二关系人和第三关系人。其中,作为被审计人的第二关系人是财产或经济资源的受托经营者;而作为审计接受人的第三关系人即为财产或经济资源的所有者。

三者之间的关系如下:

首先,作为审计委托人的第三关系人将其财产或经济资源委托并授权第二关系人经营管理,要求其承担相应的经济责任;作为被审计人的第二关系人接受委托与授权并承担起管好用好受托财产或经济资源的受托经济责任。

其次,第三关系人为了了解第二关系人履行受托经济责任的情况,委托或授权第一关系人审计人对其实施检查;审计人接受委托或授权对经管者实施独立审计。

最后,作为经营者的第二关系人为了证实自己履行责任的情况而接受审计人的审计;作为审计人的第一关系人实施审计后将审计结果报告给作为委托人的第三关系人,对作为经营者的第二关系人的责任履行情况予以证明。

按照上述审计关系人理论,审计行为的发生机制是这样的:作为审计委托人的第三关系人(财产或经济资源所有者)委托或授权作为审计人的第一关系人对作为被审计人的第二关系人(受托经营者)的受托经济责任履行情况进行审计;审计人接受委托或授权后对被审计人实施审计,然后将审计结果报告给审计委托人(即审计接受人),以对被审计人责任履行情况予以证实。在此过程中,审计人如有审计处理权,可对审计过程中发现的问题(即责任履行不合要求的情形)直接实施反馈纠偏,这种控制作用体现得较为明显;审计人如果没有审计处理权,那么这种控制作用则表现得较为间接,即通过审计报告将问题反馈给审计委托人,由其实施纠偏行为。同时,由于审计客观存在巨大威慑力量,审计人反馈给被审计人及其他关系人的审计结果信息,也可起到间接纠偏的效果。

3. 经济责任审计的本质

综上所述,经济责任审计作为特殊的审计类型,其本质也是一种控制,是为了保证经济责任审计对象即自然人在变化着的外部条件下和内部环境中全面有效地履行被赋予的经济责任,一旦经济责任审计对象的行为发生了偏离,经济责任审计就要使经济责任审计对象复原,或者引导经济责任审计对象的行为,以使其完成预定的目标。

2.2.2 经济责任审计目标分析

1. 审计目标概述

(1) 目的与目标。

严格来说,在汉语词义上,目的与目标是有区别的。目的是想要达到的境地,希望实现的结果;而目标则是想要达到的境地和标准①。因此,可以认为,目标是目的的具体化,是标准化的目的;目标本身包含目的指向和衡量目的实现标准之意。例如,最大限度地满足广大人民群众日益增长的物质和文化生活需要即社会主义生产的根本目的。由此可见,目的具有全局性与长期性,而目标具有局部性和阶段性,目的统驭着目标;每一个具体目标的实现即目的在一定程度上的实现。

然而,在会计审计理论研究上,学者们对目的与目标的运用往往并不作严格的区分。例如,"accounting objective"既可译作"会计目的",也可译作"会计目标"。又如,"提供决策有用信息"既可以说是会计的目的,也可以说是会计的目标。再如,"提高财务信息的可信性,或确证财务表达的公允性",我们称之为审计目的或审计目标。

(2) 审计目标。

所谓审计目标,就是审计行为活动意欲达到的理想境地或状态。例如,财务报表审计就是为了达到确证财务表达的公允性和提高财务信息的可信性这一理想状态。研究审计目标就是要探讨审计行为活动意欲达到的理想境地或状态是什么以及怎样达到该种理想境地或状态。

审计目标的确定是一种主观见之于客观的行为。一方面,审计总是依存于特定的社会政治经济环境(审计环境),因而,审计目标的内容必须反映其环境的客观需要;另一方面,审计目标本身又是由认识了审计环境的客观需要的审计理论工作者结合审计之内在功能确定的。因此,审计目标将随着审计环境的变化而变化,随着审计职能的发展而发展,随着人们对审计主观认识程度的提高而提高。

审计目标是审计行为活动的出发点和归宿点。众所周知,审计行为活动是一

---

① 新华词典编纂组:《新华字典》,商务印书馆,1980,第 599 页。

种特殊的人类行为活动,因而必然有其明显的目的性与明确的目标。整个审计行为活动正是从特定的目标出发并围绕特定目标进行的,最终实现审计目标,即审计行为活动落脚于期望的目标。例如,在财务报表审计中,其目标即确证财务表达的公允性,因而审计活动总是以此为出发点,并围绕此目标来收集与评价证据,最终得出财务表达是否公允的结论并反映到审计报告之中。又如,在以揭弊查错为主要目的的法纪审计中,审计行为活动的出发点是揭露舞弊、检查错误;整个审计证据的收集与评价过程都是围绕这一目标而展开的,最终审计报告也必须说明这方面的情况。因此,也可以说,审计目标是审计行为活动的导向。失去目标的审计,仿佛是失去航向的船只,始终达不到理想的彼岸。

审计目标是审计控制充分发挥功能的重要前提。控制论认为,控制这一概念与控制的目的性直接相关,没有目的,就谈不上控制。对系统的控制就是为了保证系统在变化着的外部条件下完成某种有目的的行为。这种广义的控制目的在实际控制中体现为狭义的具体的控制目标。一般来说,控制行为有两种目的或目标:保持系统原有状态,一旦系统发生偏离,就使其复原;引导系统的状态,使其变到一种新的预期的状态。因此,在任何控制系统或行为中,目的或目标总是其发挥功能的重要前提。

审计是一种特殊的经济控制行为,其本质功能即控制。审计控制也必须与审计目标联系起来。没有审计目标,也就无所谓审计控制;所有审计控制总是针对特定审计目标的控制。从控制论与信息论的角度看,财务报表审计即对财务信息质量的一种控制,其目标就是保证财务表达的公允性,或者说是可信性。失去这一目标,财务报表审计也就几乎失去其存在的意义。在西方国家,财务报表审计实际已成为保证资本市场的完整性及其正常运转的一种特殊的必不可少的控制机制,财务报表审计如此重要之地位正是通过其目标来体现的。正如美国前总统里根在致美国注册会计师协会成立 100 周年的贺信中所说:"公共会计师职业在建立和维护资本市场的完整性方面发挥着至关重要的作用。独立审计师为企业和政府机构的财务报表提供可信性。没有这种可信性,债权人和投资人就几乎不可能作出给我们的经济带来稳定与活力的决策。没有你们,我们的资本市场就会土崩瓦解。"[①]审计的本质目标是确保受托经济责任的全面有效履行。这一目标与审计控制的关系有两方面含义:一是审计通过对受托经济责任履行状况予以确认,如若发现受托人之行为不能或不利于其全面有效地履行受托经济责任,即通过审计信息

---

① 贺信载于 Journal of Accountancy 1987 年 5 月刊第 14 页。

反馈,对其行为予以纠正,以促使其责任得到全面有效的履行;二是审计通过社会威慑力量,引导所有受托人(被审计单位)自觉全面有效地履行受托经济责任。失去了履行受托经济责任这一根本性目标,审计也就徒具形式,审计控制也将不复存在。

(3) 审计目标在审计理论结构中具有举足轻重的地位。

在中国特色社会主义审计理论结构中,审计目标是一个合乎逻辑的必然要素。没有审计目标这一要素,审计理论结构不可能是严密完整的。审计目标在审计理论结构中的地位与作用是:一方面直接完整地反映和体现审计本质与审计假设的要求与精神;另一方面又直接决定、指导和制约着审计信息、审计规范和审计控制手段与方式的内容和要求。因此,可以说,审计目标是整个审计理论结构的枢纽,它将整个审计理论结构中的各要素有机地联系起来。

在此意义上又可以说,关于审计目标的研究是整个审计理论研究之轴心。如果我们不认真研究审计目标,则其他问题的研究难以很好展开,整个审计理论研究将呈现混沌状态。

2. 经济责任审计的本质目标和具体目标

(1) 经济责任审计的本质目标。

经济责任审计是一种具有中国特色的现代审计制度安排。在很长一段时间内,我国的政府审计是"3+1"模式,前面的"3"指的是财政审计、金融审计和企业审计,后面的"1"指的就是经济责任审计。经济责任审计是一种特殊的审计类型,但是它具有审计的共同属性。结合受托经济责任观,我们认为经济责任审计在本质上仍然是一种特殊的经济控制,但经济责任审计的重点与落脚点在责任人,责任人应当履行委托人赋予的目标经济责任,所以经济责任审计本质上是确保责任人全面有效履行目标经济责任的一种特殊的经济控制。

(2) 经济责任审计的具体目标。

本质目标需要细分为若干具体的目标才易得以实现。根据经济社会发展的实际需要、政府职责的内在要求和经济责任审计的功能,经济责任审计的具体目标可以细分为经济责任审计的治理目标、经济责任审计的经济权力控制目标、经济责任审计的管理舞弊控制目标、经济责任审计的效益目标、经济责任审计的社会责任目标、经济责任审计的环境目标、经济责任审计的可持续发展目标和经济责任审计的报告目标这八大具体目标。

经济责任审计的治理目标。从长期以来,治理概念都是运用于与国家公共事务相关的管理活动和政治活动中,并产生了政府治理理论与非营利组织治理理论。国家审计是国家治理的关键要素,国家审计通过公正和客观地评价政府是否负责和有效地管理公共资源并实现既定目标,帮助政府履行责任、改善管理,以增强公民和利益相关者对政府的信心。经济责任审计通过对政府行政部门主要负责人的审计,能够对政府行政部门领导干部的权力行使状况进行监督,促进政府行政部门有效地管理公共资金和公共资源,并为领导干部业绩评价、提拔、任用和管理提供依据,从而能够促进领导干部全面有效履行公共受托经济责任,完善政府治理。这是经济责任审计的治理目标。

经济责任审计的经济权力控制目标。权力自出现的那一天起就需要控制,正如孟德斯鸠(1959)所言,一切有权力的人都容易滥用权力。我国古代的法家思想就曾强调法律对权力控制的重要作用,这也说明了当时人们就认识到权力控制的重要性。经济责任审计的产生在于公共受托经济责任,公共受托经济责任由于作为委托人的人民群众把公共资源和公共权力委托给作为受托人的政府而形成。政府行政部门履行公共受托经济责任的过程就是行使和运用公共资源和公共权力,尤其是经济权力的过程。政府行政部门负责人是行使和运用公共资源和公共权力的重要主体,对其进行经济责任审计的内容是其经济权力的行使情况,审计的目标即对经济权力进行控制。

经济责任审计的管理舞弊控制目标。人是自利的,这是经济学理论的基础,也是对人性本质的一种认识,已得到公认。自有组织的那天起,组织成员尤其是组织的领导人员就有假公济私、损公利己的动机和行为,给组织造成极大的损失。这种假公济私、损公利己的行为往往通过管理舞弊的方式实行。国有企业关系着国计民生,掌握和使用相当一部分公共资源,是国家重要经济部门。如果国有企业的领导人员有管理舞弊的行为,必然对公共资源的安全性和增值性产生威胁,损害人民群众的利益。国有企业领导人员是经济责任审计的重要对象,这决定了管理舞弊控制成为经济责任审计的重要目标。

经济责任审计的效益目标。在西方国家,公众有一个古老和根深蒂固的观念,即管理公共财产的人必须向公众说明财产的使用情况,而不得将其作为自己的财产任意处置。这一观念也被越来越多的中国人接受。无论是公职人员还是一般的人民群众,都想了解政府款项的处置是否得当,是否遵守了法律规定或规章制度,而且还想了解政府行政部门是否正在努力实现经批准执行的计划项目的预定目标,使用款项执行这些计划项目是否经济和有效。这些内在要求决定了政府行政部门及其负责人在其运用公共资源和行使公共权力时要求达到经济性、效益性和效果性的效益目标。经济责任审计是我国特殊的审计类型,国外具有类似的审计类型,即绩效审计或者效益审计,两者最大的区别是经济责任审计审计的是自然人,而绩效审计(效益审计)审计的是组织,但是审计的内容和审计要求基本相似,即对组织或组织负责人在使用公共资源或者公共资金时是否达到经济性、效率性和效果性的效益目标进行审计。

经济责任审计的社会责任目标。社会责任是指一个组织对社会应负的责任。一个组织应以一种有利于社会的方式进行经营和管理。社会责任通常是指组织承担的高于组织自己目标的社会义务。政府作为一种组织,对社会、对人民群众负有社会责任。政府行政部门以及企事业单位的负责人或领导者是政府行政部门及企事业单位履行社会责任的主体,发挥着至关重要的作用。经济责任审计作为一种中国特色社会主义审计类型,可以通过特殊的方法和手段对政府行政部门以及企事业单位的负责人或领导者进行审计,来达到促进其积极认真履行社会责任的目标。

经济责任审计的环境目标。我国自改革开放以来经济上取得了显著的成绩,国内生产总值持续了近30年的高速增长,人民生活水平也显著提高,但环境问题日益突出。国务院前总理温家宝曾说,"十五"规划中的绝大多数指标我们都已完成,只有环境指标没有完成,环境问题已经成为当前中国发展中的一个重大问题[①]。这一情况目前依然不容乐观。国务院前总理李克强在2021年政府工作报告中明确提出"加强污染防治和生态建设,持续改善环境质量"。无论是政府行政部门还是企事业单位都对环境有着举足轻重的影响。经济责任审计通过对政府行政部门以及企事业单位的负责人或领导人员进行审计来达到治理和保护环境的目标。

经济责任审计的可持续发展目标。可持续发展理论从宏观角度分析人口增长、经济发展与生态环境保护之间的逻辑关系,属于宏观经济学研究范畴,涉及传统的领域和部门。在协调人口增长、经济发展与生态环境保护之间的关系方面,政府行政部门以及企事业单位相较于社会中的其他组织发挥着更加重要的作用,对政府行政部门以及企事业单位的负责人或领导人员进行经济责任审计,必须鉴证其在协调三者关系中起到的作用,从而保证可持续发展,这是经济责任审计的重要目标。

---

① http://www.lianghui.org.cn/chinese/zhuanti/2006lh/1153842.htm.

经济责任审计的报告目标。我们认为受托经济责任是按照特定要求或原则经管受托经济资源和报告经营状况的义务,受托经济责任可以分为行为责任和报告责任两个方面。经济责任审计的本质目标是促进公共受托经济责任的全面有效履行,于是经济责任审计必然具有报告目标。

2.3 经济责任审计目标的实现

通过以上的内容,我们知道经济责任审计的本质目标是促进公共受托经济责任的全面有效履行,根据经济社会发展的实际需要、政府职责的内在要求和经济责任审计的功能,经济责任审计的具体目标可以细分为经济责任审计的治理目标、经济责任审计的经济权力控制目标、经济责任审计的管理舞弊控制目标、经济责任审计的效益目标、经济责任审计的社会责任目标、经济责任审计的环境目标、经济责任审计的可持续发展目标和经济责任审计的报告目标这八大具体目标。目标的实现需要具体的方式和途径,以下内容从五个方面来阐述经济责任审计目标实现的方式和途径。

2.3.1 构建经济责任审计运行机制

任何实践活动的开展都是各种因素相互联系、相互作用的结果,其效果的实现、效率的提升都有赖于一套完善的运行机制。经济责任审计要实现既定的审计效果和既定的审计目标,也必须建立一套完善的运行机制。

具体来说,本卷认为,欲实现经济责任审计目标,我们需要在剖析经济责任审计内涵及特征的基础上,以经济责任审计委托人、审计对象、审计人以及审计信息使用者四个行为主体为逻辑起点,构建以审计委托机制、审计执行机制、审计信息传递机制以及审计成果运用机制四大部分内容为主体经济责任审计运行机制。

经济责任审计委托机制可以反映经济责任审计委托人、经济责任审计人以及经济责任审计对象之间的相互作用关系及其权责利安排,具体内容包括经济责任审计关系的构建、行政部门行使经济责任审计委托权的安排以及党委部门行使经济责任审计委托权的安排。经济责任审计委托机制是经济责任审计其他运行机制和最终目标实现的前提。

经济责任审计目标的实现离不开审计执行,经济责任审计执行机制是经济责任审计运行机制中非常重要的组成部分。经济责任审计执行机制是指开展经济责任审计工作的方式、方法及相关的制度安排,具体包括经济责任审计计划的制订、经济责任审计资源的安排、经济责任审计方式方法的选择、经济责任审计重点的确定、经济责任审计证据的搜集、经济责任审计意见的形成以及经济责任审计报告的编制①。形成和完善经济责任审计执行机制是实现经济责任审计目标的重要途径。

经济责任审计信息传递机制是联系经济责任审计人、经济责任审计信息使用者以及经济责任审计被审计人的桥梁和纽带,是经济责任审计运行机制中的重要组成部分。它包括经济责任审计所形成的信息在审计人与信息使用者之间的传递载体、程序与方法。在经济责任审计运行机制中,有效的经济责任审计信息传递机制能够使审计信息及时、畅通、准确地传达给信息使用者,从而有利于审计信息使用者做出决策,更好地实现经济责任审计目标。

审计机构通过实施经济责任审计将审计信息传递给信息使用者。信息使用者需要根据审计信息做出决策,针对发现的问题采取改进措施。信息使用者利用审计工作的成果、发挥审计的效能,意味着审计目标的实现,在这一过程中,经济责任审计成果运用机制必不可少,如果审计信息得不到充分使用,则审计目标无法实现。审计工作成果的运用可以体现在以下几方面:提升政府和企业的治理效率、进行经济权力的控制、进行管理舞弊的控制、提高政府和企业的效益、促进各方履行社会责任、改善环境、实现可持续发展。经济责任审计的成果运用可以说是实现目标的最后一步。

通过构建以审计委托机制、审计执行机制、审计信息传递机制以及审计成果运用机制四大部分为主体内容的经济责任审计运行机制,必然可以更好地实现经济责任审计目标。

2.3.2 确定目标经济责任与构建经济责任履行报告

经济责任审计目标的实现,如治理目标、经济权力控制目标、社会责任目标等的实现,有赖于领导干部目标经济责任的确定。我们认为目标经济责任是行为责任人应该承担的以目标的方式确定下来的经济责任,具体来说就是政府组织部门和企事业单位通过法律、法规、任命书、目标经济责任书、任前告知书、述职报告等形式,对行为责任人任职期间应承担的治理责任、经济权力控制责任、管理舞弊控制责任、效益责任、社会责任、环境治理责任、可持续发展责任和报告责任通过目标的方式确定下来,将抽象的目标转变成为具体的行为目标,并明确在行为责任人(党政领导干部和企事业单位负责人)身上。

当具体的行为目标确定以后,行为责任人就会按照确定的行为目标履行受托

---

① 经济责任审计执行机制反映审计人员具体开展审计工作的有关事项,不包括审计委托与审计信息传递方面的内容。

经济责任,经济责任审计被审计人履行的是公共受托经济责任。受托经济责任包括行为责任和报告责任两个部分。不管受托经济责任关系如何,受托方总是通过报告的方式来向委托人交代行为活动。正如公司股东追求利润最大化,管理者需要定期向股东(利益相关者)进行财务报告以达到促进其全面有效履行受托经济责任的目标,在公共领域中,党政领导干部和企事业单位负责人同样需要报告责任履行情况,这有利于促进行为责任人全面有效履行其所负的公共受托经济责任。于是,构建经济责任履行报告成为实现经济责任审计目标的重要方式和途径。

2.3.3 确立经济责任审计评价方法与评价指标体系

评价是人们对客观社会经济现象的一种重要价值判断。人们在认识和从事社会经济活动的过程中,经常就某一经济活动的可行性、影响及后果进行判断,并据以决定采取行动的依据或者判断该活动是否达到预期效果等。经济责任审计目标的实现离不开对党政领导干部和企事业单位负责人的评价。评价可以明确公共受托经济责任履行程度如何,哪些责任已经得到履行,哪些责任没有被履行,哪些责任履行得还不够,从而为相关主体进一步制定决策和采取行动提供依据。

政府组织部门或企事业单位将设定的目标经济责任确定下来后,可以以经济责任审计报告为载体组织对责任人进行经济责任审计,为充分掌握行为责任人责任履行状况,需要确定合适的经济责任审计评价方法与评价指标体系。以定性评价为主的单一评价模式难以达到掌握责任人责任履行状况的目的,选择合适的评价方法成为评价的首要任务。公共受托经济责任内容的多元化和层次性,决定了评价指标的多元化和层次性,决定了一套评价指标体系的必要性。理想的经济责任审计评价指标体系包括两个方面:一是指标体系包括若干个子系统,可以分别进行定性和定量评价,通过赋予不同指标不同权重以得到合理和正确的结果;二是各种评价指标可以有机地结合在一起,从不同角度进行评价,最后既可以得出某一方面的评价结论,又可以得出整体的评价结论。

无论是评价方法的选择还是评价指标体系的构建,都是为了更好地实现评价目的,为实现经济责任审计目标服务。

2.3.4 制定经济责任审计报告模式和公告制度

经济责任审计的审计信息需要一定的载体,并且这种载体要在一定的制度下运行才可以被经济责任审计信息使用者获知,以便其做出决策,这意味着经济责任审计功能的发挥,经济责任目标的实现。这种审计信息的载体就是经济责任审计报告,一定的制度指的就是经济责任审计公告制度。

审计报告是审计人员发表专业意见的载体,是审计人员与审计报告使用者沟通的桥梁,经济责任审计报告是经济责任审计主体发表专业审计意见的载体。具体来说,经济责任审计报告是指审计人员按照审计授权或委托人的要求,依据审计准则、国家法律法规制度的规定、审计评价指标体系标准以及目标经济责任书等相关标准,在实施充分的审计程序的基础上,对特定组织之经济责任人履责报告的公允性发表审计意见,并对经济责任人受托经济责任的履行情况做出审计评价的书面报告。

经济责任审计公告制度是促使经济责任审计信息得到充分利用的重要安排,是经济责任审计目标更好实现的必要条件。具体来说,经济责任审计公告制度是指政府或者国家审计机关依据国家的有关规定,主动或者根据有关申请向社会公开,或者通过其他方式使行政相对人、有关单位以及社会公众等利益相关者知晓国家审计机关对被审计领导干部受托经济责任履行情况的审计结果的一种制度安排。

经济责任审计报告模式和经济责任审计公告制度使国家审计机关在实施经济责任审计后,可以通过必要的载体,在必要制度支持下把审计结果顺利传递给审计信息使用者,信息使用者据此做出决策,针对发现的问题采取改进措施,这有利于充分利用经济责任审计工作的成果、发挥经济责任审计的效能,最终实现经济责任审计的目标。

2.3.5 建立经济责任导向审计模式

受托经济责任关系是审计产生和发展的首要前提。在审计的发展过程中,随着社会经济活动的日益复杂化,委托人对受托人经管受托经济资源的要求不断变化,致使受托经济责任从受托财产保管责任扩展为受托经营责任、受托管理责任以及更为广泛的社会责任。受托经济责任内涵的不断深化和拓展使现代审计的形式越来越丰富多彩。当前,经济责任审计的范围不断扩大,审计的层次不断提高,审计的内容不断深化,在提升组织治理效率、制约经济权力、控制管理舞弊、提高组织效益、促进政府和企事业单位履行社会责任、加强环境治理、保证可持续发展、促进受托责任人履行责任等方面发挥着重要作用。采用何种审计模式来进行经济责任审计是一个十分重大的问题。

经济责任审计作为一项具有中国特色的经济监督制度,是现代审计制度在中国的一种创新。随着政治经济社会的不断发展,我国采用传统的账项导向审计模式和制度导向审计模式肯定无法满足现实要求,风险导向审计模式因其紧抓风险控制这个要点而成为目前主要的审计模式,但是经济责任审计的审计对象、审计方法和审计属性等方面的特殊性决定了仅采用风险导向审计模式同样无法实现经济责任审计的多元目标。根据经济责任审计的特点,构建经济责任导向审计模式来实现经济责任审计多元目标是一个可行的方式。我们提倡的经济责任导向审计模式是针对特定组织之经济责任人履行经济责任的状况来组织审计活动的审计方式。具体来说,就是指审计机构和人员接受委托人的委托,依据国家法律、法规和有关政策,以界定、评价特定组织的经济责任人的目标经济责任为重点,在确定目标经济责任的前提下,决定审计测试的范围与程度,通过审查经济责任人的履责报告,对经济责任人履行经济责任的状况发表审计意见、做出审计评价,出具审计报告的一种审计组织方式。经济责任导向审计模式是适应受托经济责任内涵的拓展,以确认特定组织之经济责任人履行经济责任的状况并解除其经济责任为审计目标的一种新型的组织审计活动的审计方式,是为了实现确认经济责任人履行经济责任状况并解除其经济责任的审计目标而设计安排的一整套措施。

经济责任导向审计模式,因为其以受托经济责任的内涵为建立起点,其审计方法、审计策略、审计风险防范、审计质量控制都是围绕确认特定组织之经济责任人履行经济责任的状况并解除其经济责任这一审计目标来设计的,所以经济责任导向审计模式是适合经济责任审计的一种审计模式。国家审计机关采用这种"量身定做"的审计模式进行经济责任审计,必然会更好地实现经济责任审计的多元目标。

3 经济责任审计的运行机制

经济责任审计是确保受托经济责任得以全面有效履行的一种特殊的经济控制。经济责任审计的经济控制功能的实现和经济责任审计目标的最终实现，需要一个完善的运行机制来保障，这个机制即经济责任审计运行机制。

3.1 经济责任审计运行机制的框架

经济责任审计是一项具有中国特色的经济监督制度，是现代审计制度在中国的一种创新。研究经济责任审计的运行机制，对于以政府为主导的经济责任审计具有至关重要的作用。

3.1.1 经济责任审计的行为主体要素分析

经济责任审计的行为主体要素是指参与经济责任审计活动的特定自然人、法人或者其他组织，包括经济责任审计委托人、经济责任审计人、经济责任审计对象以及经济责任审计信息使用者。

1. 经济责任审计委托人

审计委托人是委托或授权审计人员对被审计人进行审查的单位或者个人。基于此，经济责任审计委托人是指委托或授权审计人员对被审计人进行经济责任审计的单位或者个人。我国经济责任审计制度起源于厂长离任审计制度，经过多年的发展，经济责任审计的范围已从企业逐步扩展到行政机关和事业单位，被审计人所负责的单位的行政级别已从县级先后提升至地厅级、省部级。我国宪法第二条规定："中华人民共和国的一切权力属于人民。人民行使国家权力的机关是全国人民代表大会和地方各级人民代表大会。人民依照法律规定，通过各种途径和形式，管理国家事务，管理经济和文化事业，管理社会事务。"我国宪法第三条规定："国家行政机关、监察机关、审判机关、检察机关都由人民代表大会产生，对它负责，受它监督。"中华人民共和国的一切权力属于人民，人民通过各级人民代表大会行使权力，国家行政机关由人民代表大会产生，对人民代表大会负责。2021年10月最新修正的我国审计法第七条规定:"国务院设立审计署,在国务院总理领导下,主管全国的审计工作。审计长是审计署的行政首长。"审计法第八条规定:"省、自治区、直辖市、设区的市、自治州、县、自治县、不设区的市、市辖区的人民政府的审计机关,分别在省长、自治区主席、市长、州长、县长、区长和上一级审计机关的领导下,负责本行政区域内的审计工作。"中国共产党中央审计委员会于2018年正式组建,作为党中央决策议事协调机构,它成为省部级领导干部和中央企业领导人员的审计委托人。根据上述法律的相关规定,经济责任审计的委托人可以分为三个层次,第一层次的委托人是全体公民,第二层次的委托人是人民代表大会,第三层次的委托人是中央及地方各级审计委员会和政府。

可见,在我国经济责任审计实践工作中,经济责任审计实际委托人通常是各级人民政府、政府行政机构或者党委所属部门,在中央层面包括中央人民政府、中央纪委、中央组织部、国家监察委、人力资源和社会保障部以及国资委。

2. 经济责任审计人

经济责任审计人即经济责任审计主体,是指从事经济责任审计工作的专门机构或者人员。根据《党政主要领导干部和国有企事业单位主要领导人员经济责任审计规定》第七条,审计委员会办公室、审计机关依规依法独立实施经济责任审计。

在我国,经济责任审计人包括审计委员会办公室、审计机关、国资委、社会审计机构、评估机构以及内部审计机构。

3. 经济责任审计对象

经济责任审计对象即经济责任审计客体,是指经济责任审计主体作用的对象,是对被审计人的抽象概括。经济责任审计对象与其他类型审计对象相比,有着显著的不同点:经济责任审计对象只指行为责任人,而其他类型审计对象为单位或者组织。根据《党政主要领导干部和国有企事业单位主要领导人员经济责任审计规定》,党政主要领导干部经济责任审计的对象包括:①地方各级党委、政府、纪检监察机关、法院、检察院的正职领导干部或者主持工作1年以上的副职领导干部;②中央和地方各级党政工作部门、事业单位和人民团体等单位的正职领导干部或者主持工作1年以上的副职领导干部;③国有和国有资本占控股地位或者主导地位的企业(含金融机构,以下统称国有企业)的法定代表人或者不担任法定代表人但实际行使相应职权的主要领导人员;④上级领导干部兼任下级单位正职领导职务且不实际履行经济责任时,实际分管日常工作的副职领导干部;⑤党中央和县级以上地方党委要求进行经济责任审计的其他主要领导干部。

自 1999 年中共中央办公厅和国务院办公厅印发《县级以下党政领导干部任期经济责任审计暂行规定》以来，我国经济责任审计工作取得了长足的进展，以县级以下党政领导干部为经济责任审计对象的审计工作已在全国普遍推开。2001 年，中央纪委、中央组织部、监察部、人事部、审计署联合下发了《关于进一步做好经济责任审计工作的意见》，要求逐步把县级以上党政领导干部纳入经济责任审计对象范围。为贯彻落实党的十六大和十六届四中全会精神，切实加强对权力的制约和监督，促进领导干部提高执政能力，进一步推动经济责任审计工作深入健康的发展，中央纪委、中央组织部、监察部、人事部以及审计署五部委于 2004 年联合发布了《关于将党政领导干部经济责任审计范围扩大到地厅级的意见》，决定从将党政领导干部经济责任审计对象范围从县级以下党政领导干部扩大到地厅级领导干部。2004 年，审计署对 4 名省部级领导干部进行了经济责任审计试点工作。2006 年修正后的《中华人民共和国审计法》确立了经济责任审计的法律地位。2010 年，中共中央办公厅、国务院办公厅印发《党政主要领导干部和国有企业领导人员经济责任审计规定》，进一步将经济责任审计对象范围扩大，并积极开展了省部级领导干部经济责任审计的试点。2014 年颁布的《党政主要领导干部和国有企业领导人员经济责任审计规定实施细则》（简称《实施细则》）对经济责任审计进行了完善，并把省长和省委书记纳入经济责任审计范围。中国共产党中央审计委员会于 2018 年正式组建，作为党中央决策议事协调机构，体现了党中央对审计工作的全面领导。中央审计委员会第一次会议通过了《2018 年省部级党政主要领导干部和中央企业领导人员经济责任审计及自然资源资产离任（任中）审计计划》。2019 年，中共中央办公厅、国务院办公厅印发《党政主要领导干部和国有企事业单位主要领导人员经济责任审计规定》，再次确定和完善了包括省部级领导干部在内的经济责任审计范围。

综上，在我国经济责任审计实践工作中，经济责任审计对象已从县级以下党政领导干部、国有企业及国有控股企业领导人逐步扩展至地厅级领导干部、省部级领导干部和中央企事业单位领导人员。

4. 经济责任审计信息使用者

经济责任审计信息使用者是指利用审计机构出具的经济责任审计报告，了解被审计人经济责任履行情况的单位、组织或者个人。从理论层面看，所有与被审计人经济责任履行行为利益相关的主体都为经济责任审计信息使用者，包括社会公众、人民代表大会、人民政府、中央纪委、中央组织部、国家监察委、人力资源和社保障部、国资委，被审计人，被审计人所属部门、单位以及企业。依据经济责任审计信息使用者与被审计人所属部门、单位以及企业的关系，经济责任审计信息使用者可以分为外部信息使用者和内部信息使用者，外部信息使用者包括社会公众、人民代表大会、人民政府、中央纪委、中央组织部、国家监察委、人力资源和社会保障部、国资委以及审计机构，内部信息使用者包括被审计人，被审计人所属部门、单位以及企业。

根据《党政主要领导干部和国有企事业单位主要领导人员经济责任审计规定》：第一，经济责任审计报告应当送达被审计领导干部及其所在单位。第二，地方审计机关主要领导干部的经济责任审计结论性文书，由上一级审计机关送组织部门。根据工作需要，送有关纪检监察机关。第三，经济责任审计报告、经济责任审计结果报告等审计结论性文书按照规定程序报同级审计委员会，按照干部管理权限送组织部门。根据工作需要，送纪检监察机关等联席会议其他成员单位、有关主管部门。

表3-1总结了经济责任审计行为主体要素及其构成。

表3-1　　　　　　　　经济责任审计行为主体要素及其构成

经济责任审计行为主体要素	构　成
经济责任审计委托人	全体公民、人民代表大会、中央及各级审计委员会、人民政府、中央纪委、中央组织部、国家监察委、人力资源和社会保障部以及国资委
经济责任审计人	审计委员会办公室、审计机关、国资委、社会审计机构、评估机构以及内部审计机构
经济责任审计对象	国务院各部门的主要负责人，地方各级党委和人民政府及其各部门的主要负责人，纪检监察机关、法院、检察院等的主要负责人，以及国家事业单位和人民团体等的主要负责人，以及国有和国有资本占控股地位或者主导地位的企业的实际负责人
经济责任审计信息使用者	社会公众、人民代表大会、中央及各级审计委员会、人民政府、中央纪委、中央组织部、国家监察委、人力资源和社会保障部、国资委，被审计人，被审计人所属部门、单位以及企业

从上述法律法规的相关规定可以看出，当前我国经济责任审计信息的使用者主要为委托人，被审计人所在部门、单位或企业，审计机关，人民政府，组织人事部门以及纪检监察机关。实际的经济责任审计信息使用者相对于理论层面经济责任审计使用者而言，范围有所缩小，社会公众与人民代表大会尚未成为经济责任审计

信息的真正使用者。

3.1.2 经济责任审计运行机制框架的构建

运行机制是指在人类社会有规律的运动中,影响这种运动的各因素的结构、功能及其相互关系,以及这些因素产生影响、发挥功能的作用过程和作用原理及其运行方式,是引导和制约决策并与人、财、物相关的各项活动的基本准则及相应制度,是决定行为的内外因素及相互关系的总称。运行机制强调系统内各要素的相互作用关系。在学界,诸多领域都有运行机制的相关研究,如市场运行机制、企业运行机制、财务运行机制等。任何实践活动的成功都离不开一套完善的运行机制来协调各主体要素之间的相互关系。经济责任审计活动的有效开展亦离不开其自身的运行机制对经济责任审计各主体要素之间相互关系的协调,从而提升经济责任审计活动的效率和效果。学界有关审计运行机制、经济责任运行机制的研究成果较少,王国华(2009)对国家"免疫系统"的运行机制进行了探讨,赵彩虹和赵伟(2010)、孙永军等(2018)对国家审计全覆盖运行机制进行了探讨,马家平(2003)、黄玉华(2007)、刘更新(2012)、宋夏云和蔡颖(2021)对经济责任审计运行机制进行了探讨,李根权(2007)、李涛和龚璇(2013)对内部审计运行机制进行了探讨。

经济责任审计活动的开展涉及四个主体要素,包括经济责任审计委托人、经济责任审计人、经济责任审计对象以及经济责任审计信息使用者。经济责任审计运行机制是指经济责任审计委托人、经济责任审计人、经济责任审计对象以及经济责任审计信息使用者之间的相互关系、作用机理以及协调这四个主体要素之间关系的各种制度安排。从具体层面来看,经济责任审计委托人与经济责任审计对象之间的相互关系对应形成经济责任审计的动因,经济责任审计委托人与经济责任审计人之间的相互关系对应形成经济责任审计的委托机制,经济责任审计人与经济责任审计对象之间的相互关系对应形成经济责任审计的执行机制,经济责任审计人与经济责任审计信息使用者之间的相互关系对应形成经济责任审计的信息传递机制,经济责任审计信息使用者与经济责任审计对象之间的相互关系对应形成经济责任审计成果运用机制,即经济责任审计运机制由五大板块的内容构成,包括审计动因、审计委托机制、审计执行机制、审计信息传递机制以及审计成果运用机制。其中,经济责任审计动因既是经济责任审计工作开展的前提与理论基础,又是经济责任审计运行机制的组成部分,即审计委托机制、审计执行机制、审计信息传递机制与审计成果运用机制都是以审计动因为理论前提假设的,经济责任审计动因在经济责任审计运行机制中具有前提性、基础性的地位。因此,经济责任审计运行机制可从广义与狭义两个层面来进行划分,广义层面的经济责任审计运行机制包括审计动因,狭义层面的经济责任审计运行机制不包括审计动因。图3-1展示了经济责任审计运行机制框架。

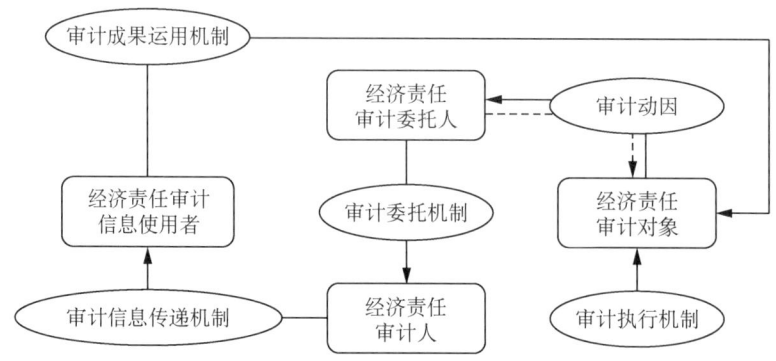

图3-1 经济责任审计运行机制框架

3.2 经济责任审计的动因

经济责任审计的动因是经济责任审计产生和发展的动力与原因。经济责任审计起源于厂长离任审计,后扩展至企业、事业单位及行政单位,是现代审计理论与我国审计实践工作相结合所产生的一种有中国特色的制度创新。经济责任审计产生与发展的动因与其他审计产生与发展的动因相比存在共同之处,也有差异。关于审计产生与发展的动因,代表性的观点有受托经济责任论、信息论、查账论以及保险论等。本卷以公共受托经济责任观、委托代理观以及民主政治观为基础,对经济责任审计产生和发展的动因进行讨论。

3.2.1 经济责任审计动因解说之公共受托经济责任观

审计是随着受托经济责任的产生而产生,随着受托经济责任的发展而发展的。政府审计产生于公共受托经济责任关系的确立,并随着社会政治经济的发展和公共受托经济责任内涵的演变而发展变化。公共受托经济责任观是经济责任审计产生与发展的理论基石。

(1)公共受托经济责任关系的存在是经济责任审计产生的前提条件。

根据1985年最高审计机关亚洲组织第三届大会发表的《关于公共受托经济责任指导方针》,公共受托经济责任是指受托经营公共财产的机构或人员负有公共财产管理及汇报公共财产经营管理情况的责任。公共受托经济责任关系的确立源于受托方经营管理了委托方提供的公共资源或者公共资金。因此,行政单位、事业单位以及企业只要受托经管了公共资源或公共资金,就对委托方负有公共受托经济责任。

《中华人民共和国宪法》第二条规定:"中华人民共和国的一切权力属于人民。人民行使国家权力的机关是全国人民代表大会和地方各级人民代表大会。人民依照法律规定,通过各种途径和形式,管理国家事务,管理经济和文化事务,管理社会事务。"第三条规定:"全国人民代表大会和地方各级人民代表大会都由民主选举产生,对人民负责,受人民监督。国家行政机关、监察机关、审计机关、检察机关都由人民代表大会产生,对它负责,受它监督。"根据宪法相关规定,人民是国家的主人,人民是国家财富的所有者;人民将公共财产委托给人民选出的各级政府进行经营管理。因此,各级人民代表大会和各级人民政府之间产生了公共财产的委托和受托关系;各级人民政府在接受人民委托后,对人民负有公共受托经济责任;政府各部门、事业单位以及企业在接受人民政府委托管理公共资源或者财产后,间接对人民负有公共受托经济责任。据此,公共受托经济责任关系可以分为三个层级,第一层级为人民代表大会与人民政府之间的公共受托经济责任关系,第二层级为人民政府与政府各部门、事业单位以及国有和国有资本占控股地位或者主导地位的企业之间的公共受托经济责任关系,第三层为政府各部门、事业单位、国有和国有资本占控股地位或者主导地位的企业分别与政府各部门主要负责人、事业单位主要负责人、国有和国有资本占控股地位或者主导地位的企业负责人之间的公共受托经济责任关系。

审计的本质是一种特殊的经济控制,审计的目标就是促进受托人全面有效履行受托经济责任。公共受托经济责任关系的确立使受托人对委托人负有公共受托经济责任,而政府审计是保证公共受托经济责任得以有效履行的一种机制,它涉及对公共受托经济责任履行情况的确认与解除。由此可见,只要存在公共受托经济责任关系,审计机关就应该对受托人的公共受托经济责任履行情况进行审计,以确保公共受托经济责任的全面有效履行。公共受托经济责任关系的存在是经济责任审计产生的前提条件。在人民代表大会将公共资源或公共资金分层委托给人民政府,政府各部门、事业单位以及国有和国有资本占控股地位或主导地位的企业,直至政府各部门主要负责人、事业单位主要负责人、国有和国有资本占控股地位或者主导地位的企业负责人的情况下,通过经济责任审计可以确认和解除各层级受托人的公共受托经济责任,促进各层级公共受托经济责任得以全面有效履行。

公共受托经济责任层级体系与经济责任审计动因示意图如图 3-2 所示。

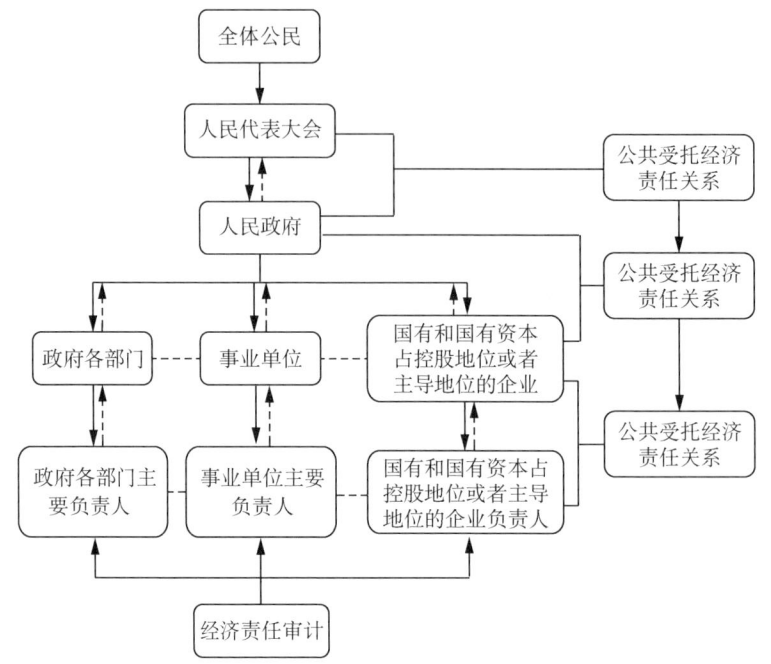

图 3-2　公共受托经济责任层级体系与经济责任审计动因示意

(2) 公共受托经济责任内涵的拓展是经济责任审计发展变化的动力。

公共受托经济责任包括行为责任与报告责任。行为责任是指受托人按照特定要求或原则管理和使用受托公共资源或公共资金的责任；报告责任是指受托人按照特定要求报告其管理和使用公共资源或公共资金状况的责任。公共受托经济责任的内涵随着社会政治、经济、文化的不断变化而不断变化；经济责任审计的形式和内容范围也随着公共受托经济责任内涵的拓展而不断演进和发展。

根据《党政主要领导干部和国有企事业单位主要领导人员经济责任审计规定》，经济责任是指领导干部在任职期间，对其管辖范围贯彻执行党和国家经济方针政策、决策部署，推动经济和社会事业发展，管理公共资金、国有资产、国有资源，防控重大经济风险等有关经济活动应当履行的职责。地方各级党委和政府主要领导干部经济责任审计的内容包括：贯彻执行党和国家经济方针政策、决策部署情况；本地区经济社会发展规划和政策措施的制定、执行和效果情况；重大经济事项的决策、执行和效果情况；财政财务管理和经济风险防范情况，民生保障和改善情况,生态文明建设项目、资金等管理使用和效益情况,以及在预算管理中执行机构编制管理规定情况;在经济活动中落实有关党风廉政建设责任和遵守廉洁从政规定情况;以往审计发现问题的整改情况;其他需要审计的内容。党政工作部门、纪检监察机关、法院、检察院、事业单位和人民团体等单位主要领导干部经济责任审计的内容包括:贯彻执行党和国家经济方针政策、决策部署情况;本部门本单位重要发展规划和政策措施的制定、执行和效果情况;重大经济事项的决策、执行和效果情况;财政财务管理和经济风险防范情况,生态文明建设项目、资金等管理使用和效益情况,以及在预算管理中执行机构编制管理规定情况;在经济活动中落实有关党风廉政建设责任和遵守廉洁从政规定情况;以往审计发现问题的整改情况;其他需要审计的内容。国有企业及国有控股企业主要领导人员经济责任审计的内容包括:贯彻执行党和国家经济方针政策、决策部署情况;企业发展战略规划的制定、执行和效果情况;重大经济事项的决策、执行和效果情况;企业法人治理结构的建立、健全和运行情况,内部控制制度的制定和执行情况;企业财务的真实合法效益情况、风险管控情况、境外资产管理情况、生态环境保护情况;在经济活动中落实有关党风廉政建设责任和遵守廉洁从业规定情况;以往审计发现问题的整改情况;其他需要审计的内容。

上述法律法规的相关规定在一定程度上反映了我国经济责任审计实践工作的发展历程。随着公共受托经济责任内涵的拓展,我国经济责任审计工作也在不断发展和变化,经济责任审计的内容范围也从最初的财政收支、财务收支的真实性、合法性和效益性责任以及资产、负债、损益的真实性、合法性和效益性责任,逐步拓展至重大经营决策责任,经济和社会事业、单位或企业的发展责任,内部管理状况责任以及遵守有关廉政规定责任,再扩大到贯彻落实党和国家重大决策部署责任、推动经济和社会事业发展责任等。本卷对三方面经济责任审计的内容范围做了总结,如图3-3至图3-5所示。

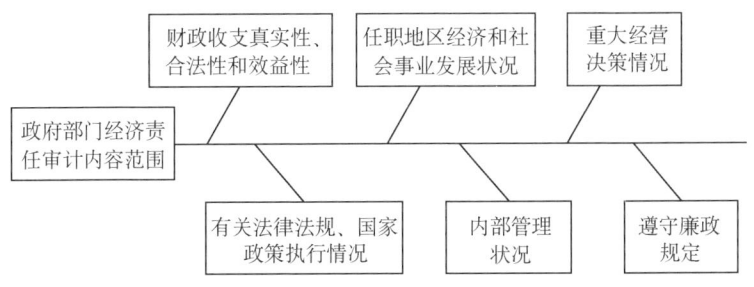

图3-3 政府部门经济责任审计内容范围

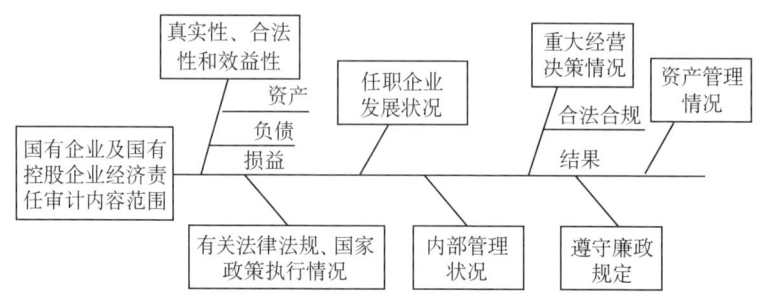

图 3-4　国有企业及国有控股企业经济责任审计内容

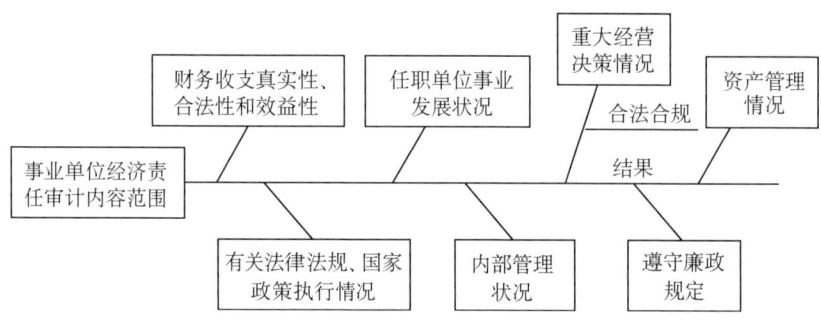

图 3-5　事业单位经济责任审计内容范围

3.2.2　经济责任审计动因解说之委托代理观

委托代理理论起源于 20 世纪 30 年代,主要研究一个或多个行为主体根据一种明示或隐含的契约,指定、雇用另一些行为主体为其服务,同时授予后者一定的决策权力,并根据后者提供的服务数量和质量对其支付相应的报酬。授权者就是委托人,被授权者就是代理人。以委托代理理论为基础来分析政治领域的活动,我们可以演绎出公民与政府之间是一种委托代理的契约关系。在此种委托代理关系中,公民是委托人,政府及其公务人员是代理人,政府接受公民的委托行使公共权力、实施公共管理、提供公共产品、实现公共利益、满足公共需求(邓名奋,2007)。公民与政府之间的委托代理关系同企业的委托代理关系相比具有特殊性:①政府具有公共利益唯一代理人的垄断地位;②公民作为委托人,其身份是抽象的、模糊的,而非具体的、特定的;③政府代理活动具有强制性、自主性以及代理结果不可拒绝性等特点;④公民既是委托人,又是被管理者。

卢梭认为,在每个政府官员的身上都有着三种意志,包括:①个人固有的意志,它仅倾向于个人特殊利益;②全体行政官的共同意志,即团体的意志;③人民的意志或主权的意志(卢梭,2002)。在政府接受委托履行国家职能的过程中,由于受托人(政府)与委托人(全体公民、人民代表大会)之间部分目标存在的差异性与信息的不对称性,以及政府的有限理性和机会主义倾向,政府可能滥用权力来追求自身的利益,从而产生道德风险及逆向选择行为,导致公民的利益受到侵害:一方面,政府官员以及政府部门人员所付出的工作努力可能不足以匹配其所获得的工资报酬;另一方面,政府官员以及政府部门人员所做的决策可能会充分考虑到自身的利益,而导致委托人(社会公众)利益受到损害。因此,政府行为必须受到监督与约束,以保护社会公众的利益不受损害。这些监督与约束一般包括两方面:社会公众施加的外部约束以及政府通过建立公共机构对自身行为进行约束。在政府建立公共机构对自身行为进行约束的情况下,通常采用建立司法机构、立法机构、审计机构以及反腐败机构等来监督和控制政府部门的行为①。经济责任审计通过对政府部门、事业单位主要负责人以及企业负责人行为的监督,可以有效揭露、预防、控制代理人的道德风险以及逆向选择行为,减少委托人(社会公众)与代理人(政府)之间的不对称信息,促进政府与公民之间契约的有效履行,保护委托人的利益不受侵害。委托代理观下的经济责任审计逻辑如图 3-6 所示。

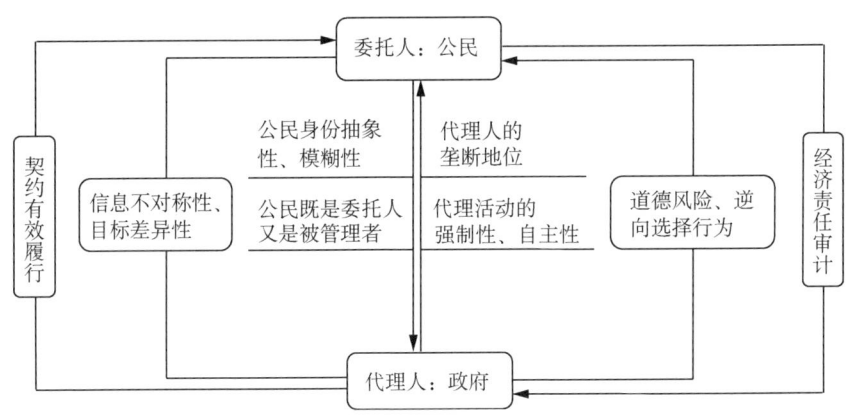

图 3-6 委托代理观下的经济责任审计逻辑

3.2.3 经济责任审计动因解说之民主政治观

《国民经济和社会发展第十一个五年规划》提出:"要推进政务公开,发展基层民主,保证人民群众依法行使选举权、知情权、参与权、监督权,加强社会主义民主

---

① 此处参考了刘秋明(2006)对公共受托责任与绩效审计的研究和陈志斌(2003)对政府会计的研究。

政治建设;坚持标本兼治、综合治理、惩防并举、注重预防的方针,建立健全教育、制度、监督并重的惩治和预防腐败体系,为经济社会发展和社会稳定创造良好环境。"2007年6月25日,中共中央总书记胡锦涛在中央党校省部级干部进修班发表重要讲话,强调要健全民主制度,丰富民主形式,拓宽民主渠道,推进决策科学化、民主化,完善决策信息和智力支持系统;各级党委要充分认识反腐败斗争的长期性、艰巨性、复杂性,坚持标本兼治、综合治理、惩防并举、注重预防的方针,建立健全教育、制度、监督并重的惩治和预防腐败体系,更加注重治本,更加注重预防,更加注重制度建设,加强领导干部廉洁自律工作,坚决查办违纪违法案件。《中华人民共和国国民经济和社会发展第十四个五年规划和2035年远景目标纲要》提出:"健全党组织领导的自治、法治、德治相结合的城乡基层社会治理体系,完善基层民主协商制度,建设人人有责、人人尽责、人人享有的社会治理共同体。"并在第五十八章"发展社会主义民主"部分提出:"坚持和完善党总揽全局、协调各方的领导制度体系,把党的领导落实到国家发展各领域各方面各环节。坚持和完善人民代表大会制度,加强人大对'一府一委两院'的监督,保障人民依法通过各种途径和形式管理国家事务、管理经济文化事业、管理社会事务。坚持和完善中国共产党领导的多党合作和政治协商制度,提高中国特色社会主义参政党建设水平,加强人民政协专门协商机构建设,发挥社会主义协商民主独特优势,提高建言资政和凝聚共识水平。全面贯彻党的民族政策,坚持和完善民族区域自治制度,铸牢中华民族共同体意识,促进各民族共同团结奋斗、共同繁荣发展。全面贯彻党的宗教工作基本方针,坚持我国宗教中国化方向,积极引导宗教与社会主义社会相适应。健全基层群众自治制度,增强群众自我管理、自我服务、自我教育、自我监督实效。发挥工会、共青团、妇联等人民团体作用,把各自联系的群众紧紧凝聚在党的周围。完善大统战工作格局,促进政党关系、民族关系、宗教关系、阶层关系、海内外同胞关系和谐,巩固和发展大团结大联合局面。全面贯彻党的侨务政策,凝聚侨心、服务大局。"2021年10月,习近平总书记在中央人大工作会议上的讲话指出:"民主是全人类的共同价值,是中国共产党和中国人民始终不渝坚持的重要理念。评价一个国家政治制度是不是民主的、有效的,主要看国家领导层能否依法有序更替,全体人民能否依法管理国家事务和社会事务、管理经济和文化事业,人民群众能否畅通表达利益要求,社会各方面能否有效参与国家政治生活,国家决策能否实现科学化、民主化,各方面人才能否通过公平竞争进入国家领导和管理体系,执政党能否依照宪法法律规定实现对国家事务的领导,权力运用能否得到有效制约和监督。"并强调:

"民主不是装饰品,不是用来做摆设的,而是要用来解决人民需要解决的问题的。一个国家民主不民主,关键在于是不是真正做到了人民当家作主。"经济责任审计之产生、发展与我国建立健全行政问责制、加强党风廉政建设以及完善领导干部任用考核制度有着紧密的联系。社会主义民主政治建设推动了我国经济责任审计的产生与发展。

1. 建立健全行政问责制需要对领导干部进行经济责任审计

随着西方民主政治的发展以及公共行政学的兴起,行政问责制成为政治文明建设的一项重大创新。行政问责制是指一级政府对现任该级政府负责人、该级政府所属各工作部门和下级政府主要负责人在所管辖的部门和工作范围内由于故意或者过失,不履行或者不正确履行法定职责,以致影响行政秩序和行政效率,贻误行政工作,或者损害行政管理相对人的合法权益,给行政机关造成不良影响和后果的行为,进行内部监督和责任追究的制度。民主政治是责任政治,中国特色社会主义民主政治也必然要求建立健全官员责任追究制度,形成公共权力的监控制约机制,做到职权与责任的统一。党的十一届三中全会以来,我国开始不断建立健全官员责任追究制度,以加强对权力运行的监督与制约,促进党风廉政建设。1980年,党的十一届五中全会通过的《关于党内政治生活的若干准则》,对坚持集体领导、接受监督等12个重要问题提出了要求,其中一个重要方面就是加强责任追究。1989年,国务院颁布了有关党政领导干部责任追究的《特别重大事故调查程序暂行规定》,对事故中的责任认定与追究进行了详细的规定。1992年,中共十四大出台的新党章特别要求各级干部应"正确行使人民赋予的权力",强调责任追究制度的完善。1997年,中共中央发布了《中国共产党纪律处分条例(试行)》,对党内责任追究的指导思想、适用范围、追究原则做出详细的规定。2003年,因防治"非典"不力,包括两名省部级高官在内的上千名官员被问责,推动了官员责任追究制度在中国的正式确立。2004年,国务院印发的《全面推进依法行政实施纲要》明确提出要实现权力与责任的统一。2005年,国务院总理温家宝在政府工作报告中提出要强化行政问责制。2006年,国务院总理温家宝在"加强政府自身建设,推进政府管理创新"的电视电话会议上强调"要建立问责制度,开展绩效评估。按照权责统一、依法有序、民主公开、客观公正的原则,加快建立以行政首长为重点的行政问责制度,并把行政问责与行政监察、审计监督结合起来,有责必问,有错必究,努力建设责任政府"。2008年,《国务院工作规则》提出"国务院及各部门要推行行政问责制度和绩效管理制度,明确问责范围、规范问责程序、严格责任追究",行政问责制第一次写进了《国务院工作规则》。2009年,中共中央办公厅、国务院办公厅印发《关于实行党政领导干部问责的暂行规定》,对于加强党政领导干部的管理和监督、增强党政领导干部的责任意识有着重大的意义。党的十八大以后,国务院总理李克强多次在政府工作报告中强调行政问责,如"全面落实行政执法责任制和问责制,对一切违法违规的行为都要坚决查处,对一切执法不公正不文明的现象都要坚决整治,对所有行政不作为的人员都要坚决追责""强化督查问责,严厉整肃庸政懒政怠政行为"等。2016年7月,我国颁布了《中国共产党问责条例》,党的十九大后将问责实践经验上升为法律,制定颁布了《监察法》,按照行政区划设立了四级监察委员会,作为问责的专职机关。习近平总书记历来对问责非常重视,关于问责在多个场合有重要的论述,如"严格执行责任制,分解责任要明确,检查考核要严格,责任追究要到位,让责任制落到实处""落实党委的主体责任和纪委的监督责任,强化责任追究""不讲责任,不追究责任,再好的制度也会成为纸老虎、稻草人"等。

建立健全行政问责是党中央规范领导干部行政行为、加强民主政治建设的一项重要政策。实施行政问责制就需要对领导干部的责任进行确认与解除,而经济责任审计的使命就是对领导干部的经济责任进行确认与解除。因此,经济责任审计通过对领导干部经济责任的履行情况进行监督,可以成为对官员进行行政问责的一种有力手段,并为官员行政责任追究提供了依据,从而有效规范领导干部的行政行为。建立健全行政问责制需要对领导干部进行经济责任审计。

2. 加强党风廉政建设需要对领导干部进行经济责任审计

加强党风廉政建设,是从严治党的重要内容和迫切需要,是国家长治久安的需要,也是党和政府始终与人民群众保持血肉联系的重要保证,对于凝聚党心、民心有着极其重要的意义。中国共产党从建党以来就十分注重党风廉政建设。1998年,中共中央、国务院发布了《关于实行党风廉政建设责任制的规定》,明确了党政领导班子和领导干部对党风廉政建设应负的责任。2001年,中国共产党十五届六中全会通过了《中共中央关于加强和改进党的作风建设的决定》,提出了加强和改进党的作风建设的指导思想和主要任务。2005年,中共中央发布了《建立健全教育、制度、监督并重的惩治和预防腐败体系实施纲要》,提出构建教育、制度、监督并重的惩治和预防腐败体系。2010年,中共中央发布了《中国共产党党员领导干部廉洁从政若干准则》,坚持标本兼治、综合治理、惩防并举、注重预防的方针,对党员领导干部廉洁从政做出了规定。党的十八大以后,在以习近平总书记为核心的党中央领导下,我国进入全面从严治党的新时代,大力推动党风廉政建设。习近平总书记高度重视党风廉政建设和反腐败斗争,强调党要管党、从严治党,提出了一系列新的理念、思路、举措,推动党风廉政建设和反腐败斗争不断取得重大成效。习近平总书记从党和国家事业发展战略高度出发,围绕党风廉政建设和反腐败斗争作的一系列重要论述,让我们深刻理解党风廉政建设和反腐败斗争的重要性和紧迫性,充分认识党风廉政建设和反腐败斗争的长期性、复杂性、艰巨性。

加强党风廉政建设的良好氛围为经济责任审计的发展提供了条件,有关党风廉政建设的制度与规定为经济责任审计工作的开展提供了标准。党员领导干部履行责任的过程就是公共权力运用的过程。责任与权力具有对称性,是党员领导干部履行职权的两个具体方面。经济责任审计对党员领导干部的经济责任履行情况进行审计,其实质就是对党员领导干部的公共权力运用情况进行审计。因此,经济责任审计工作的开展,有利于加强对领导干部权力运行情况的监督,形成对领导干部权力使用的有效约束,防止公共权力的滥用,从而有助于促进党员干部的廉洁自律。加强党风廉政建设需要对领导干部进行经济责任审计。

3. 完善领导干部选拔任用需要对领导干部进行经济责任审计

领导干部业绩评价是领导干部选拔任用的依据。完善领导干部选拔任用制度需要建立一套科学合理的领导干部业绩评价体系。经济责任审计通过对领导干部经济责任履行情况的鉴证和评价,可以较为全面地了解领导干部履行职责的能力,从而为选拔、任用领导干部提供依据。经济责任审计是领导干部业绩考核与评价体系的重要组成部分,完善领导干部选拔任用制度需要对领导干部进行经济责任审计。

图 3-7 展示了民主政治观下的经济责任审计逻辑。

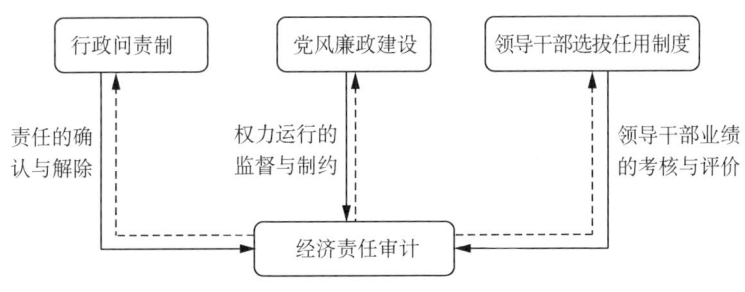

图 3-7 民主政治观下的经济责任审计逻辑

强化对权力的监督与制约,完善领导干部选拔任用和考核管理制度,是促进我国民主政治进程的重大举措。民主政治的先进性集中体现在领导者的权力运用是否置于人民(广义委托人)的监控之下,是否对领导者的权力运用建立有效的监督与约束机制。由此可见,经济责任审计不仅仅是一种审计监督形式,而且肩负着强化对权力的监督与制约、完善领导干部选拔任用和考核管理制度、促进民主政治发展的重任。

3.2.4 经济责任审计动因解说之公共行政的行动理论

经济责任审计与其他类型审计相比,具有的一个重要特点就是其审计对象为特定的行为人而非特定的组织。审计对象为特定行为人这一特征是经济责任审计区别于其他审计类型、成为一种独立审计类型的重要依据。经济责任审计对象为何是组织中具有特定职务的行为人?因为具有特定职务的行为人对组织负有个人责任。

美国著名行政学者哈蒙提出的公共行政的行动理论为行政组织中个人责任义务的判断与选择提供了理论基础。根据哈蒙对传统责任体系的理解,上级借着公共计划、法规规定的组织手段向部属下达命令;行政人员在执行行政程序的过程中破坏法律所受的惩罚较其不作为或不当作为更加严重。行政人员之所以负有个人责任,其原因主要有以下三个方面。

(1) 行政人员由于缺乏自主性,可能会导致不负责任的行为。行政人员是否作为或者不作为以及是否承担责任,这实际上都是一系列行为选择的过程,而人的行为选择主要受到主体性或主观性因素的驱动。哈蒙提出了"物化"的概念来解释出现不负责任行政行为的原因,即行政人员倾向于将系统、制度、角色与其他的社会人造物视为既存的与正当的东西,以为社会是独立的外界实在,这种物化的思考方式会使行政人员丧失主动创造世界的知觉和对世界应该承担的责任。

(2) 行政人员的自主性与承担责任是密不可分的。行政人员为更好地履行责任,就需要有一定的自主性;发挥自主性与增强责任感是一致的。具体到行政人员身上,无论是强调发挥自主性,还是强调增强责任感,其出发点和落脚点都是为了更好地服务民众和增强行政行为的回应性与有效性。行政人员的自主性与承担责任密不可分。哈耶克在其著作《自由秩序原理》中曾说,"自由不仅意味着个人拥有选择的机会并承受选择的重负,而且还意味着他必须承担其行动的后果,接受对其行动的赞扬或谴责"。处在层级节制的官僚体系中的行政人员拥有了一定的自主性,也就意味着拥有了一定的自由。根据哈耶克的论述,行政人员也必须承担相应的责任,自主性的获得并不意味着责任的减轻或免除。反之,行政人员在发挥自主性和依据自己的道德判断采取行动的同时,必须承担由自己的行动所带来的一切责任与行为后果。

（3）参与决策是承担个人责任的动因。行政人员需要被授予参与决策的权力，以增强决策的执行力。当行政人员被授予参与决策的权力时，他们被视为一个具有情感判断、善于理性思考和行动的主体，当他们感受到自己的主体地位时，会相对更理性、公正地理解、支持和执行政策或决策，即使难以彻底做到公正公平，至少也会增加其公正执行的可能性，并且会清楚地认识到，自己是此项政策或决策的一部分而认真地履行自己的个人责任，其责任感也就愈加强烈，其此时也就愈趋向于一个责任主体。因此，行政人员在被授予参与决策的权力的同时，也负有个人的行政决策责任。

根据党章，党的各级委员会实行集体领导和个人分工负责相结合的制度；凡属重大问题都要按照集体领导、民主集中、个别酝酿、会议决定的原则，由党的委员会集体讨论，做出决定；委员会成员要根据集体的决定和分工，切实履行自己的职责。因此，各级党委的决策虽由集体决定，但对任何决策党委领导干部都负自身的责任。

3.3 经济责任审计委托机制

经济责任审计委托机制是经济责任审计运行机制的重要组成部分，反映了经济责任审计委托人、经济责任审计人以及经济责任审计被审计人之间的相互关系及其权责利安排。经济责任审计委托机制的具体内容包括经济责任审计关系的构建、行政部门行使经济责任审计委托权的安排以及党委部门行使经济责任审计委托权的安排。本节以审计关系人理论为基础，分析经济责任审计委托人、经济责任审计人、经济责任审计被审计人三者之间的关系；以受托经济责任理论和相关法律法规为基础，分析我国各级人民政府的双线委托关系，进而探讨行政部门行使经济责任审计委托权的安排；从党管干部原则以及地方党委负责人的经济责任审计两个方面，探讨党委部门行使经济责任审计委托权的安排。

3.3.1 经济责任审计委托关系的构建

审计关系人理论认为审计行为的发生必须有审计人、被审计人和审计委托人三方关系人；审计人为第一关系人，被审计人为第二关系人，审计委托人为第三关系人(Herbert，1979)。其中，作为被审计人的第二方关系人是财产(或者经济资源)的受托经管者；而作为审计委托人的第三关系人是财产(或经济资源)的所有者。公共受托经济责任关系的存在是经济责任审计产生与发展的理论前提。根据审计关系人理论,经济责任审计行为的发生也必须有经济责任审计人、经济责任审计被审计人和经济责任审计委托人三方关系人;经济责任审计委托人为公共资金或公共资源的所有者,经济责任审计被审计人为受托经营管理公共资金或公共资源的负责人,经济责任审计人为实施经济责任审计工作的组织或人员。

经济责任审计关系人及其相互关系如图3-8所示:①作为经济责任审计委托人的第三关系人将公共资金或公共资源委托并授权第二关系人进行经营管理,并要求其承担相应的公共受托经济责任;作为被审计人的第二关系人接受委托与授权并承担按照特定要求经营管理公共资金或公共资源的公共受托经济责任。②第三关系人为了了解第二关系人履行公共受托经济责任的情况,委托或授权作为经济责任审计人的第一关系人对其实施检查;经济责任审计人接受委托对经营管理者实施独立审计。③作为承担公共受托经济责任的第二关系人为了证实自身公共受托经济责任履行情况,接受经济责任审计人的审计;作为经济责任审计人的第一关系人实施审计并将审计结果报告给审计委托人,并对第二关系人的经济责任履行情况予以证明。

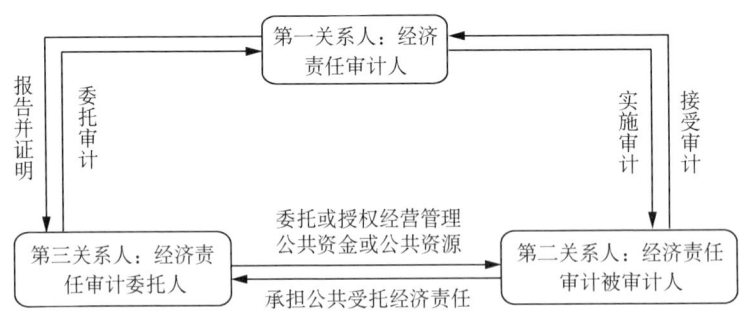

图3-8 经济责任审计关系人及其相互关系

根据宪法规定,国家行政机关、审计机关、检察机关都由人民代表大会产生,对它负责,受它监督;全国人民代表大会根据国务院总理的提名,决定部长、委员会主任、审计长、秘书长的人选,国务院各部部长、各委员会主任负责本部门的工作;全国人民代表大会根据最高人民法院院长的提请,任免最高人民法院副院长、审判员、审判委员会委员和军事法院院长;全国人民代表大会根据最高人民检察院检察长的提请,任免最高人民检察院副检察长、检察员、检察委员会委员和军事检察院检察长,并且批准省、自治区、直辖市的人民检察院检察长的任免;地方各级人民代表大会分别选举并且有权罢免本级人民政府的省长和副省长、市长和副市长、县长和副县长、区长和副区长、乡长和副乡长、镇长和副镇长,地方各级人民政府实行省长、市长、县长、区长、乡长、镇长负责制;县级以上的地方各级人民代表大会选举并且有权罢免本级人民法院院长和本级人民检察院检察长。因此,国家行政机关、审计机关、检察机关接受人民代表大会委托,成为经营管理公共资金或公共资源的组织机构,国家行政机关、审计机关、检察机关领导干部负责本组织的工作,成为经济责任审计被审计人。

3.3.2 行政部门行使经济责任审计委托权的安排

宪法规定,国家一切权力属于人民,人民行使国家权力的机关是全国人民代表大会和地方各级人民代表大会。因此,从理论层面来看,中华人民共和国人民为公共资金或公共资源的所有者,中华人民共和国人民应为经济责任审计委托人,中华人民共和国人民通过全国人民代表大会和地方各级人民代表大会行使经济责任审计委托权。

宪法第一条明确指出"中华人民共和国是工人阶级领导的、以工农联盟为基础的人民民主专政的社会主义国家"。"社会主义制度是中华人民共和国的根本制度。中国共产党领导是中国特色社会主义最本质的特征"。党的十九大报告明确指出"中国特色社会主义制度的最大优势是中国共产党领导,党是最高政治领导力量"。习近平总书记在党的十九届四中全会上强调,中国特色社会主义制度中居于统领地位的是党的领导制度。党章规定"中国共产党是中国工人阶级的先锋队,同时是中国人民和中华民族的先锋队,是中国特色社会主义事业的领导核心,代表中国先进生产力的发展要求,代表中国先进文化的前进方向,代表中国最广大人民的根本利益"。可见,中国共产党既是中国人民的领导政党,也代表着中国最广大的人民。加强党对审计工作的全面领导自然成为我国审计管理体制的重要特征。2018年,随着中央审计委员会及各级党委审计委员会的成立,各级审计委员会成为重要的审计委托人主体,行使委托权。

从现实层面而言,《党政主要领导干部和国有企事业单位主要领导人员经济责任审计规定》对经济责任审计项目计划作出了明确规定:"年度经济责任审计项目计划按照下列程序制定:(一)审计委员会办公室商同级组织部门提出审计计划安排,组织部门提出领导干部年度审计建议名单;(二)审计委员会办公室征求同级纪检监察机关等有关单位意见后,纳入审计机关年度审计项目计划;(三)审计委员会办公室提交同级审计委员会审议决定。对属于有关主管部门管理的领导干部进行审计的,审计委员会办公室商有关主管部门提出年度审计建议名单,纳入审计机关年度审计项目计划,提交审计委员会审议决定。"

通过本卷前述有关经济责任审计动因之公共受托经济责任观的分析,可知人民代表大会与人民政府之间存在公共受托经济责任关系,人民政府与各行政部门、事业单位、国有和国有资本占控股地位或者主导地位的企业之间存在公共受托经济责任关系,各行政部门、事业单位、国有和国有资本占控股地位或者主导地位的企业分别与各行政部门主要负责人、事业单位主要负责人、国有和国有资本占控股地位或者主导地位的企业实际负责人之间存在公共受托经济责任关系。根据宪法的规定,国务院统一领导全国地方各级国家行政机关的工作;县级以上的地方各级人民政府领导所属各行政部门和下级人民政府的工作。因此,下级人民政府是在上级人民政府的指导和授权下开展工作,下级人民政府对上级人民政府也负有公共受托经济责任。在我国现行行政管理体制中,各级人民政府公共受托经济责任的委托与受托是一种双线委托与受托(图 3-9)。

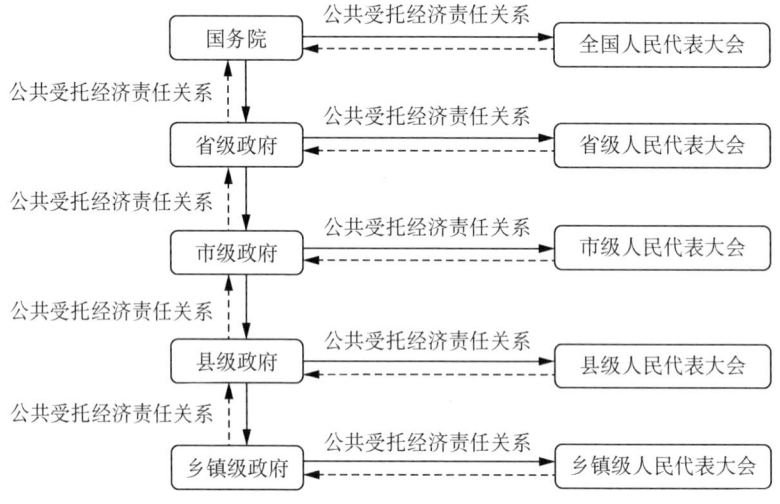

图 3-9 我国人民政府公共受托经济责任的双线委托与受托关系

根据公共受托经济责任和《党政主要领导干部和国有企事业单位主要领导人员经济责任审计规定》的规定,国务院各部委负责人和省级人民政府行政负责人的经济责任审计委托权应由中央审计委员会来实施,市级人民政府行政负责人的经济责任审计委托权应由省级审计委员会来实施,县级人民政府行政负责人的经济责任审计委托权应由市级审计委员会来实施,乡镇级人民政府行政负责人的经济责任审计委托权应由县级审计委员会来实施。具体安排如表 3-2 所示。

表 3-2 国务院各部委负责人及各级人民政府负责人经济责任审计委托权的安排

经济责任审计对象	经济责任审计委托权的安排
国务院各部委行政负责人	中央审计委员会
省级人民政府行政负责人	中央审计委员会
市级人民政府行政负责人	省级审计委员会（商同级组织部门，并征求同级纪检监察机关）
县级人民政府行政负责人	市级审计委员会（商同级组织部门，并征求同级纪检监察机关）
乡镇级人民政府行政负责人	县级审计委员会（商同级组织部门，并征求同级纪检监察机关）

根据宪法的规定，地方各级人民政府实行省长、市长、县长、区长、乡长、镇长负责制；县级以上地方各级人民政府依照法律规定的权限，管理本行政区域内的经济、教育、科学、文化、卫生、体育、城乡建设事业和财政、民政、公安、民族事务、司法行政、监察等行政工作，发布决定和命令，任免、培训、考核和奖惩行政工作人员。因此，地方各级人民政府负责人指导和授权下属各行政部门及事业单位开展工作，地方各级人民政府下属各行政部门及事业单位对地方各人民政府负有公共受托责任。在党的全面领导体制下，省级人民政府各行政部门及事业单位负责人经济责任审计委托权应由省级审计委员会来实施；市级人民政府各行政部门及事业单位负责人经济责任审计委托权应由市级审计委员会来实施；县级人民政府各行政部门及事业单位负责人经济责任审计委托权应由县级审计委员会来实施；乡镇级人民政府各行政部门及事业单位负责人经济责任审计委托权应由乡镇级审计委员会来实施。具体如表 3-3 所示。

表 3-3 省级及以下人民政府各行政部门负责人经济责任审计委托权的安排

经济责任审计对象	经济责任审计委托权的安排
省级人民政府各部门及事业单位行政负责人	省级审计委员会（商同级组织部门，并征求同级纪检监察机关）
市级人民政府各部门及事业单位行政负责人	市级审计委员会（商同级组织部门，并征求同级纪检监察机关）
县级人民政府各部门及事业单位行政负责人	县级审计委员会（商同级组织部门，并征求同级纪检监察机关）
乡镇级人民政府各部门及事业单位行政负责人	乡镇级审计委员会（商同级组织部门，并征求同级纪检监察机关）

根据宪法的规定，中华人民共和国的社会主义经济制度的基础是生产资料的

社会主义公有制,国有经济是全民所有制经济;人民行使国家权力的机关是全国人民代表大会和地方各级人民代表大会。根据第十届全国人民代表大会第一次会议批准的国务院机构改革方案和《国务院关于机构设置的通知》,国务院授权国有资产监督管理委员会代表国家履行出资人职责。因此,国有和国有资本占控股地位或者主导地位的企业的所有权应属于全体公民;全体公民通过人民代表大会委托各级人民政府经营管理国有资产;国务院授权国有资产监督管理委员会代表国家履行出资人职责。在党的全面领导体制下,中央所属企业负责人经济责任审计委托权应由中央审计委员会来实施;省属国有企业负责人经济责任审计委托权应由省级审计委员会来实施;市属国有企业负责人经济责任审计委托权应由市级审计委员会来实施;县属国有企业负责人经济责任审计委托权应由县级审计委员会来实施。具体如表3-4和图3-10所示。

表3-4 国有企业及其独资、控股子企业负责人经济责任审计委托权的安排

经济责任审计对象	经济责任审计委托权的安排
中央所属企业行政负责人	中央审计委员会
省属国有企业行政负责人	省级审计委员会(商同级组织部门,并征求同级纪检监察机关)
市属国有企业行政负责人	市级审计委员会(商同级组织部门,并征求同级纪检监察机关)
县属国有企业行政负责人	县级审计委员会(商同级组织部门,并征求同级纪检监察机关)

3.3.3 党委部门行使经济责任审计委托权的安排

在我国经济责任审计工作实践中,除人民政府及政府有关行政部门有权行使经济责任审计委托权外,党委纪检部门、组织部门也有权行使经济责任审计委托权。这一经济责任审计委托权的安排与一般政府审计委托权的安排有所不同。依据宪法的规定,审计机关在国务院总理领导下,依照法律规定独立行使审计监督权,不受其他行政机关、社会团体和个人的干涉。依据审计法的规定,国务院设立审计署,在国务院总理领导下,主管全国的审计工作;地方各级审计机关对本级人民政府和上一级审计机关负责并报告工作,审计业务以上级审计机关领导为主。根据2018年3月中共中央印发的《深化党和国家机构改革方案》,为加强党中央对审计工作的领导,构建集中统一、全面覆盖、权威高效的审计监督体系,更好发挥审计监督作用,组建中央审计委员会,作为党中央决策议事协调机构。因此,在党的全面领导体制下,我国一般政府审计的委托权实际是由各级审计委员会在实施,总结如表3-5所示。

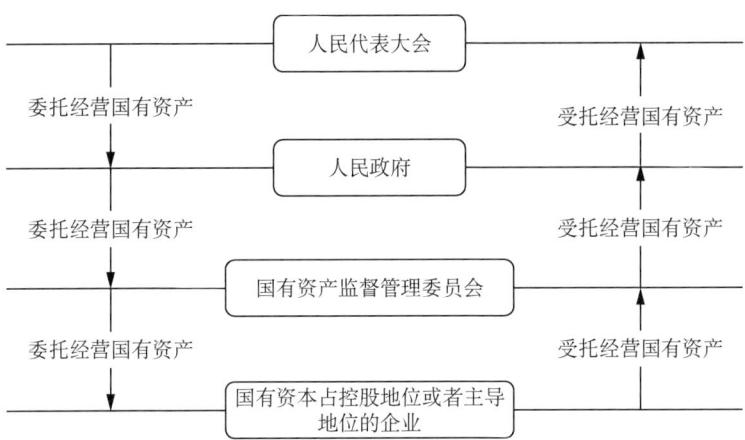

图 3-10　国有资产委托经营关系

表 3-5　　　　　　　　党委部门经济责任审计委托权的安排

经济责任审计对象	经济责任审计委托权的安排
国务院各部委行政负责人	中央审计委员会
省级人民政府行政负责人	中央审计委员会
市级人民政府行政负责人	省级审计委员会(商同级组织部门,并征求同级纪检监察机关)
县级人民政府行政负责人	市级审计委员会(商同级组织部门,并征求同级纪检监察机关)
乡镇级人民政府行政负责人	县级审计委员会(商同级组织部门,并征求同级纪检监察机关)
省级人民政府各部门及事业单位负责人	省级审计委员会(商同级组织部门,并征求同级纪检监察机关)
市级人民政府各部门及事业单位负责人	市级审计委员会(商同级组织部门,并征求同级纪检监察机关)
县级人民政府各部门及事业单位负责人	县级审计委员会(商同级组织部门,并征求同级纪检监察机关)
乡镇级人民政府各部门及事业单位负责人	乡镇级审计委员会(商同级组织部门,并征求同级纪检监察机关)
中央所属企业负责人	中央审计委员会
省属国有企业负责人	省级审计委员会(商同级组织部门,并征求同级纪检监察机关)
市属国有企业负责人	市级审计委员会(商同级组织部门,并征求同级纪检监察机关)
县属国有企业负责人	县级审计委员会(商同级组织部门,并征求同级纪检监察机关)

3.4 经济责任审计执行机制

经济责任审计执行机制是指开展经济责任审计工作的方式、方法及相关的制度安排,具体包括经济责任审计计划的制订、经济责任审计力量的安排、经济责任审计方式方法的选择、经济责任审计重点的确定、经济责任审计证据的收集、经济责任审计意见的形成以及经济责任审计报告的编制①。完善经济责任审计执行机制是提升经济责任审计工作成效的重要途径。本节分析经济责任审计计划的制订主体;根据我国经济责任审计工作的现状,提出了多元经济责任审计监控体系的观点,从而整合社会审计、内部审计的力量;分析任前、任中、任后经济责任审计方式,并探讨经济责任审计跟踪审计方式;总结财政审计、投资审计、资源环境审计、社保审计、内部审计以及财务报表审计的重点,提出整合其他类型审计的工作成果,以确定经济责任审计的重点;最后,本节对经济责任的工作程序进行探讨。经济责任审计执行机制框架和经济责任审计工作联席会议的构成如图3-11和图3-12所示。

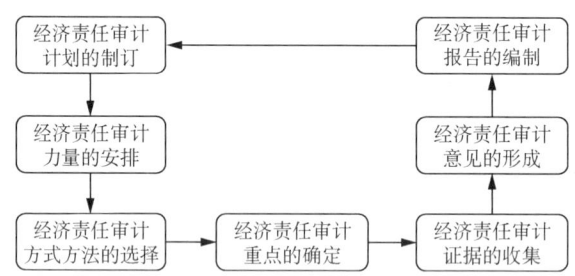

图 3-11　经济责任审计执行机制框架

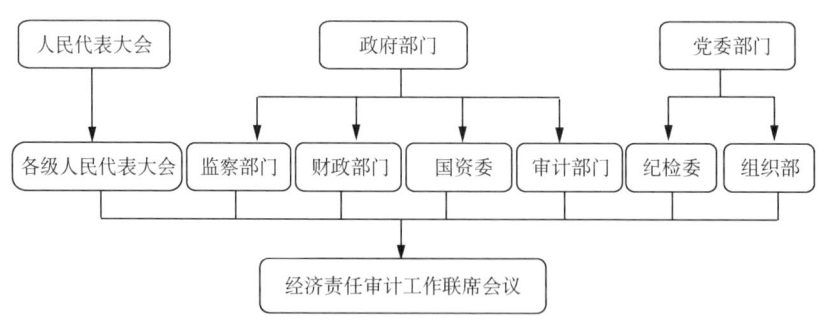

图 3-12　经济责任审计工作联席会议构成

---

① 本卷所指的经济责任审计执行机制是指反映审计人员具体开展审计工作的有关事项,不包括审计委托与审计信息传递方面的内容。

3.4.1 经济责任审计计划的制定

经济责任审计计划是对年度内经济责任审计工作的总体安排,主要拟订经济责任对象的具体范围。《党政主要领导干部和国有企事业单位主要领导人员经济责任审计规定》第十二条规定:"经济责任审计应当有计划地进行,根据干部管理监督需要和审计资源等实际情况,对审计对象实行分类管理,科学制定经济责任审计中长期规划和年度审计项目计划,推进领导干部履行经济责任情况审计全覆盖。"第十三条规定:"年度经济责任审计项目计划按照下列程序制定:(一)审计委员会办公室商同级组织部门提出审计计划安排,组织部门提出领导干部年度审计建议名单;(二)审计委员会办公室征求同级纪检监察机关等有关单位意见后,纳入审计机关年度审计项目计划;(三)审计委员会办公室提交同级审计委员会会议决定。对属于有关主管部门管理的领导干部进行审计的,审计委员会办公室商有关主管部门提出年度审计建议名单,纳入审计机关年度审计项目计划,提交审计委员会审议决定。"

"在我国审计实践工作中,人民代表大会却未能成为经济责任审计工作联席会议的组成部门,从而造成人民代表大会未能有效实施经济责任审计委托权。本卷认为根据我国经济责任审计工作的实践工作情况,可以构建以人民代表大会、政府部门、党委部门共同组成的经济责任审计工作联席会议。其中,人民代表大会包括各级人民代表大会政府部门包括监察部门、人事部门、国资委以及审计部门党委部门包括纪检委以及组织部门。人大、政府、党委三位一体经济责任审计工作联席会议的重新构建,一方面,有利于人民代表大会实施经济责任审计委托权,从而更好地履行人民代表大会监督政府工作的职责另一方面,国资委成为经济责任审计工作联席会议的成员,有利于经济责任审计委托权集于经济责任审计工作联席会议,从而利于年度内经济责任审计工作计划的制定,避免经济责任审计工作的重复安排、集中安排或疏漏某些领导干部经济责任审计工作的安排。"

3.4.2 经济责任审计力量的安排

据统计,截至2022年年底,我国从事政府审计工作的有8万余人。政府审计机构除经济责任审计工作外,还有法定的政策落实跟踪审计、财政审计、国有企业审计、金融审计、农业农村审计、资源环境审计以及民生审计等工作需要开展。在我国政府审计工作人员相对不足、领导干部数量又相对较多的情况下,经济责任审计工作任务比较重,尤其对于基层审计机关而言,更是如此。另外,截至2023年年底,我国从事内部审计的共有20余万人;从事社会审计的会计师事务所有1万余家,约有10万持有CPA证书的从业人员。因此,在当前形势下,可以考虑构建以审计委员会为主导的多元经济责任审计监控体系(图3-13),从而充分发挥社会审计机构以及内部审计机构的作用。

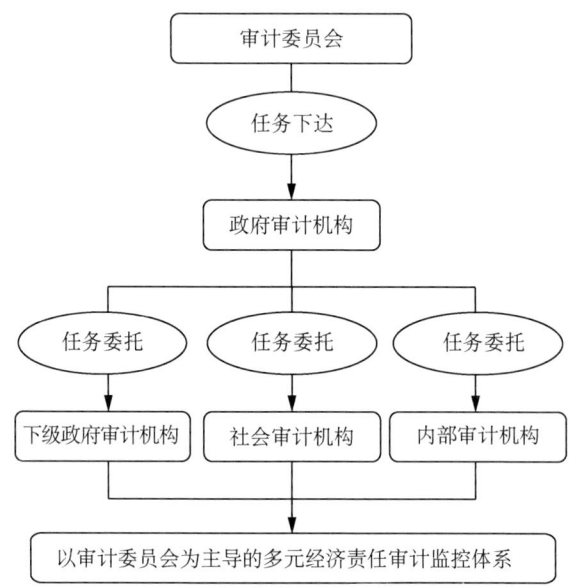

图 3-13　以审计委员会为主导的多元经济责任审计监控体系

首先,审计委员会根据"凡离必审"的原则和领导干部管理需要,拟订年度经济责任审计工作任务,并下达项目委托书,委托政府审计机构来实施经济责任审计;其次,政府审计机构根据年度政府审计工作的总体安排和本级审计机构工作人员的数量,将部分经济责任审计项目委托给社会审计机构和内部审计机构来开展,或聘请社会审计人员以及内部审计人员参与开展经济责任审计工作。在以审计委员会为主导的多元经济责任审计监控体系中,政府审计机构应对其实施的经济责任审计项目以及委托社会审计机构、内部审计机构实施的经济责任审计项目负有审计责任。因此,政府审计机构在委托社会审计机构、内部审计机构实施经济责任审计,整合社会审计资源、内部审计资源的过程中,应注意防范经济责任审计风险,强化对社会审计机构、内部审计机构经济责任审计质量的监控。具体措施包括:①根据经济责任审计对象,成立经济责任审计小组,小组领导人由政府审计机构人员担任,小组可以聘请社会审计人员和内部审计人员参与。②与社会审计机构和内部审计机构签订经济责任审计项目委托合同,作为追究社会审计机构和内部审计机构审计责任的依据。③建立完善的经济责任审计质量控制制度,对社会审计机构和内部审计机构的经济责任审计工作情况进行例行检查或不定期的抽查;建立经济责任审计质量的层级复核制度,以确保经济责任审计的质量,防范经济责任审计风险。

3.4.3 经济责任审计方式方法的选择

经济责任审计方式方法是政府审计机构组织开展经济责任审计工作的具体方法。经济责任审计方式方法按审计时间段来划分,可以分为任前经济责任审计、任中经济责任审计和任后经济责任审计。此外,还有经济责任跟踪审计方式。

1. 任前、任中、任后经济责任审计方式方法

任前经济责任审计是指对领导干部经济责任的拟订进行预审。在领导干部任职前组织人事部门应拟订其任职期间的工作任务,即拟订其任职期间的目标经济责任,包括财政、财务收支责任,国家经济政策和决策部署执行责任,国有资产资源管理责任,内部管理责任,重大经济风险防控责任,社会事业、企业发展责任以及廉洁自律责任等。领导干部目标经济责任的拟订是任前经济责任审计和任后经济责任审计过程中的一项重要审计依据。目标经济责任制定得过低,则领导干部在任职期间能够很容易地完成目标经济责任,不利于激发领导干部工作的积极性和主动性;目标经济责任制定得过高,则领导干部在任职期间可能难以通过努力完成目标经济责任,而且容易导致领导干部在任职期间的弄虚作假行为。因此,拟订的领导干部目标经济责任通过审计机构的审计,可以确保领导干部目标经济责任的拟订符合相关法律法规的要求,且目标经济责任科学、合理、可行。任前经济责任审计就是对拟订的领导干部目标经济责任进行审计。目前,在我国经济责任的实践工作开展过程中,一方面,通常没有主体在领导干部任职前为其拟订目标经济责任,从而领导干部自身不能清楚了解在履职的过程中负有哪些方面的具体责任;另一方面,审计机构在实施经济责任审计过程中,缺乏类似于领导干部自身经济责任承诺的审计依据。

任中经济责任审计是指在领导干部任职期间对其进行的经济责任审计,即通常所指的任期经济责任审计。任中经济责任审计相对于任后经济责任审计而言,能够更好地发挥审计的监督作用,及时发现领导干部履职过程中存的问题,及时提出整改意见,有利于避免领导干部履职不当导致经济损失的现象。而且,任中经济责任审计有利于加强对领导干部的监督和管理,经济责任审计结果能够直接作为领导干部评价、提拔和任用的依据,从而充分发挥经济责任审计在干部管理方面的作用。因此,我国应提高领导干部任中经济责任审计的比例,防止经济责任审计流

于形式。

任后经济责任审计是指在领导干部离任之后对其进行的经济责任审计。根据"凡离必审"的原则,我国领导干部在离任之后都必须接受经济责任审计。在实际工作中,我国领导干部的职务变动一般比较具有一定的保密性,政府审计机构事前可能无法知道,"先审后离"的原则得不到有效的贯彻执行。对于多数领导干部来说离任在先,审计在后。因此,我国领导干部经济责任审计通常是事后审计所占比例较大。从一定程度上来看,事后经济责任审计是一种审计监督滞后的现象,容易使经济责任审计的功能得不到充分发挥。一方面,事后经济责任审计只能对离任领导干部进行追溯性的审计,领导干部由于履职不当所造的经济后果已经无法得到挽回;另一方面,在涉及审计处罚时,前任领导干部已经调离本单位,可能导致前任领导干部的责任由后任领导干部来承担的现象,且经济责任审计结果在干部提拔和任用方面的作用得不到及时和有效的利用,干部监督和审计监督相脱节。

2. 经济责任跟踪审计方式方法

随着政府审计机构对奥运场馆建设、汶川灾后重建、国家4万亿投资项目、西气东输二线工程等重大项目和重大政策措施落实情况跟踪审计的实施,跟踪审计方式引起了审计理论界和业界的高度关注。我国"跟踪审计概念"的提出始于20世纪80年代末期。根据对已有跟踪审计相关文献的检索,1988年,江苏省有关部门就已经开始对一些企业实施了跟踪审计。1989年,我国政府审计机构就曾经提出"跟踪审计"的概念,并于当年对国务院各部门和各级地方政府决定停缓建的固定资产投资项目进行了跟踪审计。在"九五"和"十五"期间,我国加大对基础设施建设的投入,大量的施工建设投资项目开始上马,跟踪审计方式在项目审计实践中得到广泛运用和长足发展,并取得很好的审计效果。2008年,四川汶川发生地震,政府投入超过1万亿元用于灾后重建,其中纳入《汶川地震灾后恢复重建总体规划》等规划的10个大类灾后恢复重建项目计划达到32 728个,计划项目总投资8 858.39亿元。为加强对灾后重建资金的监督和管理,提高资金使用效率,审计署对灾后重建项目进行了全程式跟踪审计,提前介入、动态跟进,在及时发现问题、及时促进单位整改、健全单位机制制度方面发挥了重要作用。在"十二五"和"十三五"期间,从国家审计署官网发布的审计结果公告来看,以国家重大政策措施落实情况跟踪审计为代表的跟踪审计得到充分运用,服务国家治理各个方面。

跟踪审计是指审计人员以受托经济责任人的责任履行过程为审计对象,以受托经济责任人履行责任过程中的关键事件节点来划分审计阶段,实现事前监控、事中监控与事后监控全面有效结合的一种审计工作组织方式[①]。具体而言,跟踪审计方式与其他审计方式相比,主要有以下几方面的特征:①以受托经济责任人的责任履行过程为审计对象。跟踪审计方式以受托经济责任人的责任履行过程为审计对象,而不仅仅以受托经济责任人的责任履行结果为审计对象。其他审计方式偏重于关注受托经济责任人的责任履行结果,进而以此反查受托经济责任人的责任履行过程。这些审计方式虽然能节省审计成本,但却不能避免受托经济责任人履行责任不当所导致的损失。政府审计中的"屡审屡犯,屡犯屡审"现象也表明了其他审计方式存在的此种缺陷。②审计阶段划分的两维性与交叉性。在跟踪审计方式下,审计阶段的划分具有两维性与交叉性。一方面,依据受托经济责任人责任履行过程中的关键事件节点,跟踪审计可以划分为多个审计阶段;另一方面,在各个审计事件阶段,又可以依据审计工作人员审计工作的开展程序,划分为审计计划阶段、审计实施阶段与审计报告阶段。而且在整个跟踪审计实施的过程中,审计事件阶段与审计工作开展阶段相互交叉。在其他审计方式下,审计阶段一般仅分为审计计划阶段、审计实施阶段与审计报告阶段。③审计重点确定的复杂性。在跟踪审计方式下,各个审计阶段的审计重点有所不同;各阶段的审计重点根据各阶段的审计风险评估情况确定。在其他审计方式下,审计重点不需要分阶段来确定,一般根据被审计单位审计风险评估情况一次性确定。④实现事前监控、事中监控与事后监控的全面有效结合。跟踪审计方式注重事前介入,强调事前监控、事中监控与事后监控的全面有效结合,以促进受托经济责任人责任履行过程的合法性与效益性为依托,达到促进受托经济责任人责任履行结果的合法、有效。其他审计方式注重事后监控,缺乏事前监控与事中监控,审计的功能未能得到充分发挥。

除了上述主要特征,跟踪审计方式还具有审计周期长、审计人员投入量大、审计介入时间点早、审计风险大、审计专业胜任能力要求高以及审计报告的阶段性等特征。

跟踪审计方式与其他审计方式的详细差异比较如表 3-6 所示。

---

① 此处有关经济责任审计跟踪审计方式的探讨得益于中国审计学会(2009,济南)"跟踪审计专题研讨会"的启发。

表 3-6　　　　跟踪审计方式与其他审计方式的详细差异比较

项目	跟踪审计	其他审计方式
审计逻辑	通过监控责任履行过程,保障责任履行结果的合法性与效益性	通过对责任履行结果的审计,反查责任履行过程
审计对象	责任履行过程	责任履行结果
审计阶段划分	审计阶段划分的两维性与交叉性	审计阶段划分的一维性
审计重点	不同审计阶段的审计重点不同	一般不需要分阶段确定审计重点
监控方式	事前监控、事中监控与事后监控的全面有效结合	事后监控
审计周期	相对较长	相对较短
审计人员投入	相对较多	相对较少
审计介入时间点	相对较早	相对较晚
审计风险	审计风险相对较大	审计风险相对较小
审计专业胜任能力	要求具有一定行业专长	要求具备基本审计胜任能力
审计报告	审计报告的阶段性	审计报告的一次性

跟踪审计作为一种新型的审计方式,具有强化监控、有助于实现常态化"经济体检"的作用,而且在建设项目审计和重大政策措施落实情况审计中取得了良好的效果。我们认为,跟踪审计方式也可以运用到经济责任审计中,但同时也应注意到经济责任跟踪审计方式中存在的一些问题,包括审计工作人员保持连续性问题、审计工作人员力量不足、审计工作人员独立性问题以及缺乏相关法律法规规范等。

经济责任审计工作人员保持连续性。跟踪审计要求对受托经济责任人的责任履行过程进行全过程的跟踪监控。由于受托经济责任人的责任履行过程具有连续性,因此,在实施跟踪审计的过程中,审计工作人员必须保持连续性,即在跟踪审计的各个阶段,主要审计工作人员应参与跟踪审计的全过程,否则将会降低审计工作的效率,并难以划分各阶段审计工作人员之间的审计责任。

经济责任审计工作人员力量不足。跟踪审计方式对受托经济责任人的责任履行过程进行全过程的跟踪监控,相对于其他审计方式而言,大大增加了审计的工作量。在审计工作人员力量相对不足的情况下,跟踪审计工作的开展面临重大的人力资源瓶颈。

经济责任审计工作人员独立性问题。跟踪审计方式要求审计工作前移审计关口,强化事中控制,这可能导致审计工作人员介入管理决策与管理执行工作,进而损害审计工作人员的独立性,影响审计工作的质量。

缺乏相关法律法规规范。跟踪审计方式在审计逻辑、审计重点确定、审计证据选取、审计风险防范以及审计人员专业胜任能力要求等方面具有自身的特点。当前,我国尚缺乏跟踪审计相关管理办法和操作指南,难以统一政府审计机构的做法以及被审计单位的认识和规范、指导政府审计机构跟踪审计工作的开展。

针对上述问题,可以通过设立经济责任跟踪审计小组、建立经济责任跟踪审计联席会议制度、构建以政府审计为主导的多元经济责任审计监控体系以及制定跟踪审计管理办法和操作指南等措施来解决。

设立经济责任跟踪审计小组,保障审计工作人员的连续性。审计部门在开展跟踪审计工作时,抽调重要骨干审计工作人员成立专项审计小组。专项审计小组审计人员一经确定,无特殊情况,不进行调整与更换,以保障审计工作人员保持连续性。如此,则可以提高审计工作的效率,同时可以解决各阶段审计工作人员审计责任难以划分的问题。

建立经济责任跟踪审计联席会议制度,强化与受托经济责任人的沟通。政府审计机构可以与受托经济责任人建立联席会议制度。一方面,可以加强与被审计单位的沟通,定期了解被审计单位的责任履行情况;另一方面,可以减少审计工作人员对被审计单位管理决策和管理执行的直接干预,从而保证审计工作人员的独立性。在实施跟踪审计的过程中,审计工作人员应监控被审计单位决策程序与执行程序的合法性和效益性,而不能参与决策、执行工作。

构建以政府审计为主导的多元经济责任审计监控体系,强化审计工作人员力量。跟踪审计的实施需要投入大量的审计工作人员。在政府审计工作人员相对不足的情况下,可以整合政府审计部门、内部审计机构及会计师事务所资源,构建以政府审计为主导的多元审计监控体系,弥补政府审计工作人员力量的不足。

制定跟踪审计管理办法和操作指南,规范、指导跟踪审计工作。国家有关部门应尽快出台跟踪审计相关管理办法和操作指南,完善法律法规,为跟踪审计的大力推进创造一个良好的法治环境。

3.4.4 经济责任审计重点的确定

审计重点是审计工作人员在开展审计工作的过程中应该重点进行审计的内容。由于审计工作人员力量、审计工作时间以及审计成本的限制,审计工作不能面面俱到，而应该把有限的人力、财力和物力集中于一些重点方面，进行深入审计。科学、合理、有针对性地确定审计重点，能够为收集审计证据寻找到有力的切入点，提升审计工作的效率。对于合法合规性审计而言，审计重点在于检查组织管理层的经营决策行为是否遵循了相关法律法规的规定；对于财务审计而言，审计重点在于检查组织管理层的财政、财务收支行为是否遵循了相关财经法规的规定，或者组织管理层编制财务报表是否遵循了会计准则的相关规定；绩效审计的审计重点在于检查组织管理层经管经济资源的经济性、效率性和效果性。经济责任审计的对象是负有公共受托经济责任的领导干部，是法人组织的法人代表，即特定行为人，而非具有法人资格的组织。因此，在审计重点的确定上，经济责任审计与一般类型审计有所不同。根据《党政主要领导干部和国有企事业单位主要领导人员经济责任审计规定》，经济责任审计主要对领导干部以下几方面的经济责任履行情况进行审计：领导干部在任职期间对其管辖范围贯彻执行党和国家经济方针政策、决策部署，推动经济和社会事业发展，管理公共资金、国有资产、国有资源，防控重大经济风险等有关经济活动应当履行的职责。

在我国政府审计工作实践中，政府审计机构一般要对行政、事业单位以及国有企业实施财政审计、投资审计、资源环境审计、社保审计等；内部审计机构一般要对单位内部管理情况进行审计；国资委一般要委托社会审计机构对国有企业实施财务报表审计。虽然上述审计针对的是组织责任，但组织责任与领导干部个人责任是紧密联系的；针对组织责任所进行的审计在一定程度上也反映了对单位领导干部责任的审计。财政审计检查监督单位的财政收支情况；投资审计检查监督单位投资决策的科学、合理性，及其投资决策的经济效果；资源环境审计检查监督单位保护环境、节约资源的情况；社保审计检查监督单位社保资金的经营情况；内部审计检查单位内部控制等内部经营管理方面的情况；财务报表审计检查监督单位资产、负债、损益的真实性和完整性。因此，政府审计机构在开展经济责任审计的过程中，可以整合利用财政审计、投资审计、资源环境审计、社保审计、内部审计以及财务报表审计的工作成果，将经济责任审计工作的重点放在资源环境、社保以外的其他经济、社会、事业发展情况，有关法律、法规政策的执行情况，除投资决策以外的其他重大经营决策情况以及被审计人廉政情况等方面，从而节约审计成本，提升经济责任审计工作的效率。具体如图3-14所示。

3.4.5 经济责任审计工作的程序

经济责任审计工作程序是开展经济责任审计工作所需要经过的环节与步骤。

■ 3 经济责任审计的运行机制 ■

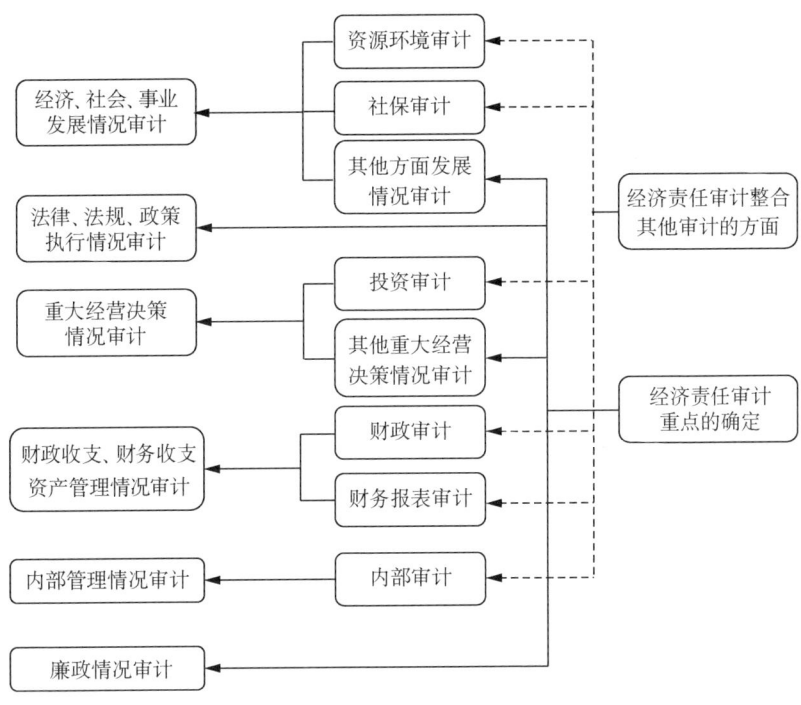

图 3-14 经济责任审计整合其他审计成果以确定审计重点的逻辑

经济责任审计工作的开展需要经过以下环节与步骤。

各级审计委员会制订审计计划；审计委员会办公室向审计机关出具经济责任审计项目委托书；审计机构在收到经济责任审计项目委托书后，应向被审计主要负责人及其所在单位、地区以及干部监督部门、干部管理部门、国有资产监督管理机构和其他有关单位、人员调查了解有关情况；在被审计主要负责人及所在单位基本有所了解后，审计机关应组织审计工作人员成立经济责任审计工作小组；经济责任审计工作小组根据有关情况，制定审计方案，包括合理安排审计时间、确定审计重点、进行审计分工；在制定审计方案后，经济责任审计工作小组应向被审计主要负责人及其所在单位下达经济责任审计通知书；在下达经济责任审计通知书后，经济责任审计工作小组开展实施经济责任审计工作，收集审计证据，并编制审计工作底稿；经济责任审计工作小组根据审计工作底稿，对被审计主要负责人的经济责任履行情况进行评价，并形成初步的审计意见；经与被审计主要负责人及所在单位沟通后，初步审计意见提交审计机构；审计机构根据经济责任审计工作小组的审计意见与被审计主要负责人及所在单位的意见，出具审计报告。经济责任审计工作程序如图 3-15 所示。

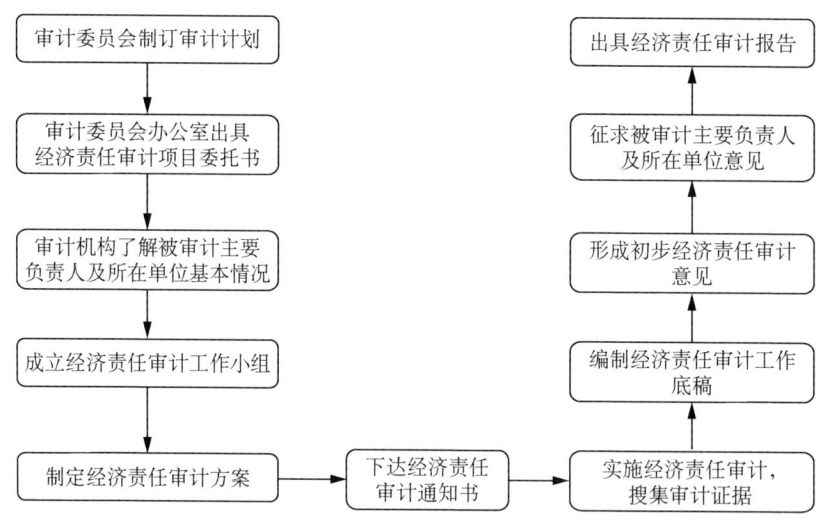

图 3-15　经济责任审计工作程序

3.5　经济责任审计信息传递机制与成果运用机制

经济责任审计信息传递机制是指经济责任审计所形成的信息在审计人员与信息使用者之间的传递载体、程序与方法。在经济责任审计运行机制中,信息传递机制是联系经济责任审计人、经济责任审计信息使用者以及经济责任审计被审人的桥梁和纽带。有效的经济责任审计信息机制能够使审计信息及时、畅通、准确地传达给信息使用者,从而有利于审计信息使用者做出决策。本节分析经济责任审计信息传递的载体,探讨经济责任审计信息的传递过程;从完善干部管理、促进政策制度的完善以及提升组织治理效率三方面,剖析经济责任审计成果运用机制。

3.5.1　经济责任审计信息传递机制

1. 经济责任审计信息传递载体

信息是信息论中的一个术语。1948年,美国著名数学家、控制论的创始人诺伯特·维纳(2008)指出,为了改善某个或某些受控对象的功能或使其得以发展,需要获得并使用信息,以这种信息为基础而选出的、加于该对象上的作用,就是控制;控制的基础是信息,一切信息传递都是为了控制,进而任何控制又都有赖于信息反馈来实现。审计的本质是一种特殊的经济控制。据此可以理解,经济责任审计也是一种特殊的经济控制,经济责任审计的目标在于促进受托人全面有效履行公共受托经济责任。从而,经济责任审计信息是实现经济责任审计控制的基础,经济责

3 经济责任审计的运行机制

任审计信息传递的直接目的在于控制受托人履行经济责任。

经济责任审计信息是在经济责任审计过程中,通过审计人员加工形成的有利于信息使用者做出决策的信息。经济责任审计信息载体(图3-16)包括经济责任审计证据、经济责任审计报告、经济责任审计建议书、经济责任审计整改通知、经济责任审计处分通知、经济责任审计处分建议以及被审计主要负责人及其所在单位的书面意见等。经济责任审计证据是经济责任审计人员进行审计评价、形成审计意见、出具审计报告的依据;经济责任审计报告是经济责任审计人员根据审计证据,形成审计意见,并与被审计主要负责人及其所在单位沟通后所出具的审计结论;经济责任审计结果报告是在经济责任审计报告的基础上简要反映审计结果的报告;经济责任审计建议书是经济责任审计人员根据审计过程中所发现的问题,对被审计负责人内部管理、政策及制度建设等方面提出的改善意见;经济责任审计整改通知是政府审计机构针对被审计负责人的违法违规问题,根据审计权限,责令被审计负责人限期整改的书面通知;经济责任审计处分通知是指由于被审计主要负责人所在单位和其他有关单位拒绝或者拖延提供与审计事项有关的资料,或者提供资料不真实、不完整,审计机关责令其限期改正,并给予的通报批评或警告处分通知;经济责任审计处分建议是指对于被审计负责人的违法违规行为,责令其限期整改而拒不改正的,由审计机关向有关主管部门提出给予处分的建议;被审计主要负责人及其所在单位的书面意见是指经济责任审计组的审计报告在报送审计机关前,由被审计主要负责人的意见及其所在单位出具的意见。

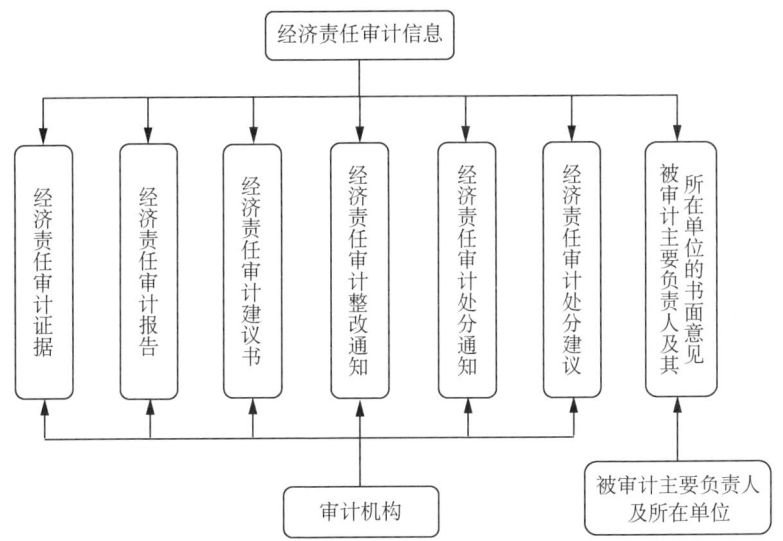

图3-16 经济责任审计信息传递载体构成

经济责任审计信息按来源来分,可以分为原始信息与人工信息。原始信息是指未经过审计人员或其他人员加工处理的信息,主要包括审计人员搜集的原始审计证据;人工信息是指经过审计人员或其他人员加工处理的信息,主要包括部分经过整合、处理的审计证据,经济责任审计报告,经济责任审计建议书,经济责任审计整改通知,经济责任审计处分通知,经济责任审计处分建议以及被审计主要负责人及其所在单位的书面意见。

2. 经济责任审计信息的传递过程

经济责任审计信息传递过程是指经济责任审计信息从审计人传到审计信息使用者的过程。经济责任审计人是审计信息的传递者,主要是指经济责任审计工作人员或经济责任审计机构。经济责任审计信息使用者是审计信息的接受者,主要包括经济责任审计的直接委托人、间接委托人以及其他相关部门。各级审计委员会是经济责任审计的直接委托人,因此经济责任审计信息需要由经济责任审计机构反馈给各级审计委员会。《党政主要领导干部和国有企事业单位主要领导人员经济责任审计规定》规定,"各级党委和政府应当加强对经济责任审计工作的领导,建立健全经济责任审计工作联席会议(简称联席会议)制度。联席会议由纪检监察机关和组织、机构编制、审计、财政、人力资源和社会保障、国有资产监督管理、金融监督管理等部门组成",以及"经济责任审计报告、经济责任审计结果报告等审计结论性文书按照规定程序报同级审计委员会,按照干部管理权限送组织部门。根据工作需要,送纪检监察机关等联席会议其他成员单位、有关主管部门"。人民政府根据经济责任审计信息发现制度、政策执行中的普遍性和趋势性问题,综合了解领导干部对公共受托经济责任的履行情况、廉政建设情况、经济社会事业发展情况,进行宏观决策;纪检监察部门根据经济责任审计信息对领导干部违法违规行为进行处分,以加强党风廉政建设;监督部门根据经济责任审计信息及时对领导干部违法违规行为予以纠正;组织人事部门根据经济责任审计信息对领导干部履职能力进行评价,作为对领导干部提拔、任用的依据,以完善领导干部管理制度。社会公众是社会公共资金和公共资源的所有者,需要了解受托人履行公共受托经济责任的情况,因此,社会公众是经济责任审计信息的使用者。人民代表大会是经济责任审计的间接委托人,是人民行使权力的机关,因此,经济责任审计信息需要传递给人民代表大会,以使其代表人民对受托人的公共经济责任履行情况进行监督。经济责任审计发现领导干部违法违规行为触犯刑法的,由检察机关提起诉讼。最后,经济责任审计信息还需要传递至被审计人及其所在单位,以解除被审计人的公共受托经济责任。经济责任审计信息传递过程及结果运用如图 3-17 所示。

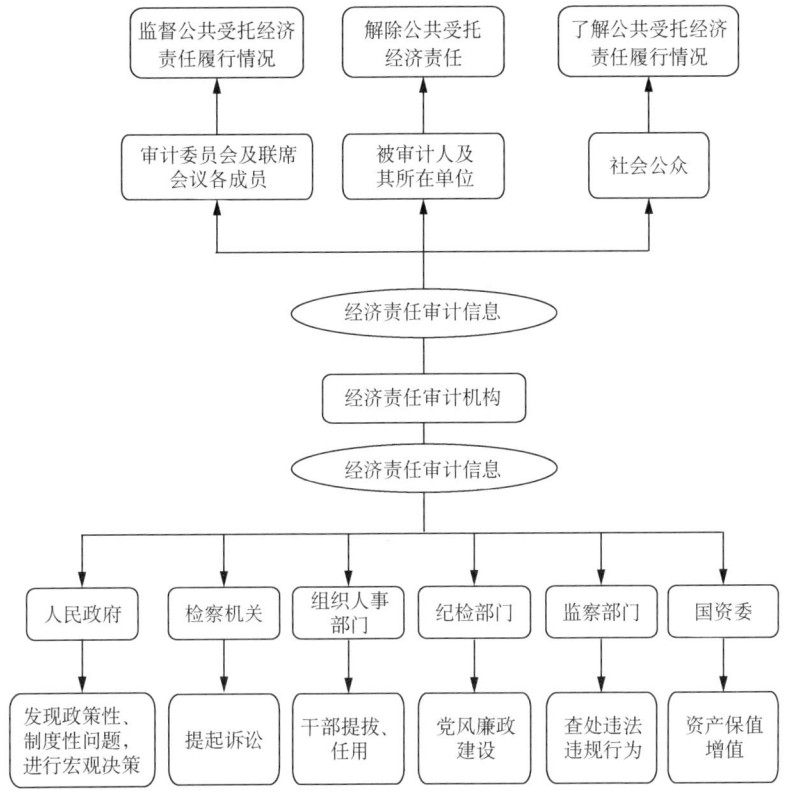

图 3-17　经济责任审计信息传递过程及结果运用

3.5.2　经济责任审计成果运用机制

政府审计机构通过实施经济责任审计,将审计信息传递给信息使用者,信息使用者根据审计信息做出决策、建议,针对发现的问题采取改进措施,这有利于充分利用审计工作的成果、发挥审计的效能。经济责任审计成果的运用可以体现在以下几方面。①加强干部管理。经济责任审计通过对领导干部各方面经济责任履行情况的评价,可以判断一个领导干部任职期间的施政能力。组织人事部门作为具体管理干部队伍的部门,可以将经济责任审计的结果作为领导干部考察任用、教育管理和年度评价的依据,实现领导干部队伍管理的客观公正,确保组织人事部门可以选对人、用对人。②完善政策制度。经济责任审计通过对政策制度执行情况的审查,可以发现政策制度执行过程中存在的问题,并评价政策制度的执行效果,从而对政策制度执行过程中存在的缺陷予以修正,促进政策制度的完善。另外,政府通过综合经济责任审计信息,可以发现政府管理中存在的普遍性和趋势性问题,发现影响宏观决策的重大问题和潜在问题,从而为制定新的政策和制度提供评价依据。③提升组织治理效率。经济责任审计通过公告的形式,将经济责任审计工作情况予以公示,可以促进社会公众的参与,从而在政府与社会公众之间建立起相互联系、相互沟通的渠道,促进政府治理参与机制的完善;另外,经济责任审计通过对领导干部权力运行情况的监督,可以预防和惩治腐败,促进政府治理与公司治理监督机制的完善。

经济责任审计成果运用机制是联系审计信息使用者与被审计对象的桥梁和纽带。经济责任审计信息使用者利用经济责任审计成果的方式可以是分析审计结果公告,对审计结果进行存档,对领导干部的履责情况进行评价,对发现的问题提出整改建议,选拔、任用领导干部以及将违法问题移交司法检察机关。基于此,经济责任审计成果运用机制可以分为审计结果公告制度、审计结果存档制度、干部履责评价制度、管理经营整改制度、干部选拔任用制度以及违法案件移交制度,其框架如图3-18所示。

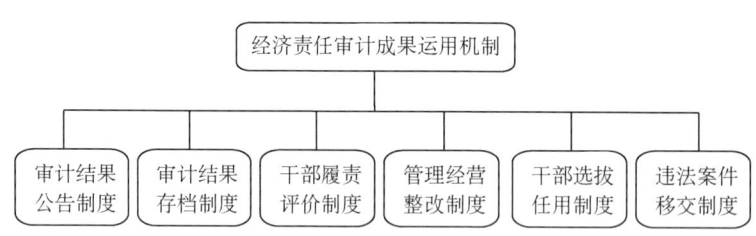

图3-18 经济责任审计成果运用机制框架

1. 经济责任审计结果公告制度

我国政府审计结果的首次公告始于1999年①。2003年,审计署开始推行审计结果公告制度;2004年,时任审计长李金华向全国人大常委会提交了一份审计清单,大力披露了国家部委违法违规使用资金的问题,引起社会各界的高度关注。审计结果公告制度是审计信息披露制度的一个重要组成部分,对于保障社会公众的知情权、加强社会公众对权力运行的监督、提升审计成果运用的水平有着重要的意义。就理论层面而言,公共受托经济责任观、新公共管理理论都为经济责任审计结

---

① 1999年,审计署向第九届全国人大常委会所作的年度审计报告,直接披露了水利部挪用水利建设资金等问题,这是我国第一次将政府审计结果进行公告。

果公告制度的实施提供了理论依据。

根据公共受托经济责任观和法律的相关规定,我国领导干部对公共资源、公共资金的经营管理权力来自人民的委托;人民是公共资源、公共资金的最终所有者,是经济责任审计的真正委托人。政府审计机构在接受委托进行审计之后,应该向审计委托人报告审计结果。因此,政府审计机构在实施经济责任审计以后,不仅应该向审计的直接委托人进行报告,而且应该向人民进行报告。

根据新公共管理理论,一个高效的、负责任的政府应该是国家、政府与公众能够达成共识的政府;公众需要对政府运行的绩效进行评价,以更好地了解政府是否有效履行了自身的职责。经济责任审计通过对领导干部经济责任的履行情况进行监督和评价,能够从一定程度上反映政府运行的相关情况,从而为公众对政府履职情况进行了解和评价提供了依据。因此,有必要实施经济责任审计公告制度,以加强公众与政府的沟通,促进政府与公众在公共管理领域达成共识。

当前,我国一些地方已经在探索中实施了经济责任审计公告制度,如在事前进行审计公告或在事后将审计结果公告。但经济责任审计公告制度并不完善,还存在诸多问题,如经济责任审计公告制度并未在全国全面推行、经济责任审计结果并没有全部公开、经济责任审计公告的具体内容与形式尚缺乏统一的规定等。经济责任审计公告制度是经济责任审计成果运用机制的重要组成部分,国家相关部门应出台相关法律法规对经济责任审计公告的时间、方式与内容等做出明确规定,以促进经济责任审计公告制度的有效实施。

2. 经济责任审计结果存档制度

经济责任审计结果是经济责任审计工作的最终成果,是对领导干部进行评价、提拔任用,监督检查问题整改情况和进行司法审判的重要依据。经济审计结果存档制度是指将经济责任审计结果以一定形式存入单位档案和个人档案,并长久保存下来,以备查阅。经济责任审计结果存档制度包括两个方面的主要内容:其一是存档主体,其二是存档时间。

存档主体。存档主体从形式上分,包括单位主体和个人主体。①单位主体。政府审计机构在实施经济责任审计以后,应该将审计结果在本单位存档,并同时送达其他相关单位进存档。需要对经济责任审计结果进行存档的其他单位主要指档案局、被审计负责人所在单位以及人事部门;如果被审计负责人涉及违法问题,存档单位还应包括司法机关与检察机关。②个人主体。个人主体是指被审计负责人。在政府审计机构实施经济责任审计后,相关单位应该把经济责任审计的结果归入被审计负责人个人档案,以作为被审计负责人的重要履历资料。

存档时间。存档时间是指经济责任审计结果归入档案的存放时间。经济责任审计结果的存档时间应根据被审计负责人所在单位的性质、被审计负责人的行政级别以及经济责任审计结果的性质分类进行规定。

3. 经济责任审计干部履责评价制度

政府审计机构在对领导干部进行经济责任审计后,可以对领导干部的内部管理能力、经营决策能力、政策制度执行能力以及廉洁自律情况等进行评价。经济责任审计干部履责评价制度是指依据经济责任审计的结果,对领导干部的各类型能力、综合能力进行评价的一种制度。经济责任审计干部履责评价制度应该包括经济责任审计评价指标体系、经济责任审计评价权重体系、经济责任审计指标计分方法以及经济责任审计评价意见类型四部分内容组成[①]。

经济责任审计评价指标体系。经济责任审计评价指标体系由反映领导干部经济责任内容的各项指标组成。政府审计机构在构建经济责任审计评价指标体系时,可以采用分层法,即经济责任审计评价指标体系可以呈金字塔式结构,包括一级指标、二级指标、三级指标等。一级指标是领导干部经济责任审计评价综合指标,即经济审计评价总得分;二级指标是领导干部各方面经济责任的综合得分,如本单位、部门、企业发展能力综合得分,政策制度执行能力综合得分,内部管理情况综合得分以及廉洁自律情况综合得分等;三级指标是领导干部各方面经济责任的细化情况得分,即事业发展能力、政策制度执行能力、内部管理情况以及廉洁自律情况等诸多方面得分。各单位可以根据实施情况,将指标不断进行分层细分,形成四级指标、五级指标等。

经济责任审计评价权重体系。政府审计机构在设计经济审计评价指标体系后,可以对各个层级的指标赋予权重。由于单位性质的不同、被审计负责人行政职务的不同,各领导干部所承担的经济责任内容重点也有所不同,因此,各指标权重的设计也应有所不同。

经济责任审计指标计分方法。在构建经济责任审计评价指标体系,并给各项指标赋予权重后,政府审计机构可以采用加权平均的方法,计算各项综合指标的得分。

经济责任审计评价意见类型。审计意见类型是政府审计机构在进行经济责任审计后,对被审计负责人的综合评价。审计意见类型可以分为优秀、称职、不称职

---

① 经济责任审计评价是经济责任审计理论研究中的重点与难点问题,本卷仅作初步的探讨。

三种类型。审计机构在计算出领导干部经济责任审计综合指标得分后,可以根据不同的分数段,相应地出具领导干部经济责任审计评价意见。

另外,经济责任审计成果运用机制还包括管理经营整改制度、干部选拔任用制度以及违法案件移交制度。经济责任审计管理经营整改制度是指政府审计机构在对领导干部进行审计之后,对所发现的问题,应该出具整改意见书,并对被审计单位后续整改情况进行跟踪审查的制度;经济责任审计干部选拔任用制度是指有关人事部门根据经济责任审计结果对领导干部进行提拔任用的制度;经济责任审计违法案件移交制度是指政府审计机构由于处理权限的限制,将发现的违法问题移交司法、检察机关进行处理的制度。

4 目标经济责任确定与构建经济责任履行报告

审计动因、审计委托机制、审计执行机制、审计信息传递机制以及审计成果运用机制构成了经济责任审计运行机制。在这个运行机制中,从接受委托开始,受托人就需要明确其应当承担的责任,其责任履行状况如何,也需要进行相应的报告。因此,受托人应当承担的责任必须明确,其责任履行的情况也应当通过某种形式进行报告。

4.1 经济责任审计评价目标的发展

4.1.1 学术界对经济责任审计评价目标的早期探索

评价目标是经济责任审计所要达到的结果,评价目标与评价内容紧密相连,评价目标决定着评价的内容,评价内容体现着评价目标。

从我国经济责任审计的理论研究和实践发展历程来看,早期的经济责任审计存在着评价目标不明确,缺乏可行的评价载体等问题。早期对党政领导干部经济责任审计的探讨大多围绕乡镇、县级和市级领导干部,对厅级以上领导干部经济责任审计内容进行探讨的不多,而且对于评价内容究竟是什么,不同的人提出了不同的观点。周云平(2006)认为,乡镇领导干部经济责任审计主要内容包括乡镇财政、财务收支情况,乡镇资产、负债情况,执行国家财经政策法规情况,经济责任目标完成情况,国有和集体资产保值增值情况,重大投资项目情况,个人廉洁自律情况;他提出对乡镇党委书记的经济责任审计应侧重于经济决策和宏观经济管理活动,重点是任职期间重大经济决策的效果、重大投资项目的效益、贯彻执行国家经济政策情况、财政收支、农民人均纯收入、农民负担等重要经济指标的真实性和变化情况。对乡(镇)长的审计应当侧重于经济决策,侧重于审计乡镇财政、财务收支和有关经济活动的真实性、合法性和效益性。

高占江(2007)认为,县长经济责任审计主要内容包括任期经济发展实绩审计、全部政府性资金收入审计、全部政府性资金支出审计、资金管理制度和经济制度审计、县长本人遵守财经纪律和廉洁自律情况审计。

王国俊和倪慧萍(2007)认为,经济责任审计内容包括人民满意度、社会公平的实现程度、保持经济可持续发展能力、公共规则的完善与被共同遵守程度。

从早期的研究文献来看,对经济责任审计内容的分析各不相同,其根本原因在于经济责任审计评价目标的缺失导致了经济责任审计内容的不明确。从早期经济责任审计的实务来看,有些经济责任审计主要以审计经济事项为主,有些政府审计机构除了审计被审计人的经济责任,还审计其可持续发展责任,如绿化项目。但是对于究竟应该审计些什么,没有一个明确合理的界定。

4.1.2 经济责任审计评价目标的逐步明确

为了推动经济责任审计理论和实务的创新发展,2010年10月,中共中央办公厅、国务院办公厅印发《党政主要领导干部和国有企业领导人员经济责任审计规定》,在健全和完善经济责任审计制度,加强对党政主要领导干部和国有企业领导人员的管理监督,推进党风廉政建设等方面发挥了重要作用。《党政主要领导干部和国有企业领导人员经济责任审计规定》的内容涉及经济责任审计的对象、审计目标、审计内容、审计评价及结果运用等方面,经济责任审计评价目标得到了初步明确。在此之后,经济责任审计实务逐步规范,也推动了经济责任审计方面的理论研究的创新。例如,黄溶冰(2013)、韦小泉和王立彦(2015)对经济责任审计评价指标体系构建进行了研究。

为了贯彻落实党中央、国务院对经济责任审计的新部署、新要求,总结审计实践中形成的经验,进一步完善和规范经济责任审计,审计署会同中央组织部和国资委,在2010年《党政主要领导干部和国有企业领导人员经济责任审计规定》的基础上,修订形成了《党政主要领导干部和国有企事业单位主要领导人员经济责任审计规定》(简称《规定》)并于2019年7月印发。《规定》明确了经济责任审计工作的指导思想和职责定位,对经济责任审计的审计内容、评价依据、评价方法及设定经济责任评价指标需考虑的因素等都进行了明确的界定,进一步明确了经济责任审计的评价目标,推动了经济责任审计理论和实务的创新与发展。

4.2 受托经济责任与目标经济责任

4.2.1 受托经济责任内涵解析

1. 受托经济责任的含义

受托经济责任是按照特定要求或原则经管受托经济资源和报告经营状况的义

务,其实质是按照特定要求或原则行事,其内容是一系列的特定要求。从这些特定要求的来源看,它们来自委托人群对受托人理想行为的期望与要求。由于委托人群中的成员来自社会的方方面面,因而委托人的期望与要求就代表或反映了某种社会需要。从历史角度看,由于委托人的这种期望与要求是从低级向高级、由简单到复杂不断发展变化的,因而受托经济责任的内容也是由单一到多元不断扩展着的。

2. 委托人的要求

从委托人的角度来看,受托经济责任的主要内容是按照保全性、控制性、合法合规性、经济性、效率性、效果性、环境性、可持续性、社会性等要求经管受托经济资源。

保全性,即要求受托人在经营管理过程中必须保证受托经济资源的安全完整。为此,要求受托人诚实经营、诚实管理,尽可能防止舞弊行为的发生。

控制性,是指为了实现相关要求,相关单位建立起来的严密的控制结构(系统),其可以对领导人员的经营管理行为及其过程实施严密控制。因此,建立并实施控制是受托经济责任的必然内容,这里的控制就是我们通常所说的内部控制结构(系统),它包括内部会计控制与内部管理控制两大方面。内部控制是保证组织内部生成的经济信息真实可靠、财产物资安全完整、法规制度得以遵循以及经营方针政策得到贯彻和经营目标得以实现的重要机制。

合法合规性,即要求经管行为必须符合有关法律、法令、制度、指令、方针(政策)、预算(计划)、合同与程序等的要求。为此,必须防止贪污盗窃等违法、违规和违纪行为的发生。

经济性,即受托经济资源的经营管理必须符合勤俭节约原则的要求。为此,必须防止和减少损失、浪费的发生。

效率性,是指投入与产出的对比关系。它要求受托经济资源的运用必须具有效率,即产出要大于投入,或以较少的投入获得同样的产出,或以同样的投入获得更多的产出。为此,必须杜绝无效率行为的发生。

效果性,是指计划、预算或经营目标的实现程度。它要求经营管理行为应该或必须为全面实现各项计划、预算或预期经营目标而奋斗。为此,必须杜绝无效果行为的发生。

环境性,是指受托人按照特定的要求或原则经营管理受托经济资源而产生的环境管理和报告其管理状况的义务。在受托环境责任中,社会公众作为环境恶化的最终受害人,是各种受托环境责任的终极委托人;而直接或间接接受社会公众委托进行环境管理的各类人员或机构则是环境责任的受托人,他们承担着为保护社会公众的环境利益而从事环境管理并报告其管理状况的义务。

可持续性,即可持续性发展理论的要求,它要求人们必须彻底改变对自然界的传统态度,建立起新的伦理道德观和价值标准,不再把自然界看作随意盘剥和利用的对象,而是人类生命和价值的源泉。可见,可持续发展理论的战略思想符合经济、社会、环境和生态系统的内在联系和发展要求,是人类发展观、文明观、世界观的一个质的飞跃(蔡春和陈晓媛,2006)。

社会性,是指经营管理行为必须符合社会需要与要求。为此,要求尽可能消除或减少经营管理行为对社会造成或带来的不利影响,如环境污染、失业、劣质商品与服务等。

3. 受托经济责任的行为责任

与委托人的要求相对应,受托经济责任的行为责任可以划分为保全责任、合规责任、控制责任、效率责任、效果责任、环境责任、社会责任、可持续发展责任等。

保全责任。基于保全性的行为责任对应的是领导人应该承担的保全责任,这是目标经济责任中的第一个具体责任。领导人在接受委托人委托的各种受托经济资源后,首要的任务就是保证这些受托经济资源在领导人在任职期间的安全、完整。这是保全责任的最基本的要求,也是初级要求。

合规责任。除了保全责任,领导人应该承担的受托经济责任还有合法合规行为责任。这是因为领导人在任职期间对受托经济资源的所有经营管理工作都必须依据一切相关法律法规、方针政策,并随着法律法规、方针政策的变化而做与之相适应的调整。基于合法合规的行为责任对应的目标经济责任即遵纪守法责任。合规责任内容很多,除了遵守国家相关法律法规之外,最突出的责任内容是怎样建立健全和完善舞弊控制系统。这是因为,由于权力的存在,舞弊就有了动因、时机和空间,监督、控制领导人的舞弊行为势在必行。

控制责任。权力是一种特殊的控制,我们可以从政治和经济两个方面来理解其特殊性。政治权力主要是从维护国家主权出发的,它包括各种国家机器,如军队、监狱等。它有极强的权威性和独特性,是一种界限非常清楚的控制,不存在模糊的边界问题。经济权力则是指对各类经济现象的控制,主要指对物质财富的占有权、支配权和管理权等,正如孟德斯鸠(1961)所说,一切有权力的人都容易滥用权力。因此,对权力尤其是经济权力的行为责任控制就显得异常重要和必要。基于经济性的行为责任主要包括这样几个方面:①明确经济权力的界限。经济权力的取得主要依靠委托人的授权和相关法律法规的规定,领导人应当根据委托和法律法规的规定明确所行使的经济权力的界限,包括所承担经济权力的种类和所承担经济权力的层次,并通过经济责任履行报告对所行使经济权力的内涵和外延进行清晰的界定。②创造合理的经济权力运行环境。规范的社会经济环境不仅是经济权力行使的制约与限制,而且是经济权力实现的保障。领导人应当完善经济权力的运行环境,并按照既定的合法的流程行使经济权力,从而进行经济决策。③对行使经济权力之后所产生的后果进行相应的测评,并让使用经济权力者对测评的后果负责。经济权力的行使必然带来一定的后果,这种后果可能是一种好的结果,也可能是错误的决策带来的损失。领导人在授权的范围内严格按照决策程序决策但最终可能出现失误,领导人虽然没有违背法律法规,但是其决策失误造成了重大的损失,领导人应当承担因此造成的损失。④接受各方面的监督。众所周知,任何权力特别是经济权力都需要监督,行使了经济权力之后必须接受来自各个方面的监督。比如通过编制经济权力履行报告,详细报告经济权力行使状况,借助报告的形式接受监督。

效率责任、效果责任。强调效率效果责任主要是为了避免不必要的经济资源的浪费,为了杜绝无效果行为,即"无为"的发生。基于效率效果性的行为责任主要包括:①效率责任。领导人在履行受托经济责任时,需考虑投入产出关系,即需关注运用受托经管资源的效率。②效果责任。领导人在履行受托经济责任时,需要坚持成本收益原则,避免不必要的经济资源浪费,以确保相关目标的实现。

环境责任。对环境的保护就是对我们人类自身的保护。没有环境安全,人类就将迅速走向灭亡,因此,领导人在受托经营管理一切经济资源的同时必须承担起保护环境的责任。基于环境性的行为责任对应的目标经济责任即环境责任。环境责任的内容主要有:①对环境保护与维护相关的各类法律法规的遵守、执行;②为履行环境性的行为责任创建环境保护管理系统;③将环境性的行为责任的履行情况进行及时的信息披露。社会公众作为环境恶化的最终受害人,也是各种受托环境责任的终极委托人;而直接或间接接受社会公众委托进行环境管理的各类人员或机构则是受托环境责任的受托人,因此领导人承担着为保护社会公众的环境利益而从事环境管理并报告其管理状况的义务。

社会责任。领导人是一种特定的人群称谓。他们代表所有受托者完成受托经济责任,这意味着领导人的一举一动代表的不再是他自己。领导人在任职期间所做的一切决定、一切经营管理行为都必须是符合社会需求与要求的。基于社会性的行为责任所对应的目标经济责任即社会责任。

可持续发展责任。可持续性发展理论要求人们彻底改变对自然界的传统态度,建立起新的伦理道德观和价值标准,不再把自然界看作随意盘剥和利用的对象,而是人类生命和价值的源泉。

受托经济责任的行为责任如图4-1所示。

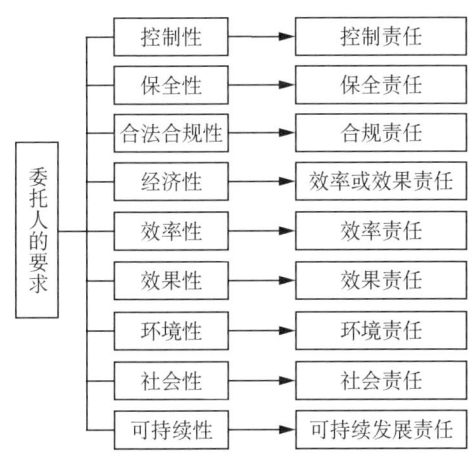

图4-1 受托经济责任的行为责任

4. 受托经济责任的报告责任

从报告责任方面来说,受托经济责任的主要内容是按照公允性或可信性的要求编报受托经济责任履行报告,这些报告能够公允反映受托经济责任的行为责任方面的内容。

4.2.2 受托经济责任关系与目标经济责任的确立

责任关系实为一种权利义务关系,反映一方对另一方应承担或履行的义务。受托经济责任关系是指委托人和受托人之间由于委托和受托经营管理经济资源而产生的特定权利义务关系,在这种权利义务关系下受托人对委托人或授权人承担按特定要求经营管理受托经济资源并报告其经营管理状况的一种义务。受托经济责任关系广泛存在于各种组织之中。例如,在企业受托经济责任关系之中,经理层与股东、债权人等利益相关者之间存在受托经济责任关系,经理层要按照特定的原则或者股东、债权人等利益相关者的要求切实履行各种合同或协议,安全有效地使用利益相关者的资金并使这些关系人获得合理的股息红利、投资报酬、奖金收益以及利润和税金。不仅企业存在受托经济责任关系,公共管理部门也存在公共受托经济责任关系,即政府与社会公众之间也存在受托经济责任关系。按照特定的原则和公众的期望或要求,一方面,政府及其行政部门应当有效利用国家资源、促进社会经济高质量发展、满足人民群众对美好生活的向往、为实现中华民族伟大复兴而奋斗;另一方面,制定科学的宏观经济政策、采取科学合理的宏观调控手段以推动经济高质量发展。因此,公共受托经济责任关系的广泛存在也催生了另一个问题:根据受托经济责任关系,受托人应当承担相应的义务,这些义务基于特定的原则和委托人的要求,这种义务实质上是受托人经营管理受托经济资源的目标,也可以称为目标经济责任。

4.3 目标经济责任的确定

4.3.1 目标经济责任的含义

目标经济责任是指行为责任人应该承担的以目标的方式确定的经济责任。具体来说是党委组织部门、国资委、行政部门以及行为责任人本人通过法律法规、任命书、目标经济责任书、任前告知书、述职报告等形式,对行为责任人任职期间应承担的保全责任、合规责任、控制责任、效率责任、效果责任、社会责任、环境责任、可持续发展责任等内容通过目标的方式确定下来。

从目标经济责任的理论依据分析,目标经济责任是受托经济责任的人格化。要全面、准确地解除或确认目标经济责任,必须先明确行为责任人应履行的受托经济责任。受托经济责任的本质要求包括保全责任、控制责任、合规责任、节约责任、效率责任、效果责任、环境责任、社会责任和可持续发展责任。其中,保全责任、合规责任是最基本的要求,节约责任、效率责任、效果责任、控制责任、环境责任、社会责任和可持续发展责任的履行必须建立在保全责任、合规责任基础之上,最终受托经济责任需要满足公平责任的要求。这种层级性同样体现在目标经济责任的内涵中。

从目标经济责任的定位分析,目标经济责任是一种可持续发展的经济责任。实现可持续发展应遵循经济发展与环境保护相协调、经济发展增量与质量相统一、经济发展与社会全面进步相协调的原则。历史经验反复证明,单纯依靠高投入、高耗能换取的高速度增长因违背经济发展的客观规律是无法持续的。因此,目标经济责任内涵必定包含实现经济增长可持续发展的要求。从目标经济责任的特征分析,目标经济责任是一种有限责任。目标经济责任以行为责任人因担任特定职务而管理运用财政资金、国有资源、国有资本、有关基金和资金以及从事其他经济活动履行的职责、义务为核心。如果将目标经济责任确定为无限责任,既不利于经济责任审计工作的开展,也不利于领导干部履行公共受托经济责任。只有建立一个有限的、有边界的责任体系才能合理确认和解除责任,完善组织责任机制。目标经济责任虽然是一种有限的责任,但是目标经济责任的外延也在不断拓展与延伸。随着社会经济的不断发展,公众对政府及官员的要求越来越高,党对干部的考核内容越来越多,要求也越来越严,行为责任人的目标经济责任内容体系越来越完备且合理。

从目标经济责任的实现途径分析,目标经济责任是指通过法律法规、规章制度、重大方针政策、道德以及社会公众的期望或要求等方式,明确地方各级党委和政府、党政工作部门、纪检监察机关、司法机关、事业单位和人民团体、国有企业等单位主要责任人的责任范围,将责任目标化、定量化、制度化,并将其作为各级领导的行为规范和考核依据,根据落实情况,实行奖惩,是责、权、利的有机结合的行政管理制度。

4.3.2 目标经济责任的内容

根据委托人的要求和目标经济责任的内容可以将目标经济责任划分为治理责任、经济权力控制责任、管理舞弊控制责任、节约责任、效益或绩效责任、环境保护责任、社会责任和可持续发展责任等八个方面,如图 4-2 所示。

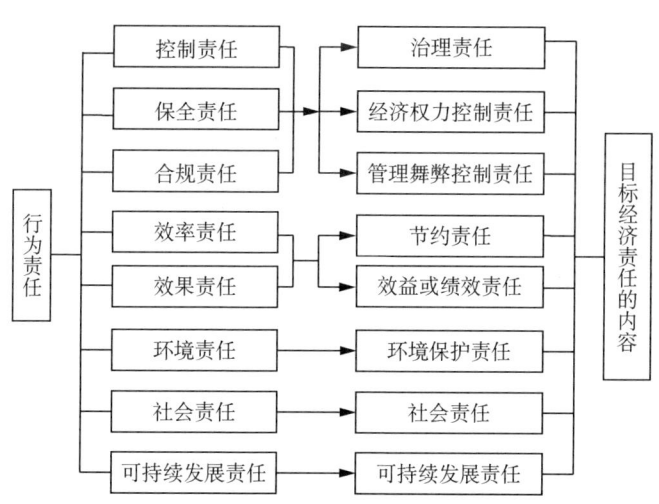

图 4-2 目标经济责任的内容

1. 治理相关的目标经济责任

按照全球治理委员会(1995)的定义,治理是指各种公共的或私人的个人和机构管理其共同事务的诸多方式的总和。它是使相互冲突的或不同的利益得以调和并且采取联合行动的持续的过程。它既包括有权迫使人们服从的正式制度和规则,也包括各种人们同意或以为符合其利益的非正式安排。21世纪是治理的时代,组织的大量工作都围绕治理展开,我们所熟知的内部控制、利益相关者权益保护、代理权争夺、隧道效应防范等都属于一般意义上治理的范畴。治理通常包括公司治理和政府治理,公司治理是指通过一套包括正式和非正式的、内部或外部的制度或机制来协调公司与所有利益相关者之间的利益关系,维护各方面的利益,实现共同治理(李维安,2005)。总体来看,与治理相关的目标经济责任主要包括以下几个方面:

(1) 确保资产的安全完整。在组织运行的过程中,为了生产经营或者开展业务,委托人必须向组织投入一定量的资产。责任人在动用这些资产时,应当采取一定的措施,确保资产的安全完整,保护委托人的权利和利益。

(2) 确保信息的真实准确。对于组织而言,信息的交流与沟通非常重要,缺乏有效的信息将会使组织陷入困境。因此,责任人应当保证信息的真实与准确。由于信息具有时效性,责任人必须确保组织及时获取信息。此外,责任人还应当采取诸如经济责任履行报告的形式向利益相关者及时地披露真实准确的信息。

(3) 确保治理结构完善。完善的治理结构是组织进行一切活动的前提,责任人必须完善治理结构,在完善治理结构的基础上健全组织架构,为组织的顺利运行提供保障。

(4) 建立健全有效的内部控制机制。责任人必须建立健全内部控制机制,确保组织各项机能运作正常。责任人应当完善内部控制制度,从制度基础方面完善内部控制机制。在确立内部控制制度的基础上,配备恰当的人员,进行风险评估,采取控制措施,并实施必要的监控,确保内部控制机制有效运行。

(5) 避免内部人控制。在组织内部经常产生某一个小集团或者团体控制组织运转的现象,这不仅破坏了正常的民主制度,也不利于组织的正常发展。责任人应当采取必要的措施,避免部分内部人控制组织的运作,确保组织各项机制正常发挥作用。

(6) 完善决策程序。责任人应当完善与决策相关的制度,并保障这些制度的顺利运行。对于重要性不同的各种决策,可按照既定程序进行授权,由接受授权的责任人进行决策。对于重大决策,如"三重一大"事项,应通过民主集中制的原则进行决策。

(7) 确保遵纪守法。责任人应当在遵守法律法规和规章制度的基础上使组织按照既定的目标运转。责任人应当在决策的过程中充分发挥作用,确保组织遵照法律法规和规章制度。此外,责任人也要遵循相关的法律法规和规章制度,确保个人的清正廉明。

(8) 合理化薪酬机制。责任人应当完善薪酬管理机制,通过薪酬制度激励责任人为完成组织的目标而奋斗,激励组织成员努力工作。

(9) 控制在职消费。责任人应当把在职消费控制在适当的范围内,避免过度改善办公环境以及购置不必要的豪华轿车等。

(10) 完善人力资源管理。人力资源是组织生存和发展的重要条件,责任人应当建立和完善人力资源管理制度,吸收能够完成组织目标的优秀人才。

2. 经济权力控制相关的目标经济责任

权力是人类社会中组织或者个人凭借某些特定的优势对于他人、其他组织或者某些事物所具有的一种特殊的控制力。权力从内容上来看包括政治权力和经济权力等。政治权力是指"国家权力以及党派的权力和团体的权力"(王寿林,1993)。政治权力是国家权力的首要表现形式,它是政权的具体体现,包括立法权、行政权、司法权等。国家通过军队、警察、法庭、监狱等机关的威慑力和强制力保证政治权力的实现。经济权力是指对物质财富的占有权、支配权和管理权等,主要包括税收征管权、预算执行权、资金使用权、经营决策权、金融资金运作权、证券经营权、基建招投标权、政府采购权(浙江省审计厅课题组,2003)、会计政策选择权等。经济权力控制是指经济权力所有者运用民主与法治的手段,通过各种有效的途径,对经济权力行使者进行的特定限制与约束,以保证经济权力得到合理、合法运用,从而促进经济权力行使者全面有效履行受托经济责任。

经济权力的行使具有两面性。一方面,由于经济权力的存在,行使者能按既定的意图和目标进行相应的经济活动,以全面有效地履行自己的受托经济责任;另一方面,由于所有者与行使者的分离、人性的贪婪以及监督机制的不完善,经济权力的行使易出现异化,往往伴随着很强的负面效应,具体体现在:①经济权力易被行使者用来谋求荣誉、地位和利益,因此,经济权力对行使者有一种本能的、自发的腐蚀作用,会驱使人们竭力地谋取经济权力;②权力的强制性决定了掌握权力者内在欲望上存在扩张和聚敛权力的要求。这种欲望在空间结构上表现为打破原有权力界限和范围、侵犯其他权力以扩张自己的权力;在时间结构上表现为拼命排他,这会导致权力的膨胀,使权力的社会化发展维艰(吴育珊,1999);③经济权力行使者一旦拥有了经济权力,可能会滥用所控制的资源。正如孟德斯鸠所言,一切有权力的人都容易滥用权力,有权力的人们使用权力,一直到有界限的地方才休止(孟德斯鸠,1959)。权力的滥用必然导致资源所有者的利益受到损害或破坏。由于经济权力存在以上的特征,一旦经济权力的行使失去控制,超越边界,经济权力就会像脱缰的野马,产生不可预料的严重后果。所以,权力控制就成为必然。

与经济权力控制相关的目标经济责任主要包括以下几个方面:①明确经济权力的界限。经济权力的取得主要依靠委托人的授权和相关法律法规的规定,责任人应当根据委托人的授权和法律法规的规定明确所行使的经济权力的界限,包括所行使经济权力的种类和层次,并通过经济责任履行报告对所行使经济权力的内涵和外延进行清晰的界定。②按照既定的程序使用经济权力。规范的程序不仅是经济权力行使的制约与限制,而且是经济权力实现的保障。责任人应当完善经济权力行使程序,并按照既定的程序行使经济权力,进行经济决策。③承担经济权力行使带来的后果。经济权力的行使必然带来一定的后果,这种后果可能是一种好的结果,也可能是错误的决策带来的损失。责任人在授权或法律规定的范围内严格按照决策程序决策但最终可能出现失误,虽然没有违背法律法规,但是决策失误造成了重大的损失,责任人应当承担相应的责任。④接受各方面的监督。权力需要监督,责任人必须接受来自各个方面的监督。通过编制经济责任履行报告,详细报告经济权力行使状况,借助报告的形式接受监督。

3. 管理舞弊控制相关的目标经济责任

对于管理舞弊的界定,我们可以从四个方面考虑:①从手段上看,管理舞弊是管理层的一种故意欺骗或误导行为,涉及伪造、变造、隐瞒或删除重大会计记录、支持性文件或商业交易;②从影响上看,管理层的故意欺骗和误导行为影响会计确认、计量、报告经济事项和商业交易,导致重大遗漏和不当陈述;③从实施主体上看,管理舞弊的实施者是能够超越内部控制约束的管理层;④从特征上看,舞弊会计报表是管理舞弊的主要表现之一。

管理舞弊控制相关的目标经济责任主要包括以下几个方面:①健全管理舞弊控制系统。内部控制系统是预防和发现管理舞弊的重要手段,如果内部控制系统失效极易导致管理舞弊。因此,责任人应当健全管理舞弊的内部控制系统,避免管理舞弊的发生。②完善管理舞弊惩罚措施。惩戒措施不到位或者管理舞弊的成本过低容易诱发管理舞弊,责任人应当完善舞弊惩罚措施,在委托人的监督下实施,不得以各种各样的借口推脱责任。③强化压力信息披露。责任人根据委托人的意愿,实现组织目标时面临很多的压力,这些压力有的来自组织内部,有的来自组织外部。责任人应当通过经济责任履行报告披露面临的各种压力,为利益相关者判断是否存在管理舞弊提供信息基础。

4. 效益或绩效相关的目标经济责任

效益或绩效是指组织的行为及其各项活动的经济性、效率性和效果性。经济性(economy)是指以最低的资源耗费获得一定数量和质量的产出,即少支出。效率性(efficiency)是指以较少的投入获得一定数量和质量的产出或以一定投入获得较大数量和较高质量的产出,即支出合理。以一定数量的资源投入获得最大的产出,或者说是以最小的资源投入获得一定数量的产出,强调的是产出与投入之间的比例关系,追求产出投入比的最大化。效果性(effectiveness)是指既定目标的实现程度或一项活动的预期影响与实际影响之间的关系,即支出得当。事业、项目、组织是否达到了预定的目标,实现程度如何,产生了哪些影响和效果,强调的是实际效果与预期目标之间的关系。效果是完成预算目标、政策或计划目标的情况(实际产出与目标的关系)。

与效益或绩效相关的目标经济责任主要包括下列几个方面。

(1) 与经济性相关的目标经济责任。责任人应当以构建节约型社会为目标,在保证适当质量的前提下,厉行节约,引导本组织以最低的成本取得所需要的人力和物力资源并提供合格的服务。

(2) 与效率性相关的目标经济责任。责任人应当引导本组织以一定的资源投入取得最大的产出,或确保以最小的资源投入取得一定数量的产出。

(3) 与效果性相关的目标经济责任。责任人应当重视本组织经济活动的经济效益实绩,完成当年计划,将经济活动的经济效益实绩与历史同期水平进行比较,争取与历史同期水平相一致或比历史同期水平更好。

5. 环境保护相关的目标经济责任

环境是指影响人类生存和发展的多种天然的和经过人工改造的自然因素的总体,包括大气、海洋、河流、土地、矿藏、森林、草原、滩涂、湿地、冰川、野生生物、自然遗迹、人文遗迹、自然保护区、风景名胜区、城市和乡村等,几乎包罗人类生存和发展的所有基本条件(厉以宁和章铮,1995)。环境与人类的生存发展息息相关。然而随着人类社会生产和科学技术的迅猛发展,自然资源被大量不合理地利用,环境遭到严重污染,生态平衡遭到严重破坏,人类迫切需要加强环境保护。

与环境保护相关的目标经济责任主要包括下列几个方面。

(1) 确保环境保护政策与制度的完善。责任人应当引导本组织根据环境保护的需要,制定发布切实可行的环境保护政策和制度,包括相关的法律法规和标准以及为了实施这些法律法规和标准而制定的实施细则或者实施方案。

(2) 严格遵照既定的环境保护法律法规和标准贯彻执行。环境保护法律法规和标准的贯彻实施能够促进自然资源的开发利用,调节环境与发展的关系。责任人应当确保现行环境保护法律法规和标准及其具体实施细则或方案在本组织得到贯彻执行,并对违反有关环境保护法律法规和标准的行为人进行问责。

(3) 建立健全充分有效的环境管理系统。责任人应当引导本组织设计完善的环境管理系统,并依靠该环境管理系统和程序降低环境保护活动存在的风险,如环境保护专项资金被占用的风险等,最终实现特定的环境保护目标。

(4) 确保环境保护活动的经济性、效率性和效果性。责任人应当保证组织在环境保护过程中遵照经济性、效率性和效果性的要求,节约环境保护资源,争取以最小的投入获得较大的环境保护效果,以有效的方式使社会经济活动与环境生态系统相协调。

(5) 确保环境信息披露的公允性。责任人应当通过经济责任履行报告的形式,公允地向利益相关者披露本组织的环境保护活动信息。这些信息包括环境保护相关的政策与制度的制定和执行情况、环境保护资金的使用情况以及环境保护的效果等。

6. 社会责任相关的目标经济责任

社会责任强调责任人的经管行为必须符合社会的需要与要求,必须符合社会整体利益的要求并为社会作出贡献。对责任人而言,其与社会责任相关的目标经济责任主要有以下两个。

(1) 完善政策并遵守相关的法律法规。责任人应当完善相应的政策,帮助和促进弱势群体改善生存状态。例如,帮助贫困的人脱离贫困、帮助贫困人群获得受教育和培训的机会、安置残疾人和赡养孤寡老人等。责任人及组织应当遵守国际公约、法律法规以及内部规章制度,从遵守法律的层面履行社会责任。

(2) 维护利益相关者的权益。责任人应引导组织为社会尽可能提供多样化的产品和服务、提供更多的就业机会,促进社会财富的增长,提高社会资源的利用效率。维护员工、消费者等的各种权益,积极参与社区治理,并维持资源、环境与社的可持续发展。

7. 可持续发展相关的目标经济责任

可持续发展是指既满足当代人的需要,又不对后代人满足其需要的能力构成危害的发展。可持续发展要求社会提高生产潜力,确保每个人都有平等的机会。这一概念强调了当代人与后代人之间的关系,即在不危及后代人满足其需要的能力的前提下,满足当代人需要和愿望。该定义认为可持续发展是一种变化过程,在这个过程中,资源的开发、投资的方向、技术开发的方向和结构的变化都是互相协调的,并应增强目前和将来满足人类的需要和愿望的潜力(世界环境与发展委员会,1997)。

结合可持续发展的含义,我们认为与可持续发展相关的目标经济责任主要包括以下几个方面。

(1) 引导本组织实现经济的可持续发展。可持续发展强调的是"发展",责任人应当把实现共同富裕作为组织的一项重要任务,采取各种措施实现共同富裕的目标。此外,责任人应当引导本组织不仅关注发展的数量,还必须转变经济增长方式,实现经济高质量发展。

(2) 引导本组织放弃传统的生活方式。责任人应当引导本组织改变传统的发展模式,减少和消除不能可持续发展的生产和消费方式,改变单纯靠增强投入、加大消耗实现发展和以牺牲环境来增加产出的错误观念,从而使发展更少地依赖地球上有限的资源,更多地与地球的承载能力达到有机的协调。

(3) 引导本组织不断进行技术创新。责任人应当不断更新管理理念,实现观念上的突破,根据业务发展需要变革组织制度,促进体制机制、人的素质和管理的方法与方式的转变,采用新的生产工艺和技术方法,为社会提供更好的产品和服务。

4.4 地方党委负责人的目标经济责任

中国共产党是中国工人阶级的先锋队,是中国特色社会主义事业的领导核心,代表中国先进生产力的发展要求,代表中国先进文化的前进方向,代表中国最广大人民的根本利益。坚持党的领导是发展社会主义事业必须坚持的四项基本原则之一。在党的领导下,党管干部原则和地方党委领导政府的行政管理体制赋予了地方党委重要的历史使命。习近平总书记在党的十八届五中全会提出了新发展理念,即坚持创新、协调、绿色、开放、共享的发展理念。地方党委负责人作为地方党委的一员,也肩负着重要的责任。因此,我们从党管干部、地方党委领导行政和可持续发展三个角度分析党委负责人的目标经济责任。

4.4.1 党管干部原则与地方党委负责人的责任

党管干部是党的领导在干部人事工作中的体现,是干部选拔任用过程中必须遵循的根本原则。这个原则的实质是坚持党对干部人事工作的领导,保证党对干部人事工作的领导权和对重要干部的管理权,也就是党组织引导、支持人民选拔、管理、监督干部(林学启,2011)。

1. 党管干部原则的形成与发展

从中国共产党成立之初到抗日战争时期再到解放战争时期,党管干部都是采取"一揽子"管理的方式,形成高度集中的一元化领导体制。随着新中国的建立,国家对干部的需求量逐渐增大,党管干部的模式也慢慢地发生变化,在改革开放之前,党采取的是分部分级的干部管理模式。改革开放以来,干部管理权限开始下放,形成了分类分级管理的模式。1987年,党的十三大提出了要按照党政分开、政企分开和管人与管事既紧密结合又合理制约的原则,对各类干部实行科学的分类管理。21世纪以来,随着2002年《党政领导干部选拔任用工作条例》的颁布,2004年《公开选拔党政领导干部工作暂行规定》《党政机关竞争上岗工作暂行规定》《党的地方委员会全体会议对下一级党委、政府领导班子正职拟任人选和推荐人选表决办法》《党政领导干部辞职暂行规定》《关于党政领导干部辞职从事经营活动有关问题的意见》和《关于对党政领导干部在企业兼职进行清理的通知》等6个规定性文件的出台,2006年《干部教育培训条例》《关于对党员领导干部进行诫勉谈话和函询的暂行办法》《关于党员领导干部述职述廉的暂行规定》《体现科学发展观要求的地方党政领导班子和领导干部综合考核评价试行办法》《党政领导干部职务任期暂行规定》《党政领导干部交流工作规定》《党政领导干部任职回避暂行规定》等一系列法规文件的出台,以及2010年《党政领导干部选拔任用工作责任追究办法(试行)》的颁布,党管干部进入了规范化、科学化和法治化的轨道。

2. 地方党委及负责人的责任

随着党管干部的科学化与规范化,地方党委肩负着对领导干部进行任命与监督管理的重要责任。领导干部的选任会在一定程度上影响一个地区社会经济的发展。因此,地方党委(党组)在选任领导干部时,承担着重大的责任。地方党委负责人作为党委(党组)的重要一员,在选任领导干部时肩负着重要的责任。地方党委负责人要履行受托经济责任中的控制责任,确保经济权力不被滥用,确保遵纪守法责任得以有效履行,以及确保实施相应的舞弊防范措施。因此,地方党委负责人的目标经济责任包括经济权力控制责任和管理舞弊控制责任。

4.4.2 地方党委领导行政的体制与地方党委负责人的责任

坚持中国共产党的领导是政府行政管理的一项基本原则,在地方的行政管理过程中,地方党委的领导是一种重要的方式。

1. 地方党委领导行政的历史

在新中国成立之初,中国共产党借鉴苏联共产党的政府管理模式,在实践中形成了一元化的领导模式。在这种模式下,地方党委和政府部门党组管理了许多行政管理方面的事务,地方党委讨论和决定政府工作中的重要问题,存在党政不分的问题。在党的一元化领导模式下,权力过分集中于个人或者少数人手里,容易造成官僚主义。改革开放以后,邓小平同志针对一元化领导存在的问题,提出了党政分开的思想。党的十三大以后,地方党委对行政的领导开始了一系列的改革探索,精简了党委工作部门,建立了强有力的政府工作系统。党的十八大以来,党对地方行政的领导全面加强,地方行政要坚持加强党的全面领导和党中央集中统一领导。

2. 地方党委与地方党委负责人的责任

根据《中国共产党地方委员会工作条例》第三条的规定,党的地方委员会在本地区发挥总揽全局、协调各方的领导核心作用,按照协调推进"四个全面"战略布局,对本地区经济建设、政治建设、文化建设、社会建设、生态文明建设实行全面领导,对本地区党的建设全面负责。这就要求地方党委在领导行政系统开展工作时,着眼于全局性的问题作出决策。而地方党委负责人即党的地方各级委员会书记负责组织常委会活动,协调常委会委员的工作,召集常委会的召开,确定常委会的议题。因此,地方党委负责人在协调处理全局性重大问题上起到重要的作用。地方党委负责人必须提高政治站位,加强对地方治理的领导,其目标经济责任应当包括治理责任,此外,加强党的建设要求地方党委负责人恰当运用经济权力,做到遵纪守法。

4.4.3 可持续发展与地方党委负责人的责任

党的十五大提出,"资源开发和节约并举,把节约放在首位,提高资源利用效率。统筹规划国土资源开发和整治,严格执行土地、水、森林、矿产、海洋等资源管理和保护的法律。实施资源有偿使用制度。加强对环境污染的治理,植树种草,搞好水土保持,防治荒漠化,改善生态环境"。党的十七大报告4次提到可持续发展,重申了加强可持续发展的重要性。地方各级党委及其负责人理应把可持续发展作为一项重要的目标,承担本地区可持续发展的重任。2020年9月,习近平总书记在第七十五届联合国大会一般性辩论上发表重要讲话时提出"二氧化碳排放力争于2030年前达到峰值,努力争取2060年前实现碳中和"的目标。2021年10月,《中共中央 国务院关于完整准确全面贯彻新发展理念做好碳达峰碳中和工作的意见》明确提出,建立健全碳达峰、碳中和标准计量体系,完善审计等配套标准。实现碳达峰、碳中和已然成为理论界和实务界关注的热点话题。因此,地方党委负责人的目标经济责任应当包括可持续发展责任。

4.4.4 地方党委负责人目标经济责任的内容

从党管干部原则、党委领导行政以及可持续发展的角度进行分析,我们认为地方党委负责人的目标经济责任至少应当包括治理责任、经济权力控制责任、管理舞弊控制责任以及可持续发展责任,如图4-3所示。

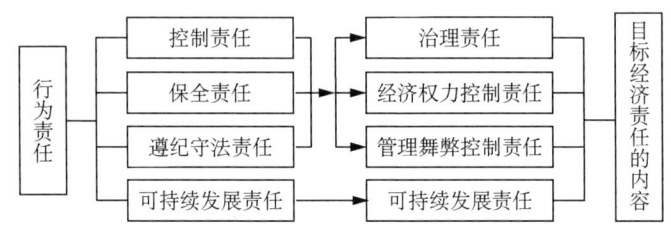

图4-3 地方党委负责人目标经济责任的内容

1. 治理责任

总体而言,地方党委负责人应当肩负的治理责任与前文所表述的与治理相关的目标经济责任基本一致。由于地方党委的职责主要是对全局性重大问题进行决策,因此,地方党委负责人的治理责任更偏重于涉及重大问题决策有关的治理责任,按照推进国家治理体系和治理能力现代化的要求,确保治理结构完善、建立健全有效的内部控制机制、完善决策程序、确保遵纪守法、完善人力资源管理等。

2. 经济权力控制责任

地方党委负责人在履行经济权力控制责任时,也要明确经济权力界限,按照既定的程序使用经济权力,承担经济权力行使带来的后果以及接受各方面的监督。

3. 管理舞弊控制责任

地方党委负责人承担的管理舞弊控制责任包括健全管理舞弊控制系统以及完善管理舞弊惩罚措施等。

4. 可持续发展责任

地方党委负责人应当关注生态文明建设,引导本地区实现可持续发展。

4.4.5 地方党委负责人目标经济责任的确定

地方党委负责人目标经济责任的确定涉及确定的主体和确定的形式两个方面。

1. 确定地方党委负责人目标经济责任的主体

中国共产党是中国唯一的执政党,对国家的经济工作负有领导责任。我国在各级政府时设立各级政府党组,实现党对政府的全面领导。各级党组工作重点包括:贯彻执行中央路线方针政策;讨论、决定本行政区经济建设和社会发展中的重大问题,对政府日常工作提出指导性意见;向中央或地方党委提出干部使用意见,研究人事任免问题等。当前我国省级以下干部管理体制基本上实行"下管一级"的体制。市级党委、政府班子的领导由省级党委组织部门考察、任用、调遣和管理;市级政府部门领导干部由本级党委组织部考察、任用、调遣和管理。县级党委、政府班子领导由上级党委组织部门考察、任用、调遣和管理;县级政府部门领导干部由本级党委组织部考察、任用、调遣和管理。只有像浙江等实行"省管县"体制的省份,县级党委、政府一把手的考察、任用、调遣和管理权限在省级党委和组织部门。因此,确定地方党委负责人目标经济责任的主体应是上一级党委组织部门。

2. 确定地方党委负责人目标经济责任的形式

确定地方党委负责人目标经济责任的形式有三种。第一种,地方党委负责人与上级党委书记签订目标经济责任书。第二种,上级党委组织部门下发任命书,根据干部管理监督的制度,地方党委负责人应由上级党委组织部门进行任命。第三种,上级党委组织部实施任前告知,具体地讲:首先,在地方党委负责人上任前由上级党委组织部对其应当履行的经济责任以书面的形式进行任前公告;其次,审计部门提供相应的咨询和辅导;最后,行为责任人本人进行书面确认。

4.5 行政负责人的目标经济责任

在党的领导下,各级组织的行政系统发挥着重要的作用。党委进行决策,行政系统执行党的决策,是重要的执行力量。在行政系统中,根据各组织承担的职能不同,我们主要考虑政府行政负责人[①]、政府部门负责人、事业单位负责人和国有企业负责人的目标经济责任。根据前面的分析,目标经济责任来源于受托经济责任,

---

① 本卷讨论的政府行政负责人不包括国务院总理。

因此,行政负责人的目标经济责任也来源于其受托经济责任。对于不同的组织而言,其使命不同,其负责人承担的目标经济责任也不同。

4.5.1 政府行政负责人目标经济责任的内容及其确定

在我国,各级政府按照中央政府统一领导、地方各级政府分级管理的原则管理国家和社会事务。国务院在国家行政系统中具有最高地位。国务院统一领导全国各级行政机关工作。地方各级政府对上一级政府负责并报告工作。在地方政府中,以省为例,省级政府处于最高层级,是国家在地方的"总代理",统筹管理本省范围内经济社会发展的一切事务,但其战略目标的实现必须依托市、县、镇政府的贯彻和执行。市、县、镇政府处于国家与社会的交接点,与高层级政府相比,市、县、镇政府与微观社会组织联系更紧密、更直接、更广泛、更多样,是实现地方治理的重要场域。从某种程度上讲,省、市、县、镇政府在政治体系中扮演着主要承载者的角色。

1. 政府行政负责人目标经济责任的内容

政府行政负责人在承担受托经济责任时,要保证经济权力的有效行使,要保证政府内部控制的有效履行,也应当厉行节约、高效地使用公共资源。除此之外,政府行政负责人还应当保护环境,履行生态环境责任。从受托经济责任的角度出发,政府行政负责人的目标经济责任如图4-4所示。

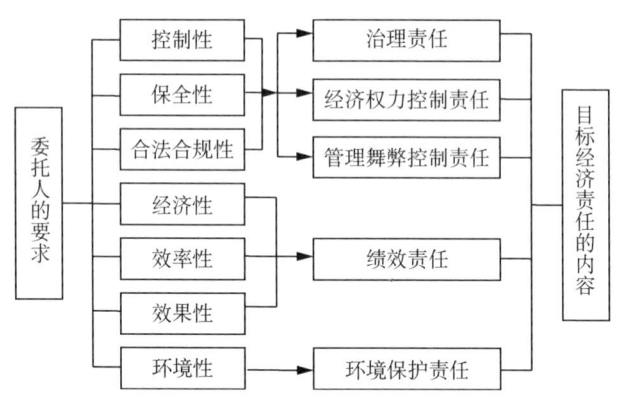

图4-4 政府行政负责人目标经济责任的内容

政府行政负责人的目标经济责任包括治理责任、经济权力控制责任、管理舞弊控制责任、绩效责任和环境保护责任。其中,治理责任是指负责人在工作范围内,确保决策科学、决策民主、决策程序规范,避免由单个人进行重大决策的情形出现。

经济权力控制责任是指通过完善必要的内部控制制度,确保经济权力的行使符合既定的程序和要求,保证经济权力的运用在可控的范围之内。管理舞弊控制责任是指采取相应的必要措施,确保不存在管理舞弊行为。绩效责任是指政府厉行节约、以较小的资源投入获得合理的产出,并能够产生必要的经济与社会效益。环境保护责任是指在政府行为活动中,确保始终坚持环保先行。

2. 确定行政负责人目标经济责任的主体及形式

(1) 确定行政负责人目标经济责任的主体。确定行政负责人目标经济责任的主体包括上级党委及组织部、地方人大。一方面,根据《地方组织法》,地方政府的权力来源于各级人大,各级行政机关须对人大负责。另一方面,根据党管干部的原则,党委及组织部有权力对行政负责人进行考察、任用、调遣和管理。以省为例,省长由中组部进行考察、任用、调遣和管理。市长由省级党委及组织部门考察、任用、调遣和管理,同样,县长由市级组织部考察、任用、调遣和管理。

(2) 确定行政负责人目标经济责任的形式。确定行政负责人目标经济责任的形式有4种。第一种,各级人大制定法律法规确定行政负责人目标经济责任。第二种,行政负责人与上级行政负责人或本级党委书记签订目标经济责任书。第三种,上级党委组织部下发任命书。根据干部管理监督的制度,行政负责人应由上一级组织部门进行任命,因此,以任命书形式下达目标经济责任具有较强的约束力。第四种,上级党委组织部实施任前告知,在行政负责人上任前由组织部对其应当履行的经济责任以书面的形式进行任前公告,同时审计部门应提供咨询和辅导,行政负责人本人进行书面确认。

4.5.2 政府部门负责人的目标经济责任

我国政府系统是一个纵横交错的组织系统。中央政府(国务院)由不同部委组成。地方政府的构成部门大多是中央政府职能部门的"翻版",俨然一个缩小版的中央政府架构。根据组织管理的不同,这些部门可以分为三类:①实行垂直管理的"条条",如中国人民银行、交通运输部、海关总署、国家税务总局等在全国范围内实行垂直管理的"条条";自然资源局、药品监督管理局等在省范围内实行垂直管理的"条条"。②接受双重领导的"块块",如地方审计部门、地方安全部门、地方统计局等。③地方政府单独管理的"条条",主要是各地根据实际需要因地制宜建立的机构,如盐务局、乡镇企业局等,这类部门没有上级对应机关,只需要对同级政府负责。根据部门职能的差异,这些部门可以分为:履行政府宏观管理和调控职能的部门,如发改委、财政部、国家税务总局、国家金融监督管理总局等;履行政府对行业系统管理职能的部门,如交通运输部、水利部、农业农村部、文化和旅游部等;履行政府综合管理职能的部门,如人力资源和社会保障部等。

1. 政府部门负责人目标经济责任的内容

政府部门负责人的目标经济责任包括治理责任、经济权力控制责任、管理舞弊控制责任、绩效责任和环境保护责任。政府部门应当完善内部治理、建立完善的内部控制机制,防范舞弊的发生,节约、高效地使用资源。同时也应当加强生态文明建设。

2. 确定政府部门负责人目标经济责任的主体

确定国务院各部门部长目标经济责任的主体应是国务院总理。国务院实行总理负责制。国务院各部长在总理的领导下,围绕当年的经济社会发展的预期目标领导各部门开展具体工作。

确定地方政府各部门主要负责人目标经济责任的主体包括同级行政负责人、同级党委组织部、上一级主管部门。对于实行双重领导的部门,实际上以本级政府领导为主,上级主管部门主要对其业务进行指导。这类领导干部的目标经济责任的确定的主体应是同级行政负责人或者同级党委组织部门。对于由地方政府单独管理的部门的领导干部,其目标经济责任确定的主体应是同级行政负责人或者同级党委组织部门。对于实行垂直管理的部门主要负责人,应由上级主管部门确定其目标经济责任。

3. 确定政府部门负责人目标经济责任的方式

确定政府部门负责人目标经济责任的方式有四种。第一种,政府部门负责人与行政负责人签订目标经济责任书。在各级政府中,政府部门领导和行政负责人之间形成一种代理关系,各级行政负责人将本级政府应实现的预期工作目标分解到各个职能部门,而各职能部门为了更好地完成受托的工作,应与委托人(各级行政首长)签订目标经济责任书。第二种,同级党委组织部下发任命书。根据干部管理监督的制度,各部门领导干部应由本级组织部门进行任命。上任之初,各领导干部就应明确各自的责任、工作内容和目标,从而提高履职责任感。第三种,同级党委组织部实施任前告知。第四种,以就职声明(演讲)的形式确定目标经济责任。

4.5.3 事业单位负责人目标经济责任

事业单位是为了社会公益目的,由国家机关举办或者其他组织利用国有资产举办的、从事教育、科技、卫生等领域活动的社会服务组织。2002年以来,事业单位分类改革推进了事业单位社会化,建立了事业单位法人登记制度,将传统的事业单位的财政来源为财政"全额拨款"改为实行"全额拨款、差额拨款、自收自支"三种形式,逐步改变国家包办所有事业单位的格局。现在事业单位主要特征包括:第一,事业单位是国家为社会公益性目的而成立的;第二,事业单位是政府或其代理机构利用国有资产举办的;第三,事业单位主要从事教育、科技、卫生、文化等活动;第四,事业单位是为社会提供服务的组织。

1. 事业单位负责人目标经济责任的内容

从受托经济责任观的视角,事业单位负责人的目标经济责任应当包括治理责任、经济权力控制责任、管理舞弊控制责任、绩效责任和环境保护责任以及社会责任。首先,事业单位必须完善治理结构,建立合理的内部控制体系,确保决策民主、程序科学,避免经济权力异化以及控制可能存在的管理舞弊行为。其次,事业单位也应当厉行节约,产出有效。最后,事业单位还应当考虑利益相关者的利益,保护生态环境等。

2. 确定事业单位负责人目标经济责任的主体

确定事业单位负责人目标经济责任的主体包括政府监管部门、本级党委组织部。一方面,事业单位主要涉及教育、科技、卫生、文化等行业,事业单位根据级别和规模分属不同政府部门管理。因此,相对应的政府部门可以作为事业单位负责人目标经济责任的确定主体。另一方面,事业单位负责人由本级的党委组织部门进行考察、任用、调遣和管理。因此,本级党委组织部也可通过适当形式成为事业单位目标经济责任的确定主体。

3. 确定事业单位负责人目标经济责任的方式

确定事业单位负责人目标经济责任方式有四种。第一种,事业单位负责人与相关政府部门负责人签订目标经济责任书。政府部门负责人根据教育、科技、卫生、文化等方面的工作要求,结合领导干部所在的行业性质,确定相应的目标经济责任。第二种,本级党委组织部颁布任命书。根据干部管理监督制度,事业单位负责人应由本级党委组织部进行任命。上任之初,各领导干部就应明确各自的责任、工作内容和目标,从而提高履职责任感。第三种,本级党委组织部实施任前告知。第四种,事业单位负责人本人以就职声明(演讲)的形式确定目标经济责任。

4.5.4 国有企业负责人目标经济责任

国有和国有资本占控股地位或主导地位的企业(含金融机构,简称国有企业)是我国国民经济的支柱,控制着国民经济命脉,对于发挥社会主义制度优越性、增强我国经济实力具有十分关键性作用。

1. 国有企业负责人目标经济责任的内容

国有企业肩负着双重使命。一方面,国有企业应当在市场竞争中获取收益。另一方面,国有企业还应当为国家的宏观调控服务。所以,国有企业的负责人一方面要努力经营企业,使企业获得更大的经济效益。另一方面要在经营的过程中着重考虑履行社会责任,为利益相关者服务。因此,国有企业的负责人应当承担的目标经济责任包括绩效责任和社会责任。但企业在经营的过程中,必须有合理的治理结构,完善的内部控制体系,所以,国有企业负责人的目标经济责任包括治理责任、经济权力控制责任、管理舞弊控制责任、绩效责任、环境保护责任以及社会责任。

2. 确定国有企业负责人目标经济责任的主体

确定国有企业负责人目标经济责任的主体应是国有资产监督管理机构。国务院国有资产监督管理机构和地方人民政府按照国务院的规定设立的国有资产监督管理机构,代表本级人民政府对国家出资企业履行出资人职责。国有资产监督管理机构有义务依照法定程序对出资企业负责人进行任命、考核并根据考核结果对其进行奖惩。

3. 确定国有企业负责人目标经济责任的方式

确定国有企业负责人目标经济责任的方式有五种。第一种,国资委颁布法规制度。第二种,国有企业负责人与国有资产监督管理机构负责人签订目标经济责任书。第三种,党委组织部门签订任命书。第四种,党委组织部实施任前告知制度。第五种,以就职声明(演讲)的形式确定目标经济责任。

4.6 构建经济责任履行报告体系的意义及国内外现状

4.6.1 构建经济责任履行报告体系的意义

经济责任审计工作的组织应以审计确认领导干部作为行为责任人应承担的经济责任履行情况作为出发点和立足点;经济责任审计工作的组织应以审计确认领导人履行经济责任情况为切入点和着重点。公共受托经济责任和企业受托经济责任都是由行为责任和报告责任组成,不管公共受托经济责任或者企业受托经济责任关系处于怎样的社会经济环境之中,受托方始终是要通过报告的方式向委托方汇报其履职期间的各类行为活动,同时,领导人只有通过这种方式才能解除所承担的受托经济责任。报告类型的选择要根据特定的公共受托经济责任或企业受托经济责任而定,不同的目标经济责任对应不同的报告,构成目标导向经济责任履行报告体系。

Frances 和 Andrew（2000）调查发现，政府的财务报告比一般公司财务报告反映的公共受托经济责任信息要少，使用者通过这些报告并不能判断政府部门管理质量如何。同样，通过企业公布的报告，公众也难以了解领导人的企业受托经济责任履行情况，因此公众也很难判断该领导是否履行了受托经济责任。进行一次经济责任审计活动耗时耗力耗财，最终的经济责任审计评价结果很难被更多的信息使用者关注和使用，甚至接受经济责任审计的委托方也并非完全接受这样的信息。这样的现象值得我们深思，为什么一件很有意义的、付出了大量劳动力的活动却得不到应有的回报呢？

考虑到现行财务报告体系在提供公共受托经济责任或企业受托经济责任履行情况信息方面的显著缺陷，我们应该构建一套目标导向经济责任报告体系，以满足各委托方对受托方任职期间的公共受托经济责任或企业受托经济责任履行情况的信息需求。

4.6.2 国外政府绩效与责任报告现状分析

1. 美国政府绩效与责任报告的编制

1993 年，美国第 103 届国会通过了《政府绩效与结果法案》（*Government Performance and Results Act*，简称 GPRA）。GPRA 要求"所有联邦机构都要编制未来 5 年的战略规划、年度绩效计划、年度绩效与责任报告"（范柏乃，2007）。表 4-1 展示的是美国联邦政府部门绩效和责任评估基本框架。

表 4-1　美国联邦政府部门绩效和责任评估基本框架[①]

项目	主要内容
战略规划 （agency's strategic plan）	部门使命，部门主要职能； 部门运作的目的与目标； 说明实现目标所需要的资源，包括人员、信息、技能与技术等； 如何把战略目标与年度绩效目标联系在一起； 说明对实现目标可能产生影响的外部因素和不可控的重点因素； 描述目标确定过程中所使用的项目评估方法
年度绩效计划 （performance plan）	建立绩效目标； 构建客观、量化、可测量的绩效目标； 说明实现绩效目标所需要的运作过程、技能和技术、人员、信息等； 建立绩效指标，评估每个项目的产出、服务水平和结果； 建立一个平台，把实际项目结果与绩效目标进行比较； 阐述用以验证评估价值的方法

---

① The White House Office of Management and Budget Government Performance and Results Act of 1993，http://www.whitehouse.gov/omb/mgmt-gpra_gplaw2m/.

(续表)

项目	主要内容
年度绩效与责任报告（performance and accountability report）	说明已经在绩效计划中确立的绩效指标，同时要对实际的绩效成绩与计划的绩效目标进行比较； 解释绩效目标未能实现的原因； 总结项目绩效评估的经验教训

本节以美国联邦社会保障部2009年度绩效与责任报告为例，进行深入分析[①]，了解美国部门绩效与责任报告是如何编制的。美国联邦社会保障部是联邦政府的重要机构之一，其使命是提供高质量的公共服务。2009年，美国联邦社会保障部关注两大项目，一是针对"退休、低保以及残疾人的保险项目"，二是针对"退休、低保以及残疾人的补贴收入项目"。

为了更好地完成这两项任务，社会保障部制定了四项战略总目标："第一，减少听证案件的积压并避免再次发生类似情况；第二，提高处理残疾人问题的速度和质量；第三，提高服务退休、低保人群的水平；第四，保持公众对我们项目的信任。"[②]2009年11月9日，美国联邦社会保障部公布了2009年度绩效与责任报告，总共202页，其目录如表4-2所示，绩效部分如表4-3所示。

表4-2　　　　　美国联邦社会保障部绩效与责任报告的目录内容

页码	章节名称
1	社会保障部部长撰写的卷首语
5	管理层声明
7	社会保障部概况
7	美国社会保障福利现状
10	社会保障部的组织机构
11	2009财年社会保障部的目标与成果
11	2009财年绩效目标
16	2009财年绩效成果
20	绩效与预算

---

① SSA's Performance and Accountability performance reports for Fiscal Year 2009, http://www.ssa.gov/finance/.

② http://wenku.baidu.com/view/53e670ed0975f46527d3e170.html.

(续表)

页码	章节名称
22	实现使命履行职能
22	我们的使命是提供高质量的公共服务
36	绩效项目的评估工具介绍
37	重要的财务关键点
37	财务数据一览表
39	OASI 和 DI 项目的信托基金偿付能力说明
40	财务报表的局限性
41	系统与控制
41	管理层的保证
45	绩效部分
46	机构绩效
46	机构绩效简介
46	2009 财年绩效的总目标与分目标
81	项目评估
89	财务部分
94	合并净损益报表
96	社会保险报表
97	财务报表附注
124	其他相关信息
155	其他相关信息
197	附录

表 4-3　美国联邦社会保障部 2009 财年绩效与责任报告中绩效部分[①]

战略总目标(Strategic Goal)1:减少听证案件的积压并避免再次发生类似情况
战略分目标(Strategic Objective)1.1:提高听证案件处理以及作出决策的速度

① SSA's Performance and Accountability performance reports for Fiscal Year 2009，http://www.ssa.gov/finance/.

(续表)

绩效指标		2009 财年绩效目标	2009 财年实际绩效	是否达到
1.1a	提高听证的预算	647 000 千美元	660 842 千美元	达到
战略分目标(Strategic Objective)1.2:提高听证全过程行政工作量				
1.2a	等待听证的案件数量	755 000 件	722 822 件	达到
1.2b	减少悬而未决的听证案件数量	超过 850 天未作出决定的听证案件数量应小于总案件数量的 1%	超过 850 天未作出决定的听证案件数量(228)占总案件数量(166 838)的 0.14%	达到
1.2c	平均处理听证案件时间达到目标值	516 天	491 天	达到
1.2d	听证案件占上诉委员会受理案件的比例达到目标值	少于 1% 的上诉案件处理时间超过 750 天	12 184 份上诉案件中只有 10 份案件尚未处理	达到
1.2e	上诉委员会处理案件的平均时间达到目标值	265 天	261 天	达到
战略总目标(Strategic Goal)2:提高处理残疾人问题的速度和质量				
战略分目标(Strategic Objective)2.1:在处理残疾人问题过程中以最快速度作出正确决策				
绩效指标		2009 财年绩效目标	2009 财年实际绩效	是否达到
2.1a	初次残疾申请问题占(快速解决)残疾人问题的比例达到目标值	3.8%	3.8%	达到
2.1b	处理初次残疾申请的数量	2 637 000	2 812 918 件	达到
2.1c	从初次接到残疾申请到提供最后决定的平均时间	129 天	101 天	达到
战略分目标(Strategic Objective)2.2:发放残疾人救济金快捷方便				
2.2a	初次残疾申请相应的救济金占联网发放救济金的比重	18%	21%	达到
战略分目标(Strategic Objective)2.3:定期更新残疾人政策和程序				

(续表)

2.3a	更新不完整的医药目录	至少完成医药目录中的三大类别	全部更新完成	达到

战略总目标(Strategic Goal)3:提高服务退休、低保人群的水平

战略分目标(Strategic Objective)3.1:大幅度提高1946—1965年婴儿潮中出生人群退休服务水平

	绩效目标	2009财年绩效目标	2009财年实际绩效	是否达到
3.1a	退休人群的收入达到预算水平	100%(4 530 000美元)	104%(4 742 218美元)	达到
3.1b	退休申请联网比例达到目标值	26%	32%	达到

战略分目标(Strategic Objective)3.2:提高我们的电话服务水平

3.2a	800服务电话答复时间达到标准值	330秒	245秒	达到
3.2b	800服务电话繁忙率降低到标准值	10%	8%	达到
3.3	个人业务办理中服务水平达到优秀的业务占整体业务的比例	83%	81%	未达到

战略分目标(Strategic Objective)3.4:处理社会安全事务更有效率和更有效果①

战略总目标(Strategic Goal)4:保持公众对我们项目的信任②

战略分目标(Strategic Objective)4.1:制止不正当收费

	绩效目标	2009财年绩效目标	2009财年实际绩效	是否达到
4.1a	支持相关人群保障性收入	1 711 000美元	1 730 575美元	达到
4.1b	致残率审核目标值	1 079 000美元	1 101 983美元	达到

战略分目标(Strategic Objective)4.2:保持正确的收入记录

4.2a	收入百分比降低到标准比率	17%	16%	达到

战略分目标(Strategic Objective)4.3:禁止我们的项目出现浪费、舞弊等现象

4.3a	社会保障部财务报表审计结果是无保留审计意见	无保留审计意见	无保留审计意见	达到

---

①② 原报告此处未评价是否达到。

(续表)

战略分目标(Strategic Objective)4.4:运用绿色手段改善我们的环境			
4.4a	运用混合动力机车替代汽油动力车	20万辆	26万辆	达到
4.4b	促进和完善本机构环境管理体系	提出高水平的项目计划	已完成	达到

这种报告方式的优点是:①这种报告的形式简单,内容清楚,可读性很强,大多普通社会公众都能读懂报告内容;②报告的绩效目标与战略目标、分目标紧密相连,通过绩效指标完成情况,推动部门使命和战略目标的实现;③促使部门绩效与政治任命挂钩。大多数部长都必须与总统签订绩效合同,当部长不能实现绩效合同规定的绩效目标时,就面临辞职或解雇危险(张强和朱立言,2009)。

2. 英国政府绩效报告的编制

现代西方行政改革的先驱是英国。在20世纪70年代以前,英国行政模式的主要特征是"坚持议会主权、部长责任制、政治中立的三大政治信条"(周志忍,1999)。然而到了20世纪70年代,英国政府工作效率低下,各级官员和公务员积极性和创造性受到压抑。因此,在1979年,撒切尔夫人对传统的行政体制模式进行了改革,发起以新公共管理为主体的改革运动,包括部长管理信息系统(Management Information System of Ministers,简称MINIS)、财政管理新方案、下一步行动方案等①。

以部长管理信息系统为例,这是1980年建立的一套管理机制,后来被广泛应用于各类领域。部长管理信息系统的目的是使高层领导了解各位部长正在做什么事情?谁负责这些事情?谁制定的目标?目标是什么?对它们是否实施了有效监控和控制?部长管理信息系统的基本工作是搜集政府部门信息,分三步实施,每年重复一次,称为部长管理信息系统的一个周期(胡税根,2005)。①第一步是明确工作计划,包括工作内容、所用人员、工作程序、工作目标以及绩效指标。②第二步是部长检查各部门负责人提交的工作计划。③第三步是执行工作计划。部长管理信息系统建立了部长与各下级部门之间直接、规范的信息沟通渠道,初步建立了目标责任制度、绩效评估制度。

---

① http://jpkc.scezju.com/jxgl/showindex/283/102.

本节以 2010 年英国政府卫生部公布的绩效报告[①](Department of Health Autumn Performance Report 2009)为例进一步分析。该报告共 84 页，内容分为四个部分：卫生部大臣的卷首语、卫生部简介、公共服务协议（Public Service Agreements，简称 PSAs）与部门战略目标（Departmental Strategic Objectives，简称 DSOs）、资金运用效益（Value for Money，简称 VFM）。第一部分是卫生部大臣的卷首语，在这部分里，卫生部部长 Hon Andy Burnhan 代表英国卫生部对该部的使命、战略目标、主要工作开展情况进行了简要回顾。第二部分是卫生部简介，主要内容是卫生部的相关战略目标。其中包括确保英国公民拥有更好的健康状态，同时确保能提供更好的医疗服务以及确保资金使用有效。第三部分是公共服务协议与部门战略目标，主要内容是卫生部门的相关公共服务协议、相关战略目标的具体实施措施。公共服务协议是英国中央政府和地方政府、中央政府与各职能部门之间通过协商谈判达成的涉及地方政府和各职能部门绩效管理目标的法律文件等。公共服务协议涉及公共机构职能的若干方面，如财政、住房、交通、教育等。各个部门以公共服务协议中涉及本部门的法律条文为依据，设定具体的绩效指标，同时将这些绩效指标与战略目标相匹配和联系。第四部分是资金运用效益，主要简述实施战略目标的资金运用效益，该部分主要包括治理与安全保障、药品价格、物资采购、病人住院花费、人力成本等。表 4-4 是一份 2010 年英国卫生部绩效指标表。

表 4-4　　　　　　　　　　2010 年英国卫生部绩效指标

公共服务协议内容	责任部门	绩效指标
促进健康事业发展	卫生部	所有年龄段公民死亡率
		降低非正常原因死亡率
		16 岁以上公民的吸烟率
		接受心理辅导的次数
提高医疗水平	卫生部	患者自述报告的关键值
		国民健康保险报告中转院治疗的次数
		怀孕 12 周的孕妇接受专业保健服务的比率
		病人能获得独立且有效的治疗次数

---

① http://www.dh.gov.uk/en/Publicationsandstatistics/Publications/Publications Policy And Guidance/DH_109885.

(续表)

公共服务协议内容	责任部门	绩效指标
提高医疗水平	卫生部	主治医生可以从病人报告中获得有用信息的程度
		医疗关联感染指数之一——MRSA
		医疗关联感染指数之一——艰难梭状芽孢杆菌
儿童和青少年的健康状况	卫生部；儿童、学校和家庭部	母乳喂养6～8周的普及率
		儿童肥胖程度
		情绪对儿童健康的影响程度
		残疾儿童的父母对其照顾的经验指数
儿童和青少年人群的安全	卫生部；儿童、学校和家庭部	急诊医院无条件救护儿童与青少年次数
儿童和青少年的健康成长	卫生部；儿童、学校和家庭部	18岁以下少女受孕率
老年人长寿	卫生部；劳务与退休部	健康寿命期望值为65岁
		对超过65岁且在家独立生活的老人提供帮助的次数
减少酒精和毒品侵害	卫生部；内政部	吸毒人员进行有效戒毒治疗的人次数
		酒精引起的入院治疗人数

从表4-4可以发现：第一，卫生部所涉及的公共服务协议有7大类，包括促进健康事业发展、提高医疗水平、儿童和青少年的健康状况、儿童和青少年人群的安全、儿童和青少年的健康成长、老年人长寿、减少酒精和毒品侵害。第二，卫生部问责部门涉及儿童、学校和家庭部，劳务与退休部以及内政部。第三，根据公共服务协议的规定，卫生部2009年确定了21个绩效指标。卫生部编制的绩效指标考核方法与美国绩效与责任报告类似，即将实际值与目标值相比较，继而考察责任部门是否达到预定的目标任务。

4.6.3 国内政府官员述职报告现状分析

如表4-5所示，从2001年开始，全国各地陆续出台领导干部述职的相关法规制度，表4-6是对这些法规制度内容的具体分析。

4 目标经济责任确定与构建经济责任履行报告

表 4-5 领导干部述职相关的法规制度

序号	法规名称	发布日期
1	中共三亚市委,《关于建立基层党组织书记履行党建工作责任述职制度的实施意见》	2009年11月23日
2	黑龙江省国土资源厅,《2008年度黑龙江省国土资源系统领导干部述职述廉工作实施方案》	2008年12月18日
3	江西省教育厅,《关于开展省教育学会分支机构年度工作述职活动的通知》	2008年4月10日
4	中共湖南省国资委,《省属监管企业党委(党组)书记党建工作述职制度》的通知	2008年2月27日
5	国家工商总局,《工商行政管理系统基层行政执法人员接受监督、向监管服务对象代表述职述廉实施意见(试行)》	2007年7月10日
6	洛阳市人民政府,《关于建立减轻农民负担工作述职报告制度》	2006年6月15日
7	中央纪委、中央组织部,《关于党员领导干部述职述廉的暂行规定》	2006年2月26日
8	云南省人大常委会,《述职评议办法》	2005年6月27日
9	山西省人大常委会,《述职评议工作办法》	2005年3月31日
10	中共淄博市委办公厅、市政府,《市纪委、市委组织部关于建立区(县)和市直部门主要领导述职述廉制度的意见(试行)》	2003年12月19日
11	中共山东省委办公厅、山东省人民政府办公厅,《省纪委、省委组织部关于建立市、县(市、区)党政主要领导述职述廉制度的意见(试行)》	2003年10月21日
12	北京市人大常委会,《开展述职评议工作的试行办法》	2001年1月2日

表 4-6 国内与述职报告相关的法规制度具体内容分析

序号①	具体内容
1	述职对象:基层党组织书记 述职内容: ①制定基层党建工作规划;②加强基层领导班子和党员队伍建设;③抓好基层党建协调指导工作;④创新基层党建工作机制;⑤抓好基层党建工作落实 述职程序: ①调研分析;②述前准备;③述职汇报;④组织评议;⑤点评总结

① 即表4-5中的序号。

(续表)

序号	具体内容
1	结果运用： ①述职结果作为工作实绩评定的重要内容，作为干部选拔任用、培训教育和奖励惩戒的重要依据；②如干部述职时不如实报告存在的问题，以及发生影响社会稳定重大事件等情况，要严肃追究党组织书记的责任
2	述职对象：系统内各单位领导班子成员、副处级以上干部
2	述职内容： ①落实党的十七大精神，学习马克思主义、科学发展观、党的路线方针；②履行岗位职责和党风廉政建设责任；③完成工作目标情况；④贯彻执行《党政领导干部选拔任用工作条例》；⑤实际建立健全党风廉政建设制度规定情况；⑥遵守廉洁从政规定的情况；⑦存在的突出问题和整改措施；⑧其他需要说明的情况
2	述职程序： ①准备报告；②撰写报告；③召开会议；④民主评议；⑤分析总结
2	结果利用：体现在领导干部考核、奖励和选拔任用工作中
3	述职对象：教育学会分支机构
3	述职内容： ①本年度主要工作(学术活动)及其成效；②次年工作打算或计划要点
3	述职形式：书面工作报告与口头汇报相结合 述职评价：分为优秀、合格、基本合格与不合格四个等级
3	结果利用： 对获得优秀等级的分支机构，将予以通报嘉奖；对获得不合格等级的分支机构，将予以通报批评；经一年整改仍无改进者，将进行注销处理
4	述职对象：企业党委(党组)书记
4	述职内容： ①贯彻执行党的路线、方针、政策；②坚持民主集中制原则和参与企业重大问题决策的情况；③支持股东会、董事会、监事会和经理依法行使职权的情况；④贯彻党管干部和干部队伍的建设与管理情况；⑤企业党风廉政建设和反腐败工作情况；⑥开展职工思想政治工作，领导团体组织活动情况
4	述职方式： ①撰写述职报告；②大会述职；③民主考评；④个别谈话；⑤调查核实；⑥综合评定
4	结果利用： ①按好、较好、一般、较差、差五个等级作出评价；②对优秀党委(党组)书记，给予一定的奖励；③对评价为较差以下的企业党委(党组)书记，要进行诫勉谈话；④对连续2年综合评价为较差以下的企业党委(党组)书记，按干部管理权限作出调整职务或免职的建议或安排

(续表)

序号	具体内容
5	述职对象:工商所所长
	述职内容: ①履行职责、依法行政、维护经营者和消费者权益情况;②服务当地经济,促进和谐发展情况;③提高办事效率、改进服务态度;④廉洁执法和遵守工商机关禁令情况;⑤存在的问题和整改措施
	述职程序:①准备阶段;②实施阶段;③整改阶段
6	述职对象:各县(市、区)长
	述职内容: ①落实农民粮食补贴、良种补贴、农机补贴等政策;②农村公益事业建设中筹资筹劳行为是否规范;③是否存在向农民摊派代课教师工资的情况;④农民信访案件办理情况;⑤原有乡村债务化解情况和有无新发生债务情况;⑥农民负担监督卡发放情况;⑦农监队伍建设情况
	述职程序: ①各县(市、区)长每年两次就减轻农民负担工作向市政府述职;②述职以提交述职报告的方式进行,述职报告必须由本人签名
7	述职对象:适用于全国各类型领导干部成员
	述职内容: ①学习贯彻科学发展观和党的路线方针政策情况;②执行民主集中制情况,履行岗位职责和党风廉政建设责任情况;③遵守廉洁从政规定情况,存在的突出问题和改正措施;④其他需要说明的情况
	述职程序: ①述职前,党委征求干部群众意见,由主要负责人如实反馈给本人;②对主要负责人的意见,由上一级纪律检察机关和组织部门反馈;③领导干部本人通过谈心等形式,充分听取意见
	结果利用: 发现在述职述廉中隐瞒、回避重要问题,以及对存在的突出问题不认真改正的,对其进行诫勉谈话,情节严重的给予组织处理
8	述职对象:省人大常委会任命的省人民政府组成人员、省高级人民法院副院长和省人民检察院副检察长
	述职内容: ①遵守执行宪法、法律、法规的情况;②贯彻执行党的路线方针政策的情况;③依法行政、公正司法的情况;④执行省人大及其常委会决议、决定的情况,以及接受省人大及其常委会监督和办理人大代表提出的建议、批评和意见的情况;⑤勤政廉政,完成工作任务的情况

(续表)

序号	具体内容
8	述职程序： ①述职对象向省人大常委会会议作述职报告；②主任会议向省人大常委会提交评议调查组的调查报告；③省人大常委会组成人员根据被评议人员的述职报告、主任会议提供的调查报告进行评议；④评议调查组将评议意见汇总整理，形成书面评议意见，经省人大常委会主任会议审议通过后交述职评议对象
	结果利用：述职评议中反映评议对象有严重违纪、违法问题的，移交相关机关调查处理
9	述职对象：省人民政府组成人员，省高级人民法院院长、副院长，省人民检察院检察长、副检察长
	述职内容： ①贯彻实施宪法、法律、法规的情况；②执行省人民代表大会及其常务委员会决议、决定的情况；③依法履行职责和勤政廉政的情况；④办理代表议案、建议、批评和意见的情况；⑤在职责范围内解决人民群众普遍关心的问题的情况；⑥需要述职评议的其他情况
	述职程序： ①全体会议听取述职报告；②分组审议和评价述职报告；③被评议人员发言；④按满意、基本满意、不满意三种评价进行无记名投票
10	述职对象： ①区(县)党委书记、区(县)长，高新区党工委书记、管委会主任；②市委各部门、市政府各部门主要负责人
	述职内容： ①贯彻"三个代表"重要思想和遵守政治纪律的情况；②执行民主集中制的情况；③落实党风廉政建设责任制的情况；④贯彻执行党的干部工作方针政策情况；⑤廉洁从政情况
	述职程序： ①在区(县)党委会议上述职；②述职报告报送市委、市纪委、市委组织部
11	述职对象： ①各市党委书记、市长；②各县(市、区)党委书记、县(市、区)长
	述职内容 ①贯彻"三个代表"重要思想和遵守政治纪律的情况；②执行民主集中制的情况；③落实党风廉政建设责任制的情况；④贯彻执行党的干部工作方针政策情况；⑤廉洁从政情况

(续表)

序号	具体内容
11	述职程序： ①在市、县(市、区)党委全委(扩大)会进行述职报告；②参会人员以无记名方式对其进行民主测评
12	述职对象： 市人大常委会任命的本市行政机关、审判机关、检察机关工作人员
	述职内容： ①遵守和执行宪法、法律、法规，贯彻执行国家的方针政策的情况；②贯彻执行全国和市人民代表大会及其常务委员会决议、决定的情况；③办理市人民代表大会代表议案和建议、批评、意见的情况
	述职程序： ①做述职汇报；②述职报告提交到相关部门；③评议述职报告并提出修改意见

述职制度是一种推进党内监督自律的有效机制，是领导干部接受人民监督，进行自我反思、自我教育的有效手段，但是述职报告缺乏统一的规范，其内容无法反映责任人受托经济责任的履行状况，无论是从编制形式，还是编制内容来说，都与受托经济责任委托者的要求差距过大，因此，我们需要构建新的报告体系。

4.7 经济责任履行报告体系的构建

通过国外绩效与责任报告的分析，以及国内领导干部述职报告的探讨，结合目标经济责任，我们认为应当构建以目标经济责任为导向的经济责任履行报告体系。

4.7.1 国内外实践表明需要经济责任履行报告

1. 国外实践经验的启示

从国外的绩效与责任报告可以看出，绩效与责任包括目标与实际履行情况两个部分，这两个部分在报告中被清晰地分为相互对比的两大类，报告使用者能够立即识别相关部门的绩效完成情况。从绩效与责任报告还可以看出，绩效与责任涵盖厉行节约、讲求效率以及保护环境等内容，这些内容基本上能够说明编制者受托经济责任的履行状况。

2. 国内述职报告的经验借鉴

从国内的领导干部述职报告来看，这些报告的编制方式多种多样，不同的单位有自己特有的编制方式。从报告的内容来看，虽然也涵盖了受托经济责任履行的多个方面,但是缺乏明确的目标与实际履行情况之间的对比,进而造成报告使用者使用的不便。

结合国内外的实践,我们认为,为了清晰地说明受托人受托经济责任的履行状况,应当编制经济责任履行报告。报告的内容主要反映受托人的目标经济责任及目标经济责任的实际履行情况,并分析实际履行情况与目标之间的差异。

4.7.2 履行受托经济责任之报告责任需要经济责任履行报告

受托经济责任是指按照特定的要求或者原则经营管理受托经济资源并报告其经营管理状况的义务,分为行为责任和报告责任。对于受托人而言,其受托经济资源经营管理状况究竟如何,应当通过一定的形式让委托人了解,进而解除其受托经济责任。究竟应当采取何种形式让委托人了解受托人受托经济责任的履行状况,这是一个需要研究的重要问题。在传统的公司经营过程中,受托人采取的方式是提供财务报告,即受托人通过提供资产负债表、利润表和现金流量表以及附注等信息,解除受托经济责任。目标经济责任的范围远远超出了保全责任,因此,受托人应当以目标经济责任为导向,通过经济责任履行报告体系来解除其受托经济责任。所谓经济责任履行报告是指反映责任人一定时期按照既定的原则或者委托人的要求所应承担的责任及其责任履行状况的报告。

对企业而言,责任人应当按照公允性的基本要求向利益相关者提交经济责任履行报告。公允性是指财务报表具有下列方面的质量特征:所选择和运用的会计原则得到普遍接受;会计原则切合实际;财务报表包括其注释的内容反映了影响使用者的重大事项;财务报表中反映的信息已作合理分类、汇总,即详略得当;财务报表在可接受限定范围内对财务状况、经营成果和财务状况之变化所作的表达反映了基本事实与交易。因此,公允性的含义十分丰富,包含公认性、客观性、重大性、合理性或妥当性以及可靠性等。

由于目标经济责任包括的范围比较广泛,保全责任仅仅是其一个部分,因而,公允性的含义与应用已不能再只限于对财务报表的要求,而应扩展为对整个经济责任履行报告体系的要求。换言之,扩展的报告责任就是要按照公允性的要求编报经济责任履行报告以全面反映行为责任的履行状况。显而易见,我们必须赋予公允性以新的、更普遍的含义,也就是说,前述公允性概念的每一个子概念的解释都必须是针对整个报告体系而不只是针对财务报表的。具体地说,各种报告的编报所运用的方法和原则应得到公认并切合实际;报告之内容应充分反映所有重大事项;报告中的信息必须合理恰当分类、汇总;报告必须反映行为责任履行过程的基本事实,提供的信息必须真实可靠,尽管有一定的限制存在。

4.7.3 目标经济责任与经济责任履行报告之间的依存关系分析

目标经济责任与经济责任履行报告之间存在密切的依存关系,若没有目标经济责任,则经济责任履行报告的反映是不完整的;若没有经济责任履行报告,则无法体现目标经济责任。

1. 目标经济责任的履行情况需要经济责任履行报告体现

受托人接受委托,确立目标经济责任之后,经济责任如何体现,想要让委托人及其他信息使用者了解受托人对承担的目标经济责任的履行情况,就必须采取一定的形式进行报告。报告的形式有两种。一种是单独报告目标经济责任的确立情况,即究竟有哪些属于受托人的目标经济责任、其目标经济责任大小等。但是如果单独体现目标经济责任,只是让信息使用者了解受托人的目标经济责任,那么目标经济责任是否得到全面有效履行?这需要通过对比的方式揭示目标经济责任的履行情况。因此,我们可以采取第二种报告的方式,即把目标经济责任与经济责任履行报告相结合,通过经济责任履行报告全面反映目标经济责任的确立情况以及目标经济责任的履行情况。

2. 经济责任履行报告需要反映目标经济责任的履行情况

受托人需要通过一定的方式解除其受托经济责任,解除的主要方式是采取报告的形式报告自己的履行情况。至于目标经济责任的履行情况究竟如何,受托人的经济责任履行报告可以反映其目标经济责任的履行情况。因此,经济责任履行报告需要反映目标经济责任的履行情况,应当构建以目标经济责任为导向的经济责任履行报告体系。

4.7.4 目标经济责任导向的经济责任履行报告体系构成

通过目标经济责任的分析可知,目标经济责任包括治理责任、管理舞弊控制责任、经济权力控制责任、效益或绩效责任、环境保护责任、社会责任以及可持续发展责任等。经济责任履行报告应当反映目标经济责任的确立以及履行情况,因此,应基于目标经济责任设计经济责任履行报告体系。基于治理责任,责任人应当编制财务报告、内部控制报告和治理结构报告;基于管理舞弊控制责任,责任人应当编制财经法纪遵循报告和舞弊防范报告;基于经济权力控制责任,责任人应当编制经济权力行使报告;基于效益或绩效责任、节约责任,责任人应当编制经营活动报告和经营目标报告;基于环境保护责任,责任人应当编制环境责任报告;基于社会责任,责任人应当编制社会责任报告;基于可持续发展责任,责任人应当编制可持续发展报告。经济责任履行报告体系如图 4-5 所示。

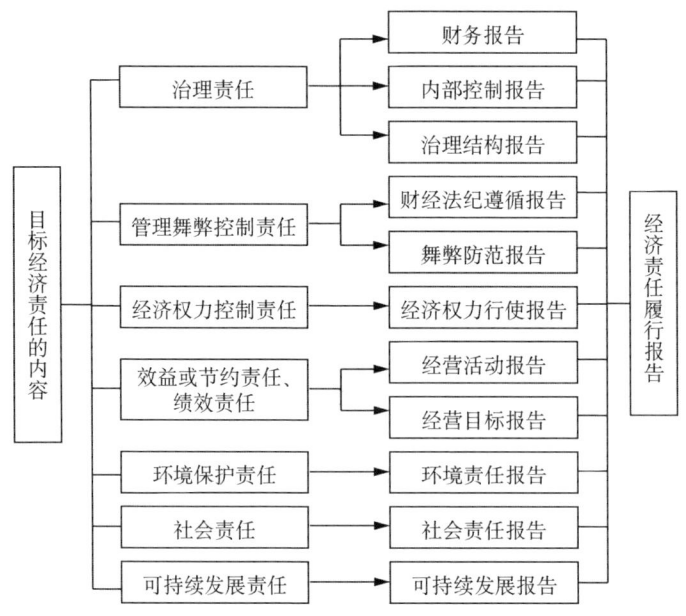

图 4-5　经济责任履行报告体系

1. 财务报告

财务报告按照公认的会计准则公允地反映组织年度财务状况、经营成果与现金流量之变化。年度财务报告由一系列报表构成:资产负债表、利润表、现金流量表、所有者权益及其变动以及必要的附注和补充资料。

2. 内部控制报告

内部控制报告是用来说明整个组织在某个时期的控制环境、风险评估、控制活动、信息与沟通、监督五个要素的内控程序与措施设置的完整性、严密性与运用的充分性和可靠性的报告。

我们认为,内部控制报告应包括以下内容:

(1) 声明内部控制系统整体设计是否健全、整体执行是否有效。除了声明组织已建立了内部控制系统之外,责任人还需在内部控制报告中对内部控制系统设计及执行的有效性作出声明。如果发现内部控制存在重大缺陷,则应当在报告中指出该项缺陷。

(2) 对内部控制系统固有缺陷的说明。仅仅声明内部控制有效可能会使信息使用者产生某种误解,进而认为内部控制可以绝对防止舞弊,并持续有效。因此,有必要在报告中说明内部控制存在固有缺陷,而且,随着环境和情况的变化,其有效性可能会发生改变。

(3) 说明所依据的内控规定或标准。内部控制标准是用来指导组织设计和执行相关内部控制的基本依据,也是评价内部控制有效性的标准。

(4) 责任人的签字,承诺对内部控制报告的可靠性负责。

3. 治理结构报告

治理结构报告应当披露治理结构的状况,包括治理机构的设置和治理机构的运转状况;应当披露人力资源的配备状况和薪酬机制的运行状况,以及是否存在内部人控制情况;还应当披露责任人的在职消费情况,以及这些在职消费的合理性。

4. 财经法纪遵循报告

财经法纪遵循报告反映组织的领导人员全面遵守法律法规和制度的情况,包括其各项经济指标完成情况的真实性、经济活动的合法性,以及组织领导人员个人廉洁自律情况,应说明责任人履行职责所发生的支出情况、有无违反中央八项规定精神及违规使用三公经费等情况。

5. 舞弊防范报告

舞弊防范报告是综合说明组织的各种舞弊防范措施以及效果报告(蔡春,2001)。报告应当说明采取了哪些措施来防范包括故意操纵盈余在内的各种管理层舞弊,指明可能存在的管理舞弊的风险点。对于已经发现的舞弊案件,描述其舞弊的过程,以及被发现的原因,并总结教训。

6. 经济权力行使报告

经济权力行使报告应当披露责任人经济权力的界限,包括能够行使哪些经济权力以及这些经济权力的上限。披露责任人本年度利用经济权力进行的重大经济决策、经济决策涉及的项目的进度以及经济决策带来的经济后果。还应当披露责任人行使经济权力时受到的制约和监督情况。

7. 经营活动报告

组织经营活动报告是说明责任人对资源的运用效率与经济节约情况的报告(蔡春,2001)。组织经营活动作为重大决策的执行过程,其好与坏,既是对决策效果的反映,也是对决策执行效果的具体体现。按照组织经营活动的内容结构划分,经营活动主要涉及企业财产的经营和管理、资金(资本)的营运和管理、生产经营活动的组织和管理。与此相对应的效率效果责任体现在:效益或绩效是组织的行为及其各项活动的经济性、效率性和效果性(蔡春,1996)。以部门领导人为例,绩效责任包括国民经济绩效、社会经济绩效、财政财务资金绩效、公共项目管理绩效、公共项目技术绩效等方面。每一个具体内容都有与之相匹配的指标。报告使用者可通过上任前设定的目标值与任中、任期结束时的实际值进行比较,关注责任人是否实现目标。

8. 经营目标报告

组织领导人员经营目标报告是反映本年度经营目标与目标的实现程度的报告(蔡春,2001)。报告应当说明是哪些原因、哪些策略的不到位使目标没有实现,并说明哪些措施的得力致使目标完成顺利。

9. 环境责任报告

环境责任报告制度是一种很好的环境信息披露方式,它能有效地降低环境管理成本,提高企业信誉(蔡春,2001)。环境责任报告是组织履行环境保护和管理责任系统的、全面的反映,也是利益相关者进行决策的重要依据。环境责任报告应当披露环境管理系统的有效性和充分性,环境管理活动的绩效,以及现行环境保护政策、法规、标准的贯彻执行情况。

蔡春和陈晓媛(2006)认为,环境性行为责任是指企业领导人(受托人)按照特定的要求或原则经管公共受托经济资源而产生的环境管理和报告其管理状况的义务。在公共受托环境责任中,社会公众作为环境恶化的最终受害人,是各种公共受托环境责任的终极委托人;而直接或间接接受社会公众委托进行环境管理的各类人员或机构则是受托环境责任的受托人,他们承担着为保护社会公众的环境利益而从事环境管理并报告其管理状况的义务。

10. 社会责任报告

社会责任报告应当披露组织在经营活动中对社区所作出的贡献,对员工的福利、培训,对失业人员的安置,对弱势群体的关注,对医疗教育和公共安全的投入,以及对产品质量和服务质量的提高等。

11. 可持续发展报告

可持续发展报告应当报告责任人负责范围内的资源消耗与产出情况、可再生能源的开发利用情况以及不可再生能源的利用情况。可持续发展报告应当报告责任人负责范围内人民生活质量及幸福指数。可持续发展报告还应当报告技术创新情况,有多少新技术、新工艺和新方法得以应用以及带来的后果。

可持续性发展理论要求领导人必须彻底改变对自然界的传统态度,建立起新的伦理道德观和价值标准,不再把自然界看作可以随意盘剥和利用的对象,而是人类生命和价值的源泉。

12. 经济责任履行报告的目标及报告主体的界定

(1) 经济责任履行报告的目标。受托经济责任是现代会计审计之魂。责任人为了说明受托经济责任履行状况,应当向委托人提供证明其按照特定要求或原则经管受托经济资源的报告。因此,经济责任履行报告体系的本质目标即说明责任人受托经济责任履行状况。

(2) 经济责任履行报告的主体。政府、事业单位和企业构成了我国社会生活中的三大组织形态,这三大组织形态下的每一个具体单位都有负责人,这些负责人构成了经济责任履行报告的主体。对于政府而言,党政领导人员对行政区域中政府职责范围内的事项负责,而政府部门领导人员对属于本部门范围内的事项负责,其范围和侧重点各不相同。因此,党政领导人员和政府部门领导人员应当分别作为经济责任履行报告的主体。对于企业而言,国有企业肩负着政府发展经济的重担,其领导人员也应当作为经济责任履行报告的主体。对于事业单位而言,其领导人员同样也是经济责任履行报告的主体。

4.8 地方党委负责人的经济责任履行报告

4.8.1 地方党委负责人经济责任履行报告体系

根据目标经济责任的内容以及经济责任履行报告的体系,我们认为,地方党委负责人的经济责任履行报告应当与其目标经济责任相一致。地方党委负责人经济责任履行报告体系主要包括表 4-7 所示的报告。

表 4-7　　　　　　　地方党委负责人经济责任履行报告体系

目标经济责任	经济责任履行报告
治理责任	财务报告 内部控制报告 治理结构报告
经济权力控制责任	经济权力行使报告
管理舞弊控制责任	财经法纪遵循报告 舞弊防范报告
可持续发展责任	可持续发展报告

4.8.2 地方党委负责人经济责任履行报告的内容

1. 财务报告

财务报告的内容如表 4-8 所示。

表 4-8　　　　　　　　　　财务报告

项目	细目	目标值	实际值	是否达到目标	差异说明
收入	税收收入				
	非税收入				
支出	一般公共服务支出				
	公共安全				
	教育				
	环境保护				
	……				

2. 内部控制报告

内部控制报告的内容如表 4-9 所示。

表 4-9　　　　　　　　　　内部控制报告

责任内容	目标情况	实际情况	是否达到目标	差异分析
内部控制建设启动情况				
单位主要负责人承担内部控制建立与实施责任情况				
对权力运行的制约情况				
内部控制制度完备情况				
不相容岗位与职责分离控制情况				
内部控制管理信息系统功能覆盖情况				
预算业务管理控制情况				
收支业务管理控制情况				
政府采购业务管理控制情况				
资产管理控制情况				
建设项目管理控制情况				
合同管理控制情况				

3. 治理结构报告

治理结构报告的内容如表 4-10 所示。

表 4-10　　治理结构报告

责任内容	考核标准	目标情况	实际情况	是否达到目标	解释说明
贯彻执行党和国家经济方针政策、决策部署	明确贯彻执行相关政策的时间表、路线图和阶段性目标				
	相关实施方案符合国家战略规划				
本地区经济社会发展规划和政策措施的制定情况	制定地区经济社会发展规划和政策措施				
	制定的规划符合国家战略、规划等要求				
建立健全重大经济决策制度	制定本级党委政府工作规则、议事规则等重大经济决策制度				
	明确规定重大经济决策程序、范围、权限和标准				
	建立健全决策失误纠错机制、责任追究机制和责任倒查机制				
	制定的经济决策制度符合国家法律法规				
	决策内容合规合纪合法,决策程序和选取合规,决策事项经过充分论证等				
在预算管理中只需机构编制管理规定情况	未经批准擅自设立机构或增设内部机构等情况				
	超编进人、超职数超规格配备领导干部、虚报人员占用编制等情况				

4. 经济权力行使报告

经济权力行使报告的内容如表 4-11 所示。

表 4-11　　　　　　　　　　　　经济权力行使报告

责任内容	具体禁止的行为	是否符合要求	解释说明
禁止利用职权和职务上的影响谋取不正当利益	索取、接受或者以借为名占用管理和服务对象以及其他与行使职权有关系的单位或者个人的财物		
	接受可能影响公正执行公务的礼品、宴请以及旅游、健身、娱乐等活动安排		
	在公务活动中接受礼金和各种有价证券、支付凭证		
	以交易、委托理财等形式谋取不正当利益		
	利用知悉或者掌握的内幕信息谋取利益		
	违反规定多占住房,或者违反规定买卖经济适用房、廉租住房等保障性住房		
禁止私自从事营利性活动	个人或者借他人名义经商、办企业		
	违反规定拥有非上市公司(企业)的股份或者证券		
	违反规定买卖股票或者进行其他证券投资		
	个人在国(境)外注册公司或者投资入股		
	违反规定在经济实体、社会团体等单位中兼职取酬,以及从事有偿中介活动		
禁止违反公共财物管理和使用的规定,假公济私、化公为私	用公款报销或者支付应由个人负担的费用		
	违反规定借用公款、公物或者将公款、公物借给他人		
	私存私放公款		
	用公款旅游或者变相用公款旅游		
	用公款参与高消费娱乐、健身活动和获取各种形式的俱乐部会员资格		
	违反规定用公款购买商业保险,缴纳住房公积金,滥发津贴、补贴、奖金等		
	非法占有公共财物,或者以象征性支付钱款等方式非法占有公共财物		
	挪用或者拆借社会保障基金、住房公积金等公共资金或者其他财政资金		

(续表)

责任内容	具体禁止的行为	是否符合要求	解释说明
禁止违反规定选拔任用干部	采取不正当手段为本人或者他人谋取职位		
	不按照规定程序推荐、考察、酝酿、讨论决定任免干部		
	私自泄露民主推荐、民主测评、考察、酝酿、讨论决定干部等有关情况		
	在干部考察工作中隐瞒或者歪曲事实真相		
	在民主推荐、民主测评、组织考察和选举中搞拉票等非组织活动		
	利用职务便利私自干预下级或者原任职地区、单位干部选拔任用工作		
	在工作调动、机构变动时,突击提拔、调整干部		
	在干部选拔任用工作中封官许愿,任人唯亲,营私舞弊		
禁止利用职权和职务上的影响为亲属及身边工作人员谋取利益	要求或者指使提拔配偶、子女及其配偶、其他亲属以及身边工作人员		
	用公款支付配偶、子女及其配偶以及其他亲属学习、培训、旅游等费用,为配偶、子女及其配偶以及其他亲属出国(境)定居、留学、探亲等向个人或者机构索取资助		
	妨碍涉及配偶、子女及其配偶、其他亲属以及身边工作人员案件的调查处理		
	利用职务之便,为他人谋取利益,其父母、配偶、子女及其配偶以及其他特定关系人收受对方财物		
	默许、纵容、授意配偶、子女及其配偶、其他亲属以及身边工作人员以本人名义谋取私利		
	为配偶、子女及其配偶以及其他亲属经商、办企业提供便利条件,或者党员领导干部之间利用职权相互为对方配偶、子女及其配偶以及其他亲属经商、办企业提供便利条件		

(续表)

责任内容	具体禁止的行为	是否符合要求	解释说明
禁止利用职权和职务上的影响为亲属及身边工作人员谋取利益	允许、纵容配偶、子女及其配偶，在本人管辖的地区和业务范围内个人从事可能与公共利益发生冲突的经商、办企业、社会中介服务等活动，在本人管辖的地区和业务范围内的外商独资企业或者中外合资企业担任由外方委派、聘任的高级职务		
	允许、纵容配偶、子女及其配偶在异地工商注册登记后，到本人管辖的地区和业务范围内从事可能与公共利益发生冲突的经商、办企业活动		
禁止讲排场、比阔气、挥霍公款、铺张浪费	在公务活动中提供或者接受超过规定标准的接待，或者超过规定标准报销招待费、差旅费等相关费用		
	违反规定决定或者批准兴建、装修办公楼、培训中心等楼堂馆所，超标准配备、使用办公用房和办公用品		
	擅自用公款包租、占用客房供个人使用		
	违反规定配备、购买、更换、装饰或者使用小汽车		
	违反规定决定或者批准用公款或者通过摊派方式举办各类庆典活动		
禁止违反规定干预和插手市场经济活动，谋取私利	干预和插手建设工程项目承发包、土地使用权出让、政府采购、房地产开发与经营、矿产资源开发利用、中介机构服务等市场经济活动		
	干预和插手国有企业重组改制、兼并、破产、产权交易、清产核资、资产评估、资产转让、重大项目投资以及其他重大经营活动等事项		
	干预和插手批办各类行政许可和资金借贷等事项		
	干预和插手经济纠纷		
	干预和插手农村集体资金、资产和资源的使用、分配、承包、租赁等事项		
禁止脱离实际，弄虚作假，损害群众利益和党群干群关系	搞劳民伤财的"形象工程"和沽名钓誉的"政绩工程"		
	虚报工作业绩		
	大办婚丧喜庆事宜，造成不良影响，或者借机敛财		

(续表)

责任内容	具体禁止的行为	是否符合要求	解释说明
禁止脱离实际，弄虚作假，损害群众利益和党群干群关系	在社会保障、政策扶持、救灾救济款物分配等事项中优亲厚友、显失公平		
	以不正当手段获取荣誉、职称、学历学位等利益		
	从事有悖社会公德、职业道德、家庭美德的活动		

5. 财经法纪遵循报告

财经法纪遵循报告的内容如表4-12所示。

表4-12　　　　　　　　　财经法纪遵循报告

责任内容	主要指标	目标值	实际值	是否达到目标	解释说明
执行经济相关的法律法规	领导人违反法律法规被处罚次数				
	本级党委违反法律法规被处罚次数				
	违法违规使用资金金额				
执行党内规章制度	领导人违反党内规章制度次数				
	严重违反党内规章制度的人次				
	……				

6. 舞弊防范报告

舞弊防范报告如表4-13所示。

表4-13　　　　　　　　　舞弊防范报告

责任内容	时间	具体要求	实施情况	是否达到要求	解释说明
对本级经济目标完成情况的监督	第一个时间段	监督的具体内容			
		监督中发现的问题			
		问题整改情况			
	第二个时间段	监督的具体内容			
		监督中发现的问题			
		问题整改情况			
	……				

(续表)

责任内容	时间	具体要求	实施情况	是否达到要求	解释说明
对本级经济决策执行情况的监督	第一个时间段	监督的具体内容			
		监督中发现的问题			
		问题整改情况			
	第二个时间段	监督的具体内容			
		监督中发现的问题			
		问题整改情况			
	……				
监督本级党委主要干部的廉政监督	半年检查	监督人员范围			
		监督中发现的问题			
		问题处置情况			
	全年检查	监督人员范围			
		监督中发现的问题			
		问题处置情况			
	……				
对下级党委经济指标完成情况的监督	第一个时间段	监督的具体内容			
		监督中发现的问题			
		问题整改情况			
	第二个时间段	监督的具体内容			
		监督中发现的问题			
		问题整改情况			
	……				

7. 可持续发展报告

可持续发展报告的内容如表4-14所示。

表 4-14　　　　　　　　　　可持续发展报告

责任内容	具体要求	实施情况	是否达到要求	解释说明
地方社会保障政策的制定	城乡居民社会保障待遇差异值			
	各类人员社会保障待遇差异值			
	地区之间社会保障待遇差异值			
	基本养老基金、失业保险基金、基本医疗保险基金、工伤保险基金支出覆盖区域面积			
民生保障和改善情况	为保障和改善民生所做的主要工作和具体措施、落实的具体项目以及执行效果			
	就业、教育、养老、医疗社保、保障性安居工程、精准扶贫、乡村振兴战略等重点民生项目中民生保障制度落实情况			
	民生工程建设及配套服务体系建设资金筹措管理使用及项目推进情况			
	民生保障目标任务完成情况			
生态文明建设项目、资金等管理使用和效益	贯彻执行中央生态文明建设方针政策和决策部署情况			
	遵守自然资源资产管理和生态环境保护法律法规以及相关重大决策情况			

4.9　行政负责人的经济责任履行报告

行政负责人职责履行情况也需要通过经济责任履行报告来说明,其经济责任履行报告也应当与其目标经济责任相一致,具体而言,包括表 4-15 所示的经济责任履行报告。

表 4-15　　　　　　　行政负责人经济责任履行报告体系

目标经济责任	经济责任履行报告
治理责任	财务报告 内部控制报告 治理结构报告
遵纪守法责任	财经法纪遵循报告

(续表)

目标经济责任	经济责任履行报告
经济权力控制责任	经济权力行使报告
节约责任 效率责任 效果责任	绩效报告
节约责任 效率责任 效果责任	绩效报告
节约责任 效率责任 效果责任	绩效报告
环境责任	环境责任报告
社会责任	社会责任履行报告

4.9.1 政府行政负责人经济责任履行报告

政府行政负责人应当编制的经济责任履行报告包括财务报告、内部控制报告、治理结构报告、财经法纪遵循报告、经济权力行使报告、绩效报告等。

1. 财务报告

财务报告的内容如表4-16所示。

表 4-16　　　　　　　　财务报告

责任内容	具体内容	目标值	实际值	是否达到目标	差异说明
收入	税收收入				
	非税收入				
支出	一般公共服务支出				
	公共安全				
	教育				
	环境保护				
	……				

2. 内部控制报告

内部控制报告的内容如表4-17所示。

表 4-17　　　　　　　　　　内部控制报告

责任内容	目标状况	实际状况	是否达到目标	差异分析
内部控制建设启动情况				
单位主要负责人承担内部控制建立与实施责任情况				
对权力运行的制约情况				
内部控制制度完备情况				
不相容岗位与职责分离控制情况				
内部控制管理信息系统功能覆盖情况				
预算业务管理控制情况				
收支业务管理控制情况				
政府采购业务管理控制情况				
资产管理控制情况				
建设项目管理控制情况				
合同管理控制情况				

3. 治理结构报告

治理结构报告的内容如表 4-18 所示。

表 4-18　　　　　　　　　　治理结构报告

责任内容	考核标准	目标情况	实际情况	是否达到目标	解释说明
贯彻执行党和国家经济方针政策、决策部署	因地制宜地采取实质性推进措施				
	目标任务落实情况或落实效果达到预期目标情况				
	贯彻落实坚决到位情况,打折扣、搞变通情况				
本地区经济社会发展规划和政策措施的制定、执行和效果	采取有效措施推进地区社会发展规划和政策措施				
	完成地区经济社会发展规划和政策措施中阶段性任务				
	地区经济社会发展规划和政策措施达到预期效果				

(续表)

责任内容	考核标准	目标情况	实际情况	是否达到目标	解释说明
重大经济事项决策的制定、执行和效果	决策内容合规合纪合法,决策程序和选取合规,决策事项经过充分论证等				
	重大经济决策事项按期完成,实现预期目标				
	决策不当或者失误造成的损失浪费、环境破坏、风险隐患等				
财政财务管理	财政事权与支出责任划分情况				
	地方政府预算绩效管理推进情况				
	财政收支的真实性、合法性和效益性				
经济风险防范	地方政府债务和隐性债务规模、结构合理情况				
	违规举债和违规担保,利用创新金融工具违规举债,利用财政资金承接金融机构不良贷款等方面情况				
	债务风险化解方案可行情况,地方政府化债措施不实、国有融资平台转型不到位、债务风险处置不力等问题				
	采取监管措施应对区域性金融风险				
民生保障和改善情况	为保障和改善民生所做的主要工作和具体措施、落实的具体项目以及执行效果				
	就业、教育、养老、医疗社保、保障性安居工程、精准扶贫、乡村振兴战略等重点民生项目中民生保障制度落实情况				
	民生工程建设及配套服务体系建设资金筹措管理使用及项目推进情况				
	民生保障目标任务完成情况				
生态文明建设项目、资金等管理使用和效益	贯彻执行中央生态文明建设决策部署情况				
	遵守自然资源管理和生态环境保护法律法规情况				

(续表)

责任内容	考核标准	目标情况	实际情况	是否达到目标	解释说明
在预算管理中只需机构编制管理规定情况	未经批准擅自设立机构或增设内部机构情况				
	超编进人、超职数超规格配备领导干部、虚报人员占用编制等情况				

4. 财经法纪遵循报告

财经法纪遵循报告的内容如表4-19所示。

表4-19　　　　　　　　　财经法纪遵循报告

责任内容	主要指标	目标值	实际值	是否达到目标	解释说明
执行经济相关的法律法规	领导人违反法律法规被处罚次数				
	本级政府违反法律法规被处罚次数				
	违法违规使用资金金额				
执行政府规章制度	领导人违反规章制度次数				
	严重违反规章制度的人次				
	……				

5. 经济权力行使报告

政府行政负责人经济权力行使报告的内容与地方党委负责人经济权力行使报告的内容基本相同,在此不再赘述。

6. 绩效报告

绩效报告的内容如表4-20所示。

表4-20　　　　　　　　　　绩效报告

责任内容	主要指标	目标值	实际值	是否达到目标	解释说明
本级政府预算内外资金管理	预算内资金支出投放重点项目比例				
	预算内资金收入重点项目来源比例				
	预算外资金支出投放重点项目比例				
	预算外资金收入重点项目来源比例				

(续表)

责任内容	主要指标	目标值	实际值	是否达到目标	解释说明
内部控制管理	各类资金内部控制完善程度				
	各类资金内部控制执行力度				
	各类资金内部控制执行效率				
国有资产保值增值管理	国有资产数量增减变化				
	国有资产质量评判标准				
	国有资产收益情况				
专项资金（基金）管理	专项资金用途合规审查				
	专项资金使用情况管理				

4.9.2 政府部门行政负责人经济责任履行报告

政府部门行政负责人应当编制的经济责任履行报告包括内部控制报告、治理结构报告、财经法纪遵循报告、经济权力行使报告、绩效报告等。

1. 内部控制报告

内部控制报告的内容如表4-21所示。

表4-21　　　　　　　　内部控制报告

责任内容	目标状况	实际状况	是否达到目标	差异分析
内部控制建设启动情况				
单位主要负责人承担内部控制建立与实施责任情况				
对权力运行的制约情况				
内部控制制度完备情况				
不相容岗位与职责分离控制情况				
内部控制管理信息系统功能覆盖情况				
预算业务管理控制情况				
收支业务管理控制情况				
政府采购业务管理控制情况				
资产管理控制情况				

(续表)

责任内容	目标状况	实际状况	是否达到目标	差异分析
建设项目管理控制情况				
合同管理控制情况				

2. 治理结构报告

治理结构报告的内容如表 4-22 所示。

表 4-22　　　　　　　　　　治理结构报告

责任内容	考核标准	目标情况	实际情况	是否达到目标	解释说明
贯彻执行党和国家经济方针政策、决策部署	将中央经济工作会议、政府工作报告中与部门(系统、行业)相关的任务分工分解落实,按期推进				
	深化"放管服"改革				
	制定营造良好的营商环境的政策措施				
本部门经济社会发展规划和政策措施的制定、执行和效果	制定的部门(系统、行业)重要发展规划和政策措施符合国家战略规划等要求				
	采取有效措施推进部门(系统、行业)重要发展规划和政策措施落实				
	(系统、行业)重要发展规划和政策措施中阶段性目标安全完成,达到预期效果				
重大经济事项的决策、执行和效果	制定重大经济决策制度,决策内容合规合纪合法,决策程序和选取合规,决策事项经过充分论证等				
	重大经济决策事项按期完成,实现预期目标				
	决策不当或者失误造成的损失浪费、环境破坏、风险隐患等				
财政财务管理	合法合理设置专项资金、政策目标清晰、分配方法科学、分配标准统一、分配程序合规				

（续表）

责任内容	考核标准	目标情况	实际情况	是否达到目标	解释说明
财政财务管理	及时下达预算、建立健全资金监督管理和绩效考评制度，且考评制度具有可操作性，并及时执行到位，是否存在资金使用效益不高等问题				
	对所属单位严格监督，实现资产保值增值				
	依托部门职权、利用行业资源或部门影响力违规投资获利、谋取小团体利益情况，所属事业单位对外投资经营合规情况等				
经济风险防范	对部门（系统、行业）面临的经济风险进行科学预判				
	及时采取措施防范化解风险				
	决策不当或管控不严造成公共资金、国有资产、国有资源损失浪费等情况				
生态文明建设项目、资金管理使用和效益情况	贯彻执行中央生态文明建设方针政策和决策部署情况				
	遵守自然资源资产管理和生态环境保护法律法规以及相关重大决策情况				
	履行自然资源资产管理和生态环境保护监督责任情况等				
在预算管理中只需机构编制管理规定情况	未经批准擅自设立机构或增设内部机构情况				
	超编进人、超职数超规格配备领导干部、虚报人员占用编制等情况				

3. 财经法纪遵循报告

财经法纪遵循报告的内容如表 4-23 所示。

表 4-23　　　　　　　　财经法纪遵循报告

责任内容	主要指标	目标值	实际值	是否达到目标	解释说明
执行经济相关的法律法规	领导人违反法律法规被处罚次数				
	本级政府违反法律法规被处罚次数				
	违法违规使用资金金额				

(续表)

责任内容	主要指标	目标值	实际值	是否达到目标	解释说明
执行部门规章制度	领导人违反规章制度次数				
	严重违反规章制度的人次				
	……				

4．经济权力行使报告

经济权力行使报告的内容与地方党委负责人经济权力行使报告的主要内容类似，在此不再赘述。

5．绩效报告

绩效报告的内容如表4-24所示。

表4-24　　　　　　　　　　绩效报告

责任内容	主要指标	目标值	实际值	是否达到目标	解释说明
内部控制制度管理	内部控制制度完善程度				
	内部控制执行力度				
	内部控制执行效率				
部门财政管理、财务管理	预算收支管理				
	预算外收支管理				
	专项资金基金管理				
国有资产保值增值管理	国有资产保值增值率				
政府债务管理	政府债务资金用途合规审查				
	政府债务资金管理情况审查				
	政府债务资金按时偿付情况审查				

4.9.3　事业单位行政负责人经济责任履行报告

事业单位负责人应当编制的经济责任履行报告包括财务报告、内部控制报告、治理结构报告、财经法纪遵循报告、经济权力行使报告、绩效报告等。

1．财务报告

财务报告的内容如表4-25所示。

表 4-25　　　　　　　　　　　财务报告

责任内容	具体内容	目标状况	实际状况	是否达到目标	差异分析
资产	流动资产				
	固定资产				
	其他资产				
负债	流动负债				
	长期负债				
	其他负债				
权益	净资产				
收入	主要业务收入				
	其他业务收入				
支出	主要业务支出				
	其他业务支出				

2. 内部控制报告

内部控制报告的内容如表 4-26 所示。

表 4-26　　　　　　　　　　　内部控制报告

责任内容	目标状况	实际状况	是否达到目标	差异分析
内部控制建设启动情况				
单位主要负责人承担内部控制建立与实施责任情况				
对权力运行的制约情况				
内部控制制度完备情况				
不相容岗位与职责分离控制情况				
内部控制管理信息系统功能覆盖情况				
预算业务管理控制情况				
收支业务管理控制情况				
政府采购业务管理控制情况				
资产管理控制情况				

(续表)

责任内容	目标状况	实际状况	是否达到目标	差异分析
建设项目管理控制情况				
合同管理控制情况				

3. 治理结构报告

治理结构报告的内容如表 4-27 所示。

表 4-27　　治理结构报告

责任内容	考核标准	目标情况	实际情况	是否达到目标	解释说明
贯彻执行党和国家经济方针政策、决策部署	将中央经济工作会议、政府工作报告中与单位相关的任务进行分工分解				
	采取措施落实中央经济工作会议、政府工作报告中的分解任务,按期推进				
本部门经济社会发展规划和政策措施的制定、执行和效果	制定的部门(系统、行业)重要发展规划和政策措施符合国家战略规划等要求				
	采取有效措施推进部门(系统、行业)重要发展规划和政策措施落实				
	(系统、行业)重要发展规划和政策措施中阶段性目标安全完成,达到预期效果				
重大经济事项的决策、执行和效果	制定重大经济决策制度,决策内容合规合纪合法,决策程序和选取合规,决策事项经过充分论证等				
	重大经济决策事项按期完成,实现预期目标				
	存在决策不当或者失误造成损失浪费、环境破坏、风险隐患等				
财政财务管理	合法合理设置专项资金、政策目标清晰、分配方法科学、分配标准统一、分配程序合规				
	及时下达预算、建立健全资金监督管理和绩效考评制度,且考评制度具有可操作性,并及时执行到位,不存在资金使用效益不高等问题				

(续表)

责任内容	考核标准	目标情况	实际情况	是否达到目标	解释说明
财政财务管理	对所属单位严格监督,实现资产保值增值				
	依托部门职权、利用行业资源或部门影响力违规投资获利、谋取小团体利益情况,所属事业单位对外投资经营合规情况等				
经济风险防范	对部门(系统、行业)面临的经济风险进行科学预判				
	及时采取措施防范化解风险				
	由于决策不当或管控不严造成公共资金、国有资产、国有资源损失浪费等情况				
生态文明建设项目、资金管理使用和效益情况	贯彻执行中央生态文明建设方针政策和决策部署情况				
	遵守自然资源资产管理和生态环境保护法律法规以及相关重大决策情况				
	履行自然资源资产管理和生态环境保护监督责任情况等				
在预算管理中只需机构编制管理规定情况	未经批准擅自设立机构或增设内部机构情况				
	超编进人、超职数超规格配备领导干部、虚报人员占用编制等情况				

4. 财经法纪遵循报告

财经法纪遵循报告的内容如表4-28所示。

表4-28　　　　　　财经法纪遵循报告

责任内容	主要指标	目标值	实际值	是否达到目标	解释说明
执行经济相关的法律法规	领导人违反法律法规被处罚次数				
	本单位违反法律法规被处罚次数				
	违法违规使用资金金额				

（续表）

责任内容	主要指标	目标值	实际值	是否达到目标	解释说明
执行单位规章制度	领导人违反规章制度次数				
	严重违反规章制度的人次				
	……				

5. 经济权力行使报告

经济权力行使报告的内容与地方党委负责人的经济权力行使报告的内容类似，在此不再赘述。

6. 绩效报告

绩效报告的内容如表 4-29 所示。

表 4-29　　　　　　　　绩效报告

责任内容	主要指标	目标值	实际值	是否达到目标	解释说明
单位财务管理	预算收支管理				
	预算外收支管理				
	专项资金基金管理				
国有资产保值增值管理	国有资产保值增值率				
单位专项资金管理	专向资金使用规范指标				
	……				

4.9.4　国有企业负责人经济责任履行报告

国有企业负责人应当编制的经济责任履行报告包括财务报告、内部控制报告、治理结构报告、财经法纪遵循报告、经济权力行使报告、绩效报告、环境报告和社会责任报告等。

1. 财务报告

国有企业的财务报告以企业会计准则及相关会计制度要求为准，具体包括资产负债表、利润表、现金流量表、所有者权益及其变动表以及附注等内容。

2. 内部控制报告

内部控制报告的内容如表 4-30 所示。

表 4-30　　　　　　　　　　内部控制报告

责任内容	目标状况	实际状况	是否达到目标	差异分析
控制环境				
风险评估				
控制活动				
信息与沟通				
监督				

3. 治理结构报告

治理结构报告的内容如表 4-31 所示。

表 4-31　　　　　　　　　　治理结构报告

责任内容	考核标准	目标情况	实际情况	是否达到目标	解释说明
贯彻执行党和国家经济方针政策、决策部署	因地制宜地采取实质性推进措施				
	目标任务落实情况或落实效果达到预期目标情况				
	贯彻落实坚决到位情况,打折扣、搞变通情况				
企业发展战略规划的制定、执行和效果	企业制定的发展战略规划符合国家发展战略规划和产业政策,符合国有经济布局和战略性调整方向,突出主业,提升企业核心竞争力,坚持效益优先和可持续发展原则				
	采取有效措施推进企业发展战略规划				
	企业发展战略规划按期完成,达到预期效果				
重大经济事项的决策、执行和效果	建立健全重大经济决策制度,决策内容、程序和权限合规				
	完成决策事项,实现预期目标				
	决策不当或者失误造成损失浪费、环境破坏、风险隐患等情况				

(续表)

责任内容	考核标准	目标情况	实际情况	是否达到目标	解释说明
企业法人治理结构的建立、健全和运行情况，内部控制制度的制定和执行情况	企业法人治理结构健全，有效发挥董事会的决策作用、监事会的监督作用、经理层的经营管理作用、党组织的政治核心作用				
	有效落实权责对等、运转协调、有效制衡的决策执行机制				
	因疏于监管、内控不严造成管理混乱或导致重大违规违纪违法、经营亏损、风险隐患等情况				
	因管理层级过多、管理链条过长导致对所属单位管理失控等情况				
企业财务的真实合法效性	财务报表编制的真实性、完整性和合规性，人为调节收入、利润等情况，合并范围完整，关联交易等信息披露事项及时准确，薪酬管理合规情况				
	企业经营稳健，可持续发展能力强				
	业务经营合规				
风险管控	投资、运营、财务、创新、网络信息安全等风险管控情况				
	金融业务信用风险、流动性风险、市场风险、影子银行风险、交叉性金融风险管控情况				
境外资产管理	盲目开展境外业务造成损失或风险情况				
	违规决策或未经充分论证评估、项目管控不力或执行不严，造成损失或风险等情况				
生态环境保护	企业在落实淘汰落后产能方面存在的问题				
	企业在推进污染防治方面的问题				
	企业在发展绿色金融方面存在的问题				

4．财经法纪遵循报告

财经法纪遵循报告的内容如表 4-32 所示。

表 4-32　　　　　　　　　财经法纪遵循报告

责任内容	主要指标	目标值	实际值	是否达到目标	解释说明
执行经济相关的法律法规	领导人违反法律法规被处罚次数				
	本单位违反法律法规被处罚次数				
	违法违规使用资金金额				
执行单位规章制度	领导人违反规章制度次数				
	严重违反规章制度的人次数				
	……				

5. 经济权力行使报告

经济权力行使报告的内容与地方党委负责人经济权力行使报告的内容类似，在此不再赘述。

6. 绩效报告

绩效报告的内容如表 4-33 所示。

表 4-33　　　　　　　　　绩效报告

责任内容	主要指标	目标值	实际值	是否达到目标	解释说明
企业内部控制管理、财务管理	内部控制完善程度				
	内部控制执行力度				
	内部控制执行效率				
企业技术创新、技术管理	任期中获得国家技术进步或技术发明奖，且为项目主要承担者				
	在国际标准制定中是否有重大突破				
国有资产保值增值管理	国有资产保值增值率				
节能减排方面管理	节能减排政策的具体实施				
	节能减排方面资金的投入值				
	产品能耗值				

7. 环境报告

环境报告的内容如表 4-34 所示。

表 4-34　　　　　　　　　　　环境报告

责任内容	目标值	实际值	是否达到目标	解释说明
环境管理目标				
公司环境管理组织结构				
环境体系认证及开展清洁生产情况				
环保教育培训及环境信息交流情况				
环境绩效情况				
环保守法情况				
环境风险管理体系建立和运行情况				
总量减排任务完成情况				
清洁生产实施情况				

8. 社会责任报告

社会责任报告的内容如表 4-35 所示。

表 4-35　　　　　　　　　　　社会责任报告

利益相关者	责任内容	目标情况	实际情况	是否达到目标	解释说明
股东	各项业务的稳定、持续增长				
	内控体系完善程度				
	反腐败体系健全与完善程度				
客户	产品服务覆盖程度				
	客户信息安全程度				
	产品或服务安全、快捷				
员工	具备良好的工作环境				
	提供合适的收入				
	提供广阔的职业发展空间和合理有效的晋升机制				
	提供培养专业技能和能力的机会				
供应商	长期发展的、信赖的合作关系				
	共担风险、共享利益				
	能够整合优势资源				
政府	及时缴纳足额税金				
其他	参与公益事业				

5 经济责任审计评价方法与指标体系

从受托经济责任观出发,我们认为,为了更好地解除受托人的受托经济责任,应当确定目标经济责任,为了说明目标经济责任的履行情况,党委和行政负责人都应当编制经济责任履行报告。目标经济责任的确定与经济责任履行报告的编制,为进一步进行经济责任审计评价提供了良好的基础,我们可以构建以目标经济责任为导向,以经济责任履行报告为基础的经济责任审计评价方法与指标体系。

5.1 经济责任审计评价方法选择与指标体系设计的导向、基础和原则

5.1.1 以目标经济责任为导向

我们在设计经济责任审计评价方法与指标体系时,必须基于一定的依据,否则难以保证评价的科学性。从现有研究文献与经济责任审计实践来看,并没有统一的经济责任审计评价方法与指标体系,这不仅影响经济责任审计的质量,也在一定程度上影响经济责任审计理论研究的创新与发展。根据受托经济责任观形成的目标经济责任与经济责任履行报告体系,为经济责任审计评价方法的选择提供了导向。目标经济责任是领导干部应当承担的目标责任,因此,以目标经济责任为导向,从目标经济责任的角度出发,寻求更合理的经济责任审计方法与评价指标体系将有助于经济责任审计理论与实践的创新和发展。

5.1.2 以经济责任履行报告为基础

经济责任审计可以选择以目标经济责任为导向,但是在具体的实施过程中,还必须将目标经济责任的导向落到实处,这就指向了受托人应当报告的经济责任履行报告。经济责任履行报告具有完整的体系,而且其报告的具体数据为评价方法选择和指标体系设计的依据。因此,经济责任审计评价方法与指标体系是以目标经济责任为导向,以经济责任履行报告为基础。

5.1.3 选择经济责任审计评价方法的原则

评价是人们认识社会经济现象的一种重要活动。人们在认识和从事社会经济活动过程中,经常就某一经济活动的可行性、影响及后果进行判断,并据以决定采取行动的依据或者判断该活动是否达到预期效果等。评价是为了决策,而决策需要评价。经济责任审计是随着改革开放的深入、社会主义市场经济的发展以及法治制度建设的不断完善而产生和发展起来的。它是我们党和政府为了加强对领导干部的管理和监督,正确评价其经济责任,促进党风廉政建设,保障国有资产保值增值而制定的一项制度。为了更好地贯彻和执行这一制度,经济责任审计评价必须遵循以下原则。

1. *科学性原则*

经济责任审计评价涉及党政领导干部和国有企业领导经济责任的界定,是一项极其严肃和重要的制度,其评价结果可能对当事人具有重要影响。因此,审计人员在经济责任审计评价过程中,务必要避免主观随意性和臆测性,必须做到以事实为依据、以相关法律法规为标准、以合适恰当的方法为基础,充分尊重事物本身发展的内在规律,透过表面现象,运用科学有效的方法,对领导的经济责任进行实事求是、科学客观的评价,使经济责任审计评价结果能够经受住历史和时间的检验,为此,科学性原则是选择经济责任审计评价方法时所需要考虑的首要原则。所谓科学性原则就是在选择评价方法时综合考虑各种因素,具体分析实际情况,充分分析主客观条件,选择适当可行有效的方法,达到经济责任审计评价的目标。只有运用科学的方法、程序,才能保证评价的可信性、客观性和有效性。有时候,一些重大项目的经济责任审计评价需要跨学科、跨专业的专家的共同配合、相互协作才能实现良好的评价结果。经济责任审计评价一方面要依靠专家的大量知识、经验、智慧,运用经济学、社会学、心理学等理论,作出科学判断;另一方面,经济责任审计评价要借助各种科学评价方法和计算机系统,通过系统分析来进行正确评价。

科学性原则还要求经济责任审计评价因地因事制宜,灵活与综合运用各种评价方法,结合实际探索客观有效而适用的评价方法、技术和手段。经济责任审计评价方法是一个有机的复杂体系,经济责任审计评价的关键是掌握经济责任审计评价的基本原理,将理论与实践结合起来,以求做到实事求是、客观有效地评价经济责任履行情况。

2. *综合性原则*

在经济责任审计过程中,对一项经济责任的评价常常要涉及多个因素或多个指标,评价通常是多因素相互作用下的一种综合判断。要对领导的任期经济责任进行全面科学评价,就要从整体的角度,运用相互关联的各类指标体系来进行评判。由于经济责任审计最终要对当事人做出一个整体性评价,这就要求审计人员用一系列可分解的综合指标来评价经济责任履行情况,随着考虑的因素越来越多,审计评价的综合性要求也会越来越高。因此,综合性原则是我们在选择评价方法时所要考虑的一个重要原则。在这里,综合性原则有两个方面的含义。一是评价方法本身的综合性。即运用某种评价方法,根据主客观条件,对各项影响因素进行综合判断,确定其权重,进行综合评分,从而得出优、良、中、差等评价结果。综合评价的具体方法有许多种,但各种方法的总体思路是统一的,大致可分为熟悉评价对象、确立评价指标体系、确定各指标的权重、建立评价模型、分析评价结果等几个环节。其中,确立指标体系、确定各指标的权重、建立评价模型这3个环节是综合评价的关键环节。二是选择方法时要注意考虑各种评价方法的结合使用并根据需要将定量方法和定性方法有机地结合起来。由于经济责任审计评价的复杂性和全面性,审计人员在选择评价方法时,只有结合使用多种评价方法,并将定性评价方法与定量评价方法结合起来,才能达到全面科学评价经济责任履行情况的效果和目标。

3. 成本效益原则

成本效益原则是指审计人员在决定评价方法和评价程序、拟订评价计划时,保证使用某评价方法所引起的成本增加小于该方法所带来的效益的增加。如果不切实际、好高骛远,采取一些成本大、难以实施的评价方法,则不仅会增加审计评价成本,还会大大影响评价的效果,以致威胁到评价结果的可靠性和科学性。因此,成本效益原则是审计人员在选择经济责任审计评价方法时必须考虑的重要原则,即以较小的投入成本,获得较好的评价效果。

4. 可行性原则

可行性原则是指在经济责任审计评价过程中,审计人员所采取的方法必须是切实有效、可以实施的。可行性原则与成本效益原则是密切相关的,一般来说,符合成本效益原则的评价方法通常是可行的。但是,即使某种评价方法符合成本效益原则,由于存在某些可能不符合经济责任审计评价的实际情况,而不一定是最适合的方法,因此,成本小的方法不一定就是科学可行的方法。可行性原则比成本效益原则考虑的范围更广。它需要综合考虑各种条件、各种因素,包括要在考虑其他各项原则的基础上,制订评价计划、确定评价方法和评价程序等。

5. 定性评价和定量评价相结合的原则

之所以提出这个原则,是因为经济责任审计评价是一项难度很大、复杂性很高、责任性很强的工作。有许多评价要素和必须评价的方面不可能完全予以量化,甚至在某些情况下,受制于客观情况,如审计人员的自身素质和无法取得量化的数据等情况,只能采用以定性方法为主的原则。因此,我们提出定性评价和定量评价相结合的原则有着重要的意义。但是,为了尽可能避免主观性和随意性,必须尽可能将评价要素予以量化,尽可能以定量评价为主,这样才能取得科学客观的评价结果。为此,在经济责任审计评价过程中,审计人员要坚持以定量方法为主,辅之以定性方法,将定量方法和定性方法有机地结合起来,只有这样,才能正确评价、界定和解除当事人的经济责任。

所有这些原则都是指导评价方法的总的、最基本的原则,审计人员在经济责任评价过程中,始终要坚持这几项原则。审计人员只有认真掌握这些原则的基本精神,并紧密联系工作实际,才能选择合适的评价方法,才能不断提高评价质量和评价效果。

5.2 经济责任审计评价方法及选择使用

5.2.1 经济责任审计评价方法

经济责任审计评价方法主要包括比较分析法、专家评价法、模糊评价法、层次分析法、聚类分析法、主成分分析法与因子分析法、数据包络分析法、灰色系统评价法、神经网络评价法、平衡计分卡评价法。

1. 比较分析法

所谓比较分析法,就是在经济责任审计评价过程中,根据一定的标准,对某类评价对象在不同情况下的不同表现进行比较研究,找出评价对象的一般性及特殊性,力求得出符合客观实际的评价结果的方法。

在经济责任审计过程中,比较分析法既可用于定性比较,也可用于定量比较。如前所述,定性评价在经济责任审计过程中是经常使用的评价方法,比较分析法可以是一种定性评价方法。当然,除了定性比较,我们也可以进行定量比较。比较分析法,就是将审计所查明的结果,对照审计标准进行比较,在综合分析的基础上得出评定意见的方法。如果说对某单位的年终财务计算进行审计,发现该单位虚增资产价值,导致利润和权益数额的虚增,而且金额很大,根据这一结果,可以作出评判该单位财务核算有违反财务制度的行为;同样,在经济责任审计中,如果发现被审计领导干部的个人责任导致国有资产遭受损失,或者被审计领导干部存在个人问题,如贪污腐败、挥霍浪费等,则可以判定该领导干部的经济责任未得到很好的履行。

搞好比较分析关键要注意两点,即审计证据的综合和审计标准的恰当应用。审计证据的综合即将具有个别证明力的审计证据进行分类、整理、归纳和分析,形成综合的证明资料,在综合审计证据时,审计人员要特别注意对互为矛盾的审计证据进行分析判断。审计标准的应用也是一个重要问题,如果标准运用不当就无法体现审计评价的公正性,要提高审计标准应用的恰当性,审计人员必须提高业务素质,增加专业知识,积累审计经验。

比较分析法主要有以下几种类型:

求同比较与求异比较。求同比较是寻求不同事物的共同特点以寻求事物发展的共同规律;求异比较是比较两个事物的不同属性,从而说明两个事物不同,以发现事物发生、发展的特殊性。

纵向比较与横向比较。纵向比较是比较同一事物在不同时期内的发展变化;横向比较则对空间上同时存在的现象进行比较。

定性分析比较与定量分析比较。定性分析比较是通过事物间本质属性的比较来确定事物的性质;定量分析比较是对事物属性进行量的分析以判断事物的发展变化。

单项比较与综合比较。单项比较是按事物的一种属性所作的比较;综合比较是按事物的所有(或多种)属性进行的比较。单项比较是综合比较的基础,但只有综合比较才能达到真正把握事物本质的目的。

2. 专家评价法

专家评价法是出现较早且应用较广的一种评价方法。它是在定量和定性分析的基础上,由专家以打分等方式作出定量评价,其结果具有数理统计特性。它的最大的优点在于,能够在缺乏足够统计数据和原始资料的情况下作出定量估计。

由于专家评价法的广泛适用性,将其运用于审计评价,并无技术和实际应用上的障碍。专家评价法常可将审计中的定性评价定量化,且方法简单易行,在经济责任审计评价中可能会经常用到。

专家评价法的主要步骤是:先根据评价对象的具体情况选定评价指标,对每个指标均定出评价等级,每个等级的标准用分值表示;然后以此为基准,由专家对评价对象进行分析和评价,确定各个指标的分值,采用加法评分法、乘法评分法或加乘评分法求出各评价对象的总分值,从而得到评价结果。

专家评价的准确程度主要取决于专家的阅历经验以及知识的广度和深度。专家评价法要求参加评价的专家对评价的方面具有较高的学术水平和丰富的实践经验。总的来说,专家评价法具有使用简单、直观性强的特点,但其理论性和系统性尚有所欠缺,有时难以完全保证评价结果的客观性和准确性。

目前最常用的专家评价法是德尔菲法(Delphi)。在此方法下,主持人匿名调查,即让专家互不见面,直接与主持人联系,做到充分自由地对审计评价项目和指标发表意见。主持人对专家意见进行统计、归纳和综合处理。并根据情况进行多次信息反馈,使专家意见逐步集中,从而作出比较正确的判断。

德尔菲法是20世纪40年代美国兰德公司研制的一种直观预测技术,是使专家们对影响组织某一领域的发展的看法达成一致意见的结构化方法。该方法是系统分析方法在意见和价值领域内的一种有益延伸,它突破了传统的数量分析界限,为企业更加合理地制定决策方案开阔了思路。因此,该方法已成为一种广为应用的预测和评价指标筛选方法。

德尔菲法在经济责任审计评价中的基本实施流程如下。

第一,成立审计协调小组。审计协调小组成员包含专业人士、统计学专家、社会学专家等。审计协调小组的主要任务:拟订研究主题,编制咨询表,选择专家和调查表资料的统计分析。

第二,由审计协调小组选择专家。要注意专家组成的代表性,专家必须熟悉要研究的问题。专家人数应根据研究项目的规模和精度而定,人数太少会限制学科的代表性;人数太多则难以组织,数据处理复杂且工作量大。一般情况下,预测的精度与专家人数呈函数关系,即精度随着专家人数的增加而提高。有关研究表明专家的人数不得少于13人,专家以15~50人比较适宜,但对于一些重大问题,专家人数可以增加一些(如100人以上)。

第三,采用信函法征询专家意见。在征询专家意见前应设计函询调查表,表中所提的问题要集中、明确。一般征询四轮。第一轮,提出预测目标、指标及其落实规划的政策措施,提供有关资料和咨询要求,征求专家意见并请专家补充有关内容。第二轮,归纳整理第一轮专家的反馈意见,在调查表中提出预测问题(整理后的问题),请专家对所列问题再进行评价,并阐明理由;然后,由规划小组对专家意见进行统计。第三轮,修改预测。将第二轮的统计资料反馈给专家,请专家再次对调查表所列目标、指标及措施进行评价。同时,要求专家对所提不同意见陈述理由。第四轮,最后预测。将第三轮专家反馈的意见进行整理分析,再反馈给专家,请专家提出最后的意见和根据。

上述步骤实施之后,专家的意见逐步趋于一致,此时审计协调小组就可以根据具有一致性的专家意见,提出审计评价意见。

3. 模糊评价法

模糊现象是广泛存在的,现实生活中的绝大多数现象都处于一种中间状态,并非非此即彼的对立状态。即使事物处于非此即彼的对立状态,一个概念与其对立的概念之间也无法分出一条明确的分界线,如多与少、美与丑、年轻与年老等对立的概念都是没有确定界限的对立概念,这些对立概念也可称为模糊现象。

而受托经济责任履行情况也是相对的,并且因地因时因事因人的不同而不同。因此,经济责任审计的评价也具有模糊数学所说的模糊性。

模糊数学就试图利用数学工具解决模糊事物方面的问题。模糊数学的方法是用精确的数学方法处理过去无法用数学描述的模糊事物。而模糊评价法就是借助模糊数学的一些概念,对实际的综合评价问题提供一些评价的方法。模糊评价法最早是由我国学者汪培庄提出的。

具体地说,模糊评价法就是以模糊数学为基础,应用模糊关系合成的原理,将一些边界不清、不易定量的因素定量化,从多个因素隶属于被评价事物的等级情况进行综合性评价的一种方法。由于经济责任审计评价是一个复杂过程,需要用一系列指标来刻画经济责任的本质,而有时并不能简单地用好或坏来进行评价,这符合模糊评价对于模糊的界定。因此,利用模糊数学的方法进行综合评价在经济责任审计评价中可能会取得较好的效果。

在经济责任审计评价中,模糊评价法的步骤如下:

第一,建立经济责任审计评价因素集。建立经济责任审计评价因素集的前提是确定影响经济责任审计评价对象的各个因素和指标,可以把影响经济责任审计评价对象的因素看成由多种因素组成的模糊集合,称为集合因素。对于多层次因素,可分为主因素层和子因素层。主因素层指标集:$U=\{u_i\}$(其中,$i=1,2,\cdots,m$),u_i 为评价指标体系中主因素层中第 i 个评价指标,m 为主因素层评价指标个数。子因素层指标集:$V=\{u_{ij}\}$(其中,$j=1,2,\cdots,n$),u_{ij} 为子因素层中第 i 个评价指标下的第 j 个子因素,n 为子因素层评价指标个数。根据这些因素建立起经济责任审计评价指标体系。

第二,确定评价集。设定各因素所能选取的评审等级,组成评语的模糊集合

(称为评判集W):$W=\{w_l\}$(其中$l=1,2,\cdots,n$),w_l表示第l个评价。例如,将责任人履行经济责任的情况区分为优、良、中、差等几个等级。

第三,确定权重集。评价因素的权重集是表示各评价因素重要程度的权数所组成的集合,表示某评价指标在评价中的重要程度。一般来讲,经济责任审计评价主要是评价责任人履行受托经济责任的情况,因此,审计人员对能够反映受托经济责任履行情况的指标应该依据其重要性大小,确定影响经济责任审计评价各因素的权重。主因素层评价指标的权重集:$A=(a_i)$(其中$i=1,2,\cdots,m$),a_i表示主因素层各评价指标的重要性程度。子因素层评价指标的权重集:$P=(P_{ij})$(其中$j=1,2,\cdots,n$),p_{ij}为子因素层第j个指标在第i个主因素指标评价中的重要性程度。权重是表示因素指标重要性大小的量度值。所以,赋权是一项非常重要的须解决的统计问题。人们一般多凭主观经验给定权数。但有时,主观判断可能严重扭曲现实情况,使评价结果严重失真。因此,审计人员确定权数应尽可能运用数学方法或定量方法。比如,上述因素权重的具体数值可由层次分析法确定,满足一致性检验的判断矩阵对应的特征向量的各分量即为各因素对上层某因素影响程度的权重。

第四,建立模糊评价矩阵。首先要对因素集中的单因素u_i作单因素评判,从因素u_i着眼,该因素对应各个评判等级w_j的隶属度为r_{ij},这样就得出第i个因素u_i的单因素评判集:$R_i=(r_{ij})$。

这样,m个因素的评判集就构成一个总的评价矩阵R,即每一个被评价对象确定了从U到W的模糊关系R,它是一个矩阵。其中,r_{ij}表示从因素u_i着眼,该评判对象能被评为w_j的隶属度。具体地说,r_{ij}表示第i个因素u_i在第j个评价维度w_j上的频率分布,一般须将其归一化。这样,R矩阵本身就是没有量纲的,不需作专门处理。

在确定模糊评价矩阵时,审计人员应注意选取相关专家和相关实务工作者组成审计评价小组,对评价指标体系中第二层各个指标进行单因素评价,具体可采用问卷调查的形式。通过对调查结果的处理,即可得到单因素模糊评价矩阵。但是,在用等级比重法确定隶属度时,为了保证可靠性,须注意两个问题:一是评价者人数不能太少,因为只有这样,等级比重才能趋于隶属度;二是评价者要对被评价事物有相当的了解,特别是涉及专业方面的评价,更应如此。确定了经济责任审计评价要素的权重集和模糊评价矩阵,接下来就可以对所评价的事物做出评价了。

最后,建立模糊评价模型,对各影响经济责任审计评价对象的因素进行综合评价。

R 中不同的行反映某个被评价事物从不同的单因素来看对应各评判等级的隶属度。用模糊权向量 A 将不同的行进行综合,就可得到该评价事物对各等级模糊子集的隶属程度,即模糊综合结果向量。

引入 W 上的一个模糊子集 B,令 $B=A*R$[其中,$B=(b_j)$,$j=1,2,\cdots,n$],这个模型看似简单,但对于不同的模糊算子,就有不同的评价模型。同时,要注意 b_j 须归一化处理。B_j 表示被评价对象体现评价维度 w_j 的程度。如果要选择一个评价结果,可选择最大 b_j 所对应的等级 w_j 作为综合评价的结果。

B 是对每个被评价对象综合状况分等级的程度描述,但它不能直接用于被评价对象间的排序评优,必须要对其作更进一步的分析处理。一般是采用最大隶属度法则对其处理,进而得到最终评判结果。此时,我们仅仅利用了 B 中最大者。

设相对于各等级 w_j 规定的参数列向量为:

$$C=(c_j),其中,j=1,2,\cdots,n.$$

则得出等级参数评价结果为:

$$B*C=q$$

q 是一个实数,它反映了由等级模糊子集 B 和等级参数列向量 C 所带来的综合信息。在经济责任审计评价中,能够实现较好的评价效果,不仅可以得到综合性评价结果,还可对因素进行优劣排序。

总之,由第三步得到的经济责任审计因素评价的权重和第四步得到的第二层的经济责任审计评价指标所组成的单因素模糊评价矩阵,即可确定其隶属度,根据最大隶属度原则,审计人员可以评价经济责任审计履行处于何种状态。

4. 层次分析法

层次分析法(The Analytic Hierarchy Process,简称 AHP)是美国运筹学家 T. L. Satty 等人在 20 世纪 70 年代提出的一种定性与定量分析相结合的多准则决策方法。它是指将决策问题的有关因素分解成目标、准则和方案等层次,在此基础上进行定性分析和定量分析的一种决策方法。它把人的思维过程层次化、数量化,并以数学为分析、决策、预报或控制提供定量的依据。这一方法的特点是,在对复杂决策问题的本质、影响因素以及内在关系等进行深入分析之后,构建一个层次结构模型,然后利用较少的定量信息,把决策的思维过程数学化,从而为求解多目标、多准则或无结构特性的复杂决策问题提供一种简便的决策方法。尤其适用于定性判断起重要作用、对决策结果难以直接准确计量的场合。层次分析法作为一种决策过程或评价工具,提供了一种辅助决策或评价因素(尤其是社会经济因素)测试的基本方法。这种方法采用相对标度的形式,充分利用人的经验和判断能力。在递阶层次结构下,它根据所规定的相对标度,依靠决策者或评判者的判断,对同一层次有关因素的相对重要性进行两两比较,并按层次从上到下合成方案对决策目标或评价目标的测度,这个测度的最终结果是以方案的相对重要性来表示的。这种测度统一了有形与无形、可定量与不可定量的众多因素。它不仅可以作为决策或评价的依据,而且也是解决许多社会经济系统问题的重要手段。

由此可见,层次分析法颇适合用于经济责任审计评价。以国有企业经济责任评价为例。其经济责任审计评价涉及一般性财务评价、国有资产保值增值、环境责任,甚至社会责任、公司治理和内部控制责任、廉洁奉公情况等方面。经济责任审计评价是一个十分复杂的系统工作,牵涉定性和定量评价的方方面面,仅用定性方法来评价缺乏科学依据。如果只用定量方法,由于经济责任评价中的许多因素并不能用单纯的数量关系来表示,在这种情形下,我们可以借助层次分析法对难以量化或主观性较强的经济责任项目进行科学评价。因此,采用层次分析法能够将经济责任审计评价问题简单化,并能够很好地将定性评价与定量评价结合起来。

审计人员应用层次分析法评价经济责任审计问题时,首先,要把经济责任审计评价问题层次化,即根据评价的项目性质和目标,将评价问题分解为不同组成因素,并按照因素间的关联影响以及隶属关系将因素按不同层次聚集组合,形成一个多层次的结构模型,并最终把系统分析归为最底层(相对于最高层的相对重要性权值的确定或相对优劣次序的排序问题)。其次,应用层次分析法大致可分为四个步骤:第一步,分析系统中各因素之间的关系,建立系统的层次分析结构。第二步,对同一层次的各元素对于上一层次中某一准则的重要性进行两两比较,构造判断矩阵。第三步,由判断矩阵计算被比较元素对于该准则的相对权重,进行一致性检验。第四步,计算各层次元素对系统目标的合成权重,并进行总排序和一致性检验。

我们以国有企业经济责任审计评价为例,来简单说明以上四个步骤的实现方法。

第一,构造层次分析结构。为简单起见,我们为国有企业经济责任审计评价构造一个层次分析结构。第一层次为受托经济责任履行情况 A;第二层次分别为财务状况 B_1,保值增值状况 B_2,长期战略执行情况 B_3,环境保护责任情况 B_4;第三

层次为方案层 C_i,各方案层即上一层次相对应的方案,它们所对应的方案可能是相互交叉的。

第二,构造比较判断矩阵。我们可以对各层次元素进行两两比较,构造出比较判断矩阵,即根据对上一层次 $B_k(K=1,2,\cdots,n)$ 因素指标的分析,确定方案层 C_i 相应的权重。例如,根据对上一层次的分析,确定权重,并排出优劣顺序为财务状况、保值增值情况、长期战略执行情况和环境保护责任情况。然后,建立相关评价指标,进一步评价备选方案在不同指标下的优劣。实际上,由于经济责任审计评价的复杂性,其比较判断矩阵应由有关专家填写咨询表之后形成。

第三,如果不能确定构造的比较判断矩阵是否具有一致性的话,那就要进行一致性检验。

第四,如果上述计算方法及其评定结果通过一致性检验,则计算经济责任审计评价综合值。根据综合值的大小来确定责任人的经济责任履行情况。

5. 聚类分析法

聚类分析法是按照一定的要求和规则对事物进行区分和分类的过程,是用数学的方法研究和处理给定的对象。聚类分析法是一种探索性分析法,在分类过程中,人们不必事先给出一个分类标准,聚类分析能够从样本数据出发,自动进行分类。

聚类分析研究各因素之间是否存在不同程度的相似性,根据它们之间距离的远近或相似性指数来判别,将距离值小的或相似系数大的变量或观测值放在一起,聚成一类。对于一组变量及一组观测值来讲,超过 3 个变量就已经无法用直观判断来进行分类,只能依靠计算远近程度来判断。聚类的距离分为点与点之间的距离、类与类之间的距离。常用的点与点之间的距离衡量指标有欧氏距离、马氏距离、切比雪夫距离。同样的,相似系数也可以起到同样的判别作用。夹角余弦和皮尔逊相关系数统称为相似系数,相似系数越大,表示两点越相似,距离越近。判断类与类之间距离常用的方法是以两类之间最近的距离进行判断,即最短距离法,与之相反的是最长距离法。此外,衡量类与类之间距离的方法还有重心法、类平均法及离差平方和法等。

在国有企业经济责任审计评价中,采用哪些指标及从哪几个方面进行评价,往往主观性较强。审计人员可以根据评价对象的特点,先按相似程度将具有相似性的评价指标聚成一类。然后根据聚类结果,对经济责任审计评价指标最终聚类的结果,从几大方面来进行评价,这样可以起到事半功倍的效果。

应该注意的是,聚类分析法只是评价的开始,确定了评价的重点之后,还须对类别中的具体指标结合其他方法进行分析,以求对受托经济责任的履行情况作出最终和全面有效的评价。

6. 主成分分析法与因子分析法

在经济责任审计评价过程中,我们通过主成分分析法与因子分析法,可以把影响评价对象的最重要的因素找出来,能够快速地抓住经济责任审计评价中的主要矛盾和重要方面,起到事半功倍的效果。

主成分分析法将原来众多具有一定相关性的指标重新组合成一组新的相互无关的综合指标,来代替原来的指标。其分析思路似乎与聚类分析法相反,它们是评价方法中具有互补作用的方法,只是角度有所不同而已,其评价效果是一致的。主成分分析法将原来的指标做线性组合,形成新的综合指标,选取的第一个线性组成为第一主成分,记为 F_1,F_1 应该是所有线性组合中方差最大的;如果第一主成分不足以代表原来指标的信息,再选取 F_2 即第二个主成分作为第二个线性组合,为了有效地反映原来的信息,F_1 已有的信息不需要再出现在 F_2 中;依此类推,可以选出第三、第四个主成分等,一直到第 N 个主成分。这些主成分之间不仅不相关,而且它们的方差依次递减。在处理实际问题时,我们只挑选前几个最大主成分。虽然这样做会损失一部分信息,但是由于它使我们抓住了主要矛盾,并从原始数据中进一步提取了某些新的信息,因而在某些实际问题的研究中运用主成分分析法的收益比损失大,它既减少了变量的数目,又抓住了事物的主要矛盾,有利于问题的分析和处理。

因子分析法是主成分分析法的推广和发展,它也是将具有错综复杂关系的变量或样品综合为数量较少的几个因子,以再现原始变量与因子之间的相互关系。同时,根据不同因子还可以对变量进行分类。它是多元分析中处理降维的一种统计方法。它通过变量的相关系数矩阵或样品的相似系数矩阵的内部结构研究,找出能控制所有变量或样品的少数几个随机变量以描述多个变量或样品之间的相关相似关系,这少数几个随机变量是不可预测的,通常称为因子,然后根据相关性或相似性的大小把变量或样品分组,使同组内的变量或样品之间相关性或相似性较高,但不同的变量相关性或相似性较低。

在经济责任审计评价中,涉及的指标很多,评价问题变得复杂化。根据主成分分析法与因子分析法的原理,这些变量之间常常存在着一定程度甚至是相当高的相关性。经济责任审计评价的相关指标,往往存在很高的相关性,这一点很容易理解。因为经济责任审计评价往往是从多个角度对受托经济责任履行情况进行评价,经常涉及大量指标。这些指标在信息上存在一定程度或相当高程度的重叠。通过主成分和因子分析,可能达到降维的目的,使复杂问题简单化。

主成分分析法与因子分析法通过目前流行的应用软件很容易实现。在此不必赘述。

7. 数据包络分析法

数据包络分析法(Data Envelopment Analysis,简称 DEA)是著名运筹学家 Charnes 和 Copper 等学者以相对效率概念为基础,根据多指标投入和多指标产出对相同类型部门的单位进行相对有效性或效益性评价的一种新的系统分析方法。它是处理多目标决策问题的好方法。决策单元的相对有效性被称为 DEA 有效。DEA 是以相对效率概念为基础,以凸分析和线性规划为工具的一种评价方法。它应用数学规划模型计算比较决策单元之间的相对效率,对评价对象作出评价。这种方法结构简单,使用方便。

由于 DEA 能对社会经济系统多投入和多产出相对有效性评价,是其他方法所难以替代的,因此,DEA 在经济责任审计评价中具有独特的作用和地位。具体地说,对于给定的决策单元,选定一组输入、输出的评价指标,求所关心的特定决策单元的有效性系数,以此来评价决策单元的优劣,即被评价单元相对于给定的那组决策单元的相对有效性。通过输入、输出数据的综合分析,DEA 可以得出每个决策单元综合效率的数量指标。据此将各决策单元定级排队,确定有效的决策单元,并可给出其他决策单元非有效的原因和程度。它不仅可对同一类型决策单元的相对有效性作出评价与排序,而且还可以进一步分析各决策单元非 DEA 有效的原因及其改进方向,从而为评价提供重要的信息。

自 1978 年第一个 DEA 模型被应用于评价部门间的相对有效性以来,DEA 不断得到完善并在实际中被广泛应用。它被运用到技术进步、技术创新、资源配置和金融投资等各个领域。它在对非单纯营利的公共服务部门,如学校、医院等某些公共设施的议价方面被认为是一个有效的方法。

例如,在对某市市长进行经济责任审计评价时,其中有一项是考察其任职期间城市发展的可持续性。经济责任审计评价小组选择的输入变量是:政府财政收入占 GDP 的比重、环保投资占 GDP 的比重、科技人员占比;而选择的输出变量是:经济发展(以人均 GDP 表示)、环境发展(用城市环境质量指数表示)。选定输入和输出变量之后,利用应用软件计算 DEA 有效性系数并据此对该市可持续发展作出评价。

实践和理论研究表明,目前对城市可持续发展影响最大的问题是环境问题。因此,我们可根据需要应用 DEA 对该市的环保投资进行分析,以进一步评价环保投资效果和经济责任履行绩效。审计人员根据数据口径的统一性、可比性原则,考虑数据可得性,设置了输入输出指标和决策单元。输入指标有:年均环保产业从业人数(人)、年平均环保设施投入(套)、年平均环保其他费用投入(万元);输出指标有:年平均废物处理量(万吨)、年平均废物利用获得利润(万元);决策单元:该市 8 个城区和所辖 5 县(市)。评价数据:第一阶段为第一个四年任期、第二阶段为第二个四年任期。为了与前任市长作出比较及考虑到前任的影响,可以将前任市长的最后一个任期也纳入分析。

通过 DEA 计算软件,审计人员发现,该市前任市长已开始重视环境保护,而现任市长的第一阶段和第二阶段的举措皆为有效发展,且最优效率值是呈上升趋势的。说明环境保护效果是逐步提高的,该市长在环境保护方面所取得的成效是应该给予充分肯定的。

8. 灰色系统评价法

控制论主张用颜色的深浅来描述信息的明确程度。黑色表示未知信息,白色表示信息明确,而灰色则介于两者之间,即部分信息是明确的,另一部分信息却是未知的。与此相适应,从控制论角度就可将系统区分为黑色系统、白色系统和灰色系统。

对于灰色系统来说,由于信息的不足,传统的统计方法不一定取得什么效果。灰色系统理论是我国著名学者邓聚龙教授于 1982 年提出的。灰色系统理论对样本量没有严格的要求,不要求样本服从任何分布。

在经济责任审计评价中,由于各种主客观原因,审计人员很可能会遇到数据较少、误差大、失真,数据造假,以及当事人或有关部门不愿提供所需信息等情况,此时经济责任审计评价系统就是一个灰色系统。因为在经济责任审计过程中,信息不充分决定了灰色系统评价法的适用性和重要性。

经济责任审计评价涉及多层次、多指标、多要素,这些要素之间哪些是主要的、哪些是次要的,哪些影响大、哪些影响小等是不确定的。灰色系统评价法要求对这些因素和指标进行关联分析。关联分析的最大优点在于对数据量要求不高。它用非统计数学方法对数据进行分析,在系统资料较少和条件不满足统计要求的情况下,灰色系统评价法是一个不错的选择。

灰色系统评价法中应用最为广泛的就是关联度分析方法。关联度分析方法分析系统中各元素之间关联程度或相似程度,其基本思想是依据关联度对系统进行排序。进行关联度分析,要先找准数据序列,即用什么数据才能反映系统的行为特征。再根据关联度公式或模型算出关联度。所谓关联度就是反映评价对象对理想标准的接近次序,其中灰色关联度最大的评价对象最佳。例如,某企业领导人在目标经济责任中承诺要在任期内大力改善与客户的关系,以力求在竞争中取得优势。审计人员在对其任期经济责任履行情况进行审计评价时,用顾客满意度来推测该企业与客户的关系良好程度。

首先,审计人员选择品牌、功能、质量、包装、价格、服务和信誉几个指标来进行测量。

其次,审计人员分别就其代表性产品的品牌、功能、质量、包装、价格、服务和信誉这7个因素进行市场调查,让客户对这7个因素的满意程度打分,每个因素的得分在0~10分,分值越高代表满意程度越高。对获得的原始分,先用简单加权平均计算各主要产品的综合得分,并用百分比来表示客户对各评价因素的满意程度。

再次,确定评价因素的权重。

最后,计算灰色关联系数和灰色关联度。

根据计算结果对各产品的客户满意度作出排序,以及在哪几个方面需要改进。例如,审计人员通过以上结果看到,产品一由于品牌形象好、产品质量高和服务与信誉好而得到客户的好评,客户满意度最高。产品二与产品四在品牌方面一般,但由于价格优势和服务水平也赢得了客户好评。产品三在质量上存在问题,成本高,价格也较贵,客户对它最不满意。从客户满意度来看,在该负责人任职期间,该企业客户的满意度总体是比较好的,完成了任期间改善与客户关系的承诺。但在某些方面,还须改进。

9. BP神经网络评价法

在经济责任审计评价过程中,评价对象往往非常复杂,涉及经济责任的各个方面,如党政领导干部或国有企业领导的环境责任、社会责任等,因此,经济责任审计评价是一个十分复杂的系统工程,需要定性评价,定量评价也不可或缺。就定量评价而言,由于经济责任审计评价系统的复杂性,各评价子系统之间、各评价要素之间相互影响,常呈现出复杂的非线性关系,因而使用线性或普通数学模型无法作出评价,得用层次分析法或模糊评价法,用这两种方法时某些要素的变化也会导致结果存在较大偏差,此时,只有重新对各种因素进行分析,重新建立非线性模型,这样就意味着大量重复劳动,而且先前的经验性知识也不能得到充分利用。BP神经网络评价法为处理这类非线性问题提供了强有力的工具。BP神经网络(Back Propagation,简称BP)是一种智能化数据处理方法,其处理非线性数据的能力,是目前其他方法所不能比拟的。与其他评价方法相比,BP神经网络评价法在经济责任审计评价中具有独特而重要的作用。

BP神经网络是模仿生物神经网络功能的一种经验模型,在这种模型中,输入和输出之间的变换关系一般是非线性的。在使用时,我们根据输入的信息建立神经单元,通过学习规则或自组织等过程建立相应的非线性数学模型,并不断对模型加以修正,使输出结果与实际值之间的差距不断缩小。BP神经网络通过"学习与培训",可记忆客观事物在空间、时间方面比较复杂的关系。由于BP神经网络本身具有非线性特点,且我们在应用中只需对神经网络进行专门问题的样本训练,同时,它能够把问题的特征反映在神经元之间相互联系的权值中,所以,只要我们把实际问题特征参数输入之后,神经网络输出端就能给出解决问题的结果。

反向传播神经网络是由Rumelhart等人于1985年提出的一种很有影响力的神经元模型,它是一种多层次反馈网络。基于反向传播神经网络的综合评价方法具有运算速度快、问题求解率高、自学习能力强、适应面宽等优点,能较好地模拟评价专家进行综合评价的过程,具有广阔的应用前景。

例如,为了评价A公司目标经济责任履行情况,审计人员需要对A公司的经营绩效进行评价。首先,审计人员需要建立A公司的人工神经网络模型。假设有M个被评价目标,每个评价目标有N个评价指标,则可构成评价指标矩阵X。由于综合评价的指标具有不同的量纲且类型不同,审计小组须将这些指标按一定关系式归到某一无量纲区间。假定通过计算得到无量纲的数据矩阵Y。接下来,可设定神经网络模型。假定取3层神经网络为上市公司多指标综合评价模型。第一层为输入层,共N个节点,分别输入无量纲化处理后的N个经济指标;第二层为隐含层,假定根据问题的复杂程度,取10个节点;第三层为输出层,只有1个节点,输出某个被评价对象的总评价结果。其次,进行实证分析。考虑到公司的经营业绩主要取决于盈利能力、成长能力、股本扩张能力等,最终选取每股收益、每股净资产、净资产收益率、每股资本公积、每股经营现金流构成综合评价的指标集。审计人员对5项指标的原始数据进行无量纲处理后,将其作为神经网络的输入,故该BP神经网络的输入层为5个神经元,输出层1个节点,为综合评价得分,隐含层为10个节点。然后将数据分为两部分:前20组数据作为学习样本,用来对BP神经网络进行训练;后10组数据用于对BP神经网络的检验,经过2 000次学习,可得到学习结果。最后,进行综合评价。在上述步骤完成后,用训练好的3层BP神经网络,分别输入10组校验数据,可得到BP神经网络的综合评价结果。根据得到的综合结果可以对公司的经营绩效作出评价。从而可以针对责任人的经营目标的实现情况作出评价,以为进一步的经济责任审计评价奠定基础。

10. 平衡记分卡评价法

由于平衡计分卡是一种战略绩效管理及评价工具,当它用于经济责任审计评价时,主要用于从战略层面审视被评估对象的受托经济责任的履行情况,从而拓宽经济责任审计评价的视野。

具体来说,平衡计分卡评价法通过建立一整套财务与非财务指标体系,对企业的经营业绩和竞争状况进行综合、全面、系统的评价。平衡计分卡评价法从财务、顾客、内部营运过程、学习与成长等四个方面入手,根据企业生命周期不同阶段的实际情况和采取的战略,为每一方面设计适当的评价指标,赋予不同的权重,形成一套完整的业绩评价指标体系。财务是最终目标,顾客是关键,企业内部营运过程是基础,企业学习与成长是核心。企业只有学习与成长,才能持续改善企业内部业务流程,更好地为企业的顾客服务,从而实现企业最终的财务目标。平衡计分卡评价法是动态评价与静态评价相统一,财务指标与非财务指标相结合的业绩评价方法,也是推动企业可持续发展的评价制度。

平衡记分卡评价法的优点:①不仅从企业财务角度,而且从顾客角度、内部营运过程角度、学习与成长角度设计绩效评价体系。②平衡记分卡是一个基于战略的绩效评估系统,主要服务于企业战略绩效的评价。③平衡记分卡注重团队合作,强调整体协作效能。

平衡记分卡的缺点:①平衡记分卡常常只能用于战略目标清晰、管理良好的公司,尤其是施行战略管理的公司。②平衡记分卡的工作量极大,评估成本较高,可操作性受到一定限制。

平衡记分卡比较适用于目标经济责任实现程度的评价,可以用平衡记分卡来评价责任人任期内所承诺的目标是否已经或能够达到。

此外,根据经济责任审计评价的需要,还可以增加评价的维度,当然这也将增加经济责任审计评价的成本。

5.2.2 评价方法的综合与灵活使用

一般来讲,随着理论研究的深入,各种评价方法会越来越多,越来越复杂。这就带来了一个不容忽视的问题,即不少定量评价方法成了专家的"专利",实务工作者常常对各种复杂的评价方法望而生畏。为了帮助审计人员在经济责任审计评价过程中把理论与实践较好地结合起来,使各种评价方法能够为审计人员掌握,接下来,本节对运用评价方法应注意的问题、不同评价方法的思路、综合使用评价方法、利用评价的基本原理试图作出一些解释,以使审计人员能够更好地应用这些方法,进而在实践中因地制宜地对评价方法进行创新。

1. 在经济责任审计评价过程中应注意的问题

经济责任审计评价的总体目标是明确的,但是,其具体的子目标却较多。为达到这些具体目标所运用的各种评价指标构成了一个有机的体系。如前所述,经济责任审计评价系统是一个复杂系统,对于该系统,一方面,我们要把它分解为若干个子系统,分别建立模型,层次分析的原理就是如此。另一方面,我们要把各种方面和指标体系结合起来,对当事人的经济责任作出一个整体评价。只有这样,经济责任审计评价工作才算完成。正因为经济责任审计评价工作的复杂性和艰巨性,所以,目前经济责任审计评价使用的方法中以定性评价方法居多,有时也会使用一些简单的统计分析。但是,随着经济责任审计理论与实践的不断发展,目前以定性评价为主的评价模式受到严峻挑战,而且必将会被更为科学客观的以定量方法为主、定性方法为辅的评价模式所取代。

一般来说,在经济责任审计定量评价过程中,审计人员一般会遇到以下问题:

第一,有的指标没有明确的数量表示。

第二,有的评价指标与评价人的主观感觉和经验有关。

第三,所选的指标不一致,可能导致评价的结果有所不同。

第四,各种评价方法的核心是科学地确定权数,只有确定了合理的权数,评价才能顺利进行。因此,如何科学地确定权数是审计人员必须加以充分重视的。但是,对于权数的确定,实务工作者有时难以领会和掌握。

从经济责任审计评价的角度看,审计人员要解决这些问题,应根据评价目标和评价标准,正确选择指标和评价项目。从定量角度看,审计人员一方面要将各项指标数量化,另一方面要把所有指标作归一化处理。这是解决定量评价中这些问题经常使用的基本方法,掌握这一原理,对理解和掌握好经济责任审计评价方法具有非常重要的作用。

在将各项指标数量化之后,必须使之量纲一元化,才能把所有指标归一化。由于经济责任审计评价指标主要是一些经济指标,其计量单位通常是货币,量纲的统一较易实现,关键是要注意将指标归一化处理,这是定量评价中十分重要但有可能被忽视的问题。

从总体看,单一评价方法可分为两大类:主观赋权法和客观赋权法。前者一般是采用定性的方法,由专家根据经验进行主观判断进而得到权数,如层次分析法、模糊评价法等;后者的原始数据是实际数据,审计人员可以根据指标之间的相关关系或各项指标的变异系数来确定权数,如数据包络分析法和BP神经网络评价法等。审计人员要对赋权的方式方法有所理解,才能科学地掌握各种评价方法的精髓,才能对指标进行科学的赋权。

2. 各种评价方法的综合与灵活使用

经济责任审计评价不存在一种绝对正确的方法。不同的方法只是从不同的角度对评价对象作出某种估计。此外,选择何种评价方法受主观影响太大,面对同一个被评价对象,不同的人可能会选择不同的方法,而不同的方法所得到的评价结果可能并不完全相同。同时,无论是主观赋权法还是客观赋权法,都有自身的先天性缺陷。主观赋权法虽然能充分吸收本领域专家的知识和经验,体现出各个指标的重要程度,但以人的主观判断作为赋权基础不尽完全合理。客观赋权法虽然具有客观性,不受人为因素影响,但是也有不足之处:一是客观赋权所得各指标的权数不能体现各指标自身价值的重要性;二是各指标的权数随样本的变化而变化,权数依赖于样本。

因此,针对单一评价方法的不足,审计人员在经济责任审计评价中要综合运用两种或两种以上方法,以实现各种方法的优势互补,得到更为合理、科学的评价结果。

例如,传统的BP神经网络评价法研究输入、输出层维数确定的建模问题,但在我们研究经济责任审计评价系统模型时,还不能明确哪些自变量(因素)对因变量(网络输出)关系更密切些。这时,为避免对因变量有重要影响的因素漏选,常用的方式是将所有对因变量有影响的变量均作为输入变量,着手建立系统模型。当这些自变量很多时,把它们都作为网络的输入,显然会增加网络的复杂度,降低网络性能,大大增加计算运行的时间,也影响计算的精度,这显然不符合成本效益原则和可行性原则。而层次分析法为解决这一难题提供了较好的方法。由于层次分析法是一种定性与定量相结合的、系统的、层次化的分析方法,它通过专家判断、比较、评价等手段将多个变量的重要程度数量化。因此,应用层次分析法可以把重要的变量选择出来。具体做法是,先用层次分析法筛选出对因变量(网络输出)最有影响作用的变量(自变量)作为 BP 神经网络评价法的输入节点,再用改进的 BP 算法进行学习。这样做的目的在于,虽然层次分析法在筛选出对因变量最有影响的因素(自变量)方面有独特的优点,然而在用其他方法拟合时,其精度往往不如 BP 神经网络算法。因而,审计人员可以取长补短,将两种方法有机地结合起来,从而增强 BP 神经网络评价法对经济责任审计评价系统建模的能力。

将层次分析法与 BP 神经网络评价法相结合建立的新模型,不仅可以自动确定经济责任审计评价系统的输入参数,而且还可以提高网络的学习速率,加快网络的收敛速度,从而优化网络的拓扑结构,增强 BP 神经网络评价法的适应能力。

因此,在经济责任审计评价过程中,审计人员应综合与灵活运用各种评价方法,以取得更好的评价效果。

5.3 基于目标经济责任内容的评价指标体系选择

根据受托经济责任的内容,我们把目标经济责任的内容划分为治理责任、经济权力控制责任、管理舞弊控制责任、效益或绩效责任、环境保护责任、社会责任、可持续发展责任和报告责任八个方面,基于目标经济责任内容的评价指标体系也包括八个方面,如表 5-1 所示。

表 5-1　　基于目标经济责任内容的评价指标体系

治理责任	经济权力控制责任	管理舞弊控制责任	效益或绩效责任	环境保护责任	社会责任	可持续发展责任	报告责任
内部控制指标	权力范围评价	管理层意识评价	经济性评价	生态环境保护指标	企业对国家的责任指标	经济效益指标	一般性报告责任评价指标
薪酬水平指标	工薪和福利评价	业务经营控制评价	效率性评价	空气质量和固体污染物排放	企业对投资者的责任指标	社会效益指标	特殊性报告责任评价指标
在职消费指标	信息公开评价	内部审计评价	效果性评价	水质和液体污染物排放	企业对债权人的责任指标	环境效益指标	
关联交易指标	民主评价			居民生活垃圾处理	企业对供应商和客户的责任指标		
经营控制指标	决策程序和效果评价			噪音防控	企业对消费者的责任指标		

（续表）

治理责任	经济权力控制责任	管理舞弊控制责任	效益或绩效责任	环境保护责任	社会责任	可持续发展责任	报告责任
人事管理指标	人事管理评价			主要能耗	企业对社会公众的责任指标		
内部人控制指标	预算外收支评价						
决策程序指标	重要项目支出评价						
绩效考评指标	办公成本评价						

5.3.1 基于治理的经济责任审计评价指标体系

治理包括面向企业的公司治理和面向政府机构的政府治理。关于公司治理评价的研究较为成熟，并且具有可操作性，故本节主要以公司治理为例，说明如何通过经济责任审计评价治理行为。政府治理评价可以借鉴公司治理评价的思路。

1. 国内外公司治理评价

国外关于公司治理的研究侧重于理论研究、应用研究和实证研究等几个方面，着重围绕公司治理的有效性进行探讨，并相应地提出了公司治理评价。以往的研究表明，公司治理结构与公司价值具有相关性，良好的公司治理能够使投资者对公司价值产生良好的预期，即存在公司治理溢价。

公司治理评价最早可追溯到1950年杰克逊·马丁德尔(Jackson Martindell)提出的董事会业绩分析。随后，一些商业性组织也开发出针对公司治理状况的评价系统。1952年，美国机构投资者协会(Institutional Shareholder Services)设计了第一个正式评价董事会的程序。美国《商业周刊》于1955年开始对美国公司董事会进行调查和评价。

可见，早期的公司治理评价主要是针对董事会进行的，还不太完善和全面。目前，国外较为完善的公司治理评价系统有：美国标准普尔(Standard & Poor)公司的公司治理服务系统、欧洲戴米诺(Deminor)公司治理评价系统、亚洲里昂证券(Credit Lyonnais Securities Asia，简称CLSA)公司治理评价系统等。

美国标准普尔公司的公司治理服务系统于1998年推出，并在2004年进行了修订。它面向全球不同市场,所利用的是公开数据。该系统综合考虑了内部治理机制和外部治理机制,包括国家分析和公司评分两部分。国家分析主要评估一个公司所处的外部环境,包括法律基础、监管信息披露制度和市场基础三个方面。国家分析实行三级评价制:强支持(strong support)、温和支持(moderate support)、弱支持(weak support),以此表示该国外部环境对公司治理的影响程度。强支持表示该国的法律规则、法律实施和监管对公司治理有严格要求和约束,温和支持表示这种要求和约束的程度一般,弱支持表示公司较少受到相关法规和监管的约束。公司评分反映标准普尔公司对各个公司遵守公司治理准则、保护外部投资人利益的意见。公司评分标准主要是根据经济合作与发展组织公司治理原则、世界银行的公司治理原则、英联邦公司治理协会(Commonwealth Association of Corporate Governance,简称CACG)的公司治理指引和规则制定的。公司评分考虑的要素主要包括:股权结构及外部因素的影响、股东权利及公司与利益相关者的关系、公司透明度、信息披露与账目审计、董事会结构与运作效益等。系统运用从各种渠道获得的信息,围绕130多个问题进行分析。公司评分采用10分制,10分为最高,1分为最低。标准普尔公司治理服务系统关注的是宏观层面上的外部力量以及公司内部治理结构与运作对公司治理质量的影响。需要引起注意的是,标准普尔评分与标准普尔信用评级不同,它只代表对公司制度的评价,不构成对公司价值的评估和信用的评价。

戴米诺公司治理评价系统于1999年推出,它面向欧洲国家,所利用的也是公开数据。它以经济合作与发展组织公司治理原则以及世界银行的公司治理原则为依据制定指标体系,从股东权利与义务、应对接管的防御范围、公司治理披露以及董事会结构与功能四个维度设计了70多个指标来衡量公司治理的状况,重视公司治理环境对公司治理质量的影响,特别强调应对接管的防御措施对公司治理的影响。评级得分采用5分制,5分为最高,1分为最低。

亚洲里昂证券公司治理评级系统于2000年推出,是针对东南亚国家新兴市场的公司治理评价系统。它的单个公司评价体系包括57个指标,分为以下8个方面:①管理层约束;②公司透明度;③董事会的独立性;④董事会的责任感;⑤小股东保护;⑥核心业务;⑦债务控制;⑧社会责任。根据57个指标,亚洲里昂证券设计了包括57个问题的"是或否"问卷。除了公平性和董事会独立性这两部分的第一个问题,其余每个问题的权重都是一样的。系统对评价结果给予0~100的评分,评分越高说明公司治理质量越高。

亚洲里昂证券公司治理评级系统注重公司透明度、董事会的独立性以及对小股东的保护，强调公司的社会责任。

亚洲里昂证券也对国家和地区的公司治理水平进行评级，评级标准的几个维度主要是：①规章制度；②执法；③政治监管环境；④制度机制和文化。

国内监管机构、学者和商业机构依据我国公司治理的特点，也推出了一些公司治理评价规则或体系，如中国证监会于2002年1月7日发布了《上市公司治理准则》；北京连城国际理财顾问公司于2002年推出了中国上市公司董事会治理考核系统；海通证券公司和大鹏证券公司设计了公司治理评价体系；南开大学公司治理研究中心于2003年推出了旨在评价中国上市公司治理的南开治理指数等。

2018年9月30日，证监会发布了修订后的《上市公司治理规则》。修订后的《上市公司治理准则》分为8章，共98条，内容涉及股东权利、股东大会的规范、关联交易、控股股东行为、董事的选聘程序、董事的义务、董事会的构成、董事会的职责、董事会专门委员会、监事会的职责、信息披露、绩效评价与激励约束机制以及利益相关者的利益保护等方面。该准则的目的是推动上市公司建立和完善现代企业制度，规范上市公司运作，促进我国证券市场健康发展；制定的依据是公司法、证券法及其他相关法律、法规确定的基本原则，以及国外公司治理实践中普遍认同的标准。

南开治理指数以国际公认的公司治理原则、准则为基础，以《上市公司治理准则》要求为标准，综合考虑公司法、证券法、《上市公司治理指引》《上市公司独立董事制度指导意见》等国内有关上市公司的法律法规及其相应的文件设计评价指标体系，并建立相应的评价标准。其评价指标体系由80多个评价指标构成，它基于中国上市公司面临的治理环境特点，侧重于公司内部治理机制，强调公司治理的信息披露、中小股东的利益保护、上市公司独立性、董事会的独立性以及监事会参与治理等，从股东权利与控股股东、董事与董事会、监事与监事会、经理层、信息披露以及利益相关者六个维度来进行全面定性的评价。基于南开治理指数的南开评价指标体系是全面的、连续的、动态的评价指标体系，该指数成为反映中国上市公司治理状况的晴雨表。

2. 评价指标体系构建

公司治理的完善需要包括管理层在内的多方协作。通常，企业负责人只是公司治理链条上的一个环节，不可能保障公司治理整体完善。但是，他对于公司治理完善又起到十分重要的作用。

现行经济责任审计所评价的对象是企业负责人,一般是企业的法定代表人。按照公司法的组织安排,公司需要根据自身情况设立董事会,负责监督企业的经营活动。董事长是董事会的召集人。企业设立总经理来负责经营活动。现实中,很多公司由董事长或执行董事兼任总经理。总经理直接负责企业的经营,承担重要的治理责任。因此,本节考虑将总经理作为经济责任审计对象设计评价指标体系,这样更具有现实意义。

总经理的治理责任是全面负责企业经营安全、加强风险控制、遵守法律法规和财经纪律并尽可能地承担社会责任,以提升企业价值,为投资者谋利。根据职责划分,总经理需要承担的治理责任主要围绕以下九个方面:内部控制、薪酬水平、在职消费、关联交易、经营控制、人事管理、内部人控制、决策程序和绩效考评。

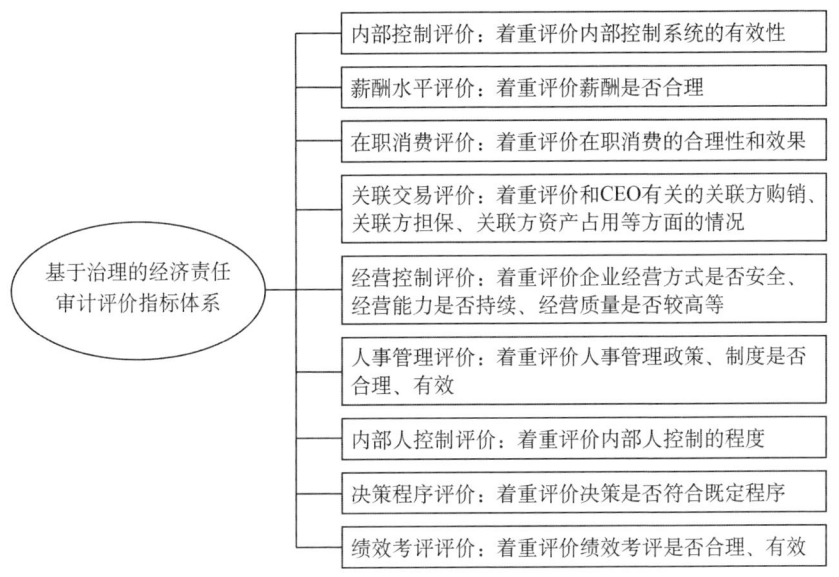

图 5-1　基于治理的经济责任审计评价指标体系

(1) 内部控制。这一维度着重评价内控系统的有效性。内部控制旨在保证企业信息的可靠性和完整性;保证企业遵循政策、计划、程序、法律和法规;保护企业资产的安全和完整;提高企业经营的效率和效果;保证企业完成所制定的经营任务和目标。

根据内部控制目标,可以设定评价指标体系,如图 5-2 所示。

① 信息的可靠性和完整性评价。这方面着重考察企业所披露的信息是否可

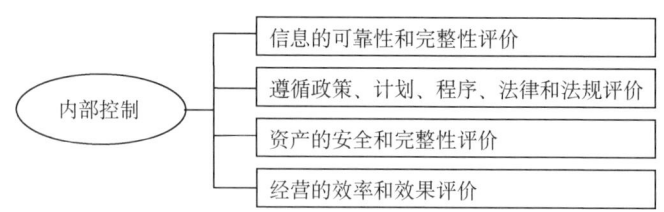

图 5-2　根据内控目标设定的评价指标体系

靠、是否存在重大遗漏、是否存在重大误导等,可以通过非标审计意见出具率、重要信息披露率、重大信息误导率等指标进行分析。

② 遵循政策、计划、程序、法律和法规评价。这方面着重考察企业经营是否执行重要的公司政策、计划和程序,是否切实履行国家法律法规等,可以设计政策和计划履行率、程序正当率以及违法违规次数等指标进行分析。

③ 资产的安全和完整性评价。这方面着重考察企业资产是否安全和完整、是否被不当侵占、是否被偷盗以及是否保管妥当等,可以通过资产保值增值率、财产不当损失率和不当损失额等指标进行分析。

④ 经营的效率和效果评价。这方面着重考察企业经营是否安全有效,是否达到一定的目标。经营的效率考察投入产出比,经营的效果衡量产出是否符合需要、是否有意义和价值。这方面可以通过销售利润率、净资产收益率、销售现金比等指标进行分析;同时,还要判断企业是否协调好长短期利益、是否实现平衡发展。

(2) 薪酬水平。这一维度着重评价薪酬是否合理。

① 薪酬合理性评价。这方面着重考察企业薪酬的确定是否合理、是否有依据,具体来说,可以通过薪酬总额、行业平均薪酬、地区薪酬水平等指标进行分析。

② 薪酬结构性分析。这方面着重考察薪酬的发放形式,如工资、期权、股票等在薪酬总额中的构成情况,考察薪酬的发放是否既和企业绩效相联系,又能够发挥薪酬的激励作用。

(3) 在职消费。这一维度着重评价在职消费的合理性和效果。在职消费主要涉及服务性消费和实物(财产)性消费,前者如业务招待费,后者如办公室购建和装修等。

① 在职消费合理性评价。这方面着重考察是否存在高管利用职务之便浪费企业资源的现象。评价的指标有在职消费总额、在职消费比较分析(行业平均、地区平均以及历史平均水平)。

② 在职消费效果评价。这方面着重考察在职消费是否产生既定的效果。评价指标有在职消费收入比(在职消费总额除以一定期间销售收入)、在职消费效率(能带来重要合同、项目的在职消费金额除以在职消费总额)等。

(4) 关联交易。这一维度着重评价和 CEO 有关的关联方购销、关联方担保、关联方资产占用等方面的情况,旨在检查企业负责人是否通过不正当关联交易侵占企业资产或权利的行为。

① 关联交易正当性评价。这方面主要关注关联交易的定价是否违背公平、公开和公正的原则,关联交易是否和正常的生产经营有关,关联交易是否产生不当金额等。

② 关联交易危害性评价。这方面主要通过设立不当关联交易发生率(不当关联交易额除以关联交易总额)、关联销售比重(关联交易额除以销售总额)、关联采购比重(关联采购额除以采购总额)来判断关联交易对资产侵占和报告业绩的影响。

(5) 经营控制。这一维度着重评价企业经营方式是否安全、经营能力是否持续、经营质量是否较高等,即判断企业是否有一整套有效控制经营活动的政策、程序和办法。

① 经营安全性评价。这方面着重考察企业经营是否安全,主要评价指标包括经营杠杆系数、保本销售额和销售量、安全边际、重要客户销售比重(一个或几个较重要的客户购买企业产品或服务的销售额除以总销售额,比重越大越不安全)、销售费用率等。

② 经营持续性评价。这方面着重考察企业经营在一定的时间能否持续下去,主要评价指标包括研发销售比(研发投入除以销售额)、新市场开拓率(新市场销售额除以销售总额)、新产品开发率(新产品销售额除以总的生产销售额)等。

(6) 人事管理。这一维度着重评价人事管理政策、制度是否合理、有效,是否贯彻"以人为本"的思想和理念,为自身发展提供人力和智力支持。

① 人才聘用制度评价。这方面着重考察企业用人是否得当、合理,是否聘用并安排真正符合需要的人员到合适的岗位上,有无任人唯亲、以个人为中心建立关系网的现象。评价的指标包括重要岗位用人得当率(用人得当的重要岗位数除以总的重要岗位数)、重要岗位亲近率(任人唯亲的重要岗位数除以总的重要岗位数)等。

② 员工培训和发展评价。这方面着重考察企业是否按计划培训员工、是否有

员工发展计划等,主要评价指标包括员工培训率(受到培训员工除以总的员工)、平均培训时间、专业人员增长率(新增专业人员除以期初专业人员)等。

(7) 内部人控制。这一维度着重评价内部人控制的程度。

① 经理层权力评价。这方面着重考察经理层在程序上是否可以决定重大决策,主要评价指标包括经理层董事会成员比(经理层属于董事会成员的人数除以董事会总人数)等。如果外聘的独立董事和经理有关联,且在决策时基本上支持经理层的意见,则该独立董事应被视为经理层人员。

② 经理层决策通过率评价。这方面着重考察经理层的重要决策是否受到董事会的支持,特别是损害企业利益的决策获得通过的情况,主要评价指标包括经理层重要决策支持率(获得通过的决策除以总的通过的决策数)、经理层不当决策通过率(获得通过的不当决策除以总的通过的决策数)等。

(8) 决策程序。这一维度着重评价决策是否符合既定程序,开展决策程序合理性评价,着重考察企业是否建立相应的决策程序,以及该程序是否合理、有效,主要评价指标包括按程序决策率(按程序作出的决策数除以总的通过的决策数)、按程序决策成功率(按程序进行并获得一定效果的重要决策数除以总的按程序进行的决策数)等。同时,这一维度应检查重要决策是否符合公司章程等规定。

(9) 绩效考评。这一维度着重评价绩效考评是否合理、有效。绩效考评体系包括企业自身和控股子公司两方面。企业自身的绩效考评应当涵盖其所有的控股子公司。控股子公司的绩效考评应当起到引导其围绕企业集团的发展战略实施经营管理的作用,同时能避免各子公司之间形成利益冲突。

绩效考评合理性评价的主要评价指标包括代理成本分析(绩效考评前代理成本除以绩效考评后代理成本,以及代理成本的横向和纵向的比较分析)、企业绩效分析(主要关注净资产收益率、总资产报酬率、每股收益和每股经营现金流量等)和企业风险分析(主要关注资产负债率、流动比率、财务杠杆比率等)。

我们将上述 9 个维度结合在一起,可以综合评价企业负责人的公司治理责任,具体来说,可以通过层次分析法,结合专家打分来确定各组成部分的权重,最后得出企业公司治理评价的分数。

5.3.2　基于经济权力控制的经济责任审计评价指标体系

坚持一体推进不敢腐、不能腐、不想腐,是习近平总书记关于党的自我革命的重要思想的伟大实践,是新征程反腐败斗争总的要求的重要内容。习近平在二十届中央审计委员会第一次会议上指出要"充分发挥审计在反腐治乱方面的重要作用"。通过经济责任审计加强对权力的控制和监督,是健全党统一领导、全面覆盖、权威高效的监督体系的重要举措。

对于企业而言,经济权力控制实际上是完善公司治理的问题。企业负责人如果较好地落实了治理责任,其权力往往就得到了较好的控制。因而,本节设计的指标体系以党政部门负责人经济权力控制为重心。

1. 国内外经济权力控制评价

美国审计署的任务在于支持国会履行宪法责任,帮助联邦政府改善绩效并确保其对美国人民履行受托经济责任。可见,美国政府审计对权力的监控起到重要的作用。

以纽约市长2023财年市长管理报告为例,市政府受托经济责任分为以下五个方面:①促进青年服务;②促进公平、健康、可持续的经济复苏;③建设绿色城市;④投资经济实惠的优质住房;⑤提高生活质量。每一方面都详细列示了政府工作的目标,以及当年政府工作总体情况说明。同时,报告对于履行工作目标所耗费公共资源情况作了详细列示。这份报告呈现给公众的是,政府要做什么以及做了什么。可见,信息充分公开是制约权力滥用的一项重要措施。

审计的本质是一种特殊的经济控制。例如,我国曾经兴起的"审计风暴"通过审计公告,极大地震撼了权力使用不当者,较好地发挥了审计监督作用。

2. 评价指标体系构建

党政部门领导干部经济责任审计,旨在引导领导干部正确使用经济权力,防止其滥用经济权力,真正做到"权为民所用、情为民所系、利为民所谋"。本节构建的经济权力控制指标体系,旨在对党政部门领导干部行使经济权力是否得当进行客观评价。

经济权力控制的经济责任审计评价十分复杂,本节主要针对当前领导干部经济权力行使容易出现问题的环节。具体来说,该体系着重围绕以下9个方面进行评价。如图5-3所示。对每个方面,本节只列出评价的要点,审计人员在实际操作时可据此确定各项得分,再通过层次分析法等确定各项的权重,从而得到最后的分数。

(1)权力范围。审查是否超越范围或权限行使经济权力。如不当干涉下属部门或单位的经济活动;违规使用下属单位或部门的人、财、物;利用国家政策漏洞为部门或本地区谋私利;不服从国家大局,搞地方保护主义,重复建设等。

(2)信息公开。审查本单位或部门所获取的收入和支出的资源是否及时、充

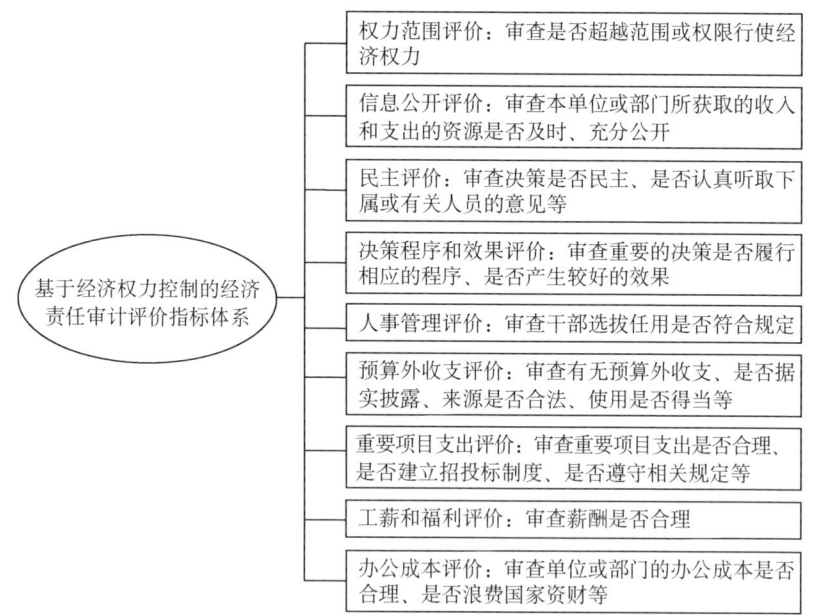

图 5-3 基于经济权力控制的经济责任审计评价指标体系

分公开。

(3) 民主。审查决策是否民主、是否认真听取下属或有关人员的意见等。

(4) 决策程序和效果。审查重要的决策是否履行相应的程序、是否产生较好的效果。

(5) 人事管理。审查干部选拔任用是否符合规定。

(6) 预算外收支。审查有无预算外收支、是否据实披露、来源是否合法、使用是否得当等。

(7) 重要项目支出。审查重要项目支出是否合理、是否建立招投标制度、是否遵守相关规定等。

(8) 工薪和福利。审查薪酬是否合理,即本人及单位员工工资和福利是否超常、是否滥发奖金和实物等。

(9) 办公成本。审查单位或部门的办公成本是否合理、是否浪费国家资财等,如人均电费、人均汽油费以及人均差旅费是否合理等。

5.3.3 基于管理舞弊控制的经济责任审计评价指标体系

1. 国内外管理舞弊控制评价

简单地说,管理舞弊是指管理层从事的各种舞弊。目前,对管理舞弊成因的解释有四种理论。一是 GONE 理论。美国学者伯洛格纳等人认为,在贪婪(green)、机会(opportunity)、需要(need)和暴露(explosion)四因子同时存在的环境中会滋生舞弊,从而使被害者的钱财离他而去(gone)。二是舞弊三角理论。美国学者史蒂文·阿伯雷齐特认为,舞弊是压力、机会和自我合理化三要素互相作用的结果。三是冰山理论。该理论认为,舞弊的结构部分如同冰山的顶部,是可见的;舞弊的行为却如同冰山的底部,如果舞弊者加以刻意隐藏则难以被发现。四是动因理论。该理论认为,财务舞弊的内在成因可以概括为信息不对称、会计信息的商品属性、利益驱动和公司治理失效四个方面。

叶萍和李若山(2004)认为,无论是从技术、时间还是从成本效益原则各个角度看,审计都不可能百分之百地查出客户公司的财务舞弊行为,更不用说是银行、券商、公司串通实施舞弊行为。法律界和社会公众通常仅从法学上的真实性定义出发,认定审计人员没有恰当地履行责任,对于注册会计师应承担责任的判定缺乏客观公正性。

美国虚假财务报告委员认为,可通过企业高层的管理理念、业务经营过程的内部控制、内部审计和外部独立审计四道防线来防治企业舞弊。

2. 评价指标体系构建

管理舞弊控制评价着重考察企业是否建立系列政策、制度和业务流程来防范舞弊的发生,以及这些措施的效果。具体来说,本节主要基于以下几个方面来评价,如图5-4所示。

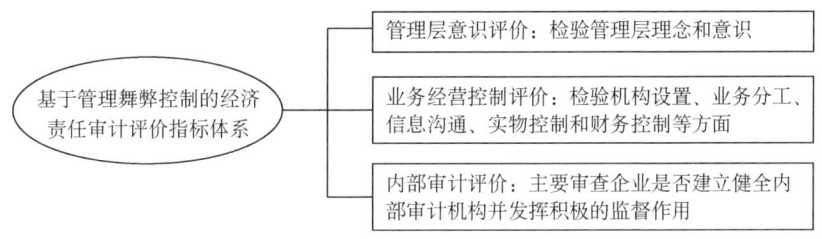

图5-4 基于管理舞弊控制的经济责任审计评价指标体系

(1)管理层意识。企业负责人是管理舞弊控制的主体,其理念和意识往往直接决定舞弊控制的程度和效果。这方面评价主要通过与企业管理层交流、沟通其对管理舞弊的认识和看法,通过问卷调查企业部门负责人、关键岗位员工是否理解和接受负责人的舞弊管理思想和理念等。此外,还可以检查企业是否具备相应的舞弊控制方面的政策、制度和业务流程等。

(2)业务经营控制。业务经营控制主要包括机构设置、业务分工、信息沟通、实物控制和财务控制等方面。

在机构设置方面,审计人员主要关注相应的机构是否健全、设置是否合理。

在业务分工方面,审计人员主要关注业务的完成是否需要贯彻必要的牵制和审核程序,如授权批准职务与执行业务职务相分离、业务经办职务与审核监督职务相分离、业务经办职务与会计记录职务相分离、财产保管职务与会计记录职务相分离、业务经办职务与财产保管职务相分离等。

在信息沟通方面,审计人员主要关注舞弊控制的思想、程序及关键控制点信息变化的传递等,如负责人的沟通意愿、每个员工是否了解舞弊控制、信息传递是否真实和及时、确保信息沟通的有效渠道、接收客户和供应商对产品和服务质量的信息、反馈企业经营人员的不当行为等。

在实物控制方面,审计人员主要关注企业是否有一整套控制实物资产安全、完整的措施,主要涉及实物采购、保管和盘点等方面。如通过建立统一采购制度,防范采购人员私下交易,损害公司利益;通过规范的保管程序,防止资产被不合理挪用,保护公司财产安全、完整;通过建立定期与不定期的盘点制度,建立事后控制制度,防范可能出现的保管漏洞。

在财务控制方面,审计人员主要关注企业能否实现财务循环,提高资金使用效率,主要包括预算制度、会计控制和风险管理等方面。预算制度包括资本预算、经常预算和财务预算等,主要审查企业的预算管理理念是否得当、有无完整预算管理体系、预算编制是否合理、预算调整是否按程序进行以及预算执行是否有保障等。会计控制旨在保障会计监督充分有效,包括设置相关账目,经常进行账实核对、账账核对,检查下属单位有无违反账务处理规定等。风险管理主要是对企业经营、财务方面可能面对和遇到的风险进行充分估计,并且做好事先防范。

(3) 内部审计。这一维度主要审查企业是否建立健全内部审计机构并发挥积极的监督作用。在设立上要保证内部审计机构的相对独立性,与其他部门不存在利益关系,授予其监督权限,审查结果直接向分管负责人报告。将审计委员会置于监事会管辖之下,是最为理想的选择。

针对以上评价要点,审计人员可通过专家打分,先确定各项权重,再结合每项评分,最后得到综合得分。

5.3.4 基于效益的经济责任审计评价指标体系

1. 国内外绩效审计评价

绩效审计是区别于传统的财务审计的另一类审计,尽管其名称表述有多种,如绩效审计、"3E"审计、管理审计等(在我国,一般称为绩效审计),但是,其主要内容是对经济活动的经济性、效益性和效果性的检查和评价。

绩效审计在西方企业中的应用逐渐普及。根据英国对一些有代表性的工商企业的调查,1974年绩效审计的应用比例为37%,1982年为48%,1990年则提高到57%。目前。西方企业绩效审计涉足的领域有投资决策、经营管理、人事管理、市场状况分析、产品推销、产品生产及质量控制、研究与开发活动、劳资关系、信息系统运行、后勤服务系统效率等。不少企业甚至对环境污染、社区关系、政府管制等非经济性的外部因素对企业经济活动的经营效益的影响也进行审查评价。

绩效审计的本质是一种旨在确认或解除受托人经管责任而对其经营管理绩效所进行的独立的检查与评价活动,具体表现为对企业经营管理活动中经济资源利用的效率与经济节约程度以及利用经济资源所获取的效益情况的审查与评价。

我国国家审计机关建立后不久,审计理论界和实务界就提出并着手研究绩效审计,其中具有代表性的观点主要有以下三个:一是认为绩效审计是对经济效益实现途径、资源开发利用与实现程度的审计。二是认为绩效审计是对投入与产出、所失与所得进行比较,目的在于查明差异、消除差距、提高效益。三是认为绩效审计是对企业生产力要素的合理组合与有效利用进行的评价,目的在于发掘企业提高经济效益的潜力。目前,学术界和实务界普遍接受了"绩效审计是对企业经济活动的经济性、效率性、效果性进行检查和评价,以提高被审计单位经济效益"的观点。

《"十四五"国家审计工作发展规划》指出,以增强预算执行和财政收支的真实性、合法性和效益性,推进预算规范管理,建立现代财税体制,优化投资结构为目标,加强对预算执行、重点专项资金和重大公共工程投资等的审计。近年来,绩效审计在社会经济发展的地位和作用逐渐显现。

2. 评价思想和标准重点

绩效审计的特点决定了人们无法为其确定统一的审计标准。企业自身的特殊性是影响绩效审计标准的重要因素,此外,经营环境的不断变化使这种标准的确立变得相当困难。但是,这并不是说,开展绩效审计无章可循。一般来说,做好绩效审计,需要着重把握以下两点:一是着重考察企业的发展战略,二是企业的决策。企业的决策将决定企业的命运,判断决策的合理性是绩效审计所要关注的重点。审计人员需要查看企业的决策是否体现企业的发展方向,是否能够充分调动企业的优势资源,是否体现企业的核心竞争力;或者查看企业有无盲目扩张而过多涉及企业不熟悉的领域或行业。

在确定绩效审计的标准时,审计人员需要关注以下几个方面。

（1）企业发展战略。企业发展战略指引企业的发展方向，企业的重大决策和生产经营应当体现战略要求和长远发展规划。唯有如此，企业发展战略才能够得到贯彻，企业才能沿着正确的方向发展，才能最大限度地规避风险和增加价值。

（2）企业的文化和核心价值观。文化是企业发展的润滑剂，是企业做强做大和走向世界的必备条件。企业的文化应当明确倡导什么以及反对什么，它能够很好地树立企业在社会公众中的形象。核心价值观是体现企业文化的精髓，是企业文化的浓缩。在进行绩效审计时，企业的经济活动是否违背企业文化应当作为一条标准。

（3）企业制订的计划和文件。计划和文件是企业经营目标的载体，是企业评价和考核部门、二级单位的重要依据。计划和文件也是指导企业进行日常工作的一种常用的方式，因此，企业的生产经营需要落实各项计划和文件精神。当然，计划和文件的合理性、可行性也是需要进行必要论证的。

（4）同行业平均水平和先进水平。同行业平均水平体现企业竞争对手的水平，同时也是衡量企业业绩好与坏的一个标准。和同行业平均水平比较，可以判断企业在整个行业中所处的位置。企业和同行业先进水平比较，可以发现自身与领先企业的差距。内部审计机构在平时应当注重搜集同行业的相关财务指标，以方便比较。

3. 评价指标体系构建

绩效审计关注企业经济活动经济性、效率性和效果性。

（1）经济性及其评价的主要内容如表5-2所示。

表5-2　　　　　　　　　经济性及其评价的主要内容

	含义	评价的主要内容
经济性	以最低费用取得一定数量与质量的资源，评价被审计单位或项目的各项资源的占用或耗费是否节约和经济，考察在哪些经营或管理环节出现了浪费资源或不经济的现象	国家关于工资、人员配备等的规定、职业准则、技术规范等是否恰当
		单位各种资源的取得途径是否合法
		资源是否真正物尽其用，使用是否正当
		有无完善的采购、库存、使用制度，有无积压浪费，其原因是什么
		内部经费开支有无贪污浪费

经济性是指以最低费用取得一定数量与质量的资源，评价被审计单位或项目的各项资源的占用或耗费是否节约和经济，考察在哪些经营或管理环节出现了浪费资源或不经济的现象。资源质量一旦确定，审计人员就应当验证其是否以最低

费用来取得这些资源,审查的主要内容包括:①国家关于工资、人员配备等的规定、职业准则、技术规范等是否恰当;②单位各种资源的取得途径是否合法;③资源是否真正物尽其用,使用是否正当;④有无完善的采购、库存、使用制度,有无积压浪费,其原因是什么;⑤内部经费开支有无贪污浪费。

(2) 效率性及其评价的主要内容如表5-3所示。

表5-3　　　　　　　　　效率性及其评价的主要内容

	含义	评价的主要内容
效率性	对一个部门或项目的资源投入力争取得最大的产出,或者确保以最少的资源投入取得一定数量的产出,评价业务管理部门的成绩,衡量投入与产出之比	人员的培训、评价、考核制度
		部门内部沟通与交流
		人员年龄与知识结构,领导与下属的关系
		胜任工作的能力
		有无人员闲置、重复劳动或工作闲置

效率性是指对一个部门或项目的资源投入力争取得最大的产出,或者确保以最少的资源投入取得一定数量的产出,评价业务管理部门的成绩,衡量投入与产出之比。由于它也涉及资源的投入和产出,与经济性审计有重叠之处,因此,它的审计内容也包括与经济性相关的内容。除此之外,效率性的评价内容还应包括人力资源管理。

决定企业管理机构运作效率、效果的重要因素之一是人员管理是否具有活力且有效,因此,人力资源管理的好坏也反映出被审计单位效率的高低。它的评价内容主要包括:人员的培训、评价、考核制度;部门内部沟通与交流;人员年龄与知识结构,领导与下属的关系;胜任工作的能力;有无人员闲置、重复劳动或工作闲置。

(3) 效果性及其评价的主要内容如表5-4所示。

表5-4　　　　　　　　　效果性及其评价的主要内容

	含义	评价的主要内容
效果性	确保实现预定计划,评价高层管理人员的决策是否达到了预期目标	单位内部控制系统的设置,包括制度框架、管理责任与权力、信息系统的灵敏程度、各项经营政策与计划的拟订是否科学合理
		单位所用的工作方法的适当性
		单位提供的数据是否准确可靠,是否齐全

效果性是指确保实现预定计划,评价高层管理人员的决策是否达到了预期目

标。效果性评价是一种对结果的评价,要从微观与中观、宏观相结合的角度分析,衡量被审计单位对社会产生的净效益。所谓净效益是指对社会的积极作用与消极作用相抵后的结果。具体而言,应审查下列内容:①单位内部控制系统的设置,包括制度框架、管理责任与权力、信息系统的灵敏程度、各项经营政策与计划的拟订是否科学合理;②单位所用的工作方法的适当性;③单位提供的数据是否准确可靠,是否齐全。

5.3.5 基于环境保护的经济责任审计评价指标体系

1. 国内外环境审计评价

基于环境保护的经济责任审计评价责任人在环境保护方面的经济责任,实际上是通过环境审计来确定责任人的责任。因而,它和环境审计有着很大的相似性。环境审计理论和实务的发展对基于环境保护的经济责任审计有着极其重要的意义。

环境审计自20世纪70年代兴起以来,已引起国内外审计界的广泛关注。例如,国际标准化组织、国际会计师联合会、国际内部审计师协会等对环境审计进行了理论上的探讨,但是迄今为止,环境审计理论的研究依然处于初级阶段,国内外环境审计理论的研究基本上还集中于环境审计中最基本的理论问题,如环境审计定义、环境审计的内容等问题,并且众说纷纭,还没有形成比较统一的理论体系。

1995年,国际商会认为,环境审计是环境管理的工具,它是对与环境有关的组织、管理和设备的业绩进行系统的、有说服力的、客观的估价,并通过有助于环境管理和控制、有助于对公司进行环境规范方面的政策、鉴证等手段,达到保护环境的目的。

关于环境审计的内容。在美国,环境审计按照具体审计活动的内容可以分为以下7种模式:①符合性审计(compliance audits);②环境管理系统审计(environment management system audits);③业务审计(transactional audits);④治理、贮存及处理设备审计(treatment storage and disposal facility audits);⑤防污审计(pollution prevention audits);⑥应计环境负债审计(environmental liability accrual audits);⑦产品审计(product audits)。

关于环境审计的主体,主要有以下几种观点:①大公司的环境审计主要由内部审计师执行[罗恩·布莱克,1998;英国环境管理试行标准(BS 7750),1994];②绝大多数公司的环境审计由咨询公司承担(Josephine Maltby,1995);③在早期,环境审计绝大多数是由化学工程师和其他技术专家提供的,注册会计师在获取了必需的专业技能后将在环境审计方面起主要作用。

20世纪90年代后期,我国开始重视环境审计,国内研究主要从以下两方面进行研究:

第一,环境审计理论研究,主要包括对环境审计理论基础、环境审计理论结构以及环境审计定义、职能、主体、对象、本质、假设等方面的探讨。

关于环境审计理论基础的研究归纳起来主要有以下几种观点:可持续发展理论(陈汉文,1997;张军,2000)、环境经济学理论(厉以宁和章铮,1995)、经济外部性理论(陈思维,1998;张军,2000)、环境资源价值理论(武佳,2000;张军,2000)、大循环成本理论(杨芳,1999)、绿色GDP(牛文元,2002)和环境管理学(张晶和高运川,2004)。

关于环境审计理论结构起点的研究主要有以下7种典型观点:以抽象科学为起点、以环境审计假设为起点、以环境审计本质为起点、以环境审计环境为起点、以环境审计对象为起点、以环境审计目标为起点、以二元要素为起点。蔡春和陈晓媛(2006)认为,环境审计是为了适应控制政府、企业等受托经济责任主体履行环境保护和管理责任而产生的。

第二,环境审计实务研究,主要包括环境审计准则研究、环境审计技术方法研究等。

刘力云(1997)认为,环境审计与财务审计和绩效审计所依据的准则没有什么区别。由国家审计机关实施的环境审计应遵循审计法和审计规范中的关于人员素质、程序、技术质量等的各项要求;由内部审计机构开展的对本组织和机构内部的环境管理系统进行的审查和评价应遵循有关的内部审计实务准则;而民间审计组织接受委托向其客户提供环境咨询和鉴证服务时必须遵循《独立审计基本准则》和具体准则。

辛金国和李青(2000)认为,国际环境审计指南与我国国情不完全相符,可以作为制定审计准则的蓝本,但缺乏对我国审计工作的指导和规范性。因此,对于我国环境审计方面的一般准则、外勤工作准则及报告准则的制定提出了相应的建议。

赵琳(2004)认为,由于环境审计具有常规审计所不具有的特性,环境审计的准则也应有其特殊性,只有专门建立环境审计准则,才能有效地指导环境审计的实践。同时,他强调环境审计准则不应该改变现有的审计准则体系,应将环境审计准则融入独立审计准则、国家审计准则和内部审计准则之中,作为审计准则体系的补充。

何秀芝等(2020)阐述了开源GIS软件QGIS和空间数据库PostGIS在获取、分析和运用空间数据方面的优势及审计适用性,构建了基于开源GIS软件和空间数据库的审计应用框架,并以医疗废物审计项目为例阐述了开源GIS软件和空间数据库在审计中的应用步骤,验证了方法的有效性。为今后开展资源环境审计大数据分析工作提供了参考借鉴。

随着社会经济的发展和新发展理念的深入,环境审计已经成为近年来理论界和实务界关注的重要话题。环境审计是基于受托经济责任内容拓展而形成的一种审计创新,其与经济责任审计紧密相联。

2. 评价指标体系构建

适应经济责任审计的需要,基于环境保护的经济责任审计评价指标体系的构建,既要反映某地区、部门或者某单位环境保护的过去现状,又要反映该地区、部门或者单位一定时期内在环境保护方面所取得的成效。通常,基于环境保护的经济责任审计评价是基于对不同时期相应环境指标差异的分析、判断而做出的客观评判,即针对责任人任期内环境指标变化,对其环境责任履行程度的一种评价。

以某城市为例,基于环境保护的经济责任审计评价指标由总目标和分目标构成。

(1) 总目标。由反映城市总体污染状况的综合性分析评价指标构成,如城市生态环境总体状况、主要固体和液体污染物排放量、清洁能源使用率、主要生产能耗、噪音等主要环境检测数据达标率、公众对城市环境满意率等。

(2) 分目标。由反映单一环境污染及其防治要素的分析评价指标构成,如反映水污染的水质达标率、城市污水集中处理率,反映大气污染的 API 指数,反映固体废弃物污染的工业固体废物处理利用率、危险物处理利用率、生活垃圾无害化处理率,反映噪声污染状况的区域环境噪声平均值、交通干线噪声平均值等。

为达到上述目标,审计人员需要环境保护机构的定期检测数据,通过计算、分析、汇总并进行登记,以建立基于环境保护的经济责任审计评价所需要的数据库。

围绕环境保护目标,基于环境保护的经济责任审计评价指标体系主要包括以下几方面的内容(图5-5)。

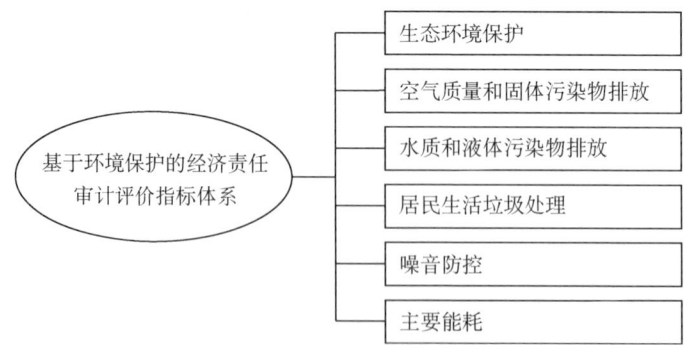

图 5-5 基于环境保护的经济责任审计评价指标体系

(1) 生态环境保护。这一维度主要关注改善生态环境的措施及实施效果,如绿化面积、植树造林面积、生态园建设等。

(2) 空气质量和固体污染物排放。审计人员通过监测空气质量,对辖区生产单位的排污实施实时监控,对不达标的要提出整改措施,如废物回收再利用、固体污染物的无害化处理等。

(3) 水质和液体污染物排放。审计人员对江、河、湖泊、水库以及居民饮用水定期进行检测,判断水质是否达标,对液体污染物是否进行废水再利用等。

(4) 居民生活垃圾处理。这一维度主要关注是否及时清理居民生活垃圾,是否建立必要的垃圾处理工厂并进行无害化处理。

(5) 噪音防控。这一维度主要关注企业是否对噪音进行监控,包括投入噪音监测设备、安排监督人员进行记录等。

(6) 主要能耗。这一维度主要关注企业电、煤、水、油等主要能源的消耗和使用,是否存在浪费和效率低下等情况。降低能耗可以减少对环境的破坏,特别是延长不可再生性资源的使用年限。

5.3.6　基于社会责任的经济责任审计评价指标体系

1. 国内外社会责任审计评价

企业社会责任(corporate social responsibility,简称CSR)问题最早可追溯到19世纪末。1895年,美国早期社会学界的著名学者阿尔比恩·W. 斯莫尔(Albion W. Small)在首期美国社会学期刊上向企业界呼吁"不仅仅是公共办事处,私人企业也应该为公众所信任",首次提出企业应该承担社会责任的观点。1953年,霍华德·R. 鲍恩(Howard R. Bowen)出版《企业家的社会责任》一书,宣告企业在追求自身权利的同时,必须尽到责任和义务,从而确立了现代企业社会责任观念。

目前,企业社会责任理念在国际上得到普遍认同:企业在创造利润、对股东利益负责的同时,还要承担对员工、对社会和环境的社会责任,包括遵守商业道德、安全生产、保护劳动者的合法权益、节约资源等。

社会责任审计自20世纪70年代初期出现后得到较快的发展。美国会计总署每年要公布两三份关于社会责任方面的审计报告。法国则在1977年就颁布正式法令,要求对特定的大中型企业进行社会责任审计。如今,社会责任审计报告成为法国政府部门年度报告的重要组成部分。

1973年,John Humble最早定义了社会责任审计的概念,认为其是公司管理的有力工具。John Humble讨论了社会责任审计的重要性,提出每一个机构都应接受社会责任审计,其中包括各级政府、事业单位以及企业等。直到20世纪90年代,社会责任审计逐渐被人们接受,社会责任审计研究日渐成熟。

我国审计学界于20世纪80年代后期将社会责任审计概念引入国内。1992年,审计机关在全国范围内对企业职工退休养老基金和待业保险基金进行了专项审计,其实质是社会责任审计。

张红英(2000)认为,社会责任审计是指对企业领导干部在扩大就业范围、维护雇员利益、参与社会公益活动和保护环境与资源等社会责任方面所做的努力和取得的成果进行的审核和评价,并认为社会责任审计属于经济责任审计的范畴。

学界尽管对社会责任审计的概念、评价标准、程序与方法等问题尚未形成较为一致的看法,但认可社会责任审计在责任内涵、审计评价标准及程序等方面与经济责任审计有着密切的联系。

2. 评价指标体系构建

社会责任涉及面较广,社会责任审计评价指标设计也尤其复杂。本节以企业为例,通过相应的指标设计,一方面考察企业社会责任履行情况,另一方面引导企业充分履行社会责任。

随着经济社会发展,社会责任的内涵也在变化。从社会利益相关者角度来看,企业所承担的社会责任不外乎涉及下面几个方面:国家、投资者、债权人、供应商和客户、消费者以及社会公众等(图5-6)。前五个方面一般可以通过法律的形式固定下来,后一个方面涉及的范围较大,也不易把握,是评价的难点。

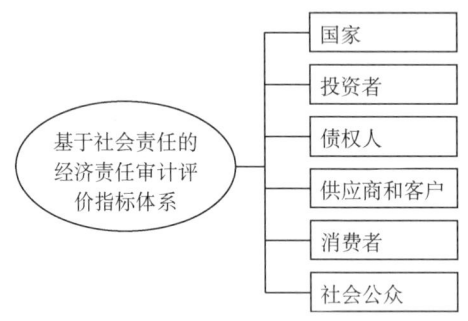

图 5-6 基于社会责任的经济责任审计评价指标体系

(1) 国家。这一维度主要关注企业对国家的责任,具体指标有上缴税费总额(税费上缴率)、国有资本保值增值率、吸纳就业人口等。

(2) 投资者。这一维度主要关注企业对投资者的责任,具体指标有总资产利润率、净资产利润率、资本收益率、投资回报率、每股股利、股利支付率、每股收益、每股经营现金流量等。

（3）债权人。这一维度主要关注企业对债权人的责任。从实质上看，审计人员应关注企业贷款利息和本金是否及时偿还，有无通过资产转换、变更贷款用途等增加债权风险，有无虚假担保，是否存在骗贷（如虚构交易等）行为等。从形式上看，主要审查流动比率、速动比率、资产负债率、利息保障倍数、总资产报酬率等是否达到要求。

（4）供应商和客户。这一维度主要关注企业对供应商和客户的责任，如是否依法履行购货和销售合同、有无不当资金占用、有无"敲竹杠"行为（如对材料供应商不合理压价、利用产品紧俏要挟客户等）、产品质量是否符合要求等。

（5）消费者。这一维度主要关注企业对消费者的责任，具体指标有送货是否及时、产品质量是否符合要求、产品使用是否安全、是否增加消费者不必要的使用负担、消费者对售后服务是否满意等。

（6）社会公众。这一维度主要关注企业对社会公众的责任，具体涉及环境保护、慈善公益等方面的责任，如节能减排量、废品回收利用率、绿化造林面积、环境保护投资额、社会贡献率、捐赠收入比（捐赠额除以销售总额）、参与公益活动次数等。

5.3.7 基于可持续发展的经济责任审计评价指标体系

1. 国内外可持续发展评价

坚持可持续发展是世界各国未来发展的必然选择。目前，可持续发展问题已经成为国内外研究的热点问题，而可持续发展指标评价体系是可持续发展研究的核心和难点。可持续发展指标评价体系由一系列具有相互内在联系的指标组成，用以反映某区域、地区或国家在一定历史发展阶段中资源、生态、经济和社会的基本面貌，从总体上反映经济、社会发展和生态环境之间的关系，全面监测生态环境、经济和社会发展的情况，综合分析研究和有效治理区域发展中出现的重大问题。

国外可持续发展评价指标体系主要有4个，如图5-7所示。

（1）压力—状态—响应(Pressure-State-Response, PSR)模型。PSR模型最早由加拿大统计学家Friend提出。1990年，经济合作与发展组织根据1989年七国集团首脑会议的要求启动了一个专门开展环境评价指标的研究计划，率先将这一方法应用于环境评价指标研究并获得了广泛支持。PSR模型实质上是一个用于分

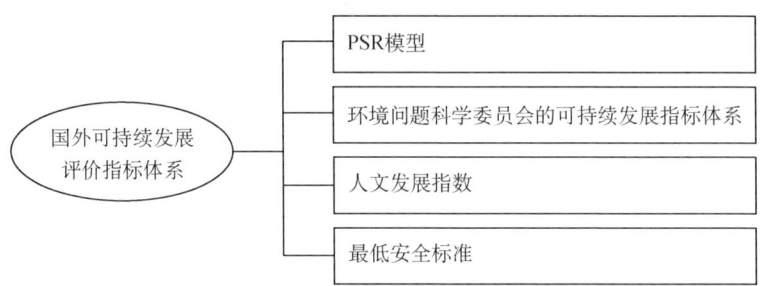

图 5-7 国外可持续发展评价指标体系

析和评价环境与人类活动关系的概念框架。其压力指标测量由人类活动引起的环境影响,如污染物排放、资源回采率等;其状态指标测量由压力引起的环境状况的变化和后果,如污染物的浓度等;其响应指标反映人类为改善环境状态而采取的社会行动,如新法规、排污收费制度等。

(2) 环境问题科学委员会的可持续发展指标体系。环境问题科学委员会(The Scientific Committee on Problems of Environment,简称 SCOPE)和联合国环境规划署(United Nation Environment Program)合作开展了高度综合的可持续发展指标体系的研究,并提出了一套指标体系,它覆盖 4 个方面,包含 25 个指标。该指标体系的初期工作主要集中于资源环境的可持续性方面,最终目标是将其扩展到持续发展的社会、经济等其他领域。

(3) 人文发展指数。人文发展指数(human development index,简称 HDI),是联合国专家在经济社会理事会的支持下经过 6 年努力得出的研究成果,由联合国开发计划署于 1990 年 5 月发表的第一份《人类发展报告》中首次公布。"人文发展"一词意在扩大人们的选择过程,也指已实现的福利水平。HDI 由出生时预期寿命、成人识字率和实际人均 GNP 3 项指标复合而成,它综合考察经济和社会的发展,但忽略了资源、环境因素。

(4) 最低安全标准。可持续发展的最低安全标准包括三个方面:生态可持续发展、经济可持续发展和社会可持续发展。

可持续发展问题的研究在国内也开展得如火如荼。中国科学院可持续发展战略研究组设计的中国可持续发展指标体系分为总体层、系统层、状态层和要素层 4 个等级。其中,总体层反映中国城市发展的总体能力;系统层由城市基础实力支持系统、城市竞争能力支持系统、城市社会安全能力支持系统、城市管理能力支持系统和城市可持续能力支持系统五大系统组成;状态层是在每一个系统内能够代表系统行为的关系结构,在某一时刻的起点,它们表现为静态的,随着时间的推移呈现动态的特征;要素层采用可测的、可比的、可以获得的指标及指标群,对系统状态层的数量表现、强度表现、速率表现给予直接度量,由 104 个指标组成。

国家统计局统计科学研究所和《中国 21 世纪议程》管理中心建立了一套国家级的可持续发展指标体系,其总体结构将可持续发展的指标体系分成经济、社会、人口、资源、环境和科教 6 个子系统。在每一个子系统内,分别根据不同的侧重点建立描述性指标,共计 83 个指标。

制定可持续发展评价指标体系对于保证区域资源、生态、经济、社会协调与持续发展具有重要意义。

2. 评价指标体系构建

下面以企业为评价对象,尝试设计可持续发展评价指标体系。

企业要实现可持续性发展,既要考虑自身的长远发展,又要考虑社会和环境的可持续性发展,需要从自身经济效益、社会效益以及环境效益三个方面来构建评价指标(图 5-8)。

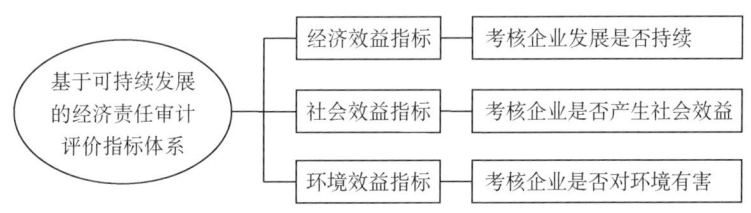

图 5-8 基于可持续发展的经济责任审计评价指标体系

(1) 经济效益指标。经济效益指标主要考核企业经济发展是否具有持续性,在设计指标时,既要考虑对企业现状的评价,又要考虑对企业发展的评价。评价企业现状的指标主要有净资产报酬率、销售成本率、投资回报率、资本保值增值率、资产负债率、市场占有率、每股收益、每股净经营现金流量、存货周转率、不良资产比率、销售利润率等。

评价企业发展潜力的指标主要有关键设备成新率、研发投入、发明专利数、科技转化能力、专业技术人员比重及年龄结构(含管理人员)、产品竞争力(服务、价格及质量的综合比较)、融资能力、市场开拓能力、新产品研制能力等。

(2) 社会效益指标。社会效益指标主要考核企业发展是否产生一定的社会效益,主要指标有社会贡献率、社会积累率、社会福利支出比重(含捐赠等慈善公益活动方面的投入)、资产利税率、新增用工率、下岗员工比率、员工教育培训率、员工健康水平、员工满意度比率、产品满足社会需求量、企业社会满意度等。

(3) 环境效益指标。环境效益指标主要考核企业发展是否对环境产生不良影响,主要指标有单位产值资源消耗(原材料、人工、制造费用等)、单位产值能源消耗(水、电、气等)、资源利用率、资源回收利用率、单位产值"三废"排放总量和噪音强度、"三废"排放达标率、固体废物处理率、环境保护投资比率、产品使用寿命、产品使用对环境的影响(如是否辐射)、有毒有害成分比重等。

5.4 基于目标经济责任层次的评价指标体系选择

在基于目标经济责任内容的评价指标体系设计方面,本章从具体的目标经济责任内容的角度设计经济责任审计评价指标体系。在此基础上,结合经济责任履行报告的内容,本节提炼出五部分、三层次的基于目标经济责任层次的评价指标体系。其中,五部分为:地方党委负责人经济责任审计评价指标体系、政府行政负责人经济责任评价指标体系、政府部门负责人经济责任评价指标体系、事业单位负责人经济责任评价指标体系和国有企业负责人经济责任评价指标体系。三层次为:民主政治建设层次、治理或经营绩效评价层次和科学发展观层次。

(1) 民主政治建设。本节拟构建的民主政治建设指标体系的核心就是加强权力的监督和控制,目的是对被审计人行使经济权力是否得当进行客观性评价,促进民主政治建设,加强对权力的制约和监督。该层次主要涉及的都是一些总体性的定性指标,这些指标通过审计人员的调查取证以及询问调查来评定,具体判断时可以结合第二层次的绩效评价指标来进行。

(2) 治理或经营绩效评价。绩效评价指标对被审计人任职期间利用公共资源履行职责的经济性、效率性和效果性进行评价,主要审查被审计对象任职期间经济管理活动的数量、质量情况,考察其经济管理权、经济决策权和经济监督权(即"三权")的履行情况。目的是对主要收支项目和资源管理的经济性、效率性和效果性提供独立的资料、保证和建议并由此确定提高效益的途径,帮助被审计对象采取必要的措施改进控制系统。这一部分评价指标体系的设置主要针对的是经济效益评价等指标,社会效益和环境效益的部分将会在科学发展观层次进行讨论。

(3) 新发展理念。新发展理念即创新、协调、绿色、开放、共享的发展理念,最早由习近平总书记于2015年10月在党的十八届五中全会上提出。新发展理念,是针对当前我国发展面临的突出问题和挑战提出来的战略指引,指明了"十三五"

乃至更长时期我国的发展思路、发展方向和发展着力点。创新发展注重的是解决发展动力问题。协调发展注重的是解决发展不平衡问题。绿色发展注重的是解决人与自然和谐问题。开放发展注重的是解决发展内外联动问题。共享发展注重的是解决社会公平正义问题。因此，本节设计的基于新发展理念的评价指标主要包括可持续发展、经济增长方式转变以及社会责任履行。

① 可持续发展。既满足当代人的需求，又不对后代人满足其需求的能力构成危害的发展称为可持续发展。既要达到发展经济的目的，又要保护好人类赖以生存的大气、淡水、海洋、土地和森林等自然资源和环境，使子孙后代能够永续发展和安居乐业。可持续发展的核心是发展，但要求在严格控制人口、提高人口素质、保护环境、资源永续利用的前提下推动经济和社会的发展。

② 经济增长方式转变。经济增长方式是指推动经济增长的各种生产要素投入及其组合的方式，其实质是依赖什么要素、借助什么手段、通过什么途径、怎样实现经济增长，通常包括粗放型增长方式和集约型增长方式两种类型。前者依靠生产要素的数量扩张推进经济的增长；后者通过提升生产要素质量，如科技进步、体制机制创新、劳动者素质提高，以及提高生产效率来实现经济的增长。转变经济增长方式就是要从粗放型增长转为集约型增长。

③ 社会责任履行。社会责任是指一个组织对社会应负的责任。一个组织应以一种有利于社会的方式进行经营和管理。社会责任通常是指组织承担的高于组织自己目标的社会义务。对社会责任进行考察的指标包括公平性和效率性两大类。

基于目标经济责任层次的评价指标体系如表 5-5 所示。

表 5-5　　　　　基于目标经济责任层次的评价指标体系

	民主政治建设评价	治理或经营绩效评价	基于科学发展观的评价
地方党委负债人经济责任评价指标体系	权力范围指标	真实、客观、合法性指标	可持续发展评价指标
政府行政负责人经济责任评价指标体系	申诉和执行机制指标	投入、产出的"3E"性指标	是否符合集约型经济增长方式要求的指标
	组织结构和问责体系指标	内部控制指标	是否符合承担社会责任要求的指标
	信息透明度指标		
	廉洁自律度指标		

(续表)

	民主政治建设评价	治理或经营绩效评价	基于科学发展观的评价
政府部门负责人经济责任评价指标体系	负责人廉洁自律指标	成本及资源利用指标	可持续发展指标
	党风廉政内部监督制度落实指标	经济性指标	社会责任评价指标
	政务公开程度指标	效率指标	
		效果性指标	
事业单位负责人经济责任评价指标体系	内部控制制度的健全性指标	财务状况评价指标	事业单位的创收指标
	重要经济事项、重大经济决策情况指标	经济效益评价指标	收入的增长速度与支出的上涨情况
	遵纪守法、廉洁自律指标		人力资源的利用情况
			绩效管理制度的实施情况
			高科技设备的引进和使用情况
			事业单位内部分配情况
国有企业负责人经济责任评价指标体系	政治制度健全情况	财务效益指标	可持续发展性指标
	企业负责人遵纪守法、廉洁自律情况	静态财务评价方法及指标	经济增长方式指标
	企业及负责人执行国家法律法规情况		
	评价企业财政财务虚假情况		

5.4.1 地方党委负责人经济责任评价指标体系

党的二十大通过的党章修正案提出,加强党的长期执政能力建设、先进性和纯洁性建设。二十届中央纪委二次全会上,习近平总书记用"六个如何始终"深入阐述大党必须解决的独有难题,其中之一就是"如何始终具备强大的执政能力和领导水平"。因此,积极研究符合时代要求、既科学合理又便于实际应用的党政领导班子和领导干部考核评价机制,是落实科学的发展观和正确的政绩观,加快高素质党政领导班子和领导干部队伍建设的一项重大课题。

1. 民主政治建设评价指标体系

孟德斯鸠曾说过"一切有权力的人都容易滥用权力,这是万古不易的一条经验。有权力的人们使用权力一直到有界限的地方才休止"。在中共十一届三中全会上,邓小平同志提出了"要严格考核,赏罚分明""要根据工作成绩的大小、好坏,有赏有罚,有升有降"。依据中共十一届三中全会的精神,中组部于 1979 年下发了《关于实行干部考核制度的意见》,第一次提出了从德、能、勤、绩四个方面对干部进行考核的要求,并对考核的内容作了明确规定。

进入 20 世纪 90 年代以后,我们面对新的形势和挑战,据统计,1996—2000 年,全国各级纪检监察机关对贪污腐败共立案 73.1 万件,结案 67 万多件,处分 66.93 万人,其中县处级领导干部 2 万余名、地厅级领导干部 1 670 余人、省部级领导干部 78 名,为国家挽回经济损失 259 亿多元。党的十八大以来,随着"三不腐"的一体推进,反腐败斗争取得了巨大成效。党的十九大以来,全国共有 7.4 万人主动向纪检监察机关投案。2024 年工作报告指出,发扬自我革命精神,持之以恒正风肃纪反腐,纵深推进党风廉政建设和反腐败斗争。在新的历史时期,实施经济责任审计仍然是加强对党政领导干部的经济权力监控的重要抓手。

习近平总书记在中共二十届中央审计委员会第一次会议上指出要"充分发挥审计在反腐治乱方面的重要作用"。《中央审计委员会办公室关于印发 2023 审计年度经济责任审计工作指导意见的通知》指出,要充分发挥经济责任审计在保障党中央政令畅通、维护国家经济安全、推进全面深化改革、加强干部管理监督、推动党风廉政建设等方面的重要作用。

民主政治建设评价指标包括以下两个方面:

(1) 权力范围。该指标主要明确地方党政领导人的角色和职责,审查其是否超越范围或权限行使经济权力,如不当干涉下属部门或单位的经济活动,违规使用下属单位或部门的人、财、物,利用国家政策漏洞为部门或本地区谋私利,不服从国家大局,搞地方保护主义,重复建设等。

(2) 廉洁自律度。该指标反映领导个人在任职期间遵守廉洁自律有关规定情况,如是否存在审批或授意将财政资金出借给个人、减免土地出让金、为个人提供经济担保等牟取个人利益行为,是否存在用公款为个人购买装修豪华轿车、旅游、超标准建房、购房、装修住房,是否存在违规报销个人费用开支行为,以及是否存在贪污挪用私分国有资产和长期无偿占用公款公物、行贿受贿或借基建和大宗物资采购之机捞取好处费等违法违纪行为。

2. 治理绩效评价指标体系

治理绩效评价指标的构建应有助于政府绩效审计评价目标的实现。因此,可以从真实性、客观性、合法性三个维度构建政府治理绩效评价指标。

(1) 真实性。被审计单位会计核算是否真实;被审计单位财政、财务收支是否真实存在,是否已经发生,有无差错、虚假、舞弊行为等。

(2) 客观性。各种会计信息是否客观、真实、全面、正确地反映了实际的财政、财务收支状况和经营成果。

(3) 合法性。被审计单位财政资金是否按照法律规定的用途使用。

3. 基于科学发展观的评价指标体系

(1) 资源消耗及管理方面。水、电、煤、油等基本资源的人均消耗指标及其与国内和国际先进水平的差距情况;本地资源的储备、开发、利用及其再生利用的指标,资源利用效率;以上资源中本地自产部分占总消耗量的百分比;本地经济发展对外地输入或进口资源的依赖程度;本地山林、土地、河流、湖泊及其水土保持、矿产和生物资源保护情况。

(2) 环境污染及其治理方面。

① 生态环境保护。这一指标关注改善生态环境的措施及实施效果,如绿化面积、植树造林面积、生态园建设等。

② 空气质量和固体污染物排放。这一指标关注对辖区生产单位的排污实施实时监控,对不达标的要提出整改措施,如废物回收再利用、固体污染物的无害化处理等。

③ 水质和液体污染物排放。这一指标关注对江、河、湖泊、水库以及居民牲畜饮用水定期进行检测,判断水质是否达标、对液体污染物是否进行废水再利用等。

④ 居民生活垃圾处理。这一指标关注是否及时清理居民生活垃圾,是否建立必要的垃圾处理工厂并进行无害化处理。

⑤ 噪音防控。这一指标关注是否对噪音进行监控,包括投入噪音监测设备、安排监督人员进行记录等。

5.4.2 政府行政负责人经济责任评价指标体系

1. 民主政治建设评价指标体系

(1) 组织结构和问责体系。这一方面主要审查是否存在滥用国有资源为己谋利的行为,审查组织内部结构层级是否合理明晰、是否存在完善的问责体系。

(2) 信息透明度。这一方面主要审查本单位或部门所获取的收入和支出的资源以及重要决策的及时、公开程度。

(3) 申诉和执行机制。这一方面主要审查申诉机制的有效性、及时性,是否存在徇私包庇的行为;审查对待申诉的执行机制的完善性和对申诉的反映的有效健全性。

2. 政府治理绩效评价指标体系

根据政府治理绩效的评价目标,审计人员在对党政领导干部任期绩效的审计评价过程中应对公共产品的投入(即财政资金)和产出的经济性、效率性、效果性(即"3E")进行评价。

(1) 投入类指标。这类指标主要反映政府的资源耗费情况,具体包括政府人力、物力与财力占用。投入类指标由绝对指标和相对指标构成,主要包括以下指标:人力资源利用情况、工作时间利用情况、工作效率情况、设备时间利用情况、设备能力利用情况、经费节约度、经费定额完成程度、人均经费额、时间节约度、政府公务员与社会适龄就业人员比、政府公务支出总额、政府支出占GDP的比重、政府部门固定资产占全社会固定资产的比重等。

(2) 产出类指标。这类指标主要反映政府业绩。政府业绩包括政府为社会经济活动提供的服务数量和质量、政府管理目标的实现情况、政策制定水平与实施效果、政府管理效益等。

(3) 经济效益指标。政府职能的特点决定了经济效益指标既要包括微观的经济效益指标也要包括宏观的经济效益指标。

① 微观的经济效益指标按考察对象的不同可以分为单位绩效指标和项目绩效指标。

衡量单位绩效的指标有被审计单位任务完成程度、资产增长率、单位工作量、人均业务量、群众来访处理率、引进外资率及出口创汇率;衡量项目绩效的指标有建设工期、建设质量、建设成本、投资收益率、投资回收期、内含报酬率、净现值、投资产值率、投资效果系数、投资利税率、项目建成投产率。

② 宏观的经济效益指标大多是运用统计资料得到的指标,包括人均GDP、国内生产总值、进出口总额、GDP增长率、进出口总额增长率、经济发展速度、财政收入占国民经济比重、社会总投资增长率。

除了考虑"3E"以外,政府治理绩效评价还应当考虑内部控制。良好有序的政府内部控制是保证政府绩效水平优良的关键。内部控制通常被看作保护资产、预防和发现错误以及违法事项的第一道防线。因此,党政领导干部绩效审计评价过程应特别关注内部控制问题。考虑内部控制旨在评价政府行政效率和政府机关效能。政府机关效能属于微观的内部运行机制范畴,即制度是否完善、是否有效执行、是否依法行政、是否政务公开、是否办事高效等。审计人员在检查内部控制时首先应检查被审计单位是否制定了内部控制制度,在评价内部控制制度的完善性时应关注以下几个方面。

① 预算和预算编制情况。

第一,基本支出。基本支出是为保证政府部门正常运行和完成日常工作任务而发生的支出,包括人员经费支出和日常公用经费支出两部分,它是政府部门预算资金绩效审计的基本内容。审计人员可以关注人员经费支出的绩效和日常公用经费支出的绩效。

在人员经费支出的绩效方面,主要审查部门定员定额状况是否符合核定的标准,有无超编或空编现象,以评价被审计部门履行的职能与所需人员经费之间是否具有经济性和效率性。

在日常公用经费支出的绩效方面,重点审查办公用品的采购是否经济、节约,采购的物品是否适用、恰当,有无追求高标准和铺张浪费现象;同时,还要走访使用部门,了解所购物品的使用情况和使用效果,以评价所付支出是否实现了预期目标等。

第二,项目支出。项目支出是为完成政府部门特定行政工作任务或事业发展而发生的支出,其支出数额巨大,一旦发生不经济或低绩效情况,将给国家预算资金造成巨大损失,因而是政府部门预算资金绩效审计的主要内容。项目支出绩效审计包括三个方面内容:一是项目立项和决策的绩效情况;二是资金使用和管理的绩效情况;三是竣工项目的绩效情况。

第三,专项资金支出。专项资金支出是为了发展、扶持某项特殊事业或处理突发事件而发生的支出,具有专款专用、单独报账结算的特点,其支出数额也很巨大,且涉及的层级较多(如从中央拨至省、市、县甚至村),容易被挤占或挪用,因而是政府部门预算资金绩效审计的重点。审计人员对专项资金支出开展绩效审计,首先应审查资金的流向和使用是否符合指定的专门用途,是否存在专项资金被挤占、挪用、截留,以致损失浪费和低效率现象。其次应审查专项资金支出是否达到了预期效果,对特定的事业是否产生了积极的经济效益和社会效益等。

② 计划的制订和执行情况。这方面主要审查内部控制体系中计划制订的科

学性和执行的有效性。其中,计划产出目标完成程度可用实际产出数量或金额与计划产出数量或金额比较。

③ 管理方针和指令。这方面主要审查领导人任职期间管理方针和指令的制定是否符合国家法律法规规定,是否按照法定程序执行及执行的程度如何。

④ 具体职能的衡量、报告和监督情况。这方面主要审查任职期间被审计领导人员行使各项具体职能的效率性和效果性,报告和监督的有效性。

另外,审计人员必须审查被审计单位的内部控制制度是否得到了有效的执行,被审计单位是否系统地对职能和工作进行了管理,被审计单位是否依照程序开展管理活动,内部控制的结果是否有效。

内部控制评价指标是一个定性评价指标,应从政府内部制约绩效水平的因素出发,把政府的内部运行状况与外部反应状态、动态运行评价与静态结构评价有机地结合起来,从而科学评价政府绩效水平。

3. 基于新发展理念的评价指标体系

基于科学发展观的评价指标主要评价经济发展是否符合集约型经济增长方式要求的指标,包括经济结构、经济效益、技术进步和资源配置四个方面。

(1) 经济结构。调整和优化经济结构是转变经济增长方式的主要途径和重要内容,可采用第三产业增加值占 GDP 比重、工业行业集中度、出口结构优化程度、非农产业从业人员比重以及消费率与投资率之比等指标,以反映产业结构调整、工业规模经济、出口结构水平、劳动力结构和经济内在机制等状况。

(2) 经济效益。这是指从投入产出角度评价经济增长方式转变所带来的经济质量和效率的提高,可采用人均生产总值、全社会劳动生产率、地方财政总收入占全省生产总值比重和投资效果系数等指标,以反映居民、企业和政府从经济增长中分享成果以及固定资产投资的投入产出水平等状况。

(3) 技术创新。加大科技投入、提高自主创新能力是经济高质量发展的关键环节,可采用研究与试验发展经费支出占地区生产总值比重、高技术产业化率、发明专利占授权专利的比重和地方财政科技投入占地方财政支出比重等指标,以反映科技投入强度、经济创新能力、科技产出能力和政府对科技的支持力度等状况。

(4) 资源配置。经济增长方式转变缓慢的背后是价格体系未能充分反映资源稀缺程度这一深层次的经济体制问题。审计人员可采用万元 GDP 能源消耗、万元 GDP 水资源消耗和新增亿元 GDP 建设用地量等指标,以反映经济增长过程中所消耗的能源、水和土地资源的总量,这也在一定程度上凸显出能源、水和土地等资源的使用成本。

基于新发展理念的评价指标还应评价被审计单位是否符合承担社会责任要求。借鉴国际劳工组织公约和相关国际协议对社会保障制度公平性与效率性的指标评价体系以及国内对此问题的讨论,本节初步建立相对完善的社会保障制度公平性与效率性的指标评价体系。

(1) 公平性指标。

社会保障体系应当覆盖 ILO 公约规定的内容。根据 ILO 公约和相关国际协议,社会保障指标体系由起点公平、过程公平和结果公平指标构成,该指标体系主要用于评价社会保障制度的公平性。

衡量起点公平的指标有:享受社会保障的人数占全社会总人数比重,可以从客观上判断社会保障制度的发展程度,社会保障覆盖面越广,表明社会保障越公平;城乡社会保障覆盖面,可以从客观上比较城乡社会保障的差异,城乡社会保障覆盖面越接近,表明社会保障越公平。

衡量过程公平的指标有:替代率,即领款人基金给付水平与供款人平均缴费工资之比,对于不同代人来说,替代率越接近,说明社会保障制度过程越公平;养抚比,指供款一代人数与领款一代人数之比,对不同代人来说,养抚比越接近,说明社会保障制度过程越公平。

衡量结果公平的指标是基尼系数,它是用来表明社会财富分配公平程度的指标。虽然社会保障分配只是社会财富分配中的一部分,但它在一定程度上可以用来衡量社会保障分配是否公平。基尼系数越小,表明社会保障分配越公平;基尼系数越大,表明社会保障分配越不公平。

(2) 效率性指标。效率性指标主要分为三个。

一是衡量经济效率的指标。社会保障支出占国内生产总值的比例可以用来综合反映社会保障与经济发展的关系。

二是衡量社会效率的指标。人均 GDP,反映每人平均占有的商品和劳务的数量,这一数值越大,说明生活水平越高,人民越富裕;恩格尔系数,恩格尔系数越高,说明在总支出中,食物支出比重越大,生活水平越低。

三是衡量行政效率的指标。往往用社会保障支付的行政管理费用占社会保障支付数的比率来衡量,这一数值越大,表明社会保障的行政效率越低下。

社会保障指标体系如表 5-6 所示。

表 5-6 社会保障指标体系

公平		效率	
起点公平	享受社会保障的人数占全社会总人数比重	经济效率	社会保障支出占国内生产总值的比例
	城乡社会保障覆盖面		
过程公平	替代率	社会效率	人均 GDP
	养抚比		恩格尔系数
结果公平	基尼系数	行政效率	社会保障支付的行政管理费用占社会保障支付数的比率

5.4.3 政府部门负责人经济责任评价指标体系

对政府部门负责人来说，经济责任包括直接责任和主管责任。其中，直接责任就是指被审计的政府部门负责人在财政收支、财务收支中有无侵占国家资产、违反领导干部廉政规定和其他违法违纪的问题。其实我国开展经济责任审计的最主要的目的就是预防和治理腐败，促进领导干部廉洁勤政。领导干部作为政府部门的主要负责人，其个人的管理水平在很大程度上制约着政府管理的水平与效果，政府的一切行为均可以归责于"人"，即政府部门的负责人。因此，经济责任审计通过对领导人经济责任履行情况的审查，可以提高政府领导干部队伍的管理水平，进而加快廉政高效政府的建成。本章同样也把政府部门负责人经济责任评价指标体系分为三个层次：民主政治建设层次、治理绩效层次和新发展理念层次。

1. 民主政治建设指标体系

(1) 负责人廉洁自律情况。国家拥有对经济活动进行有效干预的权力，也使其拥有一种随意干预的权力。这样一种权力如果与公众无法获得的信息结合在一起，就为政府部门负责人或其亲朋好友通过牺牲公共利益来获取自己的私利提供了良机，寻租和腐败的机会就会层出不穷。因此，对政府部门负责人的廉洁自律情况进行审计已成为当务之急。本节共设置 5 个子指标：

① 党风廉政情况。这一指标考察被审计政府部门的整体风气如何，反映领导个人在任职期间遵守廉洁自律有关规定情况，是否存在审批或授意将财政资金出借给个人、减免土地出让金、为个人提供经济担保等牟取个人利益行为。

② 违纪违规资金情况。这一指标评价责任人有无挪用公款、偷漏税费等行为。

③ 专项资金违规使用率。这一指标即专项资金违规使用额占专项资金总额

的百分比。

④ 工资外收支情况。这一指标审查政府部门负责人是否存在异常工资外收支,是否存在利用职务之便收受贿赂的情况。

⑤ 群众满意度。这一指标主要反映社会公众对政府部门负责人任职期间各项工作的满意程度,主要通过向社会各界发放满意度测评表来确定。

(2) 政府部门党风廉政内部监督制度落实情况。这一指标考察投诉和举报机制的健全性、处理投诉和举报的及时性和有效性以及对不正之风的纠正情况。

(3) 政务公开程度、重大决策民主程度。这一指标主要考查政府部门负责人处理政务的透明度,是否定期召开会议向部门进行情况通报,反映政府部门负责人任职期间在重大经济决策方面贯彻民主集中制原则情况,主要通过抽查任职期间政府部门的会议记录、会议纪要等以及通过与政府领导班子成员举行座谈等方式来了解确定。

2. 治理绩效评价指标体系

该体系包括成本及资源利用指标、经济性指标、效率性指标和效果性指标。

(1) 成本及资源利用指标。这里的成本是指行政成本,即指行政部门在其行政过程中所发生的各种费用和开支,以及由其所引发的现在和未来一段时间的间接性负担。在评价政府治理绩效时,为了计量的方便,本节将行政成本限定为行政部门为了履行职能,向社会提供公共产品和服务等所直接耗费或支付的公共财政资金及其他物质消耗。成本及资源利用指标有:①本部门年行政总成本及人均行政成本;②本部门固定资产总额及人均固定资产;③本部门人均办公面积、人均公务用车、人均计算机台数等;④本部门公务员人数及人均年工资总额;⑤由本部门安排使用的各类专项资金及年增长率。

(2) 经济性指标。经济性指标是用来衡量行政部门在其管理活动中对公共财政资金和其他公共资源的节约和浪费状况的指标。经济性指标主要有:①本部门年人均行政成本与本地区政府行政部门人均行政成本之比;②本部门招待费、会议费超过标准或限额的金额;③本部门人均固定资产与本地区政府行政部门人均固定资产之比;④本部门公务员、工勤人员超编人数及每年支付的工资费用总额;⑤本部门超额配备的公务用车数量及全年增加的支出;⑥本部门违反政府统一采购规定自行采购的物资金额及比例;⑦本部门损失浪费资金、资源总额;⑧本部门行政经费节约额。

(3) 效率性指标。效率原则是迄今为止世界范围内政府绩效评估的基本价值取向。效率是指投入与产出的比率。行政效率就是行政投入(人力、物力、财力等)与行政产出的比率。效率性指标有一定的局限性,并不适用所有行政部门。行政部门的目标具有多元性和弹性,许多产出难以量化、投入和产出之间缺乏直接的联系,成本信息不够透明,因而行政效率的测定一直都是行政学的一个难点问题。行政效率的测定方法与指标:①投入产出比例,既可以对单个项目计算投入产出比例,也可以借助复杂的数学方法计算综合的投入产出比例;②公共产品及服务的单位成本;③单位劳动时间完成的工作量;④某项事项或服务的平均办理时间;⑤突发紧急事件的反应速度。

(4) 效果性指标。效果是指既定目标的实现程度,以及项目、计划或一项活动的实际结果和预期结果之间的关系。对行政部门管理活动效果的测定可以从以下方面进行:①计划产出目标完成程度,将实际产出数量或金额与计划产出数量或金额比较;②公共产品和公共服务满足社会需要状况;③某项政策或服务的受益人数及比例;④财政投入带动的其他投资额;⑤项目实施后的其他间接效果;⑥专项资金的使用效果,可以用一系列指标来反映:专项资金到位率、滞留专项资金总额及比例、成功项目比率、被挪用的专项资金金额及比例;⑦某项社会福利的改善程度;⑧某项社会问题的解决程度;⑨项目的副作用。

3. 基于新发展理念的评价指标体系

(1) 可持续发展。它主要衡量政府部门负责人任职期间重视社会经济的可持续发展状况,共设置3项指标。有关计算数据由审计人员直接收集,并根据审计结果进行调整确定。

① 环保支出平均增长率。该指标反映政府部门负责人任职期间环保支出的增长情况。之所以选择环保支出平均增长率作为衡量指标,主要是因为我国当前经济发展与生态环境的矛盾比较突出,而环境质量的好坏又是可持续发展与非可持续发展的重要区别点。

② 重大建设项目环评比率。该指标反映政府部门负责人是否遵守环境保护法的规定,是否对任职期间重大建设项目实行环境影响测评,是否存在为争取项目投资无视对生态环境的破坏、影响当地经济的可持续发展。

$$\text{重大建设项目环评比率} = \frac{\text{任职期间重大建设项目实行环评的项目数}}{\text{同期重大建设项目总数}} \times 100\%$$

③ 重大决策损失浪费额。该指标主要反映政府部门负责人任职期间政府部门重大项目决策造成的重大损失浪费情况。

(2) 社会责任评价指标。社会责任评价共设置 3 项指标。

① 政府部门公务员的相关情况。该指标主要考察政府部门公务员的工作时间和安全工作范围是否符合法律规定，公务员的工作环境和防护措施，卫生清洁设备和常备饮用水的提供，以及一份公开的、切实可行的被审计单位社会责任规定或管理体系的制定和运作情况。

② 社会保障覆盖面。该指标主要反映养老保险基金、失业保险基金、工伤和生育保险基金和医疗保险基金等的落实情况。

③ 公益活动的参与情况。该指标考察政府部门负责人参加公益活动的程度和频次情况。

5.4.4 事业单位负责人经济责任评价指标体系

1. 民主政治建设指标体系

内部控制制度的健全情况。该指标考察事业单位内部控制制度的健全性，包括组织结构、岗位责任、流程及手续、业务记录、检查标准等。该指标还考察事业单位负责人对已建立的内部政治制度的执行落实情况，体现事业单位负责人执行内部控制制度的能力与效率。

重要经济事项、重大经济决策情况。该指标考察被审计领导干部任期内重要经济事项、重大经济决策程序是否合规，决策依据是否充分，前期调查论证是否周密，实际效果是否达到预期，有无决策失误造成损失的情况。

遵纪守法、廉洁自律情况。①各项收支特别是预算外资金是否严格按"收支两条线"的规定纳入单位财务账统一核算，有无截留隐瞒收入，设置"账外账""小金库"情况。②有无资金被其他单位或个人占用问题，有无利用往来账户直接列收列支、白条入账和违反规定对外投资、私自出借资金等问题。③有无以权谋私、贪污受贿、挪用公款、虚报冒领等个人经济问题。

2. 管理绩效评价指标体系

事业单位的经济责任审计评价指标与企业的评价指标有着较大区别。由于事业单位有科、教、文、卫等多种性质，因此，经济责任审计评价必须科学、适用、客观、综合地进行，充分体现事业单位经济管理的运行模式和特点。本节拟以高等院校为例，设置指标体系来评价事业单位的管理绩效，包括财务状况和经济效益两方面。

(1) 财务状况评价指标体系。

① 预算收入完成率＝任期实际收入总额÷任期预算收入总额×100%

预算收入完成率是指事业单位负责人任期内单位实现的各项财务收入与预算

收入的比率,反映事业单位负责人任期内单位预算收入完成情况,体现了事业单位负责人筹措资金、组织收入的能力,也反映了事业单位负责人任期内单位预算收入的合理性与可行性程度。一般情况下,预算收入完成率接近或高于100%,说明单位收入完成情况较好;预算收入完成率低于或大幅度低于100%,说明单位收入完成情况较差或更差。

② 预算支出完成率＝任期实际支出总额÷任期预算支出总额×100%

预算支出完成率是指事业单位负责人任期内单位各项财务支出与预算支出的比率,反映事业单位负责人任期内单位预算支出的完成情况,体现了事业单位负责人为保证教学、科研及其他活动正常进行及单位发展投入资金与控制支出的能力,也反映了事业单位负责人任期内单位支出预算的准确程度。一般情况下,预算支出完成率高于100%,说明支出有偏离预算支出的倾向;预算支出完成率低于100%,说明实际支出小于预算支出,产生节余。但审计人员应根据实际情况进行分析,如果该指标低于100%,但满足了正常的需要,属于节约行为;反之,若未满足单位教学、科研的正常需要,未完成必需的支出项目与数额,则事业单位负责人应承担该事项的经济责任。

③ 公用经费支出比率＝任期公用经费支出总额÷事业经费支出总额×100%

公用经费支出比率是指事业单位负责人任期内单位公用经费支出总额与事业经费支出总额的比率,反映事业单位负责人任期内单位公用经费占事业经费比例的情况,与人员经费支出比率一样,用来衡量学校事业支出结构的合理程度。一般情况下,公用经费支出比率高于上期水平或同类学校平均水平,说明单位用于事业发展的经费较多;公用经费支出比率低于上期水平或同类学校平均水平,说明单位用于事业发展的经费较少。在同等规模可比基础上,提高公用经费支出比率是提高管理水平和效益的体现。

(2) 经济效益评价指标体系。

① 科研经费收入年均增长率＝任期科研经费收入年均增长额÷任职前一年科研经费年收入额×100%

科研经费收入年增长率是指事业单位负责人任期内单位年均增长的科研经费收入与任职前一年科研经费收入额的比率,反映事业单位负责人任期内单位科研经费收入年均增长情况。一般情况下,科研经费收入年增长率越高,说明单位获取纵向、横向科研经费的能力较强;科研经费收入年增长率低,说明单位获取纵向、横向科研经费的能力较弱。

② 学生人均经费支出额＝(任期事业支出总额÷任期折合后的各类学生年平均人数)×(12÷任期月数)

学生人均经费支出额是指事业单位负责人任期内单位事业支出与折合后的各类学生平均人数的比例，反映事业单位负责人任期内单位生均年培养成本。一般而言，学生人均经费支出额高于上期水平或同类学校平均水平，说明单位生均年培养成本较高；学生人均经费支出额低于上期水平或同类学校平均水平，说明单位生均年培养成本较低。

③ 师生比＝在校生人数(折合后年平均数)÷专职教师人数(年平均数)

师生比是指学校全部在编专职教师与折合后的学生平均人数的比例，反映学校的人力资源利用的情况和办学效益。一般情况下，师生比高于国家规定的同类院校的比例，说明师生结构较合理；师生比低于国家规定的同类院校的比例，说明师生结构有待改善。在实际中，该指标不能孤立运用，而应与同类型学校、同规模学校相比较，教学科研并重的综合类大学趋向于15∶1较为合理。

④ 教育收益率＝教育收益净现值÷教育投资成本现值×100%

⑤ 投资收益比＝投资收入÷(投资额×银行利息率)

⑥ 资产负债率＝特殊负债÷资产总额×100%

注：特殊负债是指除正常业务运行而发生的应付及暂存款、应缴款项、代管款项等负债外，涉及投资、发展等重大经济事项且金额较大的举债。

⑦ 经费自给率＝(事业收入＋经营收入＋附属单位上缴收入＋其他收入)÷(事业支出＋经营支出)×100%

⑧ 本科教学经费占学费的比率＝实拨院系本科教育经费总额÷当年学费总收入×100%

⑨ 可动用事业基金增长率＝年末事业基金可用率－年初事业基金可用率

注：事业基金可用率＝可用事业基金÷事业基金结余×100%

⑩ 自筹发展资金计划完成率＝可动用事业基金÷自筹发展计划资金×100%

3. 基于新发展理念的评价指标体系

可持续性问题主要是针对事业单位持续提供服务能力的财务条件来说的，其前提是组织对稀缺财务资源的依赖性。在"社会效益优先"这个既定前提下，评价事业单位的可持续性问题可从以下几方面入手。

(1) 事业单位的创收情况。允许事业单位创收并给予支配权是事业单位"放权让利"改革的实质性内容之一，但是并非所有的事业单位都可以创收，对于各种类型的创收活动也应该加强监管和限制,否则将会导致许多承担公益职能的机构和个人为了创收而忽视甚至损害可持续发展目标。因此,审计人员要审查事业单位是否合理界定创收范围,界定和规范创收渠道、创收程序,是否严格执行事业单位财务会计制度,是否合理确定创收收入的分配比例等。

(2) 收入的增长速度与支出的上涨情况。该指标评价事业单位负责人在促使单位可持续发展上所承担的经济责任,这一指标评价事业单位收入的增长速度是否与支出的上涨速度保持同步。事实上,在高等教育领域,世界一流的大学如美国的哈佛大学、英国的牛津大学等,都将筹款列为校长工作的第一要务。

(3) 人力资源的利用情况。该指标评价事业单位的人力资源利用效果,考察引进高级人才情况,是否采用竞争上岗制度,是否在编制好职位说明书和确定以岗定薪原则的基础上,按照职位说明书的任职资格要求,实施竞聘上岗。

(4) 绩效管理制度的实施情况。该指标评价事业单位绩效管理流程的完善性、绩效计划的完备性、绩效评估的准确性、绩效反馈的及时性、绩效改进的有效性和充分性等各项工作。

(5) 高科技设备的引进和使用情况。该指标评价事业单位对高科技设备的引进和使用情况,考察其是否存在资源浪费和公款私用的情况。

(6) 事业单位内部分配情况。该指标根据不同类型事业单位的特点,评估其内部分配情况,以及其是否将财政拨款与单位创收结合起来。

5.4.5 国有企业负责人经济责任评价指标体系

从审计实践看,建立一套科学合理的国有企业负责人经济责任评价指标体系是十分必要的,它对于客观公正地评价国有企业负责人的受托经营责任,明确审计范围,防范审计风险,进一步深化经济责任审计工作都具有重要的理论和现实意义。本卷认为,基于新发展理念的评价指标应坚持全面原则、权责对等原则、纵向指标与横向指标相结合原则、定量指标与定性指标相结合原则,以体现经济发展和社会发展并重、显性业绩和潜在业绩并重、经济指标数量和质量并重的现代经济责任审计理念。本章重点考虑建立以下几方面的评价指标。

1. **民主政治建设评价指标**

(1) 政治制度健全情况。这一指标考察企业内部控制系统的完善程度,评价企业组织结构、岗位责任、流程及手续、业务记录、检查标准的有效程度。评价国有企业负责人对于已建立的内控制度的执行落实情况,体现国有企业负责人执行内部控制制度的能力与效率。

（2）企业负责人遵纪守法、廉洁自律情况。这一指标反映国有企业负责人廉政情况,主要用来评价企业负责人在经济决策和管理活动中是否正确处理个人与国家、集体、社会公众利益关系,用以评价其在管理决策活动中规范用权的责任履行情况。

① 非法个人收入占全部个人收入的比率。

$$\text{非法个人收入占全部个人收入的比率} = \text{审计认定的非法个人收入金额} \div \text{经审计认定全部个人收入金额} \times 100\%$$

② "灰色收入"占全部个人收入的比率。

$$\text{"灰色收入"占全部个人收入的比率} = \text{审计认定的"灰色收入"金额} \div \text{经审计认定全部个人收入金额} \times 100\%$$

凡是不符合国家有关法律法规规定的收入统称为"灰色收入"。

③ 个人收入是职工平均收入的倍数。

$$\text{个人收入是职工平均收入的倍数} = \text{个人年薪收入额} \div \text{全体职工年平均收入额}$$

国有企业负责人承担的责任较大,其个人收入水平理应高于一般职工平均收入额,但两者相差的倍数也可以反映出廉政自律责任履行情况。

④ 责任事故发生升降率。

$$\text{责任事故发生升降率} = \left(\text{任期内年责任事故平均发生次数} - \text{前任内年责任事故平均发生次数} \right) \div \text{前任内年责任事故平均发生次数} \times 100\%$$

责任事故包括重大生产或交通安全事故,责任事故发生升降率指标可以是正指标,也可以是负指标。正指标反映的是责任事故发生率的上升,说明被审计人的责任事故控制未达到基本要求,负指标反映的是责任事故发生率的下降,说明被审计人的责任事故控制情况较好。

⑤ 责任事故损失率。

$$\text{责任事故损失率} = \text{责任事故损失额} \div \text{事故资产总额} \times 100\%$$

责任事故损失额是指发生的交通、生产等安全责任事故造成的经济损失额,事故资产总额是指发生的交通、生产等安全责任事故涉及的全部资产总额,包括直接造成的财产物资损失、安全保险赔偿损失、伤病人员医疗费用和误工损失、因污染环境造成的环境损失以及其他间接经济损失。

(3) 企业及负责人执行国家法律法规情况。这是评价企业经营成果真实性和效益性的前提,主要评价企业是否存在重大的偷漏税款、诈骗银行贷款和恶意逃废银行债务,有无私设"小金库"、挥霍浪费等,有无私分、贪污、挪用公款等行为。重点关注单位和个人重大违法违纪问题和利用职权侵占国家资财等经济犯罪问题,以及重大弄虚作假、骗取荣誉等问题。

① 违法违规比率。

$$违法违规比率 = 违法违规金额 \div 审计总金额 \times 100\%$$

② 财务不合法率。

$$财务不合法率 = (\sum 某项目违法违纪数 \div \sum 某项目审计审定数) \times 100\%$$

财务不合法率的情况一般分为三个等级:符合财经法规的规定,其财务不合法率低于2%;基本符合财经法规的规定,但有一定的违规行为,其财务不合法率低于5%;有严重违反财经法规的行为,其财务不合法率低于10%。

③ 企业资本流失率。

$$企业资本流失率 = 企业资本流失额 \div 全部企业资本额 \times 100\%$$

企业资本流失额是指被非法占有的企业资本额,包括被非法挪用的企业资本、国有企业改制流向私人的企业资本等。

④ 小金库资金占全部流动资金比例。

$$\frac{小金库资金占全部}{流动资金比例} = \frac{审计确认的}{小金库金额} \div \frac{审计确认的}{全部资金额} \times 100\%$$

审计确认的小金库金额是指经审计部门确认的未经企业财务部门按财务制度规定入账,并由财务部门以外的非现金管理人员进行管理的非法资金额。它主要评价国有企业负责人任职期间对本企业资金管理的责任。

(4) 评价企业财政财务虚假情况。

① 财务不真实率。

$$\frac{财务}{不真实率} = \sum \left(\left| 各项目审计认定数 - 各项目账面数 \right| \right) \div \left(\frac{审计的}{资产总额} + \frac{审定的销售}{收入净额} \right) \times 100\%$$

确保财务真实性是国有企业负责人的基本责任,也是评价国有企业负责人履行经济责任情况的前提。

② 不实资产率。

$$不实资产率＝任期末不实资产总额\div任期末资产总额\times100\%$$

任期末不实资产总额是指经审计部门确认的在国有企业负责人任职期间企业账目记录的资产总额与实际拥有资产总额的差额。此指标衡量国有企业负责人任期末资产总额中不实资产所占的比例。

2. 经营绩效评价指标体系

(1) 财务效益指标。

① 资产结构合理性和资金流动性的指标计算:

$$项目的资产负债比率＝负债总额\div资产总额$$
$$流动比率＝流动资产总额\div流动负债总额$$
$$速动比率＝流动资产总额\div存货流动负债总额$$

② 销售的盈利程度的指标计算:

$$销售利润率＝税后利润\div销售收入$$
$$销售利税率＝税前利润\div销售收入$$

这两项指标可以说明销售收入中利润的占比。

③ 项目投资的获利能力的静态指标计算:

$$投资利税率＝税前利润\div项目的投资总额$$
$$投资利润率＝税后利润\div项目的投资总额$$

(2) 静态财务评价方法及指标。

① 投资收益率法。将项目在典型年度的收益额与项目的总投资进行比较以评价投资财务效益的一种分析方法。

$$投资收益率＝年收益额\div项目总投资\times100\%$$

对于投资者来说,这个指标越大越好。

② 投资回收期法。投资回收期是考察项目在财务上投资回收能力的主要静态指标。测算拟建项目在正常的生产经营条件下以其年收益额和提取的固定资产折旧、无形资产等形式,收回项目总投资所需的时间。

$$投资回收期 = \frac{累计净现金流量}{开始为正值年份} - 1 + \frac{上年累计净现金流量的绝对值}{当年净现金流量} \div 当年净现金流量。$$

将按评价标准求出的投资回收期,与规定的基准投资回收期比较,当小于或等于基准投资回收期时,表明项目投资能在规定的时间内收回。项目的投资回收期越短越好,如小于行业基准投资回收期,则项目可行。

3. 基于新发展理念的评价指标体系

(1) 可持续发展性指标体系。以新发展理念为指导来评价国有企业负责人充分体现了受托经济责任审计的内涵。任何具体的评价方法都难免具有片面性和局限性,因此,为保证评价的科学性,需要采用多种方法并从多个角度进行。

(2) 经济增长方式指标体系。评价经济增长方式的指标可以参考财政部《企业绩效评价体系》,并对相关指标作适当补充。该体系以定量的基本指标(财务指标)为核心,以修正指标(评议指标)为辅助,结合评议指标(基本管理指标)的定性分析判断,给出最终评价结果。采用这种评价方法主要是考虑虽然经济增长责任由财务指标来反映,但从经济增长责任的产生来看,它体现了企业内部各方面的管理责任,因此,将定量的财务指标与定性的基本管理指标综合在一起,才能全面评价管理者的经济增长责任。该体系的不足之处是有些修正指标比基本指标还重要,如资本保值增值率,因此,本节认为不必区分基本指标和修正指标,它们的重要性由客观权重来决定,通过财务指标和评议指标两项指标进行综合评价。

第一,财务指标。包括:①财务效益指标,如净资产收益率、总资产报酬率、销售(营业)利润率、成本费用利润率、国有资产保值增值率;②资产营运状况指标,如总资产周转率、流动资产周转率、存货周转率、应收账款周转率、不良资产比率、资产损失比率;③偿债能力状况指标,如资产负债率、已获利息倍数、流动比率、速动比率、现金流动负债比率、长期资产适合率、经营亏损挂账比率;④发展能力状况指标,如销售(营业)增长率、总资产增长率、固定资产成新率、3年利润平均增长率、3年资本平均增长率、企业商誉评估价值、资本积累率、经济增加值;⑤重大投资决策效果指标,如长期投资收益率、固定资产投资利用率。

第二,评议指标。包括:①领导班子基本要素;②产品市场占有率;③基础管理比较水平;④在岗员工素质状况;⑤技术装备更新水平;⑥行业或区域影响力;⑦企业经营发展策略;⑧长期发展能力预测。

审计人员可根据定量财务指标和定性评议指标及其各自权重,计算得出综合评价结论,作为经济增长责任的评价结果。

(3) 社会责任评价指标体系。建立一系列定性和定量的社会责任评价指标体系,有利于客观、公正、公平地评价国有企业负责人的社会责任审计。

① 社会贡献率。

$$社会贡献率=企业社会贡献总额÷平均资产总额×100\%$$

该指标主要评价、衡量企业领导人任职期间运用全部资产为国家或社会创造或支付价值的能力。

② 社会积累率。

$$社会积累率=上缴国家财政总额÷企业社会贡献总额×100\%$$

该指标反映企业为国家或社会创造的每一个单位贡献可以为国家带来多少财政收入。

③ 资产保值增值率。

$$资产保值增值率=期末资产总额÷期初资产总额×100\%$$

④ 企业创新能力。该指标评价国有企业的创新能力。国有企业的创新不仅能给国有企业带来超额的利润和持续盈利,也是国有企业竞争力的集中体现。同时产品创新能力的提高有利于整个社会的可持续发展。

⑤ 企业售后服务情况。该指标评价国有企业的售后服务情况,考察企业是否为消费者提供安全的使用示范和指导,帮助消费者合理使用产品,这也是国有企业应尽的超越法律层面的社会责任。

⑥ 劳工权益。该指标考察国有企业员工的健康与安全、发展与培训机会等方面的权益情况,反映国有企业对员工的关注度和对其权益的保护程度。

⑦ 慈善公益。该指标考察国有企业在力所能及的情况下,积极参与社会公益和慈善活动的情况。这方面的情况体现了利他层面的社会责任。

6 经济责任审计报告模式与公告制度

经济责任审计是关于领导干部监督的一项特殊审计活动或行为,其目的就是通过评价领导干部受托经济责任的履行情况,确保领导干部被授予的权力得以合理有效运用,承担的公共受托经济责任得以全面有效履行。经济责任审计运行机制包括经济责任审计委托机制、经济责任审计执行机制、经济责任审计信息传递机制以及经济责任审计成果运用机制。本卷前面几章探讨了受托责任人目标经济责任的确定、经济责任履行报告以及经济责任审计评价方法与指标体系等问题,即着重分析了经济责任审计目标确定问题、经济责任审计委托机制以及经济责任审计执行机制,本章我们将着重讨论经济责任审计报告模式与公告制度,即探讨经济责任审计信息传递机制以及经济责任审计成果运用机制。

6.1 经济责任审计报告的特点与现行报告缺陷分析

6.1.1 经济责任审计报告的特点

经济责任审计报告是指审计人员按照审计授权或委托人的要求,依据审计准则、国家法律法规制度的规定、审计评价指标体系以及目标经济责任书等相关标准,在实施充分的审计程序的基础上,对特定组织的经济责任人履责报告的公允性发表审计意见,并对经济责任人受托经济责任的履行情况作出审计评价的书面报告。经济责任审计报告具有权威性、定向性、针对性、客观性、公正性等特点。

1. 经济责任审计报告的权威性

经济责任审计报告是国家审计机关根据有关部门的授权,依据一定的标准对目标责任人的履责情况作出综合审计评价的正式书面报告,它是由国家审计机关依据法定程序出具的,具有强制性,其审计决定必须得到执行。在一定程度上,它代表了一种强制执行的公权力,具有非常高的权威性。这一点使其与社会审计报告、内部审计报告有着显著的不同,社会审计报告、内部审计报告也是对受托人履责情况的一种鉴证与评价,但是这两者并没有政府强制执行的公权力作为保障,社会审计报告的质量取决于审计准则、审计师的职业精神等因素,内部审计报告主要是为单位内部的决策服务,因此这两者的权威性要弱一些。

2. 经济责任审计报告的定向性

经济责任审计是国家审计机关接受党和政府的委托,监督领导干部的一项特殊的审计活动或行为,其审计结果主要用于组织、纪检监察等部门考核、评价、监督干部,其审计的目的决定了经济责任审计报告具有定向性的特点。首先,经济责任审计报告的收件人或者说使用者主要是政府部门,其是为了满足政府部门监督和管理干部的需要,也通过向社会公告的形式满足社会公众参政议政、监督评价干部的需要,它的使用者或者说服务对象较为明确;其次,经济责任审计报告的内容主要是对领导干部经济责任的履行情况作出的鉴证和评价,主体内容非常明确,就是领导干部经济责任的履行情况,它就是提供该种特殊信息的特定报告;最后,由于经济责任审计报告是对目标责任人的履责情况进行的鉴证,为了控制审计风险,其行文有着严格的要求、结构较为统一、定性措施及逻辑要求较为严谨,也就是说它有着特定的格式和要求,形式上较为单一和规范。

3. 经济责任审计报告的针对性

经济责任审计的对象是"人",主要是对"人"实施的一种特殊的审计,并且仅针对一类特殊的群体,主要是党政机关和国有企事业单位的一定级别的领导干部。经济责任审计的内容主要是领导干部任期内应承担的目标经济责任,一般包括合规责任、保全责任、效率责任、效果责任、社会责任、环境责任、节约责任、控制责任、可持续发展责任等。以上这些责任因目标责任人的不同而有所不同,如中共中央办公厅和国务院办公厅于2010年颁布并且于2011年实施的《党政主要领导干部和国有企业领导人员经济责任审计规定》第十五条指出的地方各级党委和政府主要领导干部经济责任审计的主要内容是:本地区财政收支的真实、合法和效益情况;国有资产的管理和使用情况;政府债务的举借、管理和使用情况;政府投资和以政府投资为主的重要项目的建设和管理情况;对直接分管部门预算执行和其他财政收支、财务收支以及有关经济活动的管理和监督情况。第十六条指出的党政工作部门、审判机关、检察机关、事业单位和人民团体等单位主要领导干部经济责任审计的主要内容是:本部门(系统)、本单位预算执行和其他财政收支、财务收支的真实、合法和效益情况;重要投资项目的建设和管理情况;重要经济事项管理制度的建立和执行情况;对下属单位财政收支、财务收支以及有关经济活动的管理和监督情况。第十七条指出的国有企业领导人员经济责任审计的主要内容是:本企业财务收支的真实、合法和效益情况;有关内部控制制度的建立和执行情况;履行国有资产出资人经济管理和监督职责情况。

另外,国家审计机关在对领导干部的目标经济责任履行情况进行审计时,要事先确定审计的重要性水平,并控制审计的风险,在形成经济责任审计报告时,尤其要注意报告提及的事项应该满足一定的重要性水平并且该事项与领导干部自身有着一定的联系,与被审计领导干部无关或关系非常微弱的事项,审计报告中不必提及,以免误导报告的使用者,审计部门感觉比较重要,需要向上级机关或有关部门反映时,可以单独以专报或者其他形式向委托人反映。

4. 经济责任审计报告的客观性

国家审计机关的审计人员在依据一定的标准和程序撰写审计报告、形成审计结论时,依据的原始证据和调查资料具有客观性。审计人员在对领导干部的目标经济责任履行情况进行评价时,需要收集大量的资料和证据,主要包括:领导干部任职时签订的目标经济责任书,领导干部的职责与分工资料,财务和会计资料,有关制度和文件资料,有关经济事项的决策和执行过程中的记录和审批等资料,函证以及调查资料,有关本地区、本部门财政、经济和社会发展等相关资料,以及其他反映领导干部履行经济责任情况的资料。以上所需的相关资料,如若是被审计单位提供的,被审计单位需要针对以上资料的真实完整性做出书面承诺,审计人员要通过询问、访谈以及其他形式进一步确定所取得资料的真实完整性;如若相关资料是审计人员通过函证以及调查取得的,那么审计人员仍然要通过一定的程序和措施验证相关资料的真实准确性。由于审计报告进行审计评价、形成审计结论所依据的审计原始证据和资料具有一定的客观性,审计人员运用批判性思维,依据相关数据、指标进行客观谨慎地分析判断所得到的审计结论就具有一定的可靠性,所以经济责任审计报告能够较为真实、客观和完整地反映目标责任人的受托经济责任履行情况。

5. 经济责任审计报告的公正性

在进行经济责任审计评价时,国家审计机关坚持独立性原则,排除各种干扰,公允地站在第三者立场上,科学地运用评价标准,作出实事求是的评价,坚持以事评人,不因人而异,既肯定成绩,又指明问题,客观公正,不扣帽子,全面分析各种主客观条件和内外因素对被审计者的影响,严格分清单位责任和个人责任、前任责任和本任责任、主管责任和直接责任。

审计人员为了保证审计结论的客观公允性,一般应遵循以下原则:①独立性原则。独立性是审计之魂,要想取得高的审计质量就必须保持高度的独立性。相比于其他审计形式,经济责任审计的风险往往大于一般审计风险,因此,经济责任审计过程坚持独立性原则,有助于防范经济责任审计特有的风险因素,提高经济责任审计质量。这里的独立性不仅指形式上的独立,而且指实质上的独立。②依法性原则。依法审计是所有审计必须坚持的一项基本原则,对于经济责任审计尤有特殊意义。审计人员在审计过程中必须以法律、法规为准绳,以领导干部上任前签订的目标经济责任书、组织的任命书以及领导干部的相关考核办法为依据,对经济责任履行报告进行审查,对领导干部的目标经济责任进行评价,正确评价和衡量领导干部的决策行为、执行情况、管理能力等。③权责对称原则。权责对称原则既是确定目标经济责任的重要原则,也是重要的经济责任审计原则之一。经济责任审计对象就是行使一定职权的行为责任人,根据权责对等的原则,行为责任人掌控多大的权力,就应该承担多大的责任。④客观性原则。审计人员开展经济责任审计时要本着实事求是的态度,得出的每一条审计结论和建议都要有客观的证据和资料支持,不能够妄自推测得出不切实际的结论,对于没有审计证据支持的方面不能随意发表意见。⑤重要性原则。审计人员实施审计时,在将审计风险控制在可承受的范围之内后,要客观全面地反映被审计人员目标经济责任的履行情况,并非关于目标责任人的每一事项都要审计,审计过程应该抓住重要的经济事项、重大的经济决策。

由于经济责任审计是对"人"的审计,主要是用来确定领导干部应承担多大的经济责任,其经济责任的履行状况如何,因此,为了保证经济责任审计报告的公正性,审计人员在遵循以上原则的基础上,还要注意区分单位责任和个人责任、前任责任和本任责任、主管责任和直接责任。只有客观公正、科学合理地划分清楚以上责任,才能够确保得到客观公正的审计结论,才能够提出科学合理的审计建议。

6.1.2 现行经济责任审计报告的缺陷

经济责任审计报告是审计人员接受委托对目标责任人的目标经济责任履行状况作出综合评价的书面报告,是审计工作成果的最终载体,是评价、考核领导干部的重要依据,具有一定的法律效力。作为政府公文的一种,经济责任审计报告应该格式统一、结构完整、内容清晰、用词严谨、评价准确、通俗易懂。

1. 经济责任审计报告实例分析①

我们经过多次调研,掌握了一定的经济责任审计报告素材,为了深入分析现行

---

① 本节的实例1和实例2是来自审计部门的真实案例,部分法律法规可能已经更新或作废。

经济责任审计报告存在的问题,本节选取两份经济责任审计报告实例,分别是某镇镇委书记和镇长的经济责任审计报告、某村党总支书记和村委会主任的经济责任审计报告。

实例1:某镇镇委书记和镇长经济责任审计报告

××审计局××审计报告

根据《中华人民共和国审计法》第二十五条的规定和××组织部《交办审计事项通知书》的委托,我局于××××年××月××日至××××年××月××日,对××镇党委书记A同志、镇长B同志(2×06年至2×07年)任期经济责任进行了审计,并延伸审计调查了农机管理服务站、××镇商会的财务收支情况。××镇书面承诺对提供的财务资料和其他资料的真实、完整性负责,我局的责任是对此进行审计并出具报告。

一、基本情况

(一)经济责任人任职情况

××镇党委书记A,自2×03年11月在××镇任党委书记至今,主持全面工作。

××镇镇长B,自2×03年11月在××镇任镇长至今,主持行政全面工作。

(二)财务收支情况

2×06年度收入合计1 270.2万元,其中一般预算收入655.9万元,上级补助收入404.6万元,预算外收入209.7万元;当年支出1 133.7万元,其中一般预算支出973.7万元,预算外支出160万元,当年结余136.5万元。

2×07年度收入合计825.7万元,其中一般预算收入415.7万元,上级补助收入319.4万元,预算外收入90.6万元;当年支出1 157.7万元,其中一般预算支出912.9万元,预算外支出244.8万元,当年超支332万元。

(三)资产负债情况

2×07年年末资产合计1 061.9万元,其中银行存款79万元,固定资产125.4万元,暂付款271.1万元,财政周转资金4.3万元,财政欠款582.1万元;负债合计1 102.1万元,其中暂存款787.9万元,借入款314.2万元;净资产合计-40.2万元,其中累计结余-169.9万元,财政周转金4.3万元,固定基金125.4万元。

二、审计评价

××镇党委书记A、镇长B 2×06年至2×07年期间,在上级党委、政府的领导下,围绕农业生产、经济发展、推进新农村建设项目,在落实上级有关政策、协调解决各项镇级事务等方面较好地完成了各项工作,做出了成绩,各项经济指标完成较好,但存在乱收费、购置小汽车公车私挂、镇预算外财务收支管理不规范等问题。

(一)经济指标完成情况

A同志、B同志在2×06年和2×07年,全面完成了区委、区政府的目标任务。经××区综合目标考核,2×06年目标考核得分183.07分,镇街排名第11位;2×07年目标考核得分130.92分,镇街排名第13位。其经济指标完成情况如下:

2×06年,GDP总量任务11 550万元,实际完成17 000万元,超5 450万元;预算内财政收入(不含上级补助)任务495万元,实际完成655.91万元,超160.91万元;农民人均纯收入3 371元,增收121元。

2×07年,GDP总量任务18 000万元,实际完成19 931万元,超1 931万元;工商税务收入任务295万元,实际完成309.60万元,超14.60万元;固定资产投资任务11 490万元,实际完成11 520万元,超30万元;农民人均纯收入4 389元,增收1 018元。

A同志、B同志在2×06年和2×07年实现了经济增长、财政增收、农民增收。

(二)财政财务收支的真实性情况

××镇2×06年度和2×07年度财政财务收支基本真实,但存在乱收费、社会抚养费征收不力等问题。

(三)重大经济事项决策情况

A同志、B同志在重大经济决策方面做到了集体研究,未发现现有经济决策失误的情况,但存在政府建设工程未按规定报送审计机关审计、购车规避政府采购挂私人户口等问题。

(四)内部控制制度建立及执行情况

A同志、B同志在2×06年和2×07年内部控制制度基本健全,执行基本有效。重大经济事项支出经党政集体讨论研究决定,由镇长"一支笔"签报支出。

(五)政府负债及优化环境、可持续发展情况

1. 资产负债增长情况

A同志、B同志在任期间,2×07年年末镇级资产1 061.9万元,较任职期初增加513万元;负债1 102.1万元,较任职期初增加604.2万元。

2. 优化环境、可持续发展情况

2×06 年,投资 178.2 万元实施了 4.5 公里双永公路油化工程;组织农户自行筹资实施新农村建设,集中居民点建房占地 8.95 亩。

2×07 年,争取上级财政资金 220 万元为 4 个村安装自来水和实施农村人行便道硬化 47 公里;镇财政投资 10 万元扩大茶叶种植面积,在原有 4 323 亩的基础上,新增 280 亩;协调××矿业有限公司投资 300 万元完成 1 个村的农网改造;通过土地流转方式,建设 4 个村种植纸用竹基地 1 700 亩。

(六)遵守财经纪律和有关廉洁情况

审计未发现 A 同志、B 同志在 2×06 年至 2×07 年任职期间有个人违反廉政规定的行为。

三、存在的主要问题及处理意见

(一)乱收费 1 480 044.07 元

1. ××镇政府 2×06 年至 2×07 年度对煤矿等企业乱收费 751 840.07 元

其中 2×06 年企业服务费 231 125.42 元,安全学习费 25 956 元;2×07 年企业服务费 297 769.65 元,企业安全学习费 196 989 元。

2. ××商会向企业乱收费 430 513 元

2×07 年 4 月,中共××镇委员会同意成立××镇商会,其秘书长、会计、出纳均由镇政府干部兼任。商会的财务收支单独设在经发办,由经发办主任签批收支。2×07 年 4 月至 2×08 年 8 月,累计收入 430 513 元,其中向企业收赞助款 154 200 元,收取学习费 30 700 元,收会费 214 113 元,商会成立收礼金 31 500 元。支出总额 393 807 元,其中主要用于镇经发办生活费、租车费等支出 355 357 元,支经发办 2×07 年安全奖等 16 450 元,两个村饮水工程款 16 000 元,企业养殖大户先进个人奖 6 000 元。结余 36 706 元。

3. ××工匠协会在村镇建设中乱收费 297 691 元

2×06 年 7 月,××镇成立工匠协会,在村镇建设中按建房面积 5 元每平方米收取工匠费,其中财务收支由镇城建办以工匠协会名义独立核算。截至 2×08 年 8 月,收费总额 297 691 元,其中对居民建房收取 116 191 元,对建筑商收取 181 500 元。其资金主要用于镇城建办生活费、租车费等支出。

上述行为不符合《预算外资金管理实施办法》第三条"任何部门和单位不得违反国家有关规定擅自设立收费、基金项目"和国务院办公厅转发农业部等部门《关于 2003 年减轻农民负担工作意见的通知》第三条"不得自立农民住房收费项目,扩大收费范围,提高收费标准"等规定。根据《国务院关于加强预算外资金管理的决定》第29号第八条"对违反国家规定擅自设立行政事业性收费、基金项目或扩大范围,提高标准,违法金额一律没收上缴财政"以及《财政部关于治理乱收费的规定》"乱收费的非法收入除按规定退还被收单位和个人外,其余全部没收上缴财政"的规定,责成××镇政府改成,立即停止上述乱收费行为,将商会资金余额36 706元缴入财政核算。

(二)购置小汽车公车私挂,规避镇政府采购和监督

2×07年9月,××镇以政府职工名义由农机管理服务站出资购猎豹汽车一辆,车价131 800元,加保险及税费等27 277.05元,共计159 077.05元。该车在农机管理服务站核算,实际由镇政府使用。

此外,××于2×01年8月和2×03年7月以政府职工名义按揭购置小车2辆(该事项不在A同志、B同志任职期间)。截至2×07年12月,已付清按揭购款及利息共计423 368元,其中车价347 200元,利息76 168元。所购车辆固定资产核算不完整,2×01年购置的桑塔纳(车价款137 700元,按揭利息24 500元)于2×08年经××国资委拍卖后未冲减固定资产;2×03年购置的帕萨特(车价款209 500元,按揭利息51 668元)未登记固定资产。

上述做法,除2×01年8月按揭的桑塔纳小车外,其余2辆不符合2×02年6月29日颁布的《中华人民共和国政府采购法》第二十八条"采购人不得将应当以公开招标方式采购的货物或者服务化整为零或者以其他任何方式规避公开招标采购"的规定。按照《中华人民共和国政府采购法》第七十一条"采购人,采购代理机构有应当采用公开招标方式而擅自采用其他方式采购的,责令限期改正"等规定,责成××镇政府改正,将挂在个人户口的车辆,过户到单位统一管理,并补充登记固定资产账。

(三)政府建设工程决算未按规定程序报送审计机关审计

××镇2×06年实施某公路4.5公里油化工程决算未按照规定报送审计,该工程由××建筑安装有限公司承建,于2×06年12月竣工,造价1 795 406.60元,经××事务所审计的金额为1 781 871.32元,工程款已全部付清。

上述行为不符合××政府《关于加强审计监督的意见》的规定,责成××镇政府改正,今后对30万元以上的政府建设工程决算项目按规定报送上级审计局审计。

（四）预算外财务收支管理不规范

××镇受××电厂委托代收镇辖区内的电费，该项工作由镇农机管理服务站承担，其财务收支在2×06年6月以前一直纳入镇级财政核算。2×06年7月镇级财政纳入财政局集中核算后，这部分业务收入单独在农机管理服务站建账核算，财务收支脱离镇财政监管。2×06年6月至2×07年12月，总收入6 408 857.27元（电费收入6 306 221.83元，其他收入102 635.44元），总支出6 112 576.84元（交××矿务局电费5 467 859.91元，聘用人员工资、招待费等支出644 716.93元），结余296 280.43元。

上述行为不符合《预算外资金管理实施办法》"各部门和各单位预算外资金管理要严格执行国家有关规定"的规定。按照《中华人民共和国审计法实施条例》第五十三条"对被审计单位违反国家规定的财务收支行为，由审计机关在法定职权范围内责令改正"的规定，建议责成××政府改正，由财政所加强管理，规范财务收支和相关会计核算行为。

（五）降低标准征收社会抚养费

根据计生办统计台账，2×06年度应收998 985元，实际收取583 000元，占应收数的58.36%。2×07年度应收3 365 875元，实际收取1 669 100元，占应收数的49.59%。在执行处罚标准上，实际与上级征收标准存在较大差距，普遍存在未按标准执行，降低标准收费的情况。如邓某、李某夫妻违法生育第二胎，处罚应收29 016元，实际交款16 000元（2×07年7月19日交10 000元，2×07年7月24日交6 000元）。

上述情况，不符合××政府2×05年第48号文的规定，责成××政府加强计划生育违法处罚力度，加强管理，不得随意减免，少收或不收社会抚养费。

四、审计建议

（1）严格执行政策，加大社会抚养费征收力度。建议××镇政府认真贯彻落实上级政府有关计划生育违法处罚政策，加大力度，责任到人，落实计划生育政策。

（2）加强财务收支管理，严格执行财经法规。建议××镇政府进一步加强财务收支管理，把好财政财务收支关。

（3）规范政府行为，优化发展环境。建议××镇政府从发展经济大局着想，减轻企业负担，停止收取不符合规定的任何费用。

××审计组长
××××年××月××日

实例2:某村党总支书记和村委会主任的任期经济责任审计报告

××审计局××审计报告

为了加强村级财务管理,提高村干部综合管理能力和遵守国家财经法规的能力,根据《中华人民共和国审计法》和××组织部《交办审计事项通知书》,我局于××××年××月××日至××××年××月××日,对××村总支书记A同志、村委会主任B同志(2×05年至2×07年12月)任期经济责任进行了送达审计,并延伸审计调查了××村三个ST、PF、TT三个村民小组的财务账等。××村对提供的财务资料和其他资料的真实性、完整性做出了承诺。

一、基本情况

（一）经济责任人任职情况

A同志,自2×04年11月任村党总支书记至今,负责全村党务工作。

B同志,自2×04年12月任村委会主任至今,负责全村的行政工作。

（二）村概况

村辖20个社,面积9.2平方公里,总人口4 200人,村级班子有4人(党总支书记A同志、村委会主任B同志、文书C同志、妇委会主任D同志),村级财务从2004年9月起交由××办事处核算中心核算。

（三）财务收支情况

2×05年:收入120 479.58元,支出66 977.64元。

2×06年:收入278 843.10元(补助收入245 335元,经营收入18 200元,其他收入15 308.10元),支出36 929.50元。

2×07年:收入1 835 659.70元(补助收入414 164.40元,发包及上交收入239 900元,经营收入980 802.53元,其他收入200 792.77元),支出1 153 385.07元。

二、审计评价

××村党总支书记A同志、村委会主任B同志,在2×05年至2×07年期间,在××办事处党委、政府的领导下,围绕农业生产,经济发展,推进新农村建设目标,落实上级有关政策,协调解决各项村务,协助区国土房产管理局完成××水库11个村民小组的征地、拆迁、安置等工作,做出了较好的成绩。

第一,A同志、B同志任职期间,全面完成了××办事处党委政府的目标任务,经××办事处综合目标考核,2×05年、2×06年、2×07年均获办事处一等奖。

第二,××村提供的会计资料数据与审计机关审计认定的数据基本相符,但存在大量白条入账、村级财务收支公开不够透明等问题。

第三,A同志、B同志在重大经济决策方面,做到了集体研究,未发现有经济决策失误的情况。

(1) 自筹资金修建了近1 000平方米的村办公室,工程造价463 870元,但存在工程未进行招投标、违背建设程序、施工过程管理不规范等问题。

(2) 通过"一事一议"方式筹集资金10多万元,修建完成了5公里村道公路。

(3) 为村级经济发展,从农户中集中倒包土地1 000余亩,补偿支出55万元,退耕还林900亩。

(4) 2×07年推进新农村建设,改厨、改厕、修建沼气池等支出105 118元。

第四,A同志、B同志任职期间,建立了财务管理制度、财务公开制度等。但存在内部控制较差、报账时间较长、白条顶库、支出票据不符合规定、村级财务公开不够透明等问题。

第五,A同志、B同志在2×05年至2×07年任职期间,村级资产增加、积累增加,但负债增大。

资产增加。2×07年年末资产1 722 105.10元,较2×05年年初资产644 518.93元,增加资产1 077 586.17元(债权17.35元,银行存款502 501.94元,固定资产575 066.88元)。

村级积累增加。2×07年积累1 137 344.67元,较2×05年年初200 755.85元,增加936 588.82元。

负债较大。2×07年年末负债584 760.43元,较2×05年年初443 763.08元,增加负债140 997.35元。

第六,A同志、B同志,在2×05年至2×07年任职期间,未发现有个人违反廉政规定的行为。

三、存在的主要问题及处理意见

(一) 白条支付工程款等,造成税收流失

2×06年10月,××村用"现金支付凭证"支付周某修建村办公楼工程款400 000元,××村ST小组2007年凭"收款收据"、领条等用现金支付陈某安置房工程款400 000元,合计800 000元,使施工方漏交营业税及附加26 400元。

上述做法,不符合《中华人民共和国税收征收管理法》第四条"法律、行政法规规定负有纳税义务的单位和个人为纳税人,法律、行政法规规定负有代扣代缴、代收代缴税款义务的单位和个人为扣缴义务人,纳税人、扣缴义务人必须依照法律、行政法规的规定缴纳税款、代扣代缴、代收代缴税款"的规定,责令××村从欠付的工程款中代扣代缴或由施工方补开正式的建筑安装发票。

(二) 出借银行账户

2×06年至2×07年,吴某通过××村账户,将某公司付给吴某的平基工程款925 651.05元,在其账户进行结算,形成出借账户的事实。

上述做法,不符合《人民银行结算账户管理办法》第四十五条"存款人应该按照本办法的规定使用银行结算账户办理结算业务。存款人不得出租、出借银行结算账户,不得利用银行结算账户套取银行信用"的规定。根据上述管理办法第六十五条"存款人使用银行结算账户,不得出租出借银行账户",责令××村自行纠正。

(三) 白条抵库

2×08年1月16日,对××村出纳进行盘点时发现,2×07年10月至12月,××村出纳员徐某在办事处核算中心出纳处打有4张借条,金额合计378 450.43元,未及时交付会计做账。收支凭据滞留在村报账员手中。

上述做法,不符合《现金管理暂行条例实施细则》第十二条"开户单位必须建立健全现金账目,逐笔记载现金支付,账目要日清月结,做到账款相符,不准用不符合财务制度的凭证顶替库存现金"的规定,责令××村纠正,及时按规定入账。

(四) 把关不严,随意付款

2×06年10月,××村凭××国土资源和房屋管理局××管理所填开的"乡镇办事处农村经营管理现金收款凭证",用现金支付该管理所"返回发放误工费、道路计算费"75 000元,该所无任何收款依据,开出的原始凭证也不符合规定。

上述做法,不符合《中华人民共和国会计法》第十四条"会计机构、会计人员必须按照国家统一的会计制度的规定对原始凭证进行审核,对不真实、不合法的原始凭证有权不予接受,并向单位负责人报告"的规定,根据《中华人民共和国会计法》第四十二条规定,责令××村改正。经过延伸调查,原××国土资源和房屋管理局××管理所相关人员涉嫌私分公款,我局已移送纪检监察机关处理。

(五) 少记库存现金

2×08年1月,在××村代收代付××公司工程款过程中,少计现金收入5 321.95元。

以上做法,不符合《中华人民共和国会计法》第九条"各单位必须根据实际发生的经济业务事项进行会计核算,填制会计凭证,登记会计账目,编制财务会计报告"的规定,责成××办事处核算中心调整会计科目,少计现金应由出纳退赔。

（六）公款私有

村会计和报账员在上级有关部门领取到村级占地、房屋赔偿及补助款后,收款收据及款项未及时交付办事处村级财务核算中心入账,而收到款项临时以报账员等个人名义存入银行(利息已入账)。

上述做法,不符合《现金管理暂行条例实施细则》第十二条"不准将单位收入的现金以个人名义存入储蓄"的规定,责成××村改正。

（七）村级财务收支公开不透明

2×05年至2×07年村级财务收支未按资金性质、用途、种类逐项公开,而是按收入支出打捆公布,看不出收入、支出明细。如村干部电话费、外出旅游考察费、××村水库占地补偿调解误工、退耕还林等补助,均未按照要求张榜公布。

上述做法,不符合村务公开的规定,责令××村委会纠正。

（八）自填支出凭据报销生活费8 400元

2×07年3月自填"现金付款凭证",以2×06年7月党员会名义报销生活费4 000元;2×07年2月自填收据,以2×06年年终总结会名义报销餐费4 400元。

上述做法,不符合《中华人民共和国会计法》第十四条"会计机构、会计人员必须按照国家统一的会计制度的规定对原始凭证进行审核,对不真实、不合法的原始凭证有权不予接受,并向单位负责人报告"的规定,责令××村委会应予以纠正,杜绝类似问题的再次发生。

（九）工程建设不规范

审查××村委会提供的修建办公楼资料,发现存在以下问题：

(1) 违背建设程序。无相关部门的立项批复文件,无规划、选址定点、用地、施工许可等手续,施工图纸无资质单位设计。

(2) 施工过程管理不规范、工程未进行招投标；施工合同签订不规范,合同内容要素不齐全、工程质量无约定等；工程未报建报检；无工程质量监理；未进行竣工验收就投入使用。

(3) 工程竣工资料不完整。只有施工单位自检资料,无工程检验试验质量保证资料；竣工图绘制不规范,施工中选用的标准不详,无节点详图。

(4) 竣工结算不规范。基础工程无原始收方记录,隐藏工程资料不完整；材料市场价格及人工价差调整无合同约定,且施工中没有甲方、乙方的签证记录；施工单位报送工程结算价为486 613.42元,材料价格和人工单价是按××招投标办提供的统计价计算的,与合同约定"工程造价竣工后按实结算,按××市定额及相关配套文件执行"不相符。

上述问题,××村党总支书记A同志、村委会主任B同志承担直接责任,并在今后的工作中加以改正,不得有类似的问题发生。

(十)会计基础工作薄弱

一是不按农村财务制度规定设置"现金"科目,凡是现金收进拿出,均在"银行存款"科目反映;二是不分资金开支性质,乱列支出科目,如应在其他支出和管理费用列支的记入"在建工程——办公楼";三是会计报表不按规定填报,表间数据不相符。

上述做法,责成××办事处和××村及时纠正,切实加强会计基础工作。

上述问题中:第(一)、(二)、(四)、(六)、(九)项问题,A同志、B同志应负直接责任;第(三)、(五)、(七)、(八)、(十)项问题,A同志、B同志应负主管责任。

四、审计建议

(一)加强村级财务管理,杜绝白条入账

××办事处应按照国家财政财务收支法规和相关财务制度,加强村级财务核算,对村级财务收支凭据严格把关,不符合法规、制度规定的单证,不得报账、入账;××村委会应把好财务收支单证入口关,对不符合法规、制度规定的单证不得付款。

(二)严格执行村务公开制度,增强村级财务公开透明度

对村级较大的经济运行事项,在发生前和发生后均应公开,特别是涉及村社两级较大的收支事项和征地拆迁安置补偿,必须分项、分类逐一公开,确保村级财务在阳光中运行,全面接受群众监督。

(三)健全内控制度,加强内部管理

要缩短报账时间,严格控制费用支出票据传递时间,对支出票据,应建立复核、审批等把关制度。

××审计组组长
××××年××月××日

实例3:某报社社长的任期经济责任审计报告

××市审计局经济责任审计结果报告

根据《中华人民共和国审计法》第二十五条、《党政主要领导干部和国有企事业单位主要领导人员经济责任审计规定》的规定和市委组织部的提请,××市审计局

派出审计组于2×19年8月12日至12月12日,对A同志2×17年7月以来担任××日报社(简称日报社)社长期间经济责任履行情况进行了审计。现将审计结果报告如下。

一、履行经济责任的主要工作

A同志任职期间担任日报社党委书记、社长,负责报社全面工作,具体分管采编、行政、经营工作。在市委、市政府的正确领导下,A同志带领日报社领导班子主要做了以下工作。

1. 策划主题宣传,服务中心工作

日报社充分发挥市委机关报的功能,全方位为市委、市政府中心工作服务,为我市改革发展提供了良好的思想舆论氛围。组织纸媒、网媒紧紧围绕"双创"、城市更新、湿地保护、脱贫攻坚和乡村振兴、新时代文明实践中心建设等市委、市政府中心工作,开设专版、专栏,设置话题,创意漫画,制作精美微文,纸媒、网媒、两微一端,全媒体发力。

2. 聚焦主题主线,用新语境营造新氛围

组织××日报、××网、新媒体开辟"在习近平新时代中国特色社会主义思想指引下——新时代新气象新作为、新时代新作为新篇章""壮丽70年 奋斗新时代""勇当先锋、做好表率——加快自由贸易试验区建设"等专栏,组织策划了"百日大招商(项目)活动""百万人才行动计划"、总部经济、江东新区建设以及社会文明大行动、六大专项整治、重大项目重大工程推进情况的深入报道。

3. 推进媒体融合,增强公信力和引导力

日报社全力推进媒体融合建设,组建新媒体部和摄影部,重新整合××日报公众号、微信、微博信息发布平台。2×17年6月××日报官方微博微信(××日报公众号)被中央网信办纳入互联网新闻信息稿源管理的新媒体单位,成为国家许可的互联网发布信息平台,列入转载白名单。2×17年10月,××日报新闻客户端正式签约入驻人民日报全国党媒公共平台,是全国首批签约入驻全国党媒公共平台的30家知名党媒客户端之一。2×19年××日报荣获腾讯年度正能量奖。

4. 遵守"三重一大"规定,执行党委议事规则

A同志任职期间,日报社执行"三重一大"事项及1万元以上经费上党委会研究决定的制度。先后制定了《××日报社党委工作和议事决策规则》《××网总编辑任职考核及退出机制》《××日报社经营业务绩效管理规定》《关于调整报社采编人员质量考核条件的通知》《××日报新媒体考核办法(试行)》《××日报新媒体选

稿用稿三审制度》6项管理制度并执行,以制度管人。

二、审计总体评价

审计结果表明,A同志任职期间,主动发挥"带头人作用",认真履行党报职责,坚持正确舆论导向,围绕中心抓宣传,为我市改革发展提供良好的思想舆论氛围,并较好地完成了报社工作目标和任务。审计未发现A同志在重大经济决策、机构设置、编制使用和履行党风廉政建设及个人廉洁从政情况等方面存在问题。但审计也发现日报社在执行相关政策和决策部署、预算管理及财务收支管理、公务车维修费支出、资产管理等方面还存在一些问题,应予以重视并加以完善。

三、审计发现的主要问题和责任认定

(一)贯彻执行重大方针政策和决策部署情况

A同志任职期间,积极落实市委2×17和2×18年度工作责任分工,作为牵头单位,积极处置各类舆情,切实提升网络舆论应对能力;作为责任单位,能积极配合牵头单位,推进××网络思想文化阵地建设,发扬优秀传统文化和美德,发展乡贤文化,推进诚信建设和志愿服务制度化,为市委、市政府营造良好的舆论氛围。但仍存在如下问题。

1. 单位负责人违反规定直接分管财务审批工作

审计发现,A同志自担任该社党委书记、社长以来,一直分管单位的财务审批工作。

2. 纪委书记违规兼任财务部门负责人

B同志2×16年11月因××农垦总局改制调整到日报社任该社党委纪检专职干部,2×17年3月根据报社党委分工,兼任财务审计部主任,主持财务审计部全面工作,2×19年7月在报社党委换届选举中当选纪委书记。截至审计日,B同志仍兼任财务审计部主任,主持财务审计部全面工作。上述问题主要是日报社领导班子对财务管理职责相关政策把握不够准确,A同志对此负有领导责任。

3. "××网"办网质量不高,部分栏目和频道长期未更新

"××网"作为××市党政对外宣传的网络窗口,由日报社下属的××报业网络传媒有限公司经营,为公司的主业。审计发现,"××网"办网质量不高,部分栏目和频道内容长期未更新。

(1)主营业务收入基本来源于市党政相关部门。2×18年,"××网"主营业务收入为648.85万元,其中来源于市党政相关部门的为610.46万元,占收入的94.08%,其他方面来源38.39万元,仅占收入的5.92%。

(2) 信息发布不及时。2×19年2月21日以"继续奔跑,追梦2×19"对5名人大代表和政协委员进行访谈,其访谈预告及访谈内容至2×19年5月27日才见网,延后3个多月。

(3) "××会客厅"每年仅开放2天。审计发现,"××会客厅"在2×17年至2×19年间,仅每年在两会期间对人大代表和政协委员开放2天,其他时间闭门谢客。

(4) "汽车频道"和"××城市更新进行时"栏目更新不及时。如"汽车频道"22个栏目中除"新闻"栏目外,其他21个栏目更新不及时,最长的已达9年之久。

此问题在于日报社领导班子对"××网"办网质量不够重视,缺少谋划"××网"创新发展的新举措,A同志对此负有领导责任。

4. 未按要求完成转企改制工作

2×12年至2×16年,日报社(原为××晚报社)根据××市委、市政府《关于深化文化体制改革的决定》的精神,将报社发行部和广告部剥离改制为××报业发行有限公司、××日报报业文化传媒有限公司和××日报教育咨询有限公司等三家企业。

审计发现,2×17年至2×18年,转制企业的主营业务收入仍归报社所有,财务管理直接归口于日报社财务审计部,所有经费支出均由报社分管领导(非公司管理人员)审批;公务车辆除报纸投递车辆外,全部归口报社办公室管理,统一调度使用。可见,××日报社下属转制企业名为具有独立法人资格的企业,实为报社的内部经营管理部门,其管理方式无法推动转制企业做强做优做大。

此问题在于日报社领导班子对经营性文化事业单位转企改制认识不到位,导致政企不分、改制不彻底,A同志对此负有领导责任。

(二) 预算执行和财政、财务收支管理情况

1. 收入挂往来款项3 165.65万元,涉嫌偷税

审计发现,2×11年至2×18年,该报社收入长期在往来款项中挂账3 165.65万元,未按收入确认原则确认收入、缴纳税费,其做法涉嫌偷税。

2. 预算编制不合理,实际支出仅占年度预算的79.36%

据日报社2×18年度财政批复的预算报表和单位财务决算报表等财务资料,年初预算支出为6 852.43万元,年末决算5 437.79万元,决算数仅占预算数的79.36%。

3. 报纸预售款直接确认收入,虚增收入 2 191.32 万元

日报社和××报业发行有限公司将 2×18 年预收的 2×19 年度《××日报》销售收入 2 191.32 万元,违规确认为 2×18 年度收入,造成虚增收入 2 191.32 万元。

4. 应收款项账外核算,至审计日仍有余额 64.79 万元

审计发现,日报社 2×17 年至 2×18 年报纸和广告销售应收款项,在收取货款前,未按票面金额确认收入并列入应收科目核算,仅在账外作辅助核算,待以后期间收取货款时才确认销售收入、登记账册。截至 2×18 年年末,仍有账外核算应收款项 64.79 万元,其中报纸销售 51.77 万元,广告销售 13.02 万元。

5. 利用个人账户代收公款 525.81 万元

审计发现,日报社 2×17 年 7 月至 2×18 年 12 月期间,通过个人账户代收该社广告收入和发行收入,再由个人账户将代收款转入单位账户,共计 3 520 笔 525.81 万元。

6. 违规使用现金 17.73 万元

2×17 年 7 月至 2×18 年 12 月,日报社在未经单位负责人书面说明的情况下,以现金支付办公费、差旅费、维修(护)费、劳务费、公务用车运行维护费和其他交通费用等费用 17.73 元。

7. 备用金使用不规范

(1) 备用金使用限额过大。日报社账面反映,该社食堂管理人员借用食堂采购备用金达 8 万元。审计抽查 2×18 年 3 月份职工食堂采购清单,当月发生食材采购资金 4.45 万元,平均每天仅 1 435 元,借用的备用金达月采购资金量的 1.8 倍,为每天所需采购资金的 31 倍。

(2) 备用金使用不规范。截至 2×18 年 12 月,日报社账面反映,该社人力资源部、社会新闻部员工谢涛、黄红花,在 2×14 年至 2×16 年期间,分别向该社财务部门借用备用金 1.8 万元和 0.5 万元,共计 2.3 万元,用于发放读者报料奖及社外稿酬后,再经财务审批报销。

8. 财务审核把关不严,存在票据报销不实

审计抽查发现,日报社在费用报销上存在审核把关不严,票据报销不实的问题。如:2×18 年 11 月支付范×到市政府和税务局办事报销的办公交通费 93.88 元中,出现滴滴公司开具的天津市出租车发票 58 元。2×18 年 3 月,任××报销到哈尔滨冬令营踩线差旅费 3562 元中,包含深圳市全通达申通快递有限公司开具快递费 60 元。据了解,该趟出差未途经深圳,报销凭证中也无该事项的相关情况说明。

上述问题主要责任在于领导班子对财务管理的监督不到位,财务管理缺乏系统、有效控制,A同志对此负有领导责任。

(三)公务车辆维修养护管理混乱

审计发现,日报社公务车辆的维修养护管理混乱,存在维修养护费用高和虚假维修养护的问题。

1. 公务车辆维修养护费用高

平均单车年费用高达21 096元,每行驶一公里高达1.85元,每月进厂维修养护1.16次。2×17年7月至2×18年12月,日报社报销2×17年5月至2×18年11月的公务车辆维修养护费用为462 377元。维修清单反映,共进厂维修养护车辆19辆,按单车使用时段的月份数累计为263个月,平均单车月维修费用为1 758元、年为21 096元;费用最高的为琼AD9370,使用18个月费用48 842元,年平均高达32 561.33元。

车辆共进厂更换机油50次,按正常行驶5 000公里更换一次机油测算,共行驶里程250 000公里,平均每行驶一公里维修养护费高达1.85元;最高的为琼AQ6080,18个月维修养护费21 628元,更换机油1次,平均每行驶一公里维修养护高达4.33元。

车辆总共进厂维修养护305次,单车平均每月进厂1.16次;进厂维修养护最多的为琼AOCL67,5个月进厂9次,平均每月1.8次。

2. 公务车辆存在虚假维修养护现象

日报社2×18年度使用的16辆公务车辆在2×17年5月至2×18年11月的车辆维修养护存在虚假现象。

(1)更换车门玻璃升降器30个,平均每辆更换近2个。日报社公务车辆维修清单反映,车门维修支出26 210元,平均每辆支出1 638.13元,其中更换车门玻璃升降器30个,占车门维修养护费支出的49.88%,平均每辆更换近2个。

(2)刹车支出22 815元,平均每辆1 425.94元。最多的为琼A60836,共进厂更换机油3次,维修刹车4次,费用3 352元。按测算行程15 000公里计算,平均每行驶5 000公里保养刹车1.3次。

(3)空调支出51 135元,平均每辆3 196元。最多的为琼AQ6076,在一次机油都没有更换的情况下,共进厂维修空调6次,费用6 674.37元。

(4)同车在同天进两家汽修厂维修。审计发现,AD9370和琼AQ676,分别于2×17年7月25日和2×17年8月15日,同时进××市龙华博世通发汽车维修服务中心和××龙华沁世朋汽车服务中心两家维修厂维修,维修费用分别为1 655元和2 404元。

(5) 三天内两次进厂维修。审计发现,日报社琼AD9370等7辆公务车辆存在三天内两次进厂维修,费用共计金额29 960元。

(6) 琼AH1073公务车19天内进厂维修5次,费用8 493元。

(7) 配件更换不正常。审计发现,日报社13辆公务车辆存在维修更换配件不正常,共涉及金额40 709.91元。如:琼A60836,2×17年5月20日至9月16日的120天里更换启动马达3个,费用共计2 939元;琼AK6867,在2×17年8月6日至2×18年8月6日的一年时间里,更换机油4次,总行驶里程20 000公里,更换正常寿命为60 000公里的铂金火嘴3次,价值1 060元。

(8) 养护不正常。审计发现,该社9辆公务车辆在更换机油、保养刹车和室内美容等方面的养护存在不正常现象,涉及金额14 505元。如:琼A23371,2×17年11月20日和12月1日,在11天的时间里更换机油2次;琼AH1073,2×17年8月5日和23日,在19天的时间里作刹车保养2次等。

(9) 不使用车辆频繁维修。琼AQ6076,2×17年5月至2×18年11月,在没有更换一次机油的情况下共进厂维修18次,产生维修养护费用达34 726元。

3. 车辆维修费延期报账25.28万元

经查阅日报社2×18年会计凭证,发现该社车辆维修费存在取得维修发票后长期不报账的问题,延期报账最长时间为9个月,且延后报账时经办人在相关凭证背面无背书说明,涉及金额25.28万元,占当年车辆维修费总金额33.94万元的74.48%。

此问题主要责任在于日报社领导班子对单位公务车管理不够重视,审核把关不严,A同志对此应负领导责任。

(四) 国有资产管理及运营情况

A同志任职期间,截至2×18年12月底日报社账面反映国有资产756项,账面原值4 557.45万元,累计折旧516.42万元,净值4 041.03万元。账面原值比2×17年7月初增加491.19万元,增幅12%,主要为购置设备。从审计情况看,日报社尚存在以下问题。

(1) 已完工验收交付使用的工程项目,未按规定转增固定资产2 237.19万元。经核查,日报社实施的双创宣传设备建设等3个项目,已完工验收交付使用,但截至2×18年年末仍未按规定转增固定资产,涉及金额2 237.19万元。

(2) 完工交付使用资产,在登记固定资产的同时未按规定核销在建工程,造成虚增在建工程295.81万元。经核查,日报社在建工程核算的××网设备购置等3个项目,已完工交付使用,于2×17年8月前登记固定资产295.81万元,截至2×18年年末,仍未按规定核销在建工程,造成虚增在建工程295.81万元。

(3) 未按规定办理固定资产交接手续97.45万元。日报社2×17年8月将由该社负责实施、已完工交付××日报社印刷厂(企业法人)使用的制版印刷升级和改造资产,纳入单位固定资产管理,价值97.45万元。截至审计日,日报社仍未与该社印刷厂办理资产交接手续。

(五) 往来账款管理的情况

1. 往来账款长期挂账未清理3 581.33万元

经统计,截至2×18年12月底,日报社账面反映债权1 290.86万元,债务2 387.84万元。其中:应收账款1 156.6万元,预付账款12.76万元,其他应收款121.50万元,应付账款1 475.22万元,其他应付款912.62万元。

经统计,未及时办理核销手续导致挂账3年及以上的3 581.33万元,占往来账款总额的97.35%(其中:10年及以上的挂账金额3 462.98万元,占债权总额的94.14%)。

2. 应收挂账不清,无法确认债务人款项145.70万元

审计发现,因挂账不清无法确认债务人款项145.70万元,其中:以"其他"挂账83万元,"广告费"挂账62.70万元。

3. 应付挂账不清,无法确认债权人款项137.29万元

审计发现,因挂账不清无法确认债权人款项137.29万元,其中:以"应付其他"挂账1.01万元,"报社"挂账0.30万元,"职工个人贷款"挂账123.90万元,"报务专栏"挂账7.82万元,"其他扣款"4.26万元。

4. 个人借用公款管理不严,缺乏有效监管

个人借用公款长期不归还162.14万元。经审计核实,截至2×18年12月,日报社账面反映个人拖欠公款162.14万元,其中:退休人员2人15.03万元,社外人9人14.14万元,离职人员22人54.43万元,在职人员10人78.54万元。账龄分析显示,1至2年间发生的1.28万元;3年及以上的160.86万元,占个人欠款总额的99.21%。

上述问题主要责任在于领导班子对资产管理不够重视,历史遗留问题未积极采取措施解决,A同志负有领导责任。

(六）机构设置、编制使用及有关规定执行情况

A同志任职期间，××日报社经编办核定，应有内设处室9个，实有9个；应有下属二、三级单位5个，实有5个；核定编制人数105人，实有58人，其中，核定领导岗位6人，实有6人。审计未发现违反机构设置和编制使用相关规定的情况。

（七）履行党风廉政建设职责及个人廉洁从政情况

根据日报社提供的财务资料及对相关人员调查了解，A同志任职期间，较好地履行党风廉政建设第一责任人的职责，个人执行廉洁自律、群众纪律、工作纪律方面，未发现A同志存在违纪和不廉洁的问题。

四、审计建议

对本次审计发现的违规问题，市审计局根据国家有关法规，在法定职权范围内做出了处理，并提出如下建议：

（1）加强单位预算管理，预算编制应结合实际财务收支状况，做到合理编制、准确预算，严格按照批复的预算执行，努力提高单位预算的执行率。

（2）加强财务管理，严格报销票据审核。加强公务卡结算，杜绝使用大额现金支出。

（3）加强各项资产管理，维护资产安全完整，做到资产管理与财务管理相结合，定期或不定期地对资产实物和账务进行核对，对出现盘盈、盘亏应查明原因，及时处理。

（4）加强往来款项管理，做到应收尽收，对经核实无法收回的往来款项，应查明原因，分清责任，按规定程序批准后核销并调整会计账务，以确保往来款项信息的真实性。

××市审计局
2×20年3月5日

2. 现行经济责任审计报告存在的问题

通过以上实务部门出具的经济责任审计报告，我们可以看出，现行的经济责任审计报告存在着诸多的问题。如果对现有的经济责任审计报告做一次评估的话，我们会发现存在更多的问题，从普遍意义上来讲，现有的经济责任审计报告主要存在着名称不规范、要素不完整、内容不清晰、责任不明确、评价不确切以及缺乏可读性等问题。经济责任审计报告存在的诸多问题，不仅影响经济责任审计报告的运用，容易挫伤审计人员的积极性，也不利于客观公正地评价领导干部的受托经济责任履行情况。

(1) 名称不规范。关于经济责任审计报告各个实务项目应该如何称谓，现行实务中也是众说纷纭、五花八门。有的审计报告没有标题，有的标注为"关于××同志担任××期间的经济责任审计报告"，还有的称为"关于××同志担任××期间经济责任的审计报告""关于××同志任职期间经济责任审计的报告"。现行的叫法比较混乱，不利于此类报告文件的归类和管理，也不利于社会公众对此类报告的接受和认知，"经济责任审计报告"这几个词不宜分开使用，因此，建议统一为"关于××(被审计单位)××(被审计人姓名和职务)的经济责任审计报告"(李季玲，2013)，这种称谓相对比较简单明了，较为准确，易于理解和接受。

同样，现行经济责任审计报告中关于被审计单位的称谓也是多种多样，有些过于随意，比如，某些被审计单位为"××市人民政府"，有些报告在首次出现时就用"××市政府"；某些被审计单位为"××市国家税务局"，一些审计报告在首次出现时就将其简略为"××市国税局"；某被审计单位为"××有限责任公司"，而某些报告在首次出现时使用"××公司"。这些简称略显随意，带有很浓重的口语化色彩，在具有法律强制效力的政府公文中使用不够严谨和规范，因此，建议经济责任审计报告首先使用时应该写出其全称，并以括号的形式在其后标注其简称，后续使用可以运用其简称形式。因此，经济责任审计报告涉及审计机关、政府的有关部门、被审计单位、被审计人、审计项目等名称时一定要注意使用的规范性、准确性等问题。

(2) 要素不完整。现行经济责任审计报告一般包括标题、被审计人的情况简介、被审计单位、审计机关、被审计单位提供有关资料的责任承诺、被审计人的履责情况、审计建议以及报告日期等，然而缺少对审计人员的责任界定、审计人员的评价意见等这些必要元素。科学合理界定各方的职责对于提高经济责任审计质量至关重要，为了控制经济责任审计风险，在审计报告中明确审计人员的职责非常必要，这样有利于评价审计人员的审计工作质量，有利于被审计单位以及其他部门和社会公众监督审计人员。审计人员针对被审计人员的目标经济责任履责报告发表审计意见有利于经济责任审计报告的标准化，针对被审计人员受托经济责任的履责状况进行评价是开展经济责任审计工作的必要之举。因此，我们认为标准规范的经济责任审计报告应该至少包括以下内容：标题、收件人、引言段、被审计单位对目标经济责任人履责报告的责任段、审计人员的责任段、审计意见段、审计评价段、审计人员的签名和盖章、审计机构的名称、地址及盖章、报告日期，其中引言段应该说明被审计单位的名称、经济责任人的名称和职位以及任职期间等简要信息。

(3) 内容不清晰。现行经济责任审计报告的内容不够清晰,由于实践中缺乏统一的经济责任审计指引,经济责任审计报告的内容往往较为杂乱。首先,有些经济责任审计报告中关于被审计单位的情况介绍过于详细,不仅介绍被审计单位的组织隶属关系,财政、财务收支情况,还介绍被审计单位的党建情况、统战情况、安全运行情况,甚至连接受捐赠、对外交流情况都介绍,唯恐遗漏了有关信息。其次,由于缺乏明确的经济责任内涵及外延,实务中往往财政、财务收支审计,绩效审计,环境审计等的内容也包含在经济责任审计报告中,这就导致了领导干部经济责任的重点不突出、主题不明确。最后,现行经济责任审计报告在审计内容的表述及写作方面往往是大量地罗列数字和堆砌文字,层次条理性较差,关于经济责任人经济责任的分析和评价较少,这也致使经济责任审计报告内容更加混乱,结果是报告使用者难以坚持读完全文,抓不住报告的重点,降低了报告的价值。

(4) 责任不明确。由于有法规可依,现行经济责任审计报告中对于被审计人员及被审计单位的责任界定较为明确,如《党政主要领导干部和国有企业领导人员经济责任审计规定》第二十四条指出,审计机关在进行经济责任审计时,被审计领导干部及其所在单位,以及其他有关单位应当提供与被审计领导干部履行经济责任有关的下列材料:财政收支、财务收支相关资料;工作计划、工作总结、会议记录、会议纪要、经济合同、考核检查结果、业务档案等资料;被审计领导干部履行经济责任情况的述职报告;其他有关资料。第二十五条指出,被审计领导干部及其所在单位应当对所提供资料的真实性、完整性负责,并作出书面承诺。因此,经济责任审计报告中往往也会有类似的话语明确被审计单位的职责。

由于现行法规没有明确规定审计人员的职责,实务部门的经济责任审计报告往往不对此作出说明。我们认为,为了评价审计人员的工作质量、控制审计风险、监督审计人员的行为,经济责任审计报告应该明确审计人员的职责。例如,表明审计人员的责任是在实施审计工作的基础上对经济责任人履责报告发表审计意见,对经济责任人的履责状况进行评价。

(5) 评价不确切。现行经济责任审计报告对于经济责任人的评价往往不够确切,过于笼统,称赞表扬多,批评指责少,未能真实客观反映经济责任人的履责情况。由于实践中没有关于各类领导干部经济责任的明确界定,也没有明确的经济责任评价指引,经济责任审计评价无标准可依,经济责任审计大多都是就事论事,把领导干部任职期间的是非功过泛泛而谈地论述一番。实践中审计人员由于难以把单位责任和领导干部个人责任有效区别开来,在进行评价时,对出了问题的领域,往往把责任归咎于单位;对取得功绩的、获得表彰领域,往往把业绩归因于领导干部自己。由于缺乏科学合理的评价指标体系,评价的内容往往不够全面和具体,这导致审计人员难以界定领导干部的经济责任到底完成得怎么样?完成了多少?是否达到了预期?评价结论也就变得非常模糊,这导致经济责任审计难以完成监督管理干部之重任。

(6) 缺乏可读性。现行经济责任审计报告缺乏可读性,这主要是由三个方面的因素造成的:首先,经济责任的内涵过于宽泛,经济责任人应承担的经济责任的具体内容又缺乏明确的界定,这造成了审计报告的内容过于庞杂,出现了信息超载的现象;其次,报告内容大多就事论事,大量陈述现有的事实和发现的大小问题,罗列数据、堆砌文字,缺乏清晰的条理,报告表现形式单一,缺乏必要的图表等作为大量信息的补充或支撑;最后,报告大量使用专业词汇、行业术语、名词简称等,甚至还有错别字,这些都增加了信息使用者的阅读难度,使其难以准确掌握相关信息,因而进一步降低了报告的使用价值。

6.2 经济责任审计报告的规范化

6.2.1 审计报告的沿革及其启示

审计报告是审计人员发表专业意见的载体,是审计人员与审计报告使用者沟通的桥梁,一般来讲,审计报告使用者包括被审计单位现实和潜在的投资者、债权人、客户、供应商、政府监管部门、职工、其他与被审计单位有利害关系的单位或个人等。审计报告不仅对所有的利益关系人,而且对审计人员自身的利益,都是十分重要的。

审计报告的沿革大致分为三个阶段:第一阶段为非标准化审计报告的萌芽阶段,第二阶段为标准化审计报告的探索和确立阶段,第三阶段为标准化审计报告的发展阶段。

1. 非标准化审计报告的萌芽阶段

现代审计报告是从早期英国的审计报告发展而来的。在 19 世纪,英国公司法最早要求审计人员对资产负债表的准确性提供审计报告,由于缺乏统一的标准和实务,审计报告没有标准用语,内容、格式、审计意见的表达方式均全部掌握在审计人员手中。审计人员经常出具描述性的长式报告,且在报告中出现"我们证明""我们保证""全面而正确"等过于绝对化的用词(李晓慧,2005)。此时,审计报告的使用者主要是股东和债权人。

2. 标准化审计报告的探索和确立阶段

随着社会经济的发展,企业规模的扩张,经济活动的日益复杂,审计报告使用者范围的扩大,审计人员逐渐意识到,过于自信的审计报告,不仅可能误导审计报告使用者,而且不必要地增加了审计人员的责任。于是,审计人员开始探索简式标准化的审计报告。1918 年,美国会计师协会制作了题为"编制资产负债表的公认方法"(Approved Methods for the Preparation of the Balance Sheet Statements)的小册子,建议将审计报告标准化,并提出了简式审计报告的格式。1929 年经济危机爆发以后,社会各界对财务报告制度提出了尖锐的批评,并要求通过立法的形式强制公司接受审计人员的审计。

1933 年,纽约证券交易所与美国会计师协会联合提出了标准审计报告的格式,这是第一份标准的审计报告,也是现代审计报告的原型(文硕,1996),标志着现代标准化的审计报告的确立。

3. 标准化审计报告的发展阶段

为了适应审计报告使用者范围的扩大,规范审计人员形成审计意见和出具审计报告,标准化的审计报告几经修正。特别是 21 世纪初美国安然、世通等造假事件严重损害了审计的公信力。为尽快恢复行业客观、公正的形象,国际会计师联合会下设的国际审计与鉴证准则委员会于 2004 年 12 月将旧的 ISA700《财务报表的审计报告》,修订为新的 ISA700《基于整套通用目的财务报表的审计报告》。2005 年 3 月国际审计与鉴证准则委员会又提出了 ISA705《对独立审计报告意见的修改》和 ISA706《独立审计报告中的强调事项段和其他事项段》两个征求意见稿,从而形成了新的国际审计报告准则,在规范审计报告的内容、格式、意见类型,明确相关责任,保护审计人员和社会公众的正当权益等方面发挥着重要作用。

目前,标准化的审计报告不仅报告用语、内容和形式日益标准化、规范化,而且报告的种类也逐步多样化(李晓慧,2005)。例如,审计报告按照内容的详略可以分为详式审计报告和简式审计报告;审计报告按照审计意见类型可以分为标准审计报告和非标准审计报告。审计意见类型包括无保留意见(unqualified opinions)、保留意见(qualified opinions)、否定意见(adverse opinions)和无法表示意见(disclaimer of opinions),当出具无保留意见的审计报告时,注册会计师应当以"我们认为"作为意见段的开头,并使用"在所有重大方面""公允反映"等术语。

尽管目前许多国家的审计报告采用具有以上特征的标准化的审计报告,但是"从 20 世纪 60 年代起,理论界就开始质疑针对历史财务报表信息的审计报告的局限性,并提出审计服务范围是否可以扩大到包括历史财务报表信息以外的信息"(徐政旦等,2002)。在许多改进审计报告的建议中,1978 年科恩报告(*Cohen Report*)的建议和 1995 年美国注册会计师协会关于审计报告的建议是较为典型的。

(1) 1978 年,科恩委员会(Cohen Commission)发布科恩报告(*Cohen Report*),第一次对传统审计报告(针对历史财务报表信息)提出了改进建议,即审计人员的报告应当充分、灵活地反映报告使用者需要的信息,应当包括对不同信息发表不同保证程度的意见(Cohen Commission,1978)。

(2) 1995 年,美国注册会计师协会的财务报告特殊委员会通过调查和论证的方式对企业财务报告和审计报告提出了一系列的改进建议。该委员会建立了一个企业报告模型,从调查用户的信息需求入手,得出用户认为对其投资决策最重要的一组信息,综合模型的信息共分为五类十个要素,且绝大多数信息客观上能够验证,因此,需要审计人员介入。该委员会还给出了一份审计师对综合模型中信息进行报告的范例,该报告要求审计人员涉及历史财务报表以外的信息,而且强调审计报告应包括对不同信息提供不同保证程度的意见(李晓慧,2005)。

4. 审计报告的沿革给我们的启示

(1) 审计报告使用者的需求是审计报告产生和发展的动因。随着审计报告使用者由股东和债权人扩大到社会公众,社会公众对审计应起的作用的理解与审计人员行为结果及审计职业界自身对审计业绩的看法之间产生诸多分歧,也就是说存在着审计期望差距。为了不断缩小审计期望差距,对于审计职业界现时能够满足的社会公众的合理期望,审计职业界有必要通过修订审计报告准则进行明确;对于社会公众的不合理期望,或暂时还不能满足的合理期望,审计职业界除了通过各种方式与社会公众沟通,加强社会公众对职业界的了解,尽可能消除不合理期望,还应当在审计报告中明确说明审计存在的缺陷,以促使审计报告使用者合理利用审计报告。

(2) 未来的审计报告还需要进一步的修改和完善。未来的审计报告要求审计人员涉及财务报表以外的更多的信息,以满足不同审计报告使用者对信息的需求。

6.2.2 经济责任审计报告的定位

同其他类型的审计一样,经济责任审计完成审计后审计人员需要出具审计报告。经济责任审计报告一方面要遵从审计准则对审计报告的界定,另一方面又要突破现行审计报告仅涉及财务报表信息的局限,体现针对特定组织之经济责任人履行经济责任状况进行评价的特殊性。因此,经济责任审计报告是指审计人员按照审计授权或委托人的要求,依据审计准则、国家法律法规制度的规定、审计评价指标体系标准以及目标经济责任书等相关标准,在实施充分的审计程序的基础上,对特定组织之经济责任人履责报告的公允性发表审计意见,并对经济责任人受托经济责任的履行情况进行审计评价的书面报告。经济责任审计报告具有权威性、定向性、针对性、客观性、公正性等特点。关于经济责任审计报告的定位,我们可以从审计报告的目标、审计主体、审计客体及审计依据等方面进行理解。

1. 审计报告的目标

经济责任审计的目标主要在于鉴证或评价经济责任人应承担的目标经济责任是否得到全面有效的履行,经济责任人的履职行为是否符合特定要求,从而确保经济责任人全面有效地履行经济责任,并为主管部门使用干部提供参考依据。这不仅明确了审计人员实施针对经济责任人行为本身的审计应达到的基本要求,而且决定着审计报告的内容和格式。所以,在经济责任审计过程中,审计报告的目标必须与审计目标保持一致,审计人员只有在对经济责任人履责报告的公允性发表审计意见,并对经济责任人受托经济责任的履责状况作出审计评价的基础上出具审计报告才能实现审计目标,才能便于审计报告使用者理解审计目标和恰当利用审计报告所提供的信息,以不断缩小审计期望差距。

2. 审计报告的主体

在经济责任审计中,审计报告的主体可以概括为审计人员,主要是各级审计机关的经济责任审计项目组成员,其审计责任就是在实施充分的审计流程、获取充分适当的审计证据的基础上,对经济责任人履责报告的公允性发表审计意见;对经济责任人的履责报告以及其他审计证据和资料反映的经济责任人履行经济责任的整体状况进行恰当的审计评价。

3. 审计报告的客体

在经济责任审计行为中,审计客体应该是经济责任人呈报的履责报告的公允性以及经济责任人的受托经济责任履行情况。根据受托经济责任理论,行为责任的拓展引起了报告责任与报告体系的拓展,因而,公允性已不再局限于对财务报表的要求,而是扩展为对整个受托经济责任报告体系的要求。具体地说,履责报告的公允性是指经济责任人呈报履责报告所运用的方法和原则应具有公认性并切合实际;履责报告之内容应反映所有重大事项;履责报告中的信息必须有合理恰当的分类、汇总;履责报告必须反映经济责任人行为责任履行过程的基本事实,提供的信息必须真实可靠。

4. 审计报告的依据

在经济责任导向审计模式下,审计报告的依据既包括审计人员据以发表审计意见的审计准则、经济责任人就任时签订的目标经济责任书、国家法律法规制度规定,又包括审计人员据以作出审计评价的审计评价指标体系。

就目前来看,审计人员发表意见依据的审计准则主要是审计署发布的国家审计准则,国家审计准则对经济责任审计报告的形式、内容、编审等作出了一些原则性的规定。在实践中,经济责任人就任时的目标经济责任书还不够规范、不成体系,有些领导干部就任时并没有签订类似的经济责任书,有些领导干部就任时上级领导和部门只对其提出了一些要求,也没有以发文的形式明确下来。中组部颁发的《地方党政领导班子和领导干部综合考核评价办法》第二十九条指出,地方党政领导班子和领导干部实绩分析的主要内容包括:①本级党代会、人代会确定的中长期发展规划和年度工作目标,上级统计部门和有关主管部门综合提供的经济发展水平、经济发展综合效益、城乡居民收入、地区经济发展差异、发展代价,基础教育、城镇就业、医疗卫生、城乡文化生活、社会安全,节能减排与环境保护、生态建设与耕地等资源保护、人口与计划生育、科技投入与创新等方面的统计数据和评价意见。具体指标由各地根据实绩分析评价要点和实际情况,充分考虑导向性、代表性、可比性,采取民主、公开的方法设置;②民意调查反映的群众对当地经济社会发展状况的满意度;③上级审计部门提供的经济责任审计以及相关的审计和专项审计调查结论、评价意见。目前,在经济责任审计中,审计人员也并没有可以遵循的一整套审计评价标准体系。因此,开展经济责任审计时,审计人员的主要依据依然是国家有关的法律法规,主要是《党政主要领导干部和国有企业领导人员经济责任审计规定》;审计人员出具审计报告时,也主要依据国家审计准则和《党政主要领导干部和国有企业领导人员经济责任审计规定》中关于审计报告的规定。当然,一些地方也探索出台了一系列经济责任审计指南,并对审计报告的形式、内容等作出了要求。因此,为了深入开展经济责任审计工作,国家有必要出台全国统一的专项审计准则和审计指南,并对审计报告的编写作出规定和要求。

6.2.3 经济责任审计报告的格式

1. 经济责任审计报告格式的选择

1) 审计报告格式的变迁

以我国独立审计准则对审计报告格式的要求为例,审计报告的格式经历了两段式、三段式、四段式等不同的变迁历程。

1996年,我国《独立审计准则具体准则第7号——审计报告》规定,审计报告采用两段式——范围段、意见段。注册会计师可以根据需要,在范围段和意见段之间,增加说明段。

2003年,我国《独立审计准则具体准则第7号——审计报告》规定,审计报告采用三段式——引言段、范围段和意见段。如果注册会计师认为有必要,可以在意见段之前增加说明段。

2006年,我国《注册会计师审计准则第1501号——审计报告》规定,审计报告应当包括如下要素:①标题;②收件人;③引言段;④管理层对财务报表的责任段;⑤注册会计师的责任段;⑥审计意见段;⑦注册会计师的签名和盖章;⑧会计师事务所的名称、地址及盖章;⑨报告日期。审计报告采用四段式——引言段、管理当局对财务报表的责任段、注册会计师的责任段和意见段。

审计报告的引言段应当说明被审计单位的名称和财务报表已经过审计,并包括下列内容:①指出构成整套财务报表的每张财务报表的名称;②提及财务报表附注;③指明财务报表的日期和涵盖的期间。

管理层对财务报表的责任段应当说明,按照适用的会计准则和相关会计制度的规定编制财务报表是管理层的责任,这种责任包括:①设计、实施和维护与财务报表编制相关的内部控制,以使财务报表不存在由于舞弊或错误而导致的重大错报;②选择和运用恰当的会计政策;③作出合理的会计估计。

注册会计师的责任段应当说明下列内容:①注册会计师的责任是在实施审计工作的基础上对财务报表发表审计意见。注册会计师按照《中国注册会计师审计准则》的规定执行了审计工作。《中国注册会计师审计准则》要求注册会计师遵守职业道德规范,计划和实施审计工作以对财务报表是否不存在重大错报获取合理保证。②审计工作涉及实施审计程序,以获取有关财务报表金额和披露的审计证据。选择的审计程序取决于注册会计师的判断,包括对由于舞弊或错误导致的财务报表重大错报风险的评估。在进行风险评估时,注册会计师考虑与财务报表编制相关的内部控制,以设计恰当的审计程序,但目的并非对内部控制的有效性发表意见。审计工作还包括评价管理层选用会计政策的恰当性和作出会计估计的合理性,以及评价财务报表的总体列报。③注册会计师相信已获取的审计证据是充分、适当的,为其发表审计意见提供了基础。

审计意见段应当说明,财务报表是否按照适用的会计准则和相关会计制度的规定编制,是否在所有重大方面公允反映了被审计单位的财务状况、经营成果和现金流量。如果认为财务报表符合下列所有条件,注册会计师应当出具无保留意见的审计报告:①财务报表已经按照适用的会计准则和相关会计制度的规定编制,在所有重大方面公允反映了被审计单位的财务状况、经营成果和现金流量;②注册会计师已经按照《中国注册会计师审计准则》的规定计划和实施审计工作,在审计过程中未受到限制。当出具无保留意见的审计报告时,注册会计师应当以"我们认为"作为意见段的开头,并使用"在所有重大方面""公允反映"等术语。

从以上审计报告格式的变迁历程来看,为了满足审计报告使用者对审计报告的不同信息需要,不断缩小审计期望差距,我国审计报告的格式从两段式发展到现今的四段式,这不仅符合审计报告提升可理解性和可阅读性的发展趋势,也和国际审计报告准则趋同。

2) 经济责任审计报告的格式

虽然现今审计报告的格式多采用四段式,但审计报告只针对被审计单位财务报表发表审计意见,而经济责任审计报告不仅要针对经济责任人履责报告发表审计意见,而且要作出审计评价。因此,我们认为,根据经济责任审计的特点,其审计报告的格式应该采用五段式,即引言段、管理层对经济责任人履责报告的责任段、审计人员的责任段、意见段、评价段。

2. 经济责任审计意见类型的确定

在经济责任导向审计模式下,审计意见的类型是审计人员在实施充分的审计流程、获取充分适当的审计证据的基础上,依据审计准则、国家法律法规制度规定的要求而确定的,主要包括无保留意见、保留意见、否定意见和无法表示意见四种类型。

1) 无保留意见的确定

如果认为经济责任人的履责报告符合下列所有条件,审计人员应当出具无保留意见的审计报告:

(1) 经济责任人的履责报告已经按照适用的准则和相关制度的规定编制,在所有重大方面公允反映了经济责任人履行目标经济责任的状况;

(2) 审计人员已经按照审计准则的规定计划实施审计工作,在审计过程中未受到限制。

应该注意的是,如果有符合下列条件的事项,审计人员应当在审计意见段之后增加强调事项段予以强调:

(1) 可能对经济责任人履责报告产生重大影响,但被审计单位进行了恰当的

处理,且在履责报告中作出充分披露;

(2) 不影响注册会计师发表的审计意见。

2) 保留意见的确定

如果认为经济责任人履责报告整体是公允的,但还存在下列情形之一,审计人员应当出具保留意见的审计报告:

(1) 经济责任人履责报告的披露不符合适用的准则和相关制度的规定,虽影响重大,但不至于出具否定意见的审计报告;

(2) 因审计范围受到限制,不能获取充分、适当的审计证据,虽影响重大,但不至于出具无法表示意见的审计报告。

当出具保留意见的审计报告时,审计人员应当在审计意见段中使用"除……的影响外"等术语。如果审计范围受到限制,审计人员还应当在审计人员的责任段中提及这一情况。

3) 否定意见的确定

如果认为经济责任人的履责报告没有按照适用的准则和相关制度的规定编制,未能在所有重大方面公允反映经济责任人履行目标经济责任的状况,审计人员应当出具否定意见的审计报告。当出具否定意见的审计报告时,审计人员应当在审计意见段中使用"由于上述问题造成的重大影响""由于受到前段所述事项的重大影响"等术语。

4) 无法表示意见的确定

如果审计范围受到限制可能产生的影响非常重大和广泛,不能获取充分、适当的审计证据,以至于无法对经济责任人的履责报告发表审计意见,审计人员应当出具无法表示意见的审计报告。

当出具无法表示意见的审计报告时,审计人员应当删除审计人员的责任段,并在审计意见段中使用"由于审计范围受到限制可能产生的影响非常重大和广泛""我们无法对上述经济责任人履责报告发表意见"等术语。

当出具保留意见、否定意见和无法表示意见等非无保留意见的审计报告时,审计人员应当在审计人员的责任段之后、审计意见段之前增加说明段,清楚地说明导致所发表意见或无法发表意见的所有原因,并在可能情况下指出其对经济责任人履责报告的影响程度。

6.2.4 经济责任审计报告的结构要素

标准的审计报告一般包括标题,收件人,引言段,范围段,意见段,注册会计师的签名及盖章、会计师事务所的名称、地址及盖章和报告日期等要素。标题主要是用来说明此报告是何种类型的报告,用以界定报告的性质,并且辅以文号以便于文档的管理;收件人,主要用以表明此报告的对象是谁,需要向何人汇报审计的情况,规定了审计师主要的负责对象;引言段,主要介绍审计了哪些资料,界定了被审计单位的责任以及审计师的责任;范围段,主要说明审计师的依据、审计师做了哪些工作以及表明审计师的态度;意见段,此处主要由审计师对所审计事项发表审计意见;注册会计师的签名及盖章,会计师事务所的名称、地址及盖章和报告日期等,主要是用来说明是何人负责审计的,明确审计项目的责任人和审计的时间。同时,审计报告需要言简意赅、清晰易懂、用词准确,把审计事项交代清楚即可,所需的原始证据可以用附件的形式附在其后。

经济责任审计报告一方面要遵从审计准则对审计报告的界定,另一方面又要突破现行审计报告仅涉及财务报表信息的局限,体现其针对特定组织之经济责任人履行经济责任状况进行评价的特殊性。由于现行审计报告中的审计意见是标准化的形式,主要分为无保留意见、保留意见、否定意见和无法表示意见等四种类型。经济责任审计报告中的审计意见仅对经济责任人履责报告的公允性发表审计意见,因此,如果经济责任审计报告中仅有意见段,则难以对经济责任人的受托经济责任履行情况进行综合评价,那么就需要在标准审计报告的基础上增加一个评价段,此评价段主要用来对经济责任人的受托经济责任履行情况进行综合评价。财务报表审计报告带给我们的启示是,在编制经济责任审计报告时应尽量做到格式统一、结构完整、内容清晰、用词严谨、评价准确、通俗易通,审计报告难免要对经济责任人的履责状况进行大量的阐述和评价,必要时审计人员应该在审计报告正文部分简要阐述和评价经济责任人对重大经济责任的履行状况,正文部分可以仅列示结论性的意见,详细的经济责任履行状况和评价意见可以以附件的形式作为补充。

根据以上分析,我们认为经济责任审计报告应该包括以下基本要素。

(1)标题。审计报告的标题应当统一规范为"关于××(被审计单位)××(被审计人姓名和职务)的经济责任审计报告"。

(2)收件人。审计报告的收件人是指审计业务的授权或委托人。审计报告应当载明收件人的全称。审计机关还应该将经济责任审计报告送达被审计领导干部及其所在单位。

(3)引言段。审计报告的引言段应当说明被审计单位的名称、经济责任人的名称和职务以及经济责任人的履责报告已经过审计,并包括下列内容。

① 指出构成整套经济责任人履责报告的每份经济责任人履责报告的名称;

② 提及经济责任人履责报告附注;

③ 指明经济责任人履责报告的日期和涵盖的期间。

(4) 被审计领导干部及其所在单位对经济责任人履责报告的责任段。被审计领导干部及其所在单位对经济责任人履责报告的责任段应当说明,按照适用的准则和相关制度的规定编制经济责任人履责报告是被审计领导干部及其所在单位的责任,这种责任包括下列内容。

① 设计、实施和维护与经济责任人履责报告编制相关的内部控制,以使经济责任人履责报告不存在由于舞弊或错误而导致的重大错报;

② 选择和运用恰当的、确定目标经济责任的政策;

③ 作出合理的评价。

(5) 审计人员的责任段。审计人员的责任段应当说明下列内容。

① 审计人员的责任是在实施审计工作的基础上对经济责任人履责报告发表审计意见并对经济责任人的履责状况进行综合评价。审计人员按照审计准则的规定执行了审计工作。审计准则要求审计人员遵守职业道德规范,计划和实施审计工作以对经济责任人履责报告是否不存在重大错报获取合理保证。

② 审计工作涉及实施审计流程,以获取有关经济责任人履责报告信息和披露的审计证据。选择的审计流程取决于审计人员的判断,包括对由于舞弊或错误导致的经济责任人履责报告重大错报风险的评估。在进行风险评估时,审计人员应考虑与经济责任人履责报告编制相关的内部控制,以设计恰当的审计流程,但目的并非对内部控制的有效性发表意见。审计工作还包括评价管理层选用的用于确定目标经济责任的政策的恰当性和作出的评价的合理性,以及评价经济责任人履责报告的总体列报。

③ 审计人员相信已获取的审计证据是充分、适当的,为其发表审计意见提供了基础。如果接受委托,结合经济责任人履责报告审计对内部控制有效性发表意见,审计人员应当省略本条中"但目的并非对内部控制的有效性发表意见"的术语。

(6) 审计意见段。审计意见段应当说明,经济责任人履责报告是否按照适用的准则和相关制度的规定编制,是否在所有重大方面公允反映了经济责任人履行经济合规责任、经济安全责任、绩效责任、社会发展责任、环境治理责任、公平责任、内部控制责任等目标经济责任的状况。

(7) 审计评价段。审计评价段应当说明,经济责任人是否全面有效地履行了治理责任、经济权力控制责任、管理舞弊责任、绩效责任、环境保护责任、社会责任等目标经济责任的状况。

(8) 审计人员的签名和盖章。审计报告应当由审计人员签名并盖章。

(9) 审计机构的名称、地址及盖章。审计报告应当载明审计机构的名称和地址,并加盖审计机构公章。

(10) 报告日期。审计报告应当注明报告日期。审计报告的日期不应早于审计人员获取充分、适当的审计证据(包括管理层认可对经济责任人履责报告的责任且已批准经济责任人履责报告的证据),并在此基础上对经济责任人履责报告形成审计意见的日期。

6.2.5 经济责任审计报告的范例

1. 无保留意见党政领导干部经济责任审计报告范例

关于××市××市长的经济责任审计报告

××厅(局):

按照××政府领导审定的经济责任审计工作计划安排,××审计厅派出审计组于××××年××月××日至××××年××月××日,对××市××市长同志进行了经济责任审计。我们审计了后附××××年××月××日的经济安全责任、经济合规责任、绩效责任、社会发展责任、环境治理责任、公平责任以及内部控制责任履行报告,以上报告涵盖了××××年××月××日至××××年××月××日期间××市长同志的经济责任履行状况。

按照适用的准则和相关制度的规定编制××市长经济责任履责报告,确保提供的有关领导干部经济责任履责状况相关资料的真实完整性是被审计人及其所在单位的责任,我们的责任是在实施审计工作的基础上对经济责任人履责报告发表审计意见并对经济责任人的履责状况进行综合评价。

我们按照《中华人民共和国国家审计准则》《党政主要领导干部和国有企业领导人员经济责任审计规定》以及《××省经济责任审计指南》的计划和要求实施审计工作,以合理确定经济责任人的履责报告是否不存在重大错报。我们对舞弊或错误导致的经济责任人履责报告重大错报风险进行了评估,并对与之相关的内部控制进行了测试,审计工作还包括评价被审计单位选用确定目标经济责任的政策的恰当性和评价的合理性。我们相信,我们的审计工作为发表意见提供了合理的基础。

我们认为,以上经济责任人履责报告的编制符合有关政策文件的规定,在所有重大方面公允反映了××市××市长同志××××年××月××日至××××年××月××日期间的经济责任履行状况。

我们认为,在本次审计范围内,××市长同志履行任期经济责任总体情况好(较好、一般、差)。根据对××市财政收支及有关经济活动资料的审计情况,没有发现××市长同志存在重大违规违纪问题,也没有发现××市长同志存在个人经济问题。

附件:
附件1　××市长任职有关情况简介
附件2　经济安全责任履行报告
附件3　经济合规责任履行报告
附件4　绩效责任履行报告
附件5　社会发展责任履行报告
附件6　环境治理责任履行报告
附件7　公平责任履行报告
附件8　内部控制责任履行报告
附件9　审计有关事项说明

××审计厅(盖章)　　　　　　　　　　××审计组(审计组签名、盖章)
××省××市××路××号

　　　　　　　　　　　　　　　　　　　　××××年××月××日

2. 保留意见党政领导干部经济责任审计报告范例

关于××市××市长的经济责任审计报告

××厅(局):

按照××政府领导审定的经济责任审计工作计划安排,××审计厅派出审计组于××××年××月××日至××××年××月××日,对××市××市长同志进行了经济责任审计。我们审计了后附××××年××月××日的经济责任履行报告,以上报告涵盖了××××年××月××日至××××年××月××日期间××市长同志的经济责任履行状况。

按照适用的准则和相关制度的规定编制××市长经济责任履责报告,确保提供的有关领导干部经济责任履责状况相关资料的真实完整性是被审计人及其所在单位的责任,我们的责任是在实施审计工作的基础上对经济责任人履责报告发表审计意见并对经济责任人的履责状况进行综合评价。

除下段所述事项外,我们按照《中华人民共和国国家审计准则》《党政主要领导干部和国有企业领导人员经济责任审计规定》以及《××省经济责任审计指南》的计划和要求实施审计工作,以合理确定经济责任人的履责报告是否不存在重大错报。我们对舞弊或错误导致的经济责任人履责报告重大错报风险进行了评估,并对与之相关的内部控制进行了测试,审计工作还包括评价被审计单位选用确定目标经济责任的政策的恰当性和评价的合理性。我们相信,我们的审计工作为发表意见提供了合理的基础。

被审计单位××市××市长分管的××城乡建设项目的补贴支出金额无法得以准确核实,该项目支出额占财政补贴支出总额的10%,我们无法通过其他审计程序以获取充分、适当的审计证据。

我们认为,除了未能实施恰当的审计程序以准确核实该项补贴金额所可能产生影响外,上述经济责任人履责报告的编制符合有关政策文件的规定,在所有重大方面公允反映了××市××市长同志××××年××月××日至××××年××月××日期间的经济责任履行状况。

我们认为,在本次审计范围内,××市长同志履行任期经济责任总体情况较好。根据对××市财政收支及有关经济活动资料的审计情况,没有发现××市长存在重大违规违纪问题,也没有发现××市长同志存在个人经济问题。

附件:
附件1　××市长任职有关情况简介
附件2　经济责任履行报告
附件3　审计有关事项说明

××审计厅(盖章)　　　　　　　　　　××审计组(审计组签名、盖章)
××省××市××路××号

　　　　　　　　　　　　　　　　　　××××年××月××日

3. 否定意见党政领导干部经济责任审计报告范例

关于××市××市长的经济责任审计报告

××厅(局)：

按照××政府领导审定的经济责任审计工作计划安排,××审计厅派出审计组于××××年××月××日至××××年××月××日,对××市××市长同志进行了经济责任审计。我们审计了后附××××年××月××日的经济责任履责报告,以上报告涵盖了××××年××月××日至××××年××月××日期间××市长同志的经济责任履行状况。

按照适用的准则和相关制度的规定编制××市长经济责任履责报告,确保提供的有关领导干部经济责任履责状况相关资料的真实完整性是被审计人及其所在单位的责任,我们的责任是在实施审计工作的基础上对经济责任人履责报告发表审计意见并对经济责任人的履责状况进行综合评价。

我们按照《中华人民共和国国家审计准则》《党政主要领导干部和国有企业领导人员经济责任审计规定》以及《××省经济责任审计指南》的计划和要求实施审计工作,以合理确定经济责任人的履责报告是否不存在重大错报。我们对由于舞弊或错误导致的经济责任人履责报告重大错报风险进行了评估,并对与之相关的内部控制进行了测试,审计工作还包括评价被审计单位选用确定目标经济责任的政策的恰当性和评价的合理性。我们相信,我们的审计工作为发表意见提供了合理的基础。

被审计单位××市××市长所提供的经济责任履责报告,虚列财政支出××万元;隐瞒××项目、××项目等重大投资项目决策有关事宜,涉及金额××亿元;决策执行过程存在××等问题,并造成国有资产损失浪费××亿元;提供虚假预算报告以及虚假××招商引资合同。

我们认为,由于上述问题造成的重大影响,上述经济责任人履责报告的编制不符合有关政策文件的规定,未能公允反映××市××市长同志××××年××月××日至××××年××月××日期间的经济责任履行状况。

我们认为,在本次审计范围内,××市长同志履行任期经济责任总体情况差。根据对××市财政收支及有关经济活动资料的审计情况,发现××市长存在××、××以及重大违规违纪问题,并发现××市长同志存在个人经济问题。

对于审计发现的××、××以及××等问题,审计厅将专题上报××政府;对于审计发现的××、××以及××等问题,将移送××、××以及××等部门处理。

附件:
附件1　××市长任职有关情况简介
附件2　经济责任履行报告
附件3　审计有关事项说明

××审计厅(盖章)　　　　　　　　　　××审计组(审计组签名、盖章)
××省××市××路××号
　　　　　　　　　　　　　　　　　　××××年××月××日

4. 无法表示意见党政领导干部经济责任审计报告范例

关于××市××市长的经济责任审计报告

××厅(局):

按照××政府领导审定的经济责任审计工作计划安排,××审计厅派出审计组于××××年××月××日至××××年××月××日,对××市××市长同志进行了经济责任审计。我们审计了后附××××年××月××日的经济责任履责报告,以上报告涵盖了××××年××月××日至××××年××月××日期间××市长同志的经济责任履行状况。

按照适用的准则和相关制度的规定编制××市长经济责任履责报告,确保提供的有关领导干部经济责任履责状况相关资料的真实完整性是被审计人及其所在单位的责任。

被审计单位所提供的经济责任履责报告,虚列财政支出××万元,隐瞒××项目、××项目等多项重大投资项目决策有关事宜,提供大量虚假招商引资、项目建设合同,履责报告所列事项的大量原始资料不详,我们无法实施替代审计程序以使上述事项获得充分、适当的审计程序。

由于审计范围受到限制可能产生的影响非常重大和广泛,我们无法对上述经济责任人履责报告发表意见,也无法对经济责任人的履责状况进行综合评价。

附件:

附件1　××市长任职有关情况简介
附件2　经济责任履行报告
附件3　审计有关事项说明

××审计厅(盖章)　　　　　　　　　　　　××审计组(审计组签名、盖章)
××省××市××路××号

××××年××月××日

6.2.6　经济责任审计报告的签发及审核程序

1. 提交审计报告(征求意见稿)

审计组在完成既定的审计工作后,应该按照有关政策法规的要求认真及时地撰写审计报告(征求意见稿),在规定的时间内向审计机关提交审计报告(征求意见稿),并且应该就每位被审计领导干部分别提交审计报告(征求意见稿)。审计报告(征求意见稿)应该符合标准化格式要求,还应包括附件资料等审计证据以备有关部门复查。

2. 部门复核

在审计组提交审计报告(征求意见稿)以后,审计机关的专职复核人员或部门负责人应该按照《中华人民共和国国家审计准则》《党政主要领导干部和国有企业领导人员经济责任审计规定》以及《××经济责任审计指南》的有关要求进行复核,提出复核意见,并要求审计组做好审计报告的修改、补充及完善工作。

3. 审计报告征求意见

审计组按照复核人员的意见对审计报告进行修改、完善后,仍需再次提交部门负责人进行复核,复核无误后,审计机关正式出具审计报告征求意见书,向被审计领导干部及其所在单位征求意见,必要时还可向联席会议有关单位及政府领导征求意见。

4. 拟写审计文书

审计组根据征求的意见对审计报告进行必要的修改以后,应该草拟审计报告、审计结果报告、审计处理处罚决定等文书,然后报请部门负责人审核,并根据审核后的意见进行必要的修改和完善。

5. 专职机构审理

审计机关业务部门应该将审核好的审计报告、审计结果报告、审计处理处罚决定书以及审计报告征求意见书等相关审计项目资料报送至专职机构进行审理,审理机构按照有关的规定完成审理工作后,要对有关资料提出审理意见、出具审理意见书,审计机关业务部门根据审理意见对有关的资料进行修改完善。

6. 审计文书的审定和签发

经济责任审计报告、审计结果报告等审计文书在经过审理以后,需要审计机关专门会议予以审定,审计机关专门会议确定审计报告等审计文书没有问题后,由审计机关负责人签发。在签发审计文书时,需要加盖审计机关的公章。

7. 审计文书的报送

经济责任审计报告等文书以审计机关的名义签发之后,要送达被审计领导干部及其所在单位并报送联席会议等有关部门,做出的审计移送处理书要送达纪检监察、组织人事等有关部门。

8. 审计文书的复查及复核

被审计领导干部对审计机关出具的经济责任审计报告中的评价意见、违规问题的定性、处罚决定等有异议的,可以在规定的时间内向审计机关申请复查。审计机关确认其理由充分的,应当组成复查小组对有异议的部分予以复查。被审计领导干部对审计机关的复查决定仍然持有异议的,可以在规定的时间内向上一级审计机关申请复核。对最高审计机关复查决定持有异议的,可以向国务院有关部门申请复核。

经济责任审计报告签发及审核流程如图 6-1 所示。

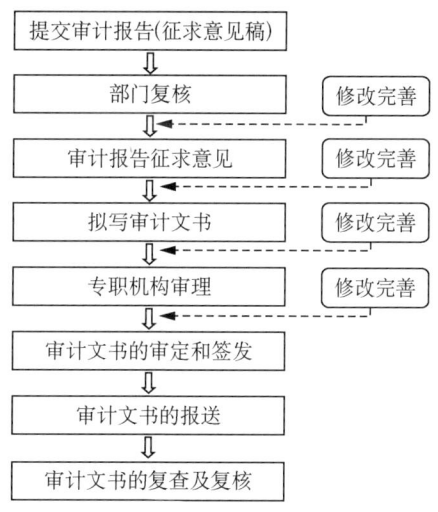

图 6-1 经济责任审计报告签发及审核流程

6.3 经济责任审计报告的价值分析

6.3.1 强化权力监控

1. 权力监控的需求

党的十七大报告指出:"完善制约和监督机制,保证人民赋予的权力始终用来为人民谋利益。确保权力正确行使,必须让权力在阳光下运行……重点加强对领导干部特别是主要领导干部、人财物管理使用、关键岗位的监督,健全质询、问责、经济责任审计、引咎辞职、罢免等制度。"2021年修订的审计法第二条明确指出:"国务院各部门和地方各级人民政府及其各部门的财政收支,国有的金融机构和企业事业组织的财务收支,以及其他依照本法规定应当接受审计的财政收支、财务收支,依照本法规定接受审计监督。"

审计在本质上是一种特殊的经济控制,目的是保证和促进受托经济责任得到全面有效履行。受托经济责任与经济权力是对称的,经济权力是委托人授予受托人对受托经济资源的控制权力,履行受托经济责任的过程也就是受托人运用被授予的经济权力的过程。因此,通过审计对经济权力进行控制是保证和促进受托人全面有效履行受托经济责任的内在要求。经济责任审计是关于领导干部监督的一项特殊的审计活动或行为,是党和国家以法律、法规的形式赋予审计机关的一项法定职责,是党和国家利用审计机关的专业优势和特长加强领导干部监督、管理的重要手段,其目的就是通过评价领导干部经济责任的履行情况,以确保领导干部被授予的权力得以合理有效运用,其应承担的受托经济责任得以全面有效履行。

2. 经济责任审计报告在强化权力监控中的作用

审计人员依据国家的法律法规,遵循规范的审计程序,通过对领导干部任期内应承担的经济合规责任、经济安全责任、绩效责任、社会发展责任、环境治理责任、公平责任、内部控制责任等责任的履行情况进行科学合理审计评价,能够客观、公正地对领导干部的履职状况和实际业绩作出评价。经济责任审计报告是经济责任审计工作成果的最终体现,能够客观真实地反映领导干部受托经济责任的履职情况,能够有效避免领导干部评价中的随意性等问题。审计人员对于发现及查出的被审计领导干部及其单位存在的有关问题,通过深入分析问题产生的深层性原因,认真思考导致此类问题的制度性因素,仔细寻找权力运行中的漏洞,并在经济责任审计报告中客观地揭示出来,能够帮助被审计单位进一步完善各项规章制度、进一步理顺权力运行中各个环节的关系及潜在的问题,从而防止公共经济权力异化为谋取私利的工具,更好地预防和惩治腐败行为。审计机关通过建立科学规范的经济责任审计公告制度,将领导干部经济责任的履行情况向社会公众予以公告,可以借助社会监督的力量,进一步对领导干部的经济权力予以监督和制约。

6.3.2 完善民主政治

1. 国家法规对完善民主监督的要求

完善民主监督制度、保障公民的知情权、实现公民有序参政议政,对于促进社会主义政治制度的自我完善与发展,建设中国特色的社会主义市场经济都具有十分积极的促进作用。《中华人民共和国国民经济和社会发展第十四个五年规划和2035年远景目标纲要》提出,"社会主义民主法治更加健全,社会公平正义进一步彰显。……把权力关进制度的笼子,强化权力运行制约和监督,坚持用制度管权管事管人,铲除权力腐败的温床,让人民监督权力,保证权力在阳光下运行。规范领导干部职责权限,建立科学的问责程序和制度,强化领导干部经济责任审计。健全政府内部权力制约机制,加强对权力部门的监察和审计监督"。

2. 经济责任审计报告在完善民主政治中的作用

国家机关、事业单位领导干部等履行受托经济责任的过程,实际上就是其运用权力经管受托经济资源的过程;对国家机关、事业单位领导干部等进行经济责任审计,实质上就是对其权力的监督和制约。

强化对权力的监督与制约,完善领导干部选拔任用和考核管理制度,是推进我国民主政治进程的重大举措。民主政治的先进性集中体现在领导者的权力运用置于人民监督之下,对领导者的权力运用建立有效的监督与约束机制。由此可见,经济责任审计不仅仅是一种审计监督形式,而且肩负着强化对权力的监督和制约、完善领导干部选拔任用和考核管理制度、促进民主政治发展的重任。经济责任审计密切联系着治国安邦之大计,牵系国家政治、经济和社会方方面面的发展,而经济责任审计报告作为领导干部经济责任审计最终成果的展现形式,在完善民主政治监督制度中必将发挥十分重要的作用。

6.3.3 提升执政能力

1. 加强党执政能力建设的必要性

在当今日益复杂的国际形势下,为使我国在日益激烈的国际竞争中拥有更多的话语权和主动权,在各项国际事务中维护我国的国家利益,必须加强党的执政能力建设。面对新的形势,党肩负着实现中华民族的伟大复兴、维护世界和平发展的历史重任,这都需要全党为之付出艰辛的努力。具体到广大党员自身,在当前的形势下又面临着拒腐防变的考验,由于我们长期处于不断改革的进程中,政府对市场的干预还存在,广大的领导干部通过手中的权力还掌握着大量的资源,面临着被权力腐蚀的危险,因此,必须不断加强党的执政能力建设。

党的二十大报告指出,"全面建设社会主义现代化国家、全面推进中华民族伟大复兴,关键在党。我们党作为世界上最大的马克思主义执政党,必须持之以恒推进全面从严治党,深入推进新时代党的建设新的伟大工程。……把握作风建设地区性、行业性、阶段性特点,抓住普遍发生、反复出现的问题深化整治,推进作风建设常态化长效化。全面加强党的纪律建设,督促领导干部特别是高级干部严于律己、严负其责、严管所辖,对违反党纪的问题,发现一起坚决查处一起"。

2. 经济责任审计报告在加强党的执政能力建设中的作用

开展经济责任审计工作,对于健全领导干部监督管理体制,加强党风廉政建设,提高党的执政能力,推进依法行政具有重要意义。经济责任审计工作可以对领导干部在任期内"推动经济社会科学发展情况;遵守有关经济法律法规、贯彻执行党和国家有关经济工作的方针政策和决策部署情况;制定和执行重大经济决策情况;与领导干部履行经济责任有关的管理、决策等活动的经济效益、社会效益和环境效益情况;遵守有关廉洁从政规定情况"等进行客观公正评价,以为有关部门考核、评价领导干部提供依据。同时,经济责任审计亦可及时发现领导干部在履职过程中存在的问题,有利于及时纠正其存在的问题,不断提升其执政能力和执政水平。审计人员对在经济责任审计中发现的具有倾向性、普遍性的问题,可以在经济责任审计报告中以审计建议的形式揭示出来,帮助被审计单位完善其制度或管理方面存在的漏洞,从而减少或防止此类问题的再度发生。审计人员通过对广大领导干部遵守有关廉洁从政规定情况的审计和评价,联合纪检监察部门对发现的问题予以及时处理,对存有问题的领导干部进行必要的处理处罚,有助于预防和惩治腐败,有助于深入开展党风廉政建设。

6.3.4 维护经济安全

1. 国家对经济责任审计维护经济安全的有关要求

经济责任审计是国家经济安全保障体系中的重要组成部分,对于维护国家经济安全运行具有重要的作用。国务院原总理温家宝曾经指出:"审计要维护国家经济安全。通过审计及时发现和反映经济运行中存在的风险,当前尤其要重视防范财政和金融风险。"2008年,时任审计长刘家义在全国审计工作会议上明确提出,"未来五年,中国审计署的首要任务是维护国家经济安全";2010年他再次强调,

"'十二五'期间审计工作的主要任务包括充分揭示和反映经济社会运行中的突出问题、深层次矛盾和潜在风险,全力维护国家经济安全"。

中共中央办公厅和国务院办公厅在2010年联合发布的《党政主要领导干部和国有企业领导人员经济责任审计规定》对国有企业领导人员经济责任审计的主要内容做出了规定,即"本企业财务收支的真实、合法和效益情况;有关内部控制制度的建立和执行情况;履行国有资产出资人经济管理和监督职责情况"。

党的十八大以来,习近平总书记围绕维护经济安全作出了一系列重要论述,强调"我们要坚决维护我国发展利益,积极防范各种风险,确保国家经济安全""维护好经济安全特别是粮食安全、能源安全、产业链供应链安全"。这些重要论述内涵丰富、思想深邃,体现了对国家安全基本规律的深刻把握,为新时代新征程做好经济安全保障工作提供了根本遵循。

2. 经济责任审计报告在维护经济安全中的作用

我们将国家经济安全的内容细分为金融安全、财政安全、产业安全等,领导干部在维护金融安全、财政安全、产业安全等方面发挥着至关重要的作用,领导干部恪尽职守、积极履职能够在一定程度上降低国家经济安全运行的风险,能够把人民托付的公共资源利用好,能够有效促进国家经济的安全稳健运行。领导干部如果不履职、不正确履职或消极履职,这就有可能造成国有资产的严重流失,并且可能会给金融安全、财政安全以及产业安全带来严重的影响。因此,加强领导干部的监督管理、科学评价领导干部的履职情况对于维护国家经济安全而言具有非常重要的意义。对领导干部开展经济责任审计,有利于科学评价领导干部的履职情况;能够合理评价领导干部在任期内遵循国家法律法规以及重大经济决策的情况,制定和执行金融安全、财政安全以及产业安全有关政策的情况;能够恰当认定领导干部在维护国家经济安全中所发挥的具体作用;能够界定领导干部遵守廉洁从业纪律的有关情况。审计人员在经济责任审计报告中把领导干部的履职情况全面反映出来,并对领导干部的履职状况作出客观的审计评价,把审计发现的国家经济安全运行中存在的问题揭示出来,并据此提出针对性的审计建议,有助于提升领导干部维护国家经济安全的能力,有助于促进国家经济的安全稳健运行。

6.4 经济责任审计报告的结果运用

6.4.1 干部考核、选拔、调整和聘任的重要依据

经济责任审计能否发挥应有的作用,关键在于经济责任审计报告的结果能否

得以运用、审计中发现的问题能否得到解决、作出的审计处理处罚决定能否得以切实有效地执行,如果审计结果不能够得以运用,那么经济责任审计的价值就会大幅缩水,审计人员的积极性也会受到严重挫伤。经济责任审计最大的特点就是它是针对"人"的审计,主要是拥有一定级别、掌握一定资源的领导干部,经济责任审计凭借审计所特有的独立性、权威性、客观性等特点,使其审计报告结果作为领导干部考核、选拔、调整和聘任的重要依据。

首先,经济责任审计报告具有独立性特点。经济责任审计是国家审计机关开展的针对领导干部受托经济责任履行情况进行的审计活动,国家审计机关对被审计单位具有非常高的独立性。它是受各级政府的委托开展工作,由于其经费来源主要是由各级政府,国家审计机关在经费来源、人员配备、组织关系方面等具有高度的独立性,可以站在第三方的立场客观评价被审计领导干部受托经济责任的履行情况。其次,经济责任审计报告具有权威性的特点。经济责任审计是由国家审计机关开展的工作,经济责任审计报告是以政府公文的形式报送给被审计领导干部及其所在单位以及有关部门的,它是以政府的行政权作为保障的,审计结果必须得到强制执行,因而它具有非常高的权威性。最后,经济责任审计报告具有客观性的特点。经济责任审计应当以领导干部任职期间公共资金、国有资产、国有资源的管理、分配和使用为基础,以领导干部权力运行和责任落实情况为重点,充分考虑领导干部管理监督需要、履职特点和审计资源等因素,依规依法确定审计内容。审计人员在进行评价、形成审计结论、提出审计建议时,依据的审计证据都是客观存在的,有大量的经济活动与行政管理活动事实作为支撑,因而其审计结论具有较高的可靠性和较强的说服力。经济责任审计报告具有的独立性、权威性和客观性等特点使其较其他领导干部考察资料而言具有天然的优势,因而可以作为领导干部考核、选拔、调整和聘任的重要依据。

在实践中,我国现有的法律法规也把经济责任审计结果作为考核、评价、任免、奖惩领导干部的重要依据。《党政主要领导干部和国有企事业单位主要领导人员经济责任审计规定》明确了对经济责任审计结果的运用,其第四十四条指出,"各级党委和政府应当建立健全经济责任审计情况通报、责任追究、整改落实、结果公告等结果运用制度,将经济责任审计结果以及整改情况作为考核、任免、奖惩被审计领导干部的重要参考"。《党政主要领导干部和国有企业领导人员经济责任审计规定》第三十九条指出,"有关部门和单位应当根据干部管理监督的相关要求运用经济责任审计结果,将其作为考核、任免、奖惩被审计领导干部的重要依据,并以适当方式将审计结果运用情况反馈审计机关。经济责任审计结果报告应当归入被审计领导干部本人档案"。青岛市《关于建立领导干部任期经济责任审计制度的通知》指出,"各级干部管理和监督部门要重视发挥干部任期经济责任审计在干部使用和监督管理中的作用,把审计结果作为实事求是、客观公正认定干部实绩和经济责任的一项重要内容。对工作业绩突出的,要按规定给予表彰奖励或根据工作需要提拔使用;对存在一般性问题的,要进行谈话教育,打招呼、敲警钟;对问题较多的,要视情况予以诫勉,诫勉期限为1年,连续2次诫勉仍没有改进的,免去领导职务;对问题严重的,要分别采取降级降职、免职、辞退等组织措施;对严重违纪的,由纪检监察机关立案查处,触犯刑律的,移交司法机关依法惩处"。《党政主要领导干部和国有企事业单位主要领导人员经济责任审计规定》第四十六条指出:"联席会议其他成员单位应当在各自职责范围内运用审计结果:(一)根据干部管理权限,将审计结果以及整改情况作为考核、任免、奖惩被审计领导干部的重要参考;(二)对审计发现的问题作出进一步处理;(三)加强审计发现问题整改落实情况的监督检查;(四)对审计发现的典型性、普遍性、倾向性问题和提出的审计建议及时进行研究,将其作为采取有关措施、完善有关制度规定的重要参考。联席会议其他成员单位应当以适当方式及时将审计结果运用情况反馈审计委员会办公室、审计机关。党中央另有规定的,按照有关规定办理。"

6.4.2 纪委、监委作出党纪政纪处分的依据

经济责任审计报告通过客观反映被审计领导干部目标经济责任的履责情况,在合理界定单位责任和个人责任,前任责任和本任责任,直接责任、主管责任和领导责任的基础上,发现的被审计领导干部存在的问题、形成的审计结论等可以作为纪委、监委作出党纪政纪处分的依据。科学合理地界定被审计领导干部的责任是纪委、监委实施党纪政纪处分的前提条件,因此,国家审计机关在实施经济责任审计中,尤其要注意合理区分、科学界定被审计领导干部的单位责任和个人责任,前任责任和本人责任,直接责任、主管责任和领导责任。

在现有的法规中,如《党政主要领导干部和国有企事业单位主要领导人员经济责任审计规定》对被审计领导干部的直接责任、主管责任和领导责任做出了原则性的规定,其第三十五条指出,"直接责任,是指领导干部对履行经济责任过程中的下列行为应当承担的责任:直接违反法律法规、国家有关规定和单位内部管理规定的行为;授意、指使、强令、纵容、包庇下属人员违反法律法规、国家有关规定和单位内部管理规定的行为;未经民主决策、相关会议讨论而直接决定、批准、组织实施重大

经济事项,并造成重大经济损失浪费、国有资产(资金、资源)流失等严重后果的行为;主持相关会议讨论或者以其他方式研究,但是在多数人不同意的情况下直接决定、批准、组织实施重大经济事项,由于决策不当或者决策失误造成重大经济损失浪费、国有资产(资金、资源)流失等严重后果的行为;其他应当承担直接责任的行为"。第三十六条指出,"主管责任,是指除直接责任外,领导干部对其直接分管的工作不履行或者不正确履行经济责任的行为;主持相关会议讨论或者以其他方式研究,并且在多数人同意的情况下决定、批准、组织实施重大经济事项,由于决策不当或者决策失误造成重大经济损失浪费、国有资产(资金、资源)流失等严重后果的行为"。第三十七条指出,"领导责任,是指除直接责任和主管责任外,领导干部对其不履行或者不正确履行经济责任的其他行为应当承担的责任"。

《党政主要领导干部和国有企事业单位主要领导人员经济责任审计规定》第四十条指出,"领导干部对履行经济责任过程中的下列行为应当承担直接责任:(一)直接违反有关党内法规、法律法规、政策规定的;(二)授意、指使、强令、纵容、包庇下属人员违反有关党内法规、法律法规、政策规定的;(三)贯彻党和国家经济方针政策、决策部署不坚决不全面不到位,造成公共资金、国有资产、国有资源损失浪费,生态环境破坏,公共利益损害等后果的;(四)未完成有关法律法规规章、政策措施、目标责任书等规定的领导干部作为第一责任人(负总责)事项,造成公共资金、国有资产、国有资源损失浪费,生态环境破坏,公共利益损害等后果的;(五)未经民主决策程序或者民主决策时在多数人不同意的情况下,直接决定、批准、组织实施重大经济事项,造成公共资金、国有资产、国有资源损失浪费,生态环境破坏,公共利益损害等后果的;(六)不履行或者不正确履行职责,对造成的后果起决定性作用的其他行为"。第四十一条指出,"领导干部对履行经济责任过程中的下列行为应当承担领导责任:(一)民主决策时,在多数人同意的情况下,决定、批准、组织实施重大经济事项,由于决策不当或者决策失误造成公共资金、国有资产、国有资源损失浪费,生态环境破坏,公共利益损害等后果的;(二)违反部门、单位内部管理规定造成公共资金、国有资产、国有资源损失浪费,生态环境破坏,公共利益损害等后果的;(三)参与相关决策和工作时,没有发表明确的反对意见,相关决策和工作违反有关党内法规、法律法规、政策规定,或者造成公共资金、国有资产、国有资源损失浪费,生态环境破坏,公共利益损害等后果的;(四)疏于监管,未及时发现和处理所管辖范围内本级或者下一级地区(部门、单位)违反有关党内法规、法律法规、政策规定的问题,造成公共资金、国有资产、国有资源损失浪费,生态环境破坏,公共利益损害等后果的;(五)除直接责任外,不履行或者不正确履行职责,对造成的后果应当承担责任的其他行为"。由此可见,以上有关领导责任的划分涉及程序合法和结果合法,对责任的认定主要依据是否违反了国家的有关法律法规、是否造成了经济损失和浪费。然而,关于责任的界定和划分主要针对不利情况,如果被审计单位取得了较大的业绩、获得了巨大的成就,那么又该如何界定相关的责任呢?有关单位责任和个人责任的划分在实践中依然是一大难题,常见的现象是被审计单位取得的业绩归于个人,出现的问题归咎于单位。前任责任和本任责任的划分在操作中也存在一定的困难,比如说前任领导作出的某项投资决策,在本期给本地区的经济发展带来了不良的影响,由于影响的程度难以准确测度,那么该项责任到底是前任责任还是本任责任?前任和本任又各自承担多少呢?以上问题都涉及前文提出的被审计领导干部的目标经济责任确定的问题,如果此问题得以很好解决,那么经济责任审计报告反映的被审计领导干部履职中出现的问题、得出的审计结论、作出的审计决定,就可以直接作为纪委、监委作出党纪政纪处分的依据,并且可以免受诸多质疑。

《党政主要领导干部和国有企事业单位主要领导人员经济责任审计规定》第四十七条指出:"有关主管部门应当在各自职责范围内运用审计结果:(一)根据干部管理权限,将审计结果以及整改情况作为考核、任免、奖惩被审计领导干部的重要参考;(二)对审计移送事项依规依纪依法作出处理处罚;(三)督促有关部门、单位落实审计决定和整改要求,在对相关行业、单位管理和监督中有效运用审计结果;(四)对审计发现的典型性、普遍性、倾向性问题和提出的审计建议及时进行研究,并将其作为采取有关措施、完善有关制度规定的重要参考。有关主管部门应当以适当方式及时将审计结果运用情况反馈审计委员会办公室、审计机关。"

6.4.3 领导干部解除受托经济责任的依据

经济责任审计报告通过客观反映被审计领导干部在任期内对受托经济责任的全面履行情况,并进行综合审计评价,它可以作为领导干部解除或者确认其受托经济责任的依据。一般而言,领导干部在其任期即将到期时或者在进行年度考核时,要编制经济责任履责报告,就其受托经济责任的履行情况向受托人汇报。然而,被审计领导干部及其所在单位编制的经济责任履责报告的真实公允性往往难以得到有效保障,履责报告往往会虚夸被审计领导干部所取得的成绩,隐瞒或者遗漏被审计领导干部的失职情况。国家审计机关作为独立的第三方,根据国家的有关法律法规以及审计准则的有关规定,对被审计领导干部履责报告的真实公允性发表独立审计意见,对被审计领导干部经济责任的履行情况进行客观公正的审计评价,可以摸清被审计领导干部受托经济责任的真实履行情况。此外,国家审计机关作为国家行政机关的一个部门,其开展的经济责任审计是依据我国的法律进行的,出具的经济责任审计报告具有法律效力。因此,国家审计机关出具的经济责任审计报告可以作为领导干部解除受托经济责任的依据。

将经济责任审计报告作为领导干部解除受托经济责任依据,有利于帮助领导干部树立个人形象,形成"干部声誉"。好的领导干部经过经济责任审计以后,可以使党和政府、社会公众对其更加信任,也会赋予其更多的权力、更多的资源,使其承担更大的责任。领导干部的"干部声誉"可以对地区经济发展、社会稳定等产生积极的作用。首先,"干部声誉"可以帮助该地区在招商引资中获得巨大的成功,投资者在对某地进行投资考察、选择投资项目时,一方面会看该地区的经济发展水平、税收优惠政策以及其他招商引资扶持政策等,另一方面会看该地区领导干部行政能力、管理水平以及个人素质等,并且有些投资者在很大程度上就是冲着某位领导干部去的,相信该地区在该领导干部的带领下,经济发展能够取得较大的进步,投资项目亦将获得巨大的成功。其次,"干部声誉"有助于维持社会稳定,好的领导干部在人民群众中拥有一定的威信,是人民的公仆、群众的知心人,能够想群众之所想、急群众之所急,总是能把老百姓的事情记在心上,能够切实做到"权为民所用、情为民所系、利为民所谋",老百姓也愿意与好干部交朋友,这种鱼水交融的干群关系,有助于化解各类社会矛盾,有助于各类问题的及时解决,从而有利于社会的稳定。

国有企业领导人在任职期间的下列行为违反廉洁纪律:国有企业未履行职责致使集团产生较大资产损失,对生产经营、财务状况产生重大影响;国有企业对集团重大风险隐患、内控缺陷等问题失察,或虽发现但没有及时报告、处理,造成重大风险;国有企业未履行职责致使合同标的价格明显不公允;国有企业未正确履行职责,造成交易行为虚假或违规开展"空转""走单"等虚假贸易业务;国有企业利用关联交易输送利益;国有企业未按照规定进行招标或未执行招标结果;国有企业违规提供赊销信用、资质、担保或预付款项,利用业务预付或物资交易等方式变相融资或投资;国有企业违规开展商品期货、期权等衍生业务;国有企业未按规定对应收款项及时追索或采取有效保全措施;国有企业未按规定对合同标的进行调查论证或风险分析;国有企业违规擅自签订或变更合同,合同约定未经严格审查,存在重大疏漏;国有企业未按规定对工程物资进行招标;国有企业违规转包、分包;国有企业工程组织管理混乱,致使工程质量不达标,工程严重超支;国有企业违反合同约定超计价、超进度付款;国有企业未按规定履行决策、审批程序或超越授权范围转让产权、上市公司股权或资产;国有企业在转让产权、上市公司股权或资产过程中实施的财务审计或资产评估违反相关规定;国有企业组织提供和披露虚假信息,操纵中介机构对转让产权、上市公司股权或资产出具虚假财务审计、资产评估鉴证结果;国有企业在转让产权、上市公司股权或资产期间未按规定执行回避制度,造成资产损失;国有企业违规低价转让企业产权、上市公司股权或资产;国有企业未按规定对固定资产进行可行性研究或风险分析;国有企业对固定资产投资项目的概算未经严格审查,严重偏离实际;国有企业未按规定履行决策和审批程序,擅自进行固定资产投资,造成资产损失;国有企业购建固定资产投资项目未按规定招标,干预或操纵招标;外部环境发生重大变化,国有企业未按规定及时调整固定资产投资方案并采取止损措施;国有企业对固定资产投资项目擅自变更工程设计、建设内容;国有企业对固定资产投资项目管理混乱,致使建设严重拖期、成本明显高于同类项目;国有企业在投资并购过程中未按规定开展尽职调查,或尽职调查未进行风险分析,存在重大疏漏;国有企业在投资并购过程中授意、指使中介机构或有关单位出具虚假报告;国有企业在投资并购过程中未按规定履行决策或审批程序,决策未充分考虑重大风险因素,未制定风险防范预案;国有企业违规以各种形式为其他合资合作方提供垫资,或通过高溢价并购等手段向关联方输送利益;国有企业在投资合同、协议及标的企业公司章程中遗漏国有权益保护条款,对标的企业管理失控;国有企业对企业投资参股后未行使股东权利,发生重大变化未及时采取止损措施;国有企业违反合同约定提前支付投资并购价款;国有企业在企业改组改制过程中未按规定履行决策或审批程序;国有企业在企业改组改制过程中未按规定组织开展清产核资、财务审计和资产评估;国有企业在企业改组改制过程中故意转移、隐匿国有资产;国有企业在企业改组改制过程中操纵中介机构提供虚假信息,操纵中介机构出具虚假清产核资、财务审计与资产评估鉴证结果;国有企业在企业改组改制过程中将国有资产以明显不公允低价折股、出售或无偿分给其他单位或个人;国有企业在企业发展混合所有制经济、实施员工持股计划等改组改制过程中变相套取、私分国有股权;国有企业在企业改组改制过程中未按规定收取国有资产转让价款;国有企业在企业改组改制后的公司章程中国有权益保护条款缺失;国有企业违反决策和审批程序或超越权限批准资金支出;国有企业设立"小金库";国有企业违规集资、发行股票(债券)、捐赠、担保、委托理财、拆借资金或开立信用证、办理银行票据;国有企业虚列支出套取资金;国有企业违规以个人名义留存资金、收支结算、开立银行账户;国有企业违规超发、滥发职工薪酬福利;国有企业因财务内控缺失,发生侵占、盗取、欺诈行为;国有企业内控及风险管理制度缺失,内控流程存在重大缺陷或内部控制执行不力;国有企业对经营投资重大风险未能及时分析、识别、评估、预警和应对;国有企业对企业规章制度、经济合同和重要决策的法律审核不到位;国有企业过度负债危及企业持续经营;国有企业瞒报、漏报重大风险及风险损失事件,编制虚假财务报告,企业账实严重不符;国有企业领导人员违反决策原则或程序决定企业生产经营的重大决策、重要人事任免、重大项目安排及大额度资金运作事项;未经企业领导班子集体研究,国有企业领导人员决定捐赠、赞助事项;未经履行国有资产出资人职责的机构批准,国有企业领导人员决定大额捐赠、赞助事项;国有企业领导人员违反规定投资、融资、担保、拆借资金、委托理财、为他人代开信用证、购销商品和服务、招标投标;国有企业领导人员以个人或者其他名义用企业资产在国(境)外注册公司、投资入股、购买金融产品、购置不动产或者进行其他经营活动;未经履行国有资产出资人职责的机构和人事主管部门批准,国有企业领导人员决定本级领导人员的薪酬和住房补贴等福利待遇;国有企业领导人员利用企业改制之机转移、侵占、侵吞国有资产;国有企业领导人员个人从事本企业营利性经营活动或有偿中介活动;国有企业领导人员在本企业的同类经营企业、关联企业或与本企业有业务关系的企业投资入股;国有企业领导人员在职或者离职后接受、索取本企业的关联企业、与本企业有业务关系的企业,以及管理和服务对象提供的物质性利益;国有企业领导人员以明显低于市场的价格向请托人购买或者以明显高于市场的价格向请托人出售房屋、汽车等物品;国有企业领导人员委托他人投资本企业的证券、期货;国有企业领导人员以其他委托理财名义,未实际出资而获取本企业收益;国有企业领导人员以其他委托理财名义,虽然实际出资,但获取本企业收益明显高于出资应得收益;国有企业领导人员利用企业的内幕消息、商业秘密以及企业的知识产权、业务渠道等资源,为本人或者配偶、子女及其他特定关系人谋取利益;国有企业领导人员未经批准兼任本企业所出资企业或者其他企业、事业单位、社会团体、中介机构的领导职务;国有企业领导人员经批准兼职本企业所出资企业或者其他企业、事业单位、社会团体、中介机构的领导职务,擅自领取薪酬及其他收入;国有企业领导人员将企业经济往来中的折扣费、中介费、佣金、礼金,以及因企业行为受到有关部门或单位奖励的财物等据为己有或者私分;国有企业领导人员本人的配偶、子女及其他特定关系人,在本企业的关联企业、与本企业有业务关系的企业投资入股;国有企业领导人员将国有资产委托、租赁、承包给配偶、子女及其他特定关系人经营;国有企业领导人员利用职权为配偶、子女及其他特定关系人从事营利性经营活动提供便利条件；国有企业领导人员利用职权相互为对方及其配偶、子女和其他特定关系人从事营利性经营活动提供便利条件；国有企业领导人员本人的配偶、子女及其他特定关系人投资或者经营的企业与本企业或者有出资关系的企业发生可能侵害公共利益、企业利益的经济业务往来；按照规定国有企业领导人员应当实行任职回避和公务回避而没有回避；国有企业领导人员离职或者退休后3年内，在与原任职企业有业务关系的私营企业、外资企业和中介机构担任职务、投资入股；国有企业领导人员离职或者退休后3年内，在与原任职企业有业务关系的私营企业、外资企业和中介机构从事、代理与原任职企业经营业务相关的经营活动；国有企业领导人员超出报给履行国有资产出资人职责的机构备案的预算进行职务消费；国有企业领导人员将履行工作职责以外的费用列入职务消费；国有企业领导人员在特定关系人经营的场所进行职务消费；国有企业领导人员不按照规定公开职务消费情况；国有企业领导人员用公款旅游或者变相旅游；国有企业领导人员在企业发生非政策性亏损或者拖欠职工工资期间，购买或者更换小汽车、公务包机、装修办公室、添置高档办公设备等；国有企业领导人员使用信用卡、签单等形式进行职务消费，不提供原始凭证和相应的情况说明；国有企业领导人员弄虚作假，骗取职务、职级、职称、待遇、荣誉或者其他利益；国有企业领导人员利用职权或者职务上的影响操办婚丧喜庆事宜，在社会上造成不良影响；国有企业领导人员默许、纵容配偶、子女和身边工作人员利用本人的职权和地位从事可能造成不良影响的活动；国有企业领导人员用公款支付与公务无关的娱乐活动费用；国有企业领导人员在有正常办公和居住场所的情况下用公款长期包租宾馆；国有企业领导人员漠视职工正当要求，侵害职工合法权益；国有企业领导人员滥用职权、玩忽职守，造成企业国有资产损失；国有企业领导人员未正确行使经营管理权；国有企业领导人员利用职权贪污、侵占国有资产；国有企业领导人员利用职权挪用公司资金；国有企业领导人员利用职权收受贿赂或者取得其他非法收入或不当利益；集团管控的国有企业违反规定程序或超越权限决定、批准和组织实施重大经营投资事项，造成国有资产损失或其他严重不良后果；集团管控的国有企业所属子企业发生重大违规违纪违法问题，造成重大资产损失且对集团生产经营、财务状况产生重大影响，或造成其他严重不良后果；集团管控的国有企业对国家有关监管机构就经营投资有关重大问题提出的整改工作要求，拒绝整改、拖延整改；国有企业领导人员未履行职责致使合同标的价格明显不公允；国有企业未按规定履行决策和审批程序，或未经授权和超越授权投标；国有企业违反规定，无合理商业理由以低于成本的报价中标;国有企业未按规定程序对合同约定进行严格审查,存在重大疏漏;国有企业转让产权、上市公司股权、资产等未按规定进场交易;国有企业违反规定开展列入负面清单的固定资产投资项目;国有企业在投资并购过程中的财务审计、资产评估或估值违反相关规定;国有企业投资并购后未按有关工作方案开展整合,致使对标的企业管理失控;国有企业违反规定开展列入负面清单的投资并购项目;国有企业恶意逃废金融债务;国有企业未按规定建立企业境外投资管理相关制度,导致境外投资管控缺失;国有企业开展列入负面清单禁止类的境外投资项目;国有企业违反规定从事非主业投资或开展列入负面清单特别监管类的境外投资项目;国有企业未按规定进行风险评估并采取有效风险防控措施对外投资或承揽境外项目;国有企业境外经营投资违反规定采取不当经营行为,以及不顾成本和代价进行恶性竞争。

总之,经济责任审计报告作为领导干部受托经济责任履责情况的鉴证,有助于客观评价领导干部受托经济责任的履行情况,有助于树立领导干部的个人形象,可以作为领导干部解除或确认受托经济责任的依据。

6.4.4 国有资产监督的参考依据

1. 相关的法规依据

《中华人民共和国企业国有资产法》第六十五条规定,"国务院和地方人民政府审计机关依照《中华人民共和国审计法》的规定,对国有资本经营预算的执行情况和属于审计监督对象的国家出资企业进行审计监督";第二十八条规定,"国有独资企业、国有独资公司和国有资本控股公司的主要负责人,应当接受依法进行的任期经济责任审计"。《中央企业经济责任审计管理暂行办法》第七条规定,"根据出资人财务监督工作需要,对企业发生重大财务异常情况,如企业发生债务危机、长期经营亏损、资产质量较差,以及合并分立、破产关闭等重大经济事件的,应当组织进行专项经济责任审计,及时发现问题,明确经济责任,纠正违法违规行为";第二十条指出,"企业经济责任审计要认真检查企业负责人及企业执行国家有关法律法规情况,核实企业负责人及企业有无违反国家财经法纪,以权谋私、贪污、挪用、私分公款,转移国家资财,行贿受贿和挥霍浪费等行为,以及弄虚作假、骗取荣誉和蓄意编制虚假会计信息等重大问题"。由此可见,针对国有及国有控股企业开展审计监督是法律赋予国家审计机关的神圣职责,当企业进行改制、转让、合并、破产等重大事项以及发生重要财务危机时,国家审计机关都要对国有及国有控股企业的主要负责人进行专项经济责任审计,以合理评价主要负责人的履职情况,防止国有资产的损失浪费,维护国有资产的安全完整。

2. 经济责任审计结果的作用及运用

经济责任审计结果在帮助国有企业落实整改问题、提升管理水平、完善管理制度方面具有重要的作用,科学利用经济责任审计结果可以更好地加强对国有资产的监督管理。首先,经济责任审计结果运用得当有助于国有企业积极落实整改问题。有关部门根据经济责任审计中发现的问题,依据相关的审计建议,要求被审计单位积极整改、限期整改,落实整改责任,并要求被审计单位及时汇报整改的情况,有助于减少或者挽回造成的国有资产损失。其次,经济责任审计结果运用得当有助于提升国有企业的管理水平。国资委等有关部门将经济责任审计结果作为国有企业主要负责人考核、奖惩以及任免的依据,有利于国有企业负责人规范自身的决策行为,使其自觉遵守各项规章制度、积极提升管理水平,避免决策失误可能给国有企业带来的损失浪费等情况的发生。再次,经济责任审计结果运用得当还可以帮助被审计单位完善经营管理制度、健全国有资产监管体系。国资委等有关部门通过经济责任审计可以发现国有企业在经营管理中可能存在的共性问题,审计人员对此类问题进行深入分析并提出审计建议之后,可以帮助被审计单位从制度上、机制上、源头上解决此类问题,可以帮助国有企业全面深入思考其经营管理制度方面存在的问题,进而建立健全经营管理制度、完善有关的内部控制制度,实施全面风险管理,降低经营风险,维护国有资产的安全完整。最后,经济责任审计结果运用得当还有助于发挥群众的监督力量,维护企业的和谐稳定。有关部门把对企业负责人的经济责任审计结果以适当的形式进行公布后,有助于企业职工了解企业负责人受托经济责任的履责情况,发挥群众的监督作用,调动群众的积极性,从而更广泛地发挥对国有资产的监督管理作用。

6.4.5 对审计发现问题进行整改的依据

《党政主要领导干部和国有企事业单位主要领导人员经济责任审计规定》第四十五条指出:"审计委员会办公室、审计机关应当按照规定以适当方式通报或者公告经济责任审计结果,对审计发现问题的整改情况进行监督检查。"第四十八条指出:"被审计领导干部及其所在单位根据审计结果,应当采取以下整改措施:(一)对审计发现的问题,在规定期限内进行整改,将整改结果书面报告审计委员会办公室、审计机关,以及组织部门或者主管部门;(二)对审计决定,在规定期限内执行完毕,将执行情况书面报告审计委员会办公室、审计机关;(三)根据审计发现的问题,落实有关责任人员的责任,采取相应的处理措施;(四)根据审计建议,采取措施,健全制度,加强管理;

(五)将审计结果以及整改情况纳入所在单位领导班子党风廉政建设责任制检查考核的内容,作为领导班子民主生活会以及领导班子成员述责述廉的重要内容。"

6.5 经济责任审计结果公告制度的构建

6.5.1 经济责任审计结果公告的理论分析

经济责任审计公告,是指政府或者国家审计机关依据国家的有关规定,主动或者根据有关申请向社会公开,或者通过其他方式使行政相对人、有关单位以及社会公众等利益相关者知晓审计机关对被审计领导干部受托经济责任履行情况审计结果的一种制度安排。从目前来看,我国还没有针对经济责任审计公告制定或者出台专门的法规。在实践中,关于经济责任审计结果要不要公告、应该公告哪些内容、应该在多大范围内公告、公告应该遵循何种程序等基本问题还存有很大争议。本章以公共受托责任观为理论基础,从推进民主法治、加强审计监督、提高审计质量的角度,对经济责任审计结果公告的动因进行阐述。

1. 公共受托责任观与经济责任审计公告

根据公共受托责任关系理论,如果所有者将与公共资金、公共资源和公共资产相关的公共权力托付给经管者,在委托者与受托者之间便存在一种委托与被委托的公共受托责任关系(宋夏云,2007)。依据公共受托责任关系理论,社会公众与政府之间存在这样一种典型的委托代理关系,即社会公众作为委托人将公共资源及相关的公共权力委托给政府行使,政府根据契约依法、合理地使用其被授予的公共权力,并且依据特定的要求向社会公众报告公共资源及公共权力的使用情况(李明和朱荣,2012)。在此委托代理关系中,社会公众是委托人,享有监督权,并根据政府的履责情况决定是否继续授予政府相关权力;政府是受托人,政府要根据委托人的意愿合理运用被授予的权力,积极寻求委托人利益的最大化,并承担行为责任和报告责任。

然而,政府的权力实际上是由官员行使的,政府把社会公众所授予的权力以契约的形式委托给各级官员行使,这就出现了所谓的双重委托代理关系或者多重委托代理关系,所以官员既要对社会公众负责又要对政府负责。从理论上讲,官员首先应该代表社会公众的利益,其次代表政府的利益,最后才代表其自身的利益。如果官员能够恪尽职守、积极履责,那么就能够实现委托人利益的最大化,同时官员也能够获得依契约而定的报酬。实际上,由于信息不对称所导致的契约的不完整或不完美,再加上官员作为理性经济人的自利性,官员往往是首先代表其自身的利益,其次代表其所在团体的利益,最后才代表社会公众的利益。

既然官员并不总是或者说不是首先代表社会公众的利益,那么社会公众就要加强对官员的监督,然而在"社会公众—政府—官员"这一委托代理链条中,由于委托代理关系的复杂性,社会公众直接监督变得非常困难。首先,这一委托代理链条具有代理人强、委托人弱的特点。社会公众在把手中的权力委托给政府以及各级官员行使之后,就难以对政府及官员的行为进行有效的约束,仅保留了知情权、监督权等基本权利。其次,该委托代理链条中存在着严重的信息不对称。政府及官员处于垄断的地位,手中掌握着大量的公共资金、公共资源和公共资产,并且拥有供其进行决策的大量宝贵信息,其运行的效率往往难以令委托人满意,时常伴随着公共资源和公共资产的损失浪费,官员们甚至会中饱私囊,侵吞公共资金、公共资源和公共资产。再次,由于官员任命体制的复杂性,不履职、不正确履职甚至存在贪污腐败行为的官员不一定会被及时更换,这就削弱了公众监督的积极性。最后,由于社会公众缺乏进行有效监督的必要信息,监督的成本异常高昂,同时由于社会公众较为分散也缺乏有效监督的意愿和能力,这就产生了社会公众直接监督的"搭便车"现象。因此,客观上需要一个能够代表社会公众利益的公共部门来行使对官员监督的职责,由于国家审计机关具有独立性、专业性、权威性、客观性等特点,其在监督官员履职方面具有天然优势,能够发挥监督的集约效应,减少监督成本,并且能够保证监督的效率和效果。

在我国,社会公众对公共权力行使问题较为关注、对此类信息较为敏感,迫切地需要知道官员的履责情况如何、是否较好地完成了受托经济责任、是否有贪污腐败的行为。我国的审计机关是专门负责经济监督、被宪法明确赋予经济监督权的机构,它处于一个较高层次,可以对其他权力监督机关实施再监督,由于公共权力的滥用较多地以贪污腐败的形式表现出来,审计手段的独特性使审计监督能够在经济案件的查处中发挥巨大的作用,可以从源头上防止权力的滥用(林海,2007)。因此,国家审计通过对公共资金运用信息的审查评价,通过对官员受托经济责任履责情况的审计评价和监督,能够给予公共权力以适当的约束(尹平和戚振东,2010)。由于审计机关是受社会公众和政府的委托,对官员受托经济责任履行情况进行审计评价和监督,因此,审计机关需要把对官员履责情况的审计评价和监督信息,以审计报告、审计结果公告的形式报告给政府和公众,以履行审计机关对公众和政府的报告责任。虽然我国宪法规定,国家的一切权力属于人民并由人民代表大会来行使,审计机关向人民代表大会提交审计报告、汇报审计结果就是向人民汇报。然而,仅仅向人民代表大会汇报审计结果难以满足普通广大社会公众的信息需求,难以发挥社会公众的监督作用,因此,为了更好地发挥社会公众的监督作用、维护公民的知情权,审计机关需要采用多种形式、在其能力所及的范围内最大限度地向社会公众公告经济责任审计的相关信息。

2. 民主法治建设与经济责任审计公告

美国前司法部部长克拉克关于民主曾经有过非常精彩的论断,他说"如果一个政府真的是民有、民治、民享的政府的话,人民必须能够详细地知道政府的活动,没有什么东西比秘密更能损害民主"。因此,现阶段我国大力推进民主法治建设就必须不断提高政府的透明度,建设责任型政府,广泛接受群众监督,不断加大政府政务公开的力度,让老百姓清楚地知道政府在做什么,了解官员们是否恪尽职守、积极履职。

让群众监督政府,就必须充分尊重公民的知情权,就必须加大政府政务公开的力度。推行经济责任审计结果公告制度为国家机关加大政务公开力度提供了一个良好的范本。审计机关实施经济责任审计结果公告制度,可以让社会公众了解被审计领导干部在任职期间对本地区、本部门、本单位的财政收支、财务收支以及有关经济活动的履责情况,可以让广大人民群众监督被审计领导干部及所在单位对违法违规问题的整改情况。把领导干部履职的情况置于阳光之下,可以最大限度地减少各种违规问题,可以在源头上防止腐败,有利于维护人民群众的根本利益,有利于我国民主法治的建设。

3. 加强审计监督与经济责任审计公告

当前,我国政府和人民群众对加强审计监督的呼声很高,在深化干部人事制度改革、加强对权力的监督和制约方面,审计被寄予了厚望。然而,从1983年审计署成立直到2003年的"审计风暴"之前,人们对审计机关的职能、作用知之甚少。2003年6月25日,时任审计长李金华向全国人大提交了一份审计清单,并点名曝光了多个国家部委的违纪违规问题,这份报告于次日刊登在了审计署的官方网站上,引起了社会各界的广泛讨论,掀起了一场前所未有的"审计风暴"。由此可见,社会公众对审计信息有着强烈的需求,只有加大审计信息的公开力度,才能让社会公众知道审计在做什么,才能更好地发挥审计的监督功能。

在建立国家审计制度的初期,我国选择了审计机关隶属于国务院的行政型审计模式,在行政体制或行政模式下,审计监督作用的发挥还十分有限,必须借助社会公众的力量,才能取得更好的监督效果,才能避免审计行为中的暗箱操作,才能进一步提升审计的威慑力。2010年12月10日,《南方都市报》发表社论称,"从1998年到今年10月,全国共审计党政主要领导和国企领导逾41万人,包括135名省部级官员和国企领导,查出问题资金684亿元。庞大的问题资金既说明了审计的必要,更证明了审计面对的挑战是前所未有的艰巨,审计很有必要取得大众的支持"。2009年审计署公布的第1号公告,对2007年3家中央企业原领导人员任期经济责任审计查出问题的纠正情况做了如下的通报:①关于损益不实78.65亿元的问题。3家企业已经调账56.23亿元,其余22.42亿元主要是从成本费用中列支劳务用工工资性支出的问题,目前相关企业正与国资委联系,申请调整工效挂钩基数。②关于决策不当、管理不善造成损失和潜在损失16.63亿元的问题。除2.42亿元损失无法收回外,相关企业通过监控担保企业贷款资金的使用情况、提高经营管理水平等措施,一定程度上化解了14.21亿元的潜在损失风险;相关企业还修改或完善各项管理制度27项,包括制定重大决策程序办法、招标监督以及合同管理办法、建立资金管理制度、企业股权管理规范、市场化用工管理暂行办法等,防止因决策失误或管理不善发生新的损失和国有资产流失。③关于海外投资管理不规范,形成或面临损失4.24亿元的问题。相关企业正积极采取措施建立海外项目运作风险管理体系,完善应急预案制度。④关于违法违规操作导致国有资产流失的问题。截至2008年10月底,已收回980万元,合并账外账处理877万元,通过司法诉讼等手段正在追缴7090万元,其余4.83亿元由于责任人外逃等原因无法追回。相关企业已通过进一步建立健全内部规章制度、明晰产权关系等措施,加强管理,完善内部控制,以有效避免国有资产流失问题的再次发生。由以上通报的情况可以看出,有关部门只是对被审计单位进行了相应的处罚,而被审计单位也是据此进行了一定程度的整改,然而却并没有深入追究有关责任人的个人责任问题,可见审计的监督作用还有待进一步提高。行政型审计模式具有天然的局限,要想加强审计监督,让其发挥更大的作用,行之有效的方法就是向社会公告经济责任审计相关信息,借助社会监督的力量,以对领导干部受托经济责任的履行情况进行监督和控制。

中央审计委员会成立以来,我国审计模式逐渐由行政型向政党型转型,在党的领导下,审计发挥作用的空间越来越大。

4. 提高审计质量与经济责任审计公告

审计质量是经济责任审计工作的生命线,如果不能开展高质量的审计工作、取得可靠的审计结论,那么经济责任审计也就失去了其应有的作用和意义。经济责任审计具有复杂性和特殊性,它审计的对象是担任一定职务的领导干部,这些领导干部手中都拥有一定的职权,往往都具有较大的影响力。因此,审计人员形成的审计结论、做出的审计决定,都需要做到事实清楚,证据确凿,定性准确,评价客观。

实施经济责任审计公告制度有利于审计机关提高审计质量,有利于促使其工作朝着规范化、法治化的方向发展。首先,经济责任审计公告制度把审计机关置于阳光之下,能够防止其徇私舞弊,减少其信息寻租的机会。审计机关开展经济责任审计工作,掌握大量被审计领导干部受托经济责任履行情况的信息,如果信息不对外公开,审计机关就有可能利用这些信息进行寻租,实施暗箱操作,在获得一定的租金之后,掩盖、隐瞒甚至篡改审计过程中所发现的被审计领导干部及其所在单位的违规违纪问题。其次,经济责任审计公告制度能够促使审计机关不断钻研业务、规范审计行为,进而降低审计风险。审计结果公告后,社会公众、被审计领导干部及其所在单位都可能会对审计机关工作的客观公正性、审计结论和审计决定的合法合规性进行评价和审查,发挥再监督的作用,这就进一步增大了审计机关开展经济责任审计工作的风险。如果开展得好,有利于维护审计机关的权威性;如果做得不好,则会使其陷入非常被动的局面,甚至面临被诉讼的风险。因此,实施审计公告制度,会促使审计机关不断增强责任意识、规范审计执法行为,进而提高审计质量。

6.5.2 经济责任审计结果公告的法律基础

1. 允许公告的相关现行法律法规

我国的宪法是根本大法,宪法第二条规定,"中华人民共和国的一切权力属于人民。……人民依照法律规定,通过各种途径和形式,管理国家事务,管理经济和文化事业,管理社会事务"。宪法的此条规定是实施经济责任审计公告最根本的法律基础,它明确了公民对国家事务具有管理权,对国家机关及相关人员受托责任的履行情况具有知情权。

审计法第四十条规定,"审计机关可以向政府有关部门通报或者向社会公布审计结果。审计机关通报或者公布审计结果,应当保守国家秘密、工作秘密、商业秘密、个人隐私和个人信息,遵守法律、行政法规和国务院的有关规定"。国家审计准则第一百五十七条规定,"审计机关依法实行公告制度。审计机关的审计结果、审计调查结果依法向社会公布"。审计署2003年发布的《审计结果公告试行办法》第四条规定,"审计结果公告主要包括下列内容:中央预算执行情况和其他财政收支的审计结果;政府部门或者国有企业事业组织财政收支、财务收支的单项审计结果;有关行业或者专项资金的综合审计结果;有关经济责任审计结果"。

由以上的法律法规规定可以看出,公民有权利得知领导干部经济责任审计的相关信息。但是依据目前的相关规定,向社会公告有关经济责任审计的结果是审计机关的一项权利,而非其义务,这就赋予了审计机关相当大的自由量裁权。也就是说,审计机关可以公布经济责任审计的相关信息,也可以不公布。那么,审计机关出于自身利益的考虑,就会仅公告对自己有利的信息,而不公布那些具有一定风险的审计结果信息,给权力寻租留下了较大的空间,难以满足公民的信息需求,公民的知情权难以得到有效保障。我们认为,向公民公布包括经济责任审计结果在内的相关信息是审计机关应该承担的义务,此义务必须切实履行,不履行此义务属违法违规行为,需要受到相应的处罚。因此,建议修改包括审计法在内的相关规定,要求审计机关"必须"或者"应当"向社会公布审计结果等信息,并且需要明确审计机关不向社会公布应该承担的法律责任。

2. 限制公告的相关法律法规

2024年修订的《中华人民共和国保守国家秘密法》第十三条规定"下列涉及国家安全和利益的事项,泄露后可能损害国家在政治、经济、国防、外交等领域的安全和利益的,应当确定为国家秘密:(一)国家事务重大决策中的秘密事项;(二)国防建设和武装力量活动中的秘密事项;(三)外交和外事活动中的秘密事项以及对外承担保密义务的秘密事项;(四)国民经济和社会发展中的秘密事项;(五)科学技术中的秘密事项;(六)维护国家安全活动和追查刑事犯罪中的秘密事项;(七)经国家保密行政管理部门确定的其他秘密事项。政党的秘密事项中符合前款规定的,属于国家秘密"。此规定对经济责任审计方面的信息并没有做出明确的要求,然而经济责任审计如果涉及以上七个方面的信息仍然需要保守相关的秘密,与之相关的信息则需要按照有关的规定执行,不能随意公开。

审计署和国家保密局在1996年联合发布的《审计工作中国家秘密及其密级具体范围的规定》规定:"涉及党和国家领导人重要问题的审计或审计调查情况和结果"属于绝密级事项;"涉及党和国家领导人问题、省部级领导干部重要问题的审计或审计调查情况和结果"属于机密级事项;"涉及省、部级领导干部问题或地、市主要党政领导干部重要问题的审计或审计调查情况和结果"属于秘密级事项。这些保密事项在一定的时间内只限一定范围的人员知悉,未经批准不得擅自扩散。由此规定可以看出,涉及地、市级以上领导干部经济责任审计结果的相关信息属于保密事项,那么依此规定,此类信息就不能向社会公告,这给我们的经济责任审计公告工作带来了很大的挑战。如果继续沿用以上保密规定,社会公众就难以得知地、市级以上党政领导干部受托经济责任的履行情况,难以对其公共权力的行使情况进行评价,也就难以发挥社会监督的作用,仅靠审计机关的审计监督并不利于经济责任审计工作的深入开展。因此,如果审计机关想扩大经济责任审计公告范围的话,需要与国家保密法律法规相协调,寻求两者之间的平衡,并对有关经济责任审计公告范围、内容等方面的情况做出明确的保密规定。

《中华人民共和国国家审计准则》第一百五十九条规定,"在公布审计和审计调查结果时,审计机关不得公布下列信息:涉及国家秘密、商业秘密的信息;正在调查、处理过程中的事项;依照法律法规的规定不予公开的其他信息。涉及商业秘密的信息,经权利人同意或者审计机关认为不公布可能对公共利益造成重大影响的,可以予以公布"。根据国际惯例,信息公开制度均以公开为原则,不公开为例外(周汉华,2001)。那么,审计机关对于经济责任审计信息的公开也应该以公开为原则,不公开为例外。我们认为,就经济责任审计而言,不宜向社会公开或公告的审计信息包括:涉及国家秘密、商业秘密以及个人隐私(如性格、爱好、生活习惯等)方面的信息;正在调查、处理过程中的事项;依照法律法规的规定不予公开的其他信息。公告经济责任审计的相关信息应当在审计意见书、审计决定书等相关审计结论性文书生效后进行。

依据现行的法律法规,审计机关向社会公众公告地、市级以下(不包括地、市级)党政领导干部经济责任审计的信息已不存在法律方面的障碍,所以审计机关应该大力推进地、市级以下(不包括地、市级)党政领导干部经济责任审计公告方面的工作,积极探索建立全国统一的经济责任审计公告制度。由于地、市级以上(包括地、市级)党政领导干部经济责任审计的相关信息涉及国家有关的保密规定,所以短时期内还难以较为全面地向社会公开。审计机关应该根据已有的公告实践,积极总结经验,与国家保密局等部门积极沟通,研究探索地、市级以上(包括地、市级)党政领导干部经济责任审计公告制度,采取逐步公告的策略,力争在更大范围内公告领导干部经济责任审计的有关信息,以加强对领导干部的审计监督,维护公民的知情权和监督权。

6.5.3 经济责任审计结果公告的主要内容

经济责任审计是国家审计机关接受党和政府的委托,专职从事领导干部监督的一项特殊的审计活动或行为,它主要是对领导干部受托经济责任的履行情况进行审计鉴证,并做出审计评价,以发挥审计的监督和控制功能。经济责任审计到底要公告哪些内容,现在理论界和实务界没有形成统一的结论,我们试图从经济责任审计的概念出发,依据前文论及的经济责任审计报告的内容以及现有的法律法规,对应该公告的主要内容展开探讨。

1. 国外审计结果公告的主要内容

本节列示了美国、英国、澳大利亚和瑞典等几个国家审计结果公告的框架等内容,如表 6-1 所示。

表 6-1　　　　　　　　不同国家审计结果公告的框架①

	审计结果公告的框架
美国	审计目标、范围和方法,审计结果,审计建议,审计遵循的准则,重大不合规现象和滥用行为,违法行为,管理控制重大缺陷,被审计项目负责人对审计人员的审计发现、结论、建议和打算采取的纠正措施的看法,审计人员确认的重大管理成就,向未来审计人提出的建议,公告未披露资料的性质以及必须不予披露的要求等
英国	项目背景、被审计单位或项目的工作目标、被审计单位实现其目标的主要手段和措施、审计人员开展审计情况的描述(包括审计的范围、内容和方法)、审计发现的主要问题及原因分析、提出的审计建议等
澳大利亚	对被审计事项的背景描述、审计目标及评价标准(或被审计事项应达到的成果)、审计发现(附主要的审计证据)、针对每一项审计发现或审计意见的被审计单位的反馈意见、审计结论和审计建议等
瑞典	审计情况概述、引言、审计安排、审计对象说明、审计发现问题、审计结论、审计建议和附件等

由表 6-1 可知,审计结果公告的主要内容一般都要包括:审计项目简要说明、审计人员的职责和目标以及依据的标准、审计发现的主要事实、审计结论、审计建议以及被审计单位的反馈情况。

2. 我国法规的相关规定

《中华人民共和国国家审计准则》第一百五十八条规定,审计机关公布的审计和审计调查结果主要包括下列信息:被审计(调查)单位的基本情况;审计(调查)评价意见;审计(调查)发现的主要问题;处理处罚决定及审计(调查)建议;被审计(调查)单位的整改情况。

根据经济责任审计的概念,依据现有法规的规定以及现有的研究成果,我们认为,经济责任审计结果公告应该主要公告以下内容。

① 审计项目简要说明。主要包括:被审计领导干部的有关情况,如任期、担任职务等信息;被审计单位的有关情况,如被审计单位对所提供资料的责任说明等;审计人员的有关情况,包括审计单位名称、审计的范围、审计依据的标准、审计人员

---

① 周媛:《我国审计结果公告制度研究》,西南财经大学,第 32 页。

的责任、审计的目标和时间等。

② 被审计领导干部的履责情况及审计评价意见。主要包括：被审计领导干部主要目标经济责任的履责情况简介、关于经济责任履责报告公允性的审计意见；审计评价意见，其既要肯定成绩又要指出存在的不足。

③ 审计发现的主要问题。这主要是指审计发现的被审计领导干部不履职、不正确履职以及违反国家规定的有关情况，被审计单位存在的重大违法违规情况。

④ 审计建议及处理处罚决定。这主要是指针对被审计领导干部及其所在单位存在的问题，审计人员所提出的建议以及做出的审计处理处罚决定。

⑤ 被审计领导干部及单位的反馈意见。这主要是指针对审计发现的问题、审计意见、审计结论以及审计评价，被审计领导干部及所在单位的反馈意见；如果被审计单位对有关的问题进行了整改也需报告整改的有关情况。

⑥ 其他需要公布的情况。

6.5.4　经济责任审计结果公告的程序

经济责任审计结果公告可以分为依法申请公告和主动公告，无论哪种形式的公告都要遵循一定的程序，本节以主动公告为例，对经济责任审计公告的程序进行简要说明。经济责任审计公告的程序一般应包括：编制审计结果公告、业务部门复核、专门机构审理、审计机关审批、有关部门审批、审计机关签发并公告。

（1）编制审计结果公告。经济责任审计结果公告一般是在经济责任审计报告的基础上形成的，由经济责任审计项目小组根据有关规定，对审计报告进行适当的增减和完善。

（2）业务部门复核。审计项目组在起草完成经济责任审计结果公告的征求意见稿后，应该将其提交至审计项目组所在的业务部门对审计公告的内容、公告的措辞等进行复核并提出相应的修改意见，审计项目组根据修改意见对征求意见稿进行相应的完善。

（3）专门机构审理。业务部门应该把审核后的经济责任审计结果公告征求意见稿提交给审计机关的专门机构进行审理，专门机构主要对征求意见稿是否符合国家的法律法规要求进行审核，并提出相应的意见。

（4）审计机关审批。专门机构审理后，需要把审计结果公告提交审计机关业务会议审定，审计项目组需要根据审定意见进行修改。审定通过后，审计项目组需要报请审计机关负责人审批。

（5）有关部门审批。审计机关负责人审批后，需要把经济责任审计结果公告提交给组织人事、保密部门以及政府领导等进行审查和批准。《审计署审计结果公告试行办法》规定,"向国务院呈报的重要审计事项的审计结果需要公告的,应当在呈送的报告中向国务院说明,国务院在一定期限内无不同意见的,才能公告;其他审计事项的审计结果需要公告的,由审计署审批决定"。我们认为,省部级及以上领导干部的经济责任审计结果公告需要提请国务院有关部门进行审批;地、市级领导干部的经济责任审计结果公告需要提请省级有关部门及政府领导进行审批;县级及以下领导干部的经济责任审计结果需要报请上级审计机关审批。

(6) 审计机关签发并公告。经济责任审计结果报告在经过有关部门审批以后,审计机关就可以提请审计机关负责人签发,并通过一定的形式向社会公告审计结果。

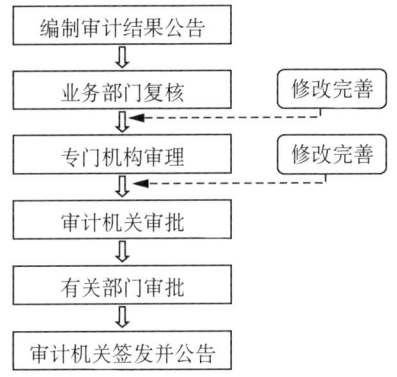

图 6-2 经济责任审计结果公告程序

6.5.5 经济责任审计结果公告的原则

实例1:××市2×17年度部分市管主要领导干部经济责任审计结果公告

根据《中华人民共和国审计法》相关规定,××市审计局2×17年对××市部分市管主要领导干部任职期间经济责任履行情况进行了审计。现将审计结果公告如下。

一、基本情况及总体评价

2×17年1月至10月,××市审计局分别对××市机关事务管理局、××市绿化园林局、××市环境保护局以及××市卫生和计划生育委员会的4名市管主要领导干部开展了经济责任审计。

审计情况表明,4名市管主要领导干部在任职期间能较好履行领导干部经济责任,主要体现在:一是认真履职,抓改革谋发展。全面实施医药价格综合改革,加快推进分级诊疗制度建设和医疗联合体建设,积极推进医改综合试点;积极推进公车改革任务顺利完成,加强机关服务工作标准和流程建设,提升机关事务服务保障水平;不断推进城乡绿化一体化建设和园林养护市场化建设。二是压实责任,积极落实责任目标。制定行政首长环保责任状,编制污染防治行动计划,顺利完成重大活动环境保障任务,在副省级城市中率先成功创建国家生态市;实现全市林木覆盖率、城市建成区绿化率、绿化覆盖率和人均公园绿地面积逐年递增,提升××市园林绿化景观水平。三是落实民生政策,提高医疗卫生服务水平。加大卫生、计生专项资金投入,平稳实施全面两孩政策,优化全市医疗资源布局,××市公卫医疗中心、××市儿童医院河西院区已投入运行,××市中医院新院区、江北国际医疗中心建设以及××市第一医院和建邺医院的整合工作有序推进。

二、审计发现的主要问题

(1) 资金资产管理不够规范。房屋及设施租赁收益未及时上缴财政非税专户。部分单位工作经费使用效益不高,项目结余资金未及时上缴财政。部分专项资金执行进度不均衡。部分物资进出库手续不完备,部分单位房产等固定资产登记不完整。

(2) 部分专项资金制度有待完善。市环保专项资金管理规定未及时修订,项目管理不到位。医联体建设专项资金未建立专项资金管理制度,影响资金使用效果;医学科技发展专项资金筹集缺乏依据,管理欠规范。

(3) 内部管理存在薄弱环节。部分单位存在采购招投标领域管理不够规范、对下属单位监管不够严格、个别信息系统管理功能薄弱、非税收入征收管控程序不完善等情况,个别直属单位公务接待存在违规问题。

三、审计处理情况及建议

审计结束后,××市审计局已依法出具审计报告和审计决定书。针对审计发现的问题提出以下建议:尽快落实房产确权和固定资产登记入账工作,提高财政资金(资产)使用绩效;及时修订完善专项资金管理办法,建立健全制度体系,加强项目绩效管理;完善内部控制流程,加强对下属单位的有效监管等。

四、审计发现问题的整改情况

对审计发现的问题,被审计单位的领导干部都高度重视,研究部署整改工作,制定整改措施,落实整改责任,并修订多项制度加以规范。审计整改结果将由被审计单位进行公告。

××市审计局

2×17年12月20日

实例 2：××市审计局关于 2×19 年度部分市管主要领导干部经济责任审计结果的公告

根据《中华人民共和国审计法》第二十五条规定，经中共××市委审计委员会批准，2×19 年××市审计局对部分市管领导干部任职期间经济责任的履行情况进行了审计，现将审计结果公告如下。

一、基本情况及评价意见

2×19 年 6 月至 8 月，××市审计局先后对××市红十字会、××市农业科学研究院等 2 家单位的 2 名市管领导干部开展了经济责任审计。

审计情况表明，上述单位 2 名领导干部在任职期间，能较好履行领导干部经济责任。主要体现在：

一是围绕中心，提升创新能力。市农科院立足乡村振兴战略，大力实施科技强院，近年来，制定 6 项部、省、市级农业标准，取得 53 项专利授权和 27 项科技成果奖励。市红十字会大力传播红十字会精神，宣传红十字会法，积极推进省、市、区三级联建"生命礼赞"文化公园主题项目。

二是服务大局，推动精准扶贫。市红十字会扎实推进"精准扶贫"行动，开展与黔东南、恩施和阿克苏对口帮扶，提升红十字会品牌影响力。市农科院大力开展农业科技帮扶服务，举办农村实用人才培训 230 多期，培训 1.5 万余人次。落实帮扶资金，有效推进精准帮扶工作。

三是加强管理，促进核心业务发展。市红十字会围绕"三救三献"，推进关爱生命行动。近两年募集救灾救助款物 1 375 万元，救助困难群众 4 911 人次，培训红十字会救护员 9 284 名。市农科院发挥科技引领作用，在农业产业集聚区大力推广新品种、新技术，年均推广面积 5 万余亩；建立科技成果展示基地 20 个，年示范规模 3 000 亩以上。

二、审计发现的主要问题

(1) 预算管理使用方面存在的问题。一家单位以前年度财政专项资金未清算，项目结余资金未及时上缴财政；在预算支出管理过程中未能严格执行相关规定，存在项目经费中开支部分水电费、车辆运行经费等公用经费的情况。

(2) 资产资源管理方面存在的问题。一家单位未能有效统筹整合内部资产资源，租赁土地闲置，造成资源浪费；部分科研项目专项物资未实行统一采购；部分科研设备未有效统筹使用，存在使用效率低的情况。

(3) 与下属实体关系方面存在的问题。一家单位存在与下属经济实体业务界限不清、资产界限不清、人员界限不清,与下属经济实体未完全脱钩的情况。

(4) 对下属单位监管方面存在的问题。一家单位下属单位内控管理不健全,培训费收支和会费管理不规范,存在私存私放、随意减免费用的情况。一家单位未充分履行监管职能,未对下属单位上报的台账进行监督和核查,存在一定的风险隐患。

(5) 科研成果推广运用方面存在的问题。一家单位近年来用于先进技术的引进、推广和示范的财政资金投入比较多,但实际科研成果不多,成效不够明显。

三、审计处理情况及建议

审计结束后,××市审计局已依法出具审计报告,针对审计发现的问题提出以下建议:进一步强化预算执行管理,提高资金资源使用绩效;进一步统筹规范内部管理,推进内控制度有效执行;进一步加强下属单位监管,提高系统运行管理水平。

四、审计发现问题的整改情况

对审计发现的问题,市红十字会和市农科院的领导高度重视,专题研究部署整改工作,并及时采取有效措施,认真落实审计整改工作。

××市审计局
2×19年11月28日

实例3:××市统计局局长经济责任审计结果公告

根据《中华人民共和国审计法》第二十五条的规定,经中共××市委审计委员会批准,××市审计局派出审计组,自2×20年6月23日至2×20年7月15日,对市统计局局长的经济责任履行情况进行了审计。现将审计结果公告如下。

一、审计发现的主要问题

(1) 预算编制不科学、不全面。

(2) 固定资产管理不严格。

(3) 统计执法管理不到位。

二、审计建议

(1) 强化制度执行管理。建议市统计局对出台、执行的制度进行全面梳理,特别是预算编制管理、普查物资管理、财政财务制度进行全面排查,对制度、规定不完善、不明确的应及时完善落实,推进制度管人管事。

(2) 强化统计执法监督。建议市统计局充分发挥统计执法作用,结合"双随机"抽查、年度统计稽查工作计划等,突出执法检查重点,提高执法效果,确保统计数据质量。

××市审计局

2×20 年 11 月 12 日

经济责任审计结果公告需要遵循一定的原则,审计署 2003 年发布的《审计署审计结果公告试行办法》第八条规定,"公告审计结果应当具备下列条件:事实清楚,证据确凿,定性准确,评价客观公正;在审计意见书、审计决定书等相关审计结论性文书生效后进行;保守国家秘密和被审计单位及相关单位的商业秘密,并遵守国务院的有关规定;涉及不宜公布内容的,必须对相关内容进行删除或者修改"。

根据经济责任审计的特点,结合已有的法律法规,我们认为审计机关公告经济责任审计结果需要遵循以下原则。

(1)客观公正、实事求是原则。领导干部经济责任审计结果信息具有其特殊性,对于被审计领导干部、政府部门、社会公众而言具有重要的意义。审计机关公告经济责任审计结果信息,是一种官方行为,必须遵循客观公正、实事求是的原则,不能够带有主观随意性,并且应该确保审计结果满足事实清楚、证据确凿、定性准确、评价客观公正的条件。

(2)依法公布、保守秘密原则。审计机关公布经济责任审计结果必须遵守《中华人民共和国审计法》《中华人民共和国审计准则》《中华人民共和国保守国家秘密法》等法律法规的规定。同时,审计机关必须依法保守国家秘密、被审计单位的商业秘密以及被审计领导干部的个人隐私。此外,审计机关还应该在审计意见书、审计决定书等相关审计结论性文书生效后进行公告。

(3)积极稳妥、量力而行原则。经济责任审计具有其特殊性和复杂性,审计机关公告经济责任审计结果应该注意工作方式方法,应该采取积极试点、稳步试行的策略,不能操之过急、好大喜功。恰当公告有利于维护审计机关的权威性,有利于推进审计结果公告制度的不断完善;不当公告则会使审计机关陷入非常被动的局面,甚至使其面临被诉讼的风险,也会给经济责任审计结果公告工作带来致命性的打击。

(4)简明扼要、通俗易懂原则。经济责任审计结果公告面向的是社会公众,大多数群众并没有审计工作经验,因此,审计结果公告的写作一定要注意清晰简明、通俗易懂,要满足广大人民群众的需要。审计结果公告要尽量避免使用过多的专业词汇和生僻字,逻辑清晰,意思表达明确即可。

6.5.6 经济责任审计结果公告的形式

审计机关公告经济责任审计结果需要采取一定的形式、借助一定的渠道进行，本节将根据国内外现有实践经验，对经济责任审计结果公告的形式进行一些探讨。

1. 国外审计结果公告的形式

表6-2列示了部分国家经济责任审计结果公告形式。

表6-2　　　　　　　　各主要国家审计结果公告的形式

类型	代表国家	公告形式
司法型	法国、意大利、巴西	向新闻媒体发布、出版发行物
立法型	美国、加拿大、澳大利亚	政府公报公布、听证会宣读、向新闻媒体发布、网上公布
独立型	日本、印度	新闻媒体发布、改写为通俗读物散发群众
行政型	俄罗斯、瑞典	向政府部门提交报告

由此可见，司法型、立法型、独立型国家审计体制的公告形式较为多样化，而行政型国家审计体制下经济责任审计结果往往只在一定范围内公告，主要是向政府部门报告，具有强烈的内部审计色彩。

2. 我国开展经济责任审计公告可采取的形式

为了广泛宣传经济责任审计的有关信息，扩大审计机关的影响力，提升审计的监督功能，审计机关向社会公告经济责任审计结果可以采取多种形式，如通过政府审计公报、审计机关官方网站、新闻媒介以及新闻发布会等渠道。

（1）政府审计公报。目前我国的一些国家机关会定期出版公报，而审计署现尚未单独发行的政府审计公报。因此，审计机关可以借鉴其他部门或者国外审计机构的经验，单独出版政府审计公报，并且在审计公报上公告有关经济责任审计结果的信息。政府审计公告具有较高的权威性，应该面向全社会发行，让广大公民都可以查询到有关的政府审计信息。

（2）审计机关官方网站。目前，我国审计机关都成立了自己的官方网站，但是有些地方审计机关官方网站的信息公布情况却不尽如人意。审计署的官方网站已经尝试公布了大量的审计公告信息，但是目前关于经济责任审计方面的信息还比较匮乏。各审计机关可以在自己的官方网站上加大经济责任审计信息的公开力度，以发挥网络便捷、高效的优势。

（3）新闻媒介。审计机关可以广泛利用报纸、杂志、广播、电视等新闻媒介向社会公告经济责任审计的相关信息,以利用这些媒介传播速度快、传播范围广、影响力大的特点,让社会公众广泛深入了解审计机关开展的经济责任审计的情况,吸引更多的群众关注经济责任审计、参与经济责任审计、评论经济责任审计、监督经济责任审计。

(4)新闻发布会。审计机关还可以定期或者不定期地举行综合或专题新闻发布会,向社会各界公告经济责任审计的有关情况,就社会各界所关心的问题进行重点解释,对有关的政策法规进行重点解读。新闻发布会具有较高的权威性和较高的关注度,可以引起社会各界的广泛关注,有利于审计结果信息的传播。当然,审计机关要举办新闻发布会必须要符合国家的有关规定,取得有关部门的许可,并办理相关的登记手续。

7 经济责任审计运行效果及其治理效应

受托经济责任是审计产生与发展的根本动因。审计的目标在于保证和促进受托经济责任的全面、有效履行。随着社会经济和民主政治的发展,完善组织治理结构和治理机制,促进组织治理效率的提升已经成为受托经济责任的重要内容,并自然合乎逻辑地成为审计目标的重要内容。因此,审计必须为完善组织治理结构和治理机制服务,促进组织治理效率的提升,此乃受托经济责任内容拓展的必然要求。

审计作为一种特殊的经济控制机制,其特殊性之一在于其控制目标是保证和促进受托经济责任的全面、有效履行。审计通过监督、评价和鉴证等功能的发挥,及时发现并消除影响组织治理效率的各种制约因素,促进受托经济责任的全面、有效履行,不断完善组织治理结构和组织治理机制。相应地,国家审计的目标在于保证和促进公共受托经济责任的全面、有效履行。国家审计通过监督、评价和鉴证等功能的发挥,及时发现并消除影响国家治理的各种制约因素,促进公共受托经济责任的全面、有效履行,不断完善国家治理结构和治理机制。国家审计作为保障社会经济健康运行的"免疫系统",通过发挥预防、揭露、抵御等功能,发挥监测、预防、预警、控制和修复等作用,降低制约国家治理效率提升的相关政策和制度以及可能存在的各种风险因素的影响,进一步促进现代国家治理结构和治理机制的建立和完善。

经济责任审计作为国家审计的一种重要类型,通过对财政、财务收支和政府官员的审计,实现对经济权力运行的有效监督和制约,防止和减少腐败行为的发生,不断完善经济权力的运行机制,保障权力在阳光下运行,促进国家治理结构和治理机制的不断完善。同时,经济责任审计与行政问责制相结合,可以促进行政问责制的不断完善,防止和减少行政官员的"庸政"行为,不断提升政府治理效率。一方面,将经济责任审计的结果与政府官员的晋升、提拔等挂钩,能够帮助国家真正做到选贤任能,使有能力的官员脱颖而出,从而促进国家治理效率的提升。另一方面,经济责任审计通过对国有企业领导人经济责任履行情况的审计,能够促进国有企业公司治理结构和治理机制的不断完善,进而提升公司治理效率。

本章选取经济责任审计相关的三篇代表性文献,分别从经济责任审计运行效果、环境治理以及地方政府治理三个方面对经济责任审计及组织治理功能进行了实证检验。

7.1 经济责任审计运行效果实证研究[①]

经济责任审计以评价领导干部为主,在我国已经实行多年。根据经济控制论和免疫系统观,经济责任审计通过加强经济责任审计力量、强化经济责任审计执行力度和加大经济责任审计业务量,能够预防和惩治领导干部腐败,提高财政、财务收支绩效。实证研究表明,经济责任审计力量越强,经济责任审计执行力度越大,越能够预防领导干部职务犯罪;审计人员数量越多,审计力量越强大,单位国内生产总值耗费的行政管理费越少。为了提高经济责任审计运行效果,我国应当构建经济责任审计监控体系。

7.1.1 问题提出

经济责任审计是一项具有中国特色的经济监督制度,是现代审计制度在中国的一种创新(蔡春和陈晓媛,2007),国外并没有经济责任审计这种审计类型,但有审计内容与之相近的其他审计,如美国的"3E"审计、加拿大的综合审计(这种类型的审计在我国称为"绩效审计"或"效益审计")。然而,经济责任审计又不同于"3E"审计和综合审计,"3E"审计和综合审计的对象是"事",不是"人",而经济责任审计的落脚点是对"人"作出评价。《中华人民共和国审计法》(2006)第二十五条提出:"审计机关按照国家有关规定,对国家机关和依法属于审计机关审计监督对象的其他单位的主要负责人,在任职期间对本地区、本部门或者本单位的财政收支、财务收支以及有关经济活动应负经济责任的履行情况,进行审计监督。"审计法明确指出经济责任审计对象的特殊性。党的十七大报告在"坚定不移发展社会主义民主政治"部分明确指出,重点加强对领导干部特别是主要领导干部的监督,需健全经济责任审计等制度,再一次把经济责任审计提到完善民主政治的高度。经济责任审计的对象也在不断扩展,1999年5月,中共中央办公厅、国务院办公厅印发的《县级以下党政领导干部任期经济责任审计暂行规定》和《国有企业及国有控股企

---

① 本文是李江涛等发表于《审计研究》2011年第3期的《经济责任审计运行效果实证研究》,局部有微调,原文参考文献未附在本节。

业领导人员任期经济责任审计暂行规定》,要求对县级以下党政领导干部和国有企业领导人员进行经济责任审计。2005年,党政领导干部经济责任审计范围扩大到地厅级。2010年12月,中共中央办公厅、国务院办公厅印发了《党政主要领导干部和国有企业领导人员经济责任审计规定》,把经济责任审计的范围扩大到省部级党政领导干部。经济责任审计经过多年的运行,是否有效地对领导干部进行了监督?本文拟对经济责任审计的运行效果进行实证研究,以期获取相应的经验证据。

7.1.2 理论分析与研究假设

经济责任审计的开展,有利于促使领导干部增强遵纪守法意识和自我约束能力,从机制上、源头上推动预防和治理腐败。经济责任审计的基础是对财政财务收支的审计,审计评价和责任追究侧重于领导干部本人(董大胜,2007)。对于经济责任审计的运行效果,本文着重从领导干部腐败预防与惩治和财政财务收支绩效两个角度进行分析。

1. 领导干部腐败预防与惩治的经济责任审计效果分析

犯罪倾向论认为,人都存在着侵害他人利益以满足自己欲望的犯罪倾向,犯罪人与正常人之间只有倾向程度的差异,没有生理或心理上的质的区别。犯罪行为的发生机制表现为外界的情景诱惑对个体犯罪倾向的驱动,当诱惑达到一定强度时,"好人"也会犯罪(肖兴政和郝志伦,2004)。根据犯罪倾向论的观点,领导干部也有犯罪倾向,可能存在违规行为,也可能存在职务犯罪的情况。为了抑制职务犯罪倾向,必须采取相应的控制手段,审计是其中一种。审计监督免疫系统观(刘家义,2008)认为,审计监督具有预防功能,国家审计具有内生的威慑作用,因而有条件、有责任及时发现苗头性、倾向性问题,及早发出警报,起到预警作用。审计监督还具有揭露功能,审计必须查处违法违规、经济犯罪、损失浪费、奢侈铺张、破坏资源、污染环境、损害人民群众利益、危害国家安全、破坏民主法治等各种行为。审计的预防和揭露功能能够抑制贪污贿赂等职务犯罪的发生。根据审计控制论(蔡春,2001)的观点,审计是确保受托经济责任全面有效履行的一种特殊的经济控制,它通过直接纠偏或间接纠偏的方式对受托人进行控制。每一种特定类型的审计都是一种特定的审计控制手段或形式(蔡春,2001),经济责任审计是一种特殊的、新的审计控制手段或形式,其直接对一个组织的主要负责人进行审查。经济责任审计发挥作用主要表现在三个方面。

(1)经济责任审计力量。经济责任审计业务由审计组织执行并完成,审计组织由审计人员构成,审计人员形成了审计力量的核心。在经济责任审计过程中,审计人员采取恰当的审计方法,发现被审计单位及其领导干部存在的与经济业务相关的问题,通过审计建议等方式促进被审计单位及其领导干部进行整改,充分发挥审计监督的预防功能,进而阻止领导干部腐败的发生。因此,本文提出假设1(H1):

H1:经济责任审计力量越强大,腐败的领导干部人数越少。

(2) 经济责任审计执行力度。经济责任审计执行力度是指经济责任审计查处的被审计单位及其领导干部涉及的违规金额、管理不规范金额和损失浪费金额的大小。审计人员通过查处被审计单位中存在的违规、管理不规范和损失浪费问题,明确被审计领导干部的直接责任、主管责任和领导责任,从源头上分析问题的根源,提出具体的、有针对性的审计建议,促进被审计单位完善内部控制,改善管理,进而避免被审计领导干部腐败的发生。因此,本文提出假设2(H2):

H2:经济责任审计执行力度越强,腐败的领导干部人数越少。

(3) 经济责任审计业务量。审计业务量是指审计对象数量的多少,对于经济责任审计而言,主要是指被审计的领导干部人数的多少。在经济责任审计过程中,审计机关将发现的腐败案件线索移交司法机关、纪检监察机关,增加腐败案件的侦破量。经济责任审计对象越多,发现的腐败案件线索越多,被查处的腐败干部就越多。因此,本文提出假设3(H3):

H3:经济责任审计业务量越大,查处的腐败领导干部人数越多。

2. 财政、财务收支绩效分析

受托经济责任观(蔡春,2001)认为,审计的本质目标是确保受托经济责任得以全面有效履行。受托经济责任包括行为责任和报告责任两大部分,其中行为责任包括保全责任、节约责任、效率责任和效果责任等。经济责任审计的实施,应能确保领导干部受托经济责任的全面有效履行。审计监督免疫系统观(刘家义,2008)认为,审计监督具有抵御功能,通过对产生问题的原因进行分析,进而提高经济社会运行质量和绩效。经济责任审计通过分析问题产生的原因,提出应对措施和建议,进而提高被审计领导干部所在单位的绩效。经济责任审计力量越强大,越能够发现被审计单位存在的管理问题及控制漏洞,进而促进被审计领导干部所在单位增收节支,因此,本文提出假设4(H4):

H4:经济责任审计力量越强大,越能够降低行政成本,增加财政、财务收支绩效。

如果经济责任审计执行力度越强,越能够发现被审计单位涉及的违规金额、管理不规范金额和损失浪费金额,进而通过处理处罚促使被审计单位整改,实现增收节支,因此,本文提出假设5(H5):

H5:经济责任审计执行力度越强,越能够降低行政成本,增加财政财务收支绩效。

如果经济责任审计业务量越大,审计的领导干部越多,慑于审计的威力,领导干部整改的力度就越大,进而越能提高财政财务收支绩效。因此,本文提出假设6(H6):

H6:经济责任审计业务量越大,越能够降低行政成本,增加财政财务收支绩效。

7.1.3 数据与研究设计

1. 数据来源

本文选取31个省、自治区和直辖市2003—2008年职务犯罪中贪污贿赂立案的数据,2002—2007年的经济责任审计数据,2002—2007年的财政支出的有关数据。数据来源于《中国审计年鉴》(2003—2008年)、《中国检察年鉴》(2005—2009年)、《中国财政年鉴》(2003—2008年)以及《中国统计年鉴》(2003—2008年)。对于年鉴中没有披露的数据,本文按照遗失值进行处理。本文所有的数据处理采用Stata10统计软件。

2. 研究设计

1) 研究模型

为了验证领导干部腐败预防与惩治的经济责任审计效果,本文构建了模型Ⅰ和模型Ⅱ。

模型Ⅰ:

$$COUNTYhead_{it} = \beta_0 + \beta_1 AUDITOR_{it-1} + \beta_2 VIOLAT_{it-1} + \beta_3 AUDITEE_{it-1} + \beta_4 NUMcivil_{it-1} + \beta_5 GDPper_{it-1} + \beta_6 WAGEgap_{it-1} + \mu$$

模型Ⅱ:

$$MAYOR_{it} = \beta_0 + \beta_1 AUDITOR_{it-1} + \beta_2 VIOLAT_{it-1} + \beta_3 AUDITEE_{it-1} + \beta_4 NUMcivil_{it-1} + \beta_5 GDPper_{it-1} + \beta_6 WAGEgap_{it-1} + \mu$$

为了检验财政财务收支绩效的经济责任审计控制效果,本文构建了模型Ⅲ和模型Ⅳ。

模型Ⅲ：

$$GDPfee_{it} = \beta_0 + \beta_1 AUDITOR_{it} + \beta_2 VIOLAT_{it} + \beta_3 AUDITEE_{it} \\ + \beta_4 NUMcivil_{it} + \beta_5 GDPper_{it} + \beta_6 WAGEaverage_{it} + \mu$$

模型Ⅳ：

$$EXPENDfee_{it} = \beta_0 + \beta_1 AUDITOR_{it} + \beta_2 VIOLAT_{it} + \beta_3 AUDITEE_{it} \\ + \beta_4 NUMcivil_{it} + \beta_5 GDPper_{it} + \beta_6 WAGEaverage_{it} \\ + \beta_7 NCPratio_{it} + \mu$$

2）研究变量

（1）被解释变量。模型Ⅰ的被解释变量是县处级以上领导干部职务犯罪人数，模型Ⅱ的被解释变量是地厅级领导干部职务犯罪人数。职务犯罪，是指从事公务的人员利用职务或者亵渎职务给国家和人民利益造成严重损失的一类犯罪（周其华，2007）。经济责任审计不仅仅要把实施职务犯罪的领导干部揭露出来，也要促使领导干部认识到面临的问题，改正错误。经济责任审计的对象最初以县处级以下领导干部为主，逐渐扩大到地厅级领导干部。考虑到县处级领导干部的特点以及我国经济责任审计开展的状况，本文选取了县处级以上领导干部和地厅级领导干部职务犯罪人数作为被解释变量。经济责任审计过程中发现的问题一般会移交司法、纪检监察以及主管部门进行处理，但是移交后处理的过程需要一段时间，而且本期经济责任审计的预防功能和抵御功能要到下一期才能体现出来，因此本文采用滞后一期的数据进行分析。

模型Ⅲ的被解释变量是行政管理费国内生产总值比（行政管理费/国内生产总值，即单位国内生产总值所耗费的行政管理费），模型Ⅳ的被解释变量是行政管理费财政支出比。对于财政、财务收支，本文选择了行政管理费支出作为替代变量，主要基于三个方面的考虑。一是行政管理费内容的独特性，其主要是国家财政用于各级国家权力机关、国家行政机关、国家审判机关、国家检察机关以及外事机构、重要党派团体行使职能所需的经费支出。二是行政管理费易被滥用。三是借鉴现有研究成果。Ang 等（2000）在研究股权代理成本的时候采取了经营费用与主营业务收入之比指标，而行政管理费亦有经营费用之意。对于绩效，本文着重从经济性、效率性和效果性角度进行分析。经济性要求减少损失浪费的发生，必须厉行节约，而行政管理费财政支出比所反映的是行政管理费在财政支出中的比例，本文试图通过该指标反映被审计单位的节约情况。效率性主要是指投入和产出的对比关系,因此本文采用行政管理费国内生产总值比作为财政收支财务收支绩效的替代指标。

(2) 解释变量。解释变量主要包括经济责任审计力量、经济责任审计执行力度和经济责任审计业务量三个方面。

经济责任审计力量包括质量和数量两个方面,审计人员是审计力量的核心,其数量的多寡影响审计活动的开展。在其他条件既定的情况下,审计人员数量越多,经济责任审计力量越强。

经济责任审计执行力度是经济责任审计结果的直接体现之一。经过经济责任审计程序,审计人员发现被审计的领导干部及其单位存在违规、管理不规范和损失浪费的行为,而这三个方面金额的大小体现着审计人员的执行力度,经济责任审计执行力度越强,发现的违规金额、管理不规范金额和损失浪费金额越大。

经济责任审计业务量是指经济责任审计完成的任务数量。经济责任审计主要是对领导干部进行的一种特殊类型的审计,因而经济责任审计业务量就体现在被审计的领导干部人数上,被审计的领导干部人数越多,说明经济责任审计的业务量越大。

(3) 控制变量。本文选取的控制变量有如下几个。公共管理人数主要是指公共管理和社会组织中的人员,即从事公共管理的人员。从事公共管理的人数越多,职务犯罪的人数就可能越多。人均国内生产总值反映的是某地区的经济发达程度,经济越发达,职务犯罪的机会就越多。工资消费差反映的是某地区公共管理人员的平均工资与当地居民消费水平的差距,差距越大,说明公共管理人员的收入越高,发生贪污贿赂的可能性越小。平均工资反映的是公共管理人员的平均工资,该支出属于行政管理费支出,该值越大则说明财政支出中行政管理费的支出越大。公共管理人员比反映公共管理人员在该省(自治区、直辖市)总人口中的比例,比例越大,则行政管理费开支就越多。具体的变量定义如表7-1所示:

表7-1　　　　　　　　　　　变量定义

变量类型	变量名称	变量说明
被解释变量	县处级以上领导干部职务犯罪人数($COUNTYhead$)	是指被检察机关查处的县处级以上领导干部职务犯罪的人数
被解释变量	地厅级领导干部职务犯罪人数($MAYOR$)	是指被检察机关查处的地厅级领导干部职务犯罪的人数

(续表)

变量类型	变量名称	变量说明
被解释变量	行政管理费国内生产总值比($GDPfee$)	是指该省(自治区、直辖市)公共管理支出之行政管理费/国内生产总值,即单位国内生产总值所耗费的行政管理费
被解释变量	行政管理费财政支出比($EXPENDfee$)	是指该省(自治区、直辖市)公共管理支出之行政管理费/财政支出,即行政管理支出在财政支出中的比例
解释变量	审计人员数量($AUDITOR$)	是指省级审计机关的人员数
解释变量	审计发现问题金额($VIOLAT$)	是指审计人员在审计过程中发现的违反法规、管理不规范和损失浪费金额合计
解释变量	被审计人数($AUDITEE$)	是指该省(自治区、直辖市)经济责任审计对象的总人数
控制变量	公共管理人数($NUMcivil$)	是指该省(自治区、直辖市)公共管理和社会组织的职工人数
控制变量	人均国内生产总值($GDPper$)	是指该省(自治区、直辖市)的人均国内生产总值
控制变量	工资消费差($WAGEgap$)	是指公共管理和社会组织职工平均工资与平均消费水平的差距,用平均工资减去居民消费水平
控制变量	平均工资($WAGEaverage$)	是指公共管理和社会组织职工的平均工资
控制变量	公共管理人员比($NCPratio$)	是指该省(自治区、直辖市)中公共管理和社会组织职工人数在总人口中的比例

7.1.4 实证检验结果及分析

(一) 描述性统计结果及分析

从表7-2可以看出,每个省(自治区、直辖市)县处级以上领导干部职务犯罪人数平均为87,不过由于各省(自治区、直辖市)人口数量、经济发展水平差异很大,最大值为244人,最小值为5人,差距较大。地厅级领导干部职务犯罪人数较少,平均每省(自治区、直辖市)每年7人。行政管理费国内生产总值比平均每省(自治区、直辖市)为2%,但是各省(自治区、直辖市)差异很大,最高的省(自治区、直辖市)超过了15%。行政管理费财政支出比平均达到10%①,最高省(自治区、直辖

---

① 按保留整数计算,应为11%。

市)比例达到 22%。

表 7-2　　　　　　　　　变量描述性统计结果

变量	平均值	最大值	最小值
县处级以上领导干部职务犯罪人数(人)	87.390	244	5
地厅级领导干部职务犯罪人数(人)	7.223	27	1
行政管理费国内生产总值比	0.021	0.178	0.006
行政管理费财政支出比	0.109	0.221	0.041
审计人员数量(人)	190.433	594	41
审计发现问题金额(万元)	779 513.6	3.00e+07	1 625
被审计人数(人)	1 176.238	4 149	10
公共管理人数(万人)	38.175	97.856	5.4
人均国内生产总值(万元)	1.507	6.459	0.309
工资消费差(元)	15 336.88	50 008	7 309
平均工资(元)	20 858.35	56 212	9 850
公共管理人员比	0.010	0.024	0.006

(二)模型回归结果及分析

本文对四个模型采取了面板数据的处理方法,根据表 7-3 的豪斯曼检验结果,模型Ⅰ、Ⅲ和Ⅳ采用随机效应,模型Ⅱ采用固定效应。

表 7-3　　　　　　　　　豪斯曼检验结果

	模型Ⅰ	模型Ⅱ	模型Ⅲ	模型Ⅳ
$Chi2$	2.87	14.67	3.35	6.17
$Pro>Chi2$	0.58	0.00	0.50	0.10

为了消除异方差的影响,本文采用 Robust 检验。回归结果见表 7-4。

表 7-4　　　　　　　　　多元回归结果

	模型Ⅰ	模型Ⅱ	模型Ⅲ	模型Ⅳ
AUDITOR	−0.096 0***	−0.009 8	−0.000 0*	−0.000 1**
	(−2.70)	(−0.86)	(−1.87)	(−2.50)

(续表)

	模型Ⅰ	模型Ⅱ	模型Ⅲ	模型Ⅳ
$VIOLAT$	$-7.99e-07^{**}$	$-1.77e-07^{**}$	$-4.85e-11$	$9.83e-10^{***}$
	(-2.19)	(-2.52)	(-0.45)	(4.10)
$AUDITEE$	0.006 606 3	0.001 454 4	$1.39e-06$	$1.33e-06$
	(1.14)	(1.34)	(1.03)	(0.23)
$NUMcivil$	1.307 4***	0.153 8	$-0.000\ 3^{**}$	0.000 5***
	(4.14)	(0.87)	(-2.46)	(3.24)
$GDPper$	6.349 1	$-1.418\ 4$	$-0.018\ 8^{***}$	$-0.027\ 9^{***}$
	(1.60)	(-0.58)	(-4.36)	(-4.99)
$WAGEgap$	$-0.000\ 4$	0.000 2		
	(-0.87)	(0.63)		
$WAGEaverage$			$2.60e-06^{***}$	$4.38e-06^{***}$
			(5.29)	(6.93)
$NCPratio$				$-0.155\ 2$
				(-0.14)
cons	40.288 4	0.058 7	0.007 7	0.054 8
	(2.81)	(0.01)	(1.57)	(4.14)
F 值		1.95		
Wald chi2	25.58		40.21	95.41
N	114	79	152	152

注：对于模型Ⅰ、模型Ⅲ和模型Ⅳ，括号中数字表示 Z 值；对于模型Ⅱ，括号中数字表示 t 值。*** 表示 0.01 的显著性水平，** 表示 0.05 的显著性水平，* 表示 0.1 的显著性水平。

对于模型Ⅰ，从稳健估计的结果来看，审计人员数量与县处级以上领导干部职务犯罪人数呈负相关，并且在1%的水平上显著，假设1得到验证，表明强大的经济责任审计力量有助于阻止领导干部职务犯罪的发生。审计发现的问题金额与县处级以上领导干部职务犯罪人数呈负相关，并且在5%的水平上显著，验证了假设2，说明经济责任审计执行力度越大，越能够发现领导干部业务处理过程中存在的问题，进而阻止领导干部职务犯罪的发生。审计人员数量与县处级以上领导干部职务犯罪正相关，但不显著。

对于模型Ⅱ，审计发现问题金额与地厅级领导干部职务犯罪人数呈负相关，并且在5%的水平上显著,说明经济责任审计执行力度有助于预防地厅级领导干部职务犯罪,进一步验证了假设2。但是审计力量(H4)和审计业务量(H3)的检验都不显著。

对于模型Ⅲ,审计人员数量与行政管理费国内生产总值比呈负相关,并且在10%的水平上显著,说明经济责任审计力量能够降低单位国内生产总值耗费的行政管理费,假设4得到验证,但是经济责任审计执行力度(H5)和经济责任审计业务量(H6)的检验均不显著。

对于模型Ⅳ,审计人员数量与行政管理费财政支出比呈负相关,并且在5%的水平上显著,进一步验证了假设4。但是审计发现问题金额与行政管理费财政支出比显著正相关,且在1%的水平上显著,这与原假设相矛盾,可能是由于对经济责任审计发现的问题进行整改增加了行政管理费。

7.1.5 研究结论及建议

1. 研究结论

经济责任审计力量越强大,经济责任审计的执行力度越强,越能够预防领导干部腐败案件的发生,但是经济责任审计业务量与领导干部职务犯罪之间的关系并不显著,这说明仅扩大经济责任审计对象,对县处级以上领导干部的腐败预防与惩治效果并不明显,而合理选择被审计对象,加强经济责任审计力量,加大查处力度,才能提高经济责任审计的运行效果。

审计人员数量与财政、财务收支绩效呈负相关,即审计人员数量越多,审计力量越强大,经济责任审计的效果越好,越能够促使被审计的领导干部节约开支,最终达到节约使用经费的效果。经济责任审计业务量与财政、财务收支绩效之间的关系不显著,说明被审计的领导干部越多,审计的效果可能会较差,难以对被审计领导干部产生较大的影响。

2. 建议

实证研究结果表明,增加经济责任审计业务量并不能显著提高经济责任审计运行效果。鉴于此,本文认为应当从被审计对象入手,构建经济责任审计监控体系,包括明确目标经济责任,完善经济责任履行报告体系,建立经济责任审计监控机制。目标经济责任可以通过法律形式、聘任合同形式和组织任命以及就职声明书等形式确定,其内容包含治理责任、管理舞弊控制责任、效益或绩效责任、环境保护责任、社会责任和可持续发展责任等六个方面。为了说明受托经济责任的履行状况,领导干部应当提供经济责任履行报告,该报告与治理责任、管理舞弊控制责任、效益或绩效责任、环境保护责任、社会责任和可持续发展责任等目标经济责任相对应,经济责任履行报告由年度财务报告、内部控制报告、治理责任报告、财经法纪遵循报告、经营活动报告、经营目标报告、舞弊防范报告、环境责任报告、可持续发展报告和社会责任报告等组成。经济责任审计监控机制则由经济权力审计目标、经济权力审计信息、经济权力审计规范、经济权力审计控制手段与方式和经济权力审计组织机构等组成。

7.2 领导干部自然资源资产离任审计的环境治理效应[①]

为了检验领导干部自然资源资产离任审计的环境治理效应,我们运用2014年审计署组织部分省级审计机关实施领导干部自然资源资产离任审计试点这一准自然实验,对试点城市的环境治理效应进行了实证检验。研究发现:相对于非试点城市,试点城市的财政环保投入与辖区内企业环保投资均显著增加,且企业的环保投资增加主要集中在国有企业。其中,试点城市给予企业环保补助是导致其增加环保投资的一种可能机制。此外,试点城市并未显著出现对环境指标的短效干预行为。本文从政府和企业两个维度,为领导干部自然资源资产离任审计的环境治理效应提供了经验证据,丰富了政府审计与环境治理两大领域的交叉研究。

7.2.1 问题提出

近年来,政府审计开始在环境治理中发挥出越来越重要的作用。在过去较长的一段时期里,地方政府和官员受晋升指挥棒的影响,逐渐形成了以追求 GDP 为目标的政绩观,在一定程度上推动了高投入、高污染、高损耗等传统行业的发展,导致了资源趋紧、环境污染、生态功能退化等系列矛盾(颜金,2014)。针对日趋严重的环境问题,2013 年 11 月,中国共产党十八届三中全会发布的《中共中央关于全面深化改革若干重大问题的决定》专门指出,加快生态文明制度建设是我国的一项重要改革内容,划定生态保护红线,强化生态修复建设,实施领导干部自然资源资产离任审计,建立生态环境损害责任终身追究制。自此,中央从制度层面正式明确了政府审计,尤其是领导干部自然资源资产离任审计在地方环境治理方面发挥的重要作用。

传统的领导干部离任审计主要集中在重大经济决策、财政收支、政府投资、党

---

① 本文是张琦和谭志东发表于《审计研究》2019 年第 1 期的《领导干部自然资源资产离任审计的环境治理效应》,局部有微调,原文参考文献未附在本节。

风廉政建设等方面。将自然资源资产纳入离任审计的范畴,有利于促进领导干部落实自然资源资产管理和环境保护责任,加强环境保护工作,推动生态文明建设。实施领导干部自然资源资产离任审计,就是按照国家相关法律法规的要求,对领导干部任职期间内当地自然资源资产的开发、利用、保护等受托管理行为的真实性、合法性进行审计。其目的在于客观反映领导干部对自然资源资产受托管理责任的履行情况(刘笑霞和李明辉,2014),强化地方政府的环境治理责任,破解治理失灵问题(刘儒昞和王海滨,2017)。然而,将自然资源资产纳入领导干部离任审计的范畴后,能否真正有助于提升地方政府的环境治理水平,尚缺乏经验证据的支持。

审计署在2014年组织了内蒙古、山东、江苏、湖北等地的省级政府审计机关,就草原、海洋、森林、矿产、土地、水资源等开展了领导干部自然资源资产离任审计试点,为我们观测离任审计的环境治理效应提供了合适的观测样本。以此为基础,本文利用2012年至2016年政府层面和企业层面的环境治理投入数据,采用双重差分模型(DID)实证检验了领导干部自然资源资产离任审计对试点城市财政环保投入与企业环保投资的影响。结果发现:相对于非试点城市,试点城市的财政环保投入和辖区内污染企业的环保投资水平均显著提升。且企业层面的效应主要集中在国有企业。此外,我们还发现试点城市政府向辖区内的污染企业提供环保补助是自然资源资产离任审计提升企业环保投资规模的一种可能作用机制。

本文可能的创新与贡献在于:①我们利用2014年审计署组织省级审计机关开展自然资源资产离任审计试点这一准自然实验,首次实证检验了自然资源资产离任审计的政策后果,证实了领导干部自然资源资产离任审计的确具备积极的环境治理效果,对后续政策的落实与推广具有借鉴意义。②本文也为领导干部自然资源资产离任审计研究提供一个新的视角,丰富了政府审计与环境治理两大领域的交叉研究。

7.2.2 文献回顾及假设提出

1. 文献回顾

(1)领导干部自然资源资产离任审计的研究。

领导干部自然资源资产离任审计指的是审计机关对领导干部保护、管理、开发、利用自然资源资产,及与自然资源资产有关的财政收支活动进行审计。政策出台的背景是中央意识到地方政府在环境保护中应承担重要责任,通过强化领导干部对环境治理的责任(林忠华,2014),破解环境治理失灵问题(刘儒昞和王海滨,

2017)。

领导干部自然资源资产离任审计是环境审计和经济责任审计深度融合的一种审计方式(蔡春和毕铭悦,2014),既是领导干部经济责任审计的一部分,也是环境审计的一部分。经济责任审计关注的重点是领导干部任期内管理和决策等活动的经济效益、社会效益、环境效益。领导干部自然资源资产离任审计从领导干部履行自然资源资产决策、管理职责入手,是一种特殊的经济责任审计。领导干部自然资源资产离任审计也是环境审计的组成部分,环境审计旨在评价资源环境保护法律、法规和制度的执行情况,提高各级环保部门的执法水平。领导干部自然资源资产离任审计关注的领域更加宏观,旨在以资源环境承载力为基础,走出低投入、少排放、高产出、可持续的新型工业化道路(林忠华,2014)。

领导干部自然资源资产离任审计的目标是促进自然资源资产保护责任的全面有效履行,包括战略与政策审计、合规性审计、财务审计、资产负债表审计、绩效审计等五项内容(蔡春和毕铭悦,2014)。领导干部自然资源资产离任审计的审计主体不仅包括国家审计机关,还包括内审机构、中介机构和社会大众(陈献东,2014)。领导干部自然资源资产离任审计的审计对象为承担自然资源资产管理责任的领导干部,包括地方党委和政府的主要领导干部、承担自然资源资产管理责任的主要党政领导干部、承担自然资源资产管理责任的有关国有企业的主要领导人。领导干部自然资源资产离任审计的审计结果应当纳入领导干部的考核体系,作为干部考核、任免和奖惩的重要依据(郭旭,2017)。

(2) 环境治理投入的相关研究。

环境治理投入指的是以防治环境污染、维护生态平衡为目的的投资活动,一般属于固定资产投资的范畴。增加环境治理投入是改善环境的有效途径之一,且存在长期效应(董竹和张云,2011)。环境治理投入按投资主体可分为财政环保投入和企业环保投资。

财政环保投入以建设环境公共基础设施为主,同时还包括环境监测、监管等防控领域的投资(逯元堂等,2012),其资金来源为财政收入。关于财政环保投入存在多种观点:第一种观点认为,财政环保投入会对私人投资造成"挤出效应",对经济增长具有负面影响(沈炳盛和于阳,2018);第二种观点认为,财政环保投入能通过对其他产业的间接影响来推动经济的发展,作为一种定向投资,会直接促进生态、环保等绿色产业的发展(刘西明,2013);第三种观点认为,财政环保投入对经济增长的影响并非一成不变,会受环保投入强度的影响(Schou,2010)。

企业环保投资以企业环保技术的研发和升级、环保设施的投入和改造、清洁生产、生态保护等资本化支出为主(唐国平和李龙会,2013),企业环保投资的资金来源除很少部分由政府以环保补助的形式提供外,其余部分均为企业自筹资金。从投资动机来看,主流观点认为企业环保投资是一种非自愿投资行为,企业的环保投资主要是为了规避处罚,企业缺乏环保投资的主动性。政府如果没有强有力的环境政策执行力度,企业不会主动积极参与环境治理,环保投资是对政府环境政策所做出的反应(李永友和沈坤荣,2008)。此外,企业为了维护政企关系,便于得到政府的支持和保护,也可能会以实际行动来迎合政府的期望而增加环保投资。

(3) 简要评述。

现有文献对自然资源资产离任审计的研究以规范研究为主,实证研究较少且多为案例研究。刘笑霞和李明辉(2014)以苏州市将环境审计纳入经济责任审计为例进行研究,为实施领导干部自然资源资产离任审计提供政策参考;审计署上海特派办理论研究会课题组等(2017)以A市水资源为例,探讨了领导干部自然资源资产离任审计的实现路径;王振铎和张心灵(2017)以内蒙古自治区领导干部草原资源资产离任审计试点为例,探讨自然资源资产离任审计的内涵、目标和范围,并总结了自然资源资产离任审计评价依据、标准和定责依据。上述研究的结论缺乏经验证据的支持,更无法识别政府审计与环境治理两者间的因果关系。鉴于此,本文选择领导干部自然资源资产离任审计试点这一准自然实验,采用双重差分法,通过因果识别来检验试点政策对环境治理的影响效应及作用路径。

2. 研究假设

作为理性"经济人",地方官员在追求公众利益最大化目标的同时,也会追求个人任职期间短期政绩的最大化,以实现官员的个人效用。在以往"GDP晋升锦标赛"模式中,GDP增长率是决定官员晋升的最重要因素,地方官员改善辖区环境质量的意愿不足。地方官员为在晋升中取得成功,甚至可能会选择以部分牺牲地区生态环境为代价的粗放式发展模式,导致地区环境质量恶化。

领导干部自然资源资产离任审计实施后,带来了两方面的变化:一方面,审计结果有助于上级组织实现对地方党政领导环境绩效的客观评价与考核。中共中央和国务院均高度重视地方环境治理,并不断在地方官员的考核规则中提高环境治理绩效的权重。2006年中共中央组织部印发的《体现科学发展观要求的地方党政领导班子和领导干部综合考核评价试行办法》,2009年中共中央组织部印发的《地方党政领导班子和领导干部综合考核评价办法(试行)》,2013年中共中央组织部印发的《关于改进地方党政领导班子和领导干部政绩考核工作的通知》①,均要求在领导干部的考核机制中增加生态环境考核的权重,提高领导干部对环境治理的重视程度。但如何认定党政干部的环境治理绩效,缺乏客观、科学的评价机制。领导干部自然资源资产离任审计将有助于认定地方官员的环境绩效与过失,并将其作为官员任职期间业绩评价的基础。自然资源资产离任审计在试点城市实施后,当地官员的环境治理绩效将得到认定,并以显性化信息的形式向上级党委、政府传递,作为上级决定地方官员晋升与否的重要依据之一。另一方面,领导干部自然资源资产离任审计实施后,对审计发现的生态环境损害问题实行责任追究制②,地方官员会预期损害生态环境将存在被持续追责的风险。因此,地方官员为了增加晋升概率,降低被追责的可能性,不得不采取长效措施提升地方环境治理水平。而对于地方官员而言,最直接的措施就是提高地方年度预算中的财政环保投入水平。基于以上分析,本文提出以下假设:

假设1:相对于其他城市而言,领导干部自然资源资产离任审计试点城市的财政环保投入水平将会显著增加。

企业生产中的排污行为是环境污染的主要源头。地区环境质量的改善在很大程度上依赖当地污染企业环境治理的积极性。但在有限资源的约束下,企业增加环境治理投入会减少生产性和营利性项目投资。这意味着,如果外部环境治理压力不足,作为理性"经济人"的企业管理者受利润最大化目标的驱动,缺乏动机自发投入资源进行环境治理。

在试点城市中,地方官员因领导干部自然资源资产离任审计的实施而面临着更大的环境治理压力。此时,地方政府除直接增加财政环保投入外,还会将环境治理的压力分解至辖区内的重污染企业。例如,加强对辖区内污染企业的监管力度,增强对其排污行为的处罚力度,增加对污染企业的环保补助等。污染企业在当地政府的干预下,将不得不权衡环境治理带来的利润减损与不进行环境治理而可能

---

① 2015年8月,中共中央办公厅、国务院办公厅还联合印发了《党政领导干部生态环境损害责任追究办法(试行)》。但该办法的发布时间在本文研究样本区间之后,因此,文中并未列举该办法。

② 根据新闻资料的综合整理,我们列举了以下几类审计追责形式:西安市的审计追责表现为"建立生态环境损害责任终身追究制",黄冈市的审计追责表现为"推行生态环境损害责任终身追究制,构建差异化考评体系,分层分类考核干部",绵阳市的审计追责表现为"生态环境损害责任追究制",湖南省的审计追责表现为"发现的重大资源浪费和环境损害问题,向干部监督管理部门提出约谈和问责建议,实施责任终身追究制",深圳宝安区的审计追责表现为"自然资源资产成为干部调任、降职、退休审计内容,领导干部对此负主管和直接责任"。综上,大部分试点地区均对损害生态环境的被审计人实施终身追责。从目前可检索到的证据来看,政府层面样本占实验组样本的80%,企业层面样本占实验组样本的71.43%。

遭受的处罚。当地方政府对污染企业施加的环境治理压力大到一定程度时,尤其是对排污行为的处罚大于排污行为带来的收益时,污染企业的理性决策则是改变其生产决策和资源配置模式,通过改良生产流水线与工艺流程采取更加清洁的方式生产产品,最终体现为企业环保投资规模的提升。

然而,不同产权属性的污染企业在面对地方政府环境治理压力时,会作出不同的反应。就国有企业而言,地方政府在资源获取与政策优惠等方面会更多地扶持地方国有企业。同时,地方国有企业也会帮助当地政府承担更多的社会责任和政策性负担(龙文滨等,2015)。国有企业的管理者由政府任命,具备一定的行政级别。国有企业的管理者出于自身政治抱负、职位晋升的需要也会主动去迎合地方政府的需求(苏蕊芯,2015)。可见,辖区内的国有企业在地方环境治理方面扮演着"排头兵"的角色,积极响应地方政府环境治理诉求,提升企业环保投资水平。但相对国有企业而言,追求利润最大化目标的民营企业获得地方政府扶持的可能性较小,很难单纯为了该目标而牺牲部分利润迎合地方政府。另外,民营企业高管也缺乏类似国有企业高管的晋升诉求,难以为了政治目标而自发配合地方政府。综合上述分析,民营企业对地方政府环境治理诉求的响应程度相对较弱,较难为了地方政府的环境治理目标而放弃自身利益,提升企业环保投资规模。基于此,本文提出以下假设:

假设2:相对于其他城市的污染企业而言,领导干部自然资源资产离任审计试点城市的污染企业环保投资规模会显著增加,且这种效应主要集中在国有企业。

7.2.3 研究设计

1. 样本选取与数据来源

2014年,审计署组织内蒙古、山东、江苏和湖北等省(自治区)省级审计机关开展了领导干部自然资源资产离任审计试点,具体试点情况统计如表7-5[①]。

表7-5　　　　　　　　　　　试点情况统计

试点时间	实验组	对照组
2014.3	陕西省西安市	陕西省其他城市
2014.4	湖北省黄冈市	湖北省其他城市

---

① 2014年贵州省环保厅在赤水市和荔波县、武汉市环保局在江夏区、昆山市环保局在昆山市也开展了领导干部自然资源资产离任审计的试点,考虑到审计署组织试点与省市自行组织试点的政策效应可能存在差异,本文未考虑省市自行组织的试点。

(续表)

试点时间	实验组	对照组
2014.5	四川省绵阳市	四川省其他城市
2014.6	江苏省连云港市	江苏省其他城市
2014.7	湖南省全省城市	江西省全省城市
2014.7	福建省福州市	福建省其他城市
2014.8	山东省青岛市、烟台市	山东省其他城市
2014.11	广东省深圳市宝安区	深圳市其他地区
2014.11	云南省昆明市东川区	昆明市其他地区
2014.11	内蒙古自治区赤峰市、鄂尔多斯市、牙克石市、乌拉特后旗	内蒙古自治区其他城市(呼伦贝尔市和呼伦贝尔市除外)、呼伦贝尔市其他地区、巴彦淖尔市其他地区

本文通过以下途径获取数据:(1)"财政环保投入"摘自各城市年度预算报告中的节能环保支出部分;(2)"企业环保投资"摘自年报"在建工程情况表""重要在建工程项目本期变动情况表"中关于治理污染的本期增加数;(3)"企业环保补助"摘自年报"营业外收入"补助明细表中关于治理污染的本期发生额;(4)官员特征来源于"择城网"和"百度百科"提供的地方官员基本信息;(5)城市空气质量和主要流域重点断面水质数据来源于生态环保部数据中心①;(6)城市污染物排放和治理数据来源于《城市统计年鉴》;(7)其他研究变量来源于CSMAR、Wind数据库。为稳健起见,在回归检验时对连续变量1%与99%分位数进行了缩尾处理,采用Stata14实证检验。

2. 模型与变量定义

根据理论分析及定义的变量,本文运用2012年至2016年政府财政环保投入和重污染行业②上市企业环保投资的面板数据构建了模型(1):

---

① 生态环保部数据中心从2013年年底开始公布各城市每天的空气质量信息(AQI值),但2013年数据缺失严重,2014年公布了192个城市的AQI值、2015年公布了366个城市的AQI值,鉴于2013年数据不足,2012年和2013年城市AQI值使用的是2014年的数据。

② 根据2008年《上市公司环保核查行业分类管理名录》,重污染行业具体包括化学原料及化学制品制造业、化学纤维制造业、医药制造业、有色金属冶炼及压延加工业、有色金属矿采选业、橡胶及塑料制品业、煤炭开采和洗选业、电力,热力生产和供应业、皮革、皮毛、羽毛及其制品和制鞋业、石油加工、炼焦及核燃料加工业、石油和天然气开采业、纺织业、造纸和纸制品业、酒、饮料和精制茶制造业、金属制品业、非金属矿物制品业、黑色金属冶炼及压延加工业、黑色金属矿采选业共计18个行业。

$$Invest_{i,t+1} = \alpha + \sigma + \delta + \beta_1 * Audit_{i,t} + \eta * X + \varepsilon \tag{7-1}$$

模型(1)为双重差分的一般化模型。其中:$Invest$ 为被解释变量,α 为模型截距项,σ 为年份效应,δ 为个体固定效应($Invest$ 为政府财政环保投入时,δ 为城市个体固定效应;$Invest$ 为企业环保投资时,δ 为企业个体固定效应)。$Audit$ 的取值:实验组(试点城市)试点前取 0,试点后取 1,控制组取 0。X 为一组控制变量,模型中控制上一期环保投资。$Invest$ 为政府财政环保投入时,控制城市特征、官员特征和环境特征;$Invest$ 为企业环保投资时,控制企业特征、官员特征和环境特征。ε 为随机扰动项。

主要变量意义如表 7-6 所示。

表 7-6　　　　　　　　　　主要变量定义

	变量符号	变量名	变量说明
被解释变量	$Invest1$	财政环保投入	(节能环保支出/总预算支出)*100
	$Invest2$	企业环保投资	(环保投资/资产规模)*100
解释变量	$Audit$	审计试点	实验组(试点城市)试点前取 0,试点后取 1;控制组取 0
城市特征	$Pgdp$	人均生产总值	人均生产总值取对数
	Psi	第二产业比重	第二产业总产值/总 GDP
	$Growth$	生产总值增长率	生产总值增长率
企业特征	Roe	净资产收益率	净利润/净资产规模
	Lev	资产负债率	负债规模/资产规模
	$Size$	企业规模	年末资产总额取对数
官员特征	$Tenure$	官员任期	当年市委书记任期
	Age	官员年龄	市委书记年龄
	$Change$	官员变更	市委书记当年是否发生变更,是为 1,否为 0
环境特征	AQI	环境质量	年平均空气质量指数
其他变量	Sub	企业环保补助	(环保补助/资产规模)*100

3. 描述性统计

环境治理投入由财政环保投入和企业环保投资构成。从表 7-7 可以看出,政府财政环保投入的均值为 1.035,企业环保投资的均值为 0.244。

表 7-7　　　　　　　　　　　描述性统计

表 7-7-1　　　　　　　　　　政府层面

变量	样本量	均值	标准差	最小值	50 分位	75 分位	最大值
$Invest1$	301	1.035	0.788	0.018	0.834	1.399	5.971
$Audit$	301	0.099	0.300	0.000	0.000	0.000	1.000
$Pgdp$	301	11.120	0.550	9.236	11.150	11.490	12.590
Psi	301	49.980	13.300	4.800	52.070	58.160	75.410
$Growth$	301	9.742	2.063	1.340	9.585	10.940	18.220
$Tenure$	301	2.633	1.567	0.000	2.000	4.000	8.000
Age	301	53.210	3.725	44.000	53.000	56.000	61.000
$Change$	301	0.292	0.455	0.000	0.000	1.000	1.000
AQI	301	81.590	19.510	38.170	82.000	94.000	141.100

表 7-7-2　　　　　　　　　　企业层面

变量	样本量	均值	标准差	最小值	50 分位	75 分位	最大值
$Invest2$	1 268	0.244	1.303	0.000	0.000	0.037	27.150
$Audit$	1 268	0.114	0.317	0.000	0.000	0.000	1.000
SOE	1 268	0.370	0.483	0.000	0.000	1.000	1.000
Roe	1 268	0.045	0.150	−0.798	0.051	0.094 5	0.436
Lev	1 268	0.366	0.241	0.003 5	0.325	0.554	1.056
$Size$	1 268	21.940	1.219	18.920	21.770	22.640	25.960
$Tenure$	1 268	2.595	1.476	0.000	2.000	4.000	8.000
Age	1 268	54.170	3.638	44.000	55.000	57.000	61.000
$Change$	1 268	0.283	0.451	0.000	0.000	1.000	1.000
AQI	1 268	82.720	20.260	38.170	86.000	94.580	141.100

7.2.4　实证分析

1. 基本回归

表 7-8 列示了领导干部自然资源资产离任审计对环保投入的影响。列(1)显示审计试点后,地方政府财政环保投入在 1% 水平上显著为正,说明审计试点促使地方政府加大了环境治理力度,验证了假设 1。列(2)显示审计试点后企业环保投资在 10% 水平上显著为正,说明审计试点促使企业加大了环境治理力度,列(3)至

列(4)显示这种效应主要集中在国有企业,验证了假设 2。

表 7-8　　领导干部自然资源资产离任审计对环保投资的影响

Variables	(1) 政府层面 $Invest_{t+1}$ 全样本	(2) 企业层面 $Invest_{t+1}$ 全样本	(3) 企业层面 $Invest_{t+1}$ SOE=1	(4) 企业层面 $Invest_{t+1}$ SOE=0
Audit	0.433***	0.649*	0.957**	0.503
	(2.74)	(1.94)	(2.34)	(0.95)
Investt	0.253***	0.058	−0.048	0.102*
	(2.89)	(0.95)	(−0.67)	(1.95)
Pgdp	−0.251			
	(−1.59)			
Psi	0.008			
	(0.78)			
Growth	−0.021			
	(−1.49)			
Roe		0.258	0.127	0.226
		(1.55)	(0.67)	(0.97)
Lev		0.573	−0.570	1.053
		(0.71)	(−1.45)	(0.85)
Size		−0.027	−0.338**	0.157
		(−0.18)	(−2.01)	(0.74)
Tenure	0.004*	0.069**	0.098***	0.072
	(1.74)	(2.19)	(2.60)	(1.47)
Age	−0.017	−0.008	−0.012	−0.013
	(−0.99)	(−0.50)	(−0.74)	(−0.56)
Change	−0.069	0.114	0.110	0.137
	(−0.94)	(1.28)	(0.82)	(1.51)
AQI	−0.069	0.003	0.014	−0.000
	(−0.94)	(0.61)	(1.47)	(−0.05)

(续表)

Variables	(1)	(2)	(3)	(4)
	政府层面	企业层面		
	$Invest_{t+1}$	$Invest_{t+1}$	$Invest_{t+1}$	$Invest_{t+1}$
	全样本	全样本	SOE=1	SOE=0
Year FE	yes	yes	yes	yes
Code FE	yes	yes	yes	yes
Constant	4.395**	0.457	7.082*	−3.125
	(2.37)	(0.12)	(1.79)	(−0.59)
Observations	301	1 268	469	799
R-squared	0.183	0.057	0.152	0.049

注:括号内为 t 值,***、**、* 分别表示 1%、5%、10% 水平上显著(双尾),下同。

(二) 稳健性检验

1. 倾向得分匹配

城市环境特征、地方官员特征和城市特征的差异可能会影响审计试点在政府层面的政策效应,我们用空气质量(AQI)、官员任期($tenure$)、官员年龄(age)、官员变更($change$)、人均生产总值($pgdp$)、第二产业比重(psi)、生产总值增长率($growth$)等 7 个变量作为倾向得分(PSM)匹配的基础,匹配后回归政府层面 $Audit$ 的系数为 0.424,t 值为 2.72。城市环境特征、地方官员特征和企业特征的差异也可能会影响审计试点在企业层面的政策效应,我们用空气质量(AQI)、官员任期($tenure$)、官员年龄(age)、官员变更($change$)、净资产收益率(roe)、资产负债率(lev)、公司规模($size$)等 7 个变量作为倾向得分(PSM)匹配的基础,匹配后回归国有企业层面 $Audit$ 的系数为 0.978,t 值为 2.40。倾向得分匹配的回归结果与表 7-8 一致,进而验证了主回归结果的稳健性。

2. Heckman 两阶段检验

双重差分法的应用前提是假定政策冲击外生,但审计署在选择领导干部自然资源资产离任审计试点城市时是否存在某些特定的选择标准,以及这种特定选择标准带来的选择偏差内生性问题是否会对回归结果产生影响,需要进一步检验。为克服样本选择偏差的内生性问题,我们使用 Heckman 两阶段法进行检验:第一阶段为 Probit 试点城市选择模型,利用总样本估计样本成为试点城市的概率,并计算成为试点城市的逆米尔斯比(Imr);第二阶段将逆米尔斯比(Imr)作为控制变量引入模型(1)中回归。第一阶段回归中我们用污染程度、污染排放强度和污染治理强度三个维度来衡量城市是否成为试点城市的影响因素。回归结果显示,一个城市的空气质量指数越低、烟(粉)尘排放强度越高、二氧化硫治理强度越低,该城市越容易成为试点城市。第二阶段回归结果显示,逆米尔斯比(Imr)系数不显著,试点城市的选择相对随机,未发现自选择问题。在控制逆米尔斯比(Imr)系数后,政府层面 Audit 的系数为 0.432,t 值为 2.73;国有企业层面 Audit 的系数为 1.016,t 值为 2.21,Audit 变量的系数方向与显著性水平与表 7-8 结果一致,进一步验证了主回归结果的稳健性。

7.2.5 机制检验

前述检验发现领导干部自然资源资产离任审计实施后,国有企业环保投资显著增加。本部分对其中可能的影响机制做进一步检验。我们猜测,当地方政府面临更大的环境治理压力时,为提高企业环境治理的积极性,可能会通过给予辖区内污染企业环保补助的方式促使其配合实现地方环境治理目标。为了检验环保补助是否具有中介效应,我们参照 Baron 和 Kenny(1986)以及温忠麟等(2004)提出的因果逐步回归分析法,构建以下模型:

$$Sub_{i,t+1} = \alpha + \sigma + \delta + \beta_1 * Audit_{i,t} + \eta * X + \varepsilon \quad (7-2)$$

$$Invest_{i,t+1} = \alpha + \sigma + \delta + \beta_1 * Audit_{i,t} + \beta_2 * Sub_{i,t+1} + \eta * X + \varepsilon \quad (7-3)$$

如果模型(2)中 β_1 显著,继续进行模型(3)的检验。模型(3)中如果 β_1 不显著 β_2 显著,说明审计试点后环保投资的显著增加完全通过环保补助发挥作用,环保补助具有完全中介效应;如果 β_1、β_2 均显著,说明审计试点后环保投资的显著增加部分通过环保补助发挥作用,环保补助具有部分中介效应。表 7-9 列(3)显示审计试点次年国有企业获得的环保补助在 10% 的水平上显著增加,列(4)显示环保补助对环保投资的增加具有部分中介效应。

表 7-9　　企业层面机制检验

Items	(1)	(2)	(3)	(4)	(5)	(6)
Variables	Sub_{t+1}	$Invest_{t+1}$	Sub_{t+1}	$Invest_{t+1}$	Sub_{t+1}	$Invest_{t+1}$
	全样本		SOE=1		SOE=0	
Audit	0.030*	0.648*	0.076*	0.929**	−0.002	0.541
	(1.73)	(1.92)	(1.81)	(2.24)	(−0.21)	(1.01)

(续表)

Items	(1)	(2)	(3)	(4)	(5)	(6)
Variables	Sub_{t+1}	$Invest_{t+1}$	Sub_{t+1}	$Invest_{t+1}$	Sub_{t+1}	$Invest_{t+1}$
	全样本		SOE=1		SOE=0	
Sub_{t+1}		0.562*		0.565*		−0.274
		(1.70)		(1.73)		(−0.44)
Control	yes	yes	yes	yes	yes	yes
Year FE	yes	yes	yes	yes	yes	yes
Code FE	yes	yes	yes	yes	yes	yes
Constant	0.032	0.501	−0.279	7.706*	0.206	−3.421
	(0.14)	(0.12)	(−0.37)	(1.82)	(1.28)	(−0.62)
Observations	1 268	1 268	469	469	799	799
R-squared	0.017	0.068	0.034	0.158	0.025	0.067

7.2.6 进一步分析:试点城市存在短效环境干预行为吗

领导干部自然资源资产离任审计实施后,试点城市是否出现了类似"APEC蓝""奥运蓝"等环境质量干预的短效行为呢? 为了验证上述行为是否存在,本文采用双重差分法,对领导干部自然资源资产离任审计发生前后一个月窗口期内,试点城市空气质量和水质量相关指标的变化情况分别进行检验,模型如下:

$$AQI 指数等_{i,t} = \alpha + \sigma + \phi + \delta + \beta_1 * Audit_{i,t} + \eta * X + \varepsilon \quad (7-4)$$

$Audit$ 的取值为:实验组(试点城市)试点前一个月取 0,试点后一个月取 1,控制组取 0。α 为模型截距项,σ 为年份效应,ϕ 为月份效应,δ 为个体效应,X 为一组控制变量,ε 为随机扰动项。检验空气质量是否改善时,被解释变量为 AQI 指数、$PM_{2.5}$、PM_{10}、SO_2、NO_2、CO、O_3 等空气质量指标,数据来源于生态环保部数据中心《全国城市空气质量日报》,并控制了风速、最高温、最低温、有雨或有雪、双休日、节假日等特征;检验水质量是否改善时,被解释变量为水质、DO、COD、NH_3 等水质量指标,数据来源于生态环保部数据中心《全国主要流域重点断面水质自动监测周报》,并控制了降水、气温等特征。

结果显示,领导干部自然资源资产离任审计实施后,空气质量的综合指标——AQI 指数没有显著变化。各分项指标中,SO_2 在 1% 的水平上显著降低,CO 在 5% 的水平上显著升高,其他单项指标均未见显著变化。这意味着,审计发生前后,未见明显的空气质量短效干预行为。水质量的综合指标——水质没有显著变化。各分项指标中,DO在1%的水平下显著下降,其他单项指标均未见显著变化。这意味着,审计发生前后,也未见明显的水质量短效干预行为。结合前述结果,领导干部自然资源资产离任审计并未导致当地政府采取短效手段干预审计前后的地方环境质量,而是采取了增加财政环保投入,并引导辖区内重污染企业增加环保投资水平等长效措施治理当地环境。

7.2.7 研究结论及建议

实施领导干部自然资源资产离任审计,目的在于客观反映领导干部对自然资源资产受托管理责任的履行情况,强化地方政府的环境治理责任,破解环境治理失灵问题。然而,将自然资源资产纳入领导干部的离任审计范畴,能否真正有助于提升地方政府的环境治理水平,尚缺乏经验证据的支持。本文利用领导干部自然资源资产离任审计试点这一外生事件,运用双重差分模型(DID)实证检验了审计试点城市环境治理水平的改善。本文发现:领导干部自然资源资产离任审计的确显著促进了试点地区增强环境治理力度。具体而言,相对于非试点城市,试点城市的财政环保投入和辖区内污染行业的国有企业环保投资规模均显著增加。这说明试点城市在离任审计之后采取了长效措施治理地方环境。此外,试点城市给予企业环保补助是自然资源资产离任审计环境治理效应的一种可能作用机制。进一步分析发现,自然资源资产离任审计后,试点城市并未在短窗口期内出现迅速调节环境指标的短效行为。本文的研究首次实证检验了领导干部自然资源资产离任审计具备的环境治理效应,并丰富了政府审计与环境治理两大领域的交叉研究。

7.3 经济责任审计与地方政府治理[①]

在我国经济从高速发展向高质量发展转变的新时期,生态文明建设至关重要。污染防治的治理成效与经济能否实现可持续健康发展、能否实现从高速发展向高质量发展转变密切相关。与此同时,用于污染防治的预算资金支出及生态文明建设责任逐渐成为预算执行审计、经济责任审计的监督对象和重点内容。本文通过2012—2016年省级地方政府数据,以环境污染为研究切入点,实证检验领导干部经济责任审计与地方政府治理的关系。研究结果表明:国家审计具有治理功能,经济责任审计强度越大,地方政府治理效率越高。同时,相较于市场化程度和法治水

---

① 本节是蔡春等发表于《厦门大学学报(哲学社会科学版)》的《经济责任审计与地方政府治理——以环境污染为视角》,局部有微调,原文参考文献未附在本节。

平较高地区,经济责任审计对政府治理的促进效果在市场化程度和法治化程度较低地区更为明显;从经济发展质量角度考察,经济责任审计对地方政府治理的积极作用在高 GDP 增长组及低 GDP 水平组较为明显。进一步研究发现,地区环境污染问题越严重,经济责任审计投入力度越大,即国家审计能够识别并在审计实务中切实关注被审计对象应该履行的环保责任。

7.3.1 问题的提出

在我国经济从高速发展向高质量发展转变的新时期,生态文明建设至关重要,既影响着经济的可持续发展,也关系着我国能否实现国家治理体系与治理能力现代化。党的十八大提出"五位一体"总体布局,要求将生态效益纳入社会经济发展的评价体系,综合评价经济效益与生态效益成为政府经济管理决策的趋势,生态文明建设上升到了国家战略的层面。2018 年 3 月,生态环境部、自然资源部、水利部、农业农村部、国家林业和草原局、中国科学院和国家海洋局等七部门在北京联合召开"绿盾 2018"自然保护区监督检查专项行动,以维护国家自然保护区,构建良好生态系统,促进生态文明建设。党的十九大报告也提到"建设生态文明是中华民族永续发展的千年大计,坚持节约资源和保护环境是我国的基本国策"。2019 年 3 月,李克强总理在中共十三届全国人大二次会议上作的《政府工作报告》指明"今年经济社会发展的主要预期目标是生态环境进一步改善,主要污染物排放量继续下降;要继续坚持以供给侧结构性改革为主线,推动经济高质量发展;要继续打好三大攻坚战,污染防治要聚焦打赢蓝天保卫战等重点任务,统筹兼顾、标本兼治,使生态环境质量持续改善"。作为"三大攻坚战"之一的污染防治,其治理成效与经济能否实现可持续健康发展、能否实现从高速发展向高质量发展转变密切相关。

与此同时,用于污染防治的预算资金支出及生态文明建设责任逐渐成为预算执行审计、领导干部经济责任审计的监督对象和重点内容。2019 年 4 月 25 日,中共中央办公厅、国务院办公厅印发的《关于实行审计全覆盖的实施意见》指出"对公共资金、国有资产、国有资源和领导干部履行经济责任情况实行审计全覆盖",而印发的《开展领导干部自然资源资产离任审计试点方案》将生态环境保护纳入领导干部履职责任范围。2018 年全国审计工作会明确指出"审计工作要围绕打好'三大攻坚战',进一步聚焦审计重点;在污染防治方面,要不断创新审计方式方法,推动各级领导干部牢固树立绿水青山就是金山银山的意识,促进加快生态文明建设,推动实现经济发展和环境保护双赢"。2018 年 5 月,习近平总书记在中央审计委员会第一次会议上提出,审计机关应紧紧围绕统筹推进"五位一体"总体布局和协调推进"四个全面"战略布局,依法全面履行审计监督职责,促进经济高质量发展,促进全面深化改革。而2019年1月的全国审计工作会议又强调"做好2019年审计工作,变压力为加快推动经济高质量发展的动力,确保2019年主要经济社会指标和改革发展任务顺利完成"。即便如此,每年的审计工作仍然审计出不少问题,如《国务院关于2017年度中央预算执行和其他财政收支的审计工作报告》揭示的有关污染防治资金和项目审计发现:部分资金和项目绩效不高,有关地区少征或违规使用相关资金177.25亿元,62.79亿元专项资金闲置1年以上;206个污染防治和生态修复项目未按期开(完)工,43个项目建成后效果不佳。可见,有效防范环境污染,推进生态文明建设,促进经济可持续健康发展,以实现国家治理现代化,已然成为现阶段经济责任审计的重点任务。

基于此,本文以环境污染为研究切入点,从环境治理视角探讨经济责任审计与地方政府治理的关系,为实施领导干部经济责任审计全覆盖及领导干部自然资源资产离任审计制度,评价地方政府贯彻落实国家供给侧结构性改革政策情况提供初步的证据支撑,为进一步强化生态文明建设、推进经济体制改革、加强经济责任审计、提升国家治理能力及治理水平提供重要的经验证据。

7.3.2 理论分析与研究假设

治理(governance)来源于古希腊文与拉丁文,原意是操纵"manipulate"、控制(control)和引导(guide),韦伯字典将其界定为"统治的行为和过程",尤指权威的指挥及控制。世界银行认为,治理包含公共部门的管理、公信力、法律框架、信息及透明度,指公共部门为谋求发展管理国家经济资源时的权力行使方式。治理涉及分配利益、建立经济运行环境及明确统治与被统治关系时公共权威的作用力度,是经济管理和社会发展中政治权威的行使与控制。治理既包括符合公民自身利益且公民自愿遵从的民主性非正式制度,也包括使公民依从的权威性正式制度,是协调不同利益及相互冲突、采取联合行动的过程,是经改良且有序的统治状态、新兴管理过程或方式。

国家治理是为达到经济、政治与社会等整体发展目标,政府与各经济政治组织、团体及社会公民通过设置制度、协同管理公共事务,实现经济社会等领域协调可持续发展的系统过程。国家治理也是为了达到公民目标,协调市场、政府与社会三者之间多重关系的过程,其核心目的是协调各利益主体的不同利益诉求,促使公共资源有效合理配置。而受托经济责任是现代会计、审计之魂,受托经济责任关系的存在是审计产生、发展的首要前提。国家审计应以公共资金(包括运用于环境污染治理领域的资金)审计为核心,充分发挥审计的监督作用,不断优化资源配置机制,最终实现国家治理体系和治理能力现代化总目标。经济责任审计是对经济责任关系主体的经济责任履行情况所进行的评价、鉴证与监督活动,若将经济责任审计限定在任期内,并界定被审计方构成,那么经济责任审计则是审计主体接受指令或委托,对行政机关、企事业单位的主要负责人在任职期间遵纪守法及履行经济职责状况的评价监督活动。可见,经济责任审计特指审计机关或其他审计组织,接受干部管理部门的委托,依据国家法律法规和有关政策,就领导干部任职期间所在部门与单位财政、财务收支的合法性、真实性、效益性,以及领导干部本人对有关经济活动应当负有的责任进行独立的评价、监督和鉴证之活动。

审计最终应成为落实公共政策的一种手段,能够促进地方政府恰当、合法、完善地发挥治理功能,国家审计与国家治理模式具有趋同性,国家审计是治理系统的重要元素,凭借法定权力制约监督公权的行使,随着政治经济和民主法治的发展,扩展的公共受托经济责任内容包含国家治理,审计本该具有治理国家的功能,从而服务于国家治理。公民与政府之间具有公共委托代理关系,审计作为独立第三方对政府履职情况实施监督,审计的监督效果将影响国家治理效率。此外,国家审计具有治理功能,政府财政信息披露在国家审计服务国家治理中发挥着部分中介作用,国家审计通过影响国家治理能力的各个因素,对国家治理系统的运行发挥预防、揭示及抵御作用,从而强化国家治理系统的自我矫正和自我调节能力,实现政府善治。国家审计是政府责任监督体系的核心元素,通过促进政府履行责任,发挥治理功能,而经济责任审计能够约束公权的使用、优化资源配置、防范腐败。同时,国家审计的治理机理通过检查政府部门的经济行为,监督公共部门、领导干部的权力履行情况得以实现。可见,在政治经济改革向纵深发展的时代背景下,经济责任审计已经成为完善国家治理的重要手段与有效方式。

经济责任审计是一项具有中国特色的经济监督制度,是现代审计理论与方法与中国特色的审计实践相结合而产生的一种制度,是现代审计制度在中国实现的一种创新。2019年7月15日,中共中央办公厅、国务院办公厅发布了修订的《党政主要领导干部和国有企事业单位主要领导人员经济责任审计规定》,并于2019年7月7日起施行,规定中的第一章第三条对经济责任重新进行了界定:"本规定所称经济责任,是指领导干部在任职期间,对其管辖范围内贯彻执行党和国家经济方针政策、决策部署,推动经济和社会事业发展,管理公共资金、国有资产、国有资源,防控重大经济风险等有关经济活动应当履行的职责。"可见,经济责任审计实质上就是一种评价、监督活动。具体而言,经济责任审计主要通过监控领导干部履职过程中公共经济权力的使用、监督预防公共活动中的腐败行为以及强化政府问责三条路径来实现其国家治理功能。

(1) 经济责任审计与监控公共经济权力。经济责任审计是公共经济权力监控的重要手段,通过关注集中体现领导干部权力运行轨迹的重大决策部署的贯彻落实情况,如宏观调控、环境保护和节能减排、耕地保护和节约用地等政策措施的落实,监督与制约公共经济权力的使用,实现治理功能。首先,对领导干部任职期间的经济责任履行情况进行审计,可以直接对公共经济权力的行为人进行监督与评价,从源头上防止公共经济权力的滥用、完善公共经济权力运行体系、防止公共经济权力运行异化、促进公共经济权力在阳光下运行。其次,对领导干部任期内应承担的经济合规责任、经济安全责任、绩效责任、社会发展责任、环境治理责任、自然资源责任、公平责任、内部控制责任等的履行情况进行科学合理的审计评价,可以发现领导干部在履责过程中存在的问题,寻找公共权力运行的漏洞,并在审计报告中揭露出来,从而防止公共经济权力异化为谋取私利工具的行为,更好地预防和惩治腐败。最后,将领导干部经济责任的履行情况向社会公众公开,可以借助社会监督力量,形成监督合力,进一步监督和制约领导干部公共经济权力的履行。

(2) 经济责任审计与预防腐败。公共经济权力的错配引起经济权力运行风险即公共经济权力异化,权力滥用将导致腐败,它是运用公共权力谋取私人利益的过程,利用权力制约权力,监督权力运行,确保权力始终在阳光下运行,可以最大限度地减少各种违规问题,从源头防止腐败。经济责任审计可以发挥治理腐败的功能,是由经济责任审计本质所决定的。经济责任审计通过关注领导干部经济责任履行过程中是否存在越权、缺位或权力滥用行为及领导干部的廉政情况,促进廉政建设,而廉政建设可以强化权力运行的规范有序,将权力运行轨迹中的权力、责任、流程、制度、风险置于阳光下,减少和防止权力寻租和腐败行为的发生,从而有效预防腐败,促进国家治理。

(3) 经济责任审计与强化政府问责。政府问责的本质是促进政府公开透明,而经济责任审计监控公共经济权力的作用之一是促进公共经济权力在阳光下运行,两者本质一致。经济责任审计通过促进问责范围和对象的明确、问责标准的制定、问责力量的强化、问责文化环境的形成及问责报告的有效利用,构建与完善问责机制,保障国家治理目标的实现。因此,经济责任审计与行政问责机制结合,一方面可以减少政府官员的"庸政""懒政"行为,提高其工作效率与效果;另一方面通过经济责任审计结果公告提高公民知情权,减少政府与公民之间的信息不对称状况,强化社会监督,从而提升国家治理水平。

基于此,本文提出如下假设:经济责任审计强度越大,国家审计的治理功能发挥得就越好,越有利于提升地方政府的治理效率。

7.3.3 研究设计

(一) 样本选择与数据来源

本文以 2012—2016 年 31 个省、自治区和直辖市的地方政府作为研究对象,考察经济责任审计、环境污染与地方政府治理的关系。经济责任审计有关数据来源于《中国审计年鉴》;地方政府治理效率指标来源于北京师范大学发布的《中国省级地方政府效率研究报告》,该研究报告主要从政府公共服务、政府公共物品、政府规模、居民经济福利四个方面度量地方政府治理效率,采用 39 个分指标进行测算;其他数据来源于《中国财政年鉴》《中国统计年鉴》及 EPS 全球统计数据库等。所有数据均为手工收集整理,使用 Stata14 统计软件对数据进行处理和分析。

(二) 变量定义与模型设定

我们构建了模型(1)和模型(2),分别用于检验经济责任审计对政府治理效率的影响和经济责任审计对环境污染程度的反应。

$$Plgev = \beta_0 + \beta_1 Jingze + \beta_2 Dqjy + \beta_3 Sffb + \beta_4 Open + \beta_5 Gidp \\ + \beta_6 Gztz + \beta_7 Unem + \beta_8 Tfix + \varepsilon \tag{1}$$

$$Jingze = \beta_0 + \beta_1 Airpol/Waterpol/Solidpol/Noisepol + \beta_2 Gdp + \beta_3 Dqjy \\ + \beta_4 Sffb + \beta_5 Open + \beta_6 Unem + \beta_7 Tfix + \beta_8 Gidp + \beta_9 Gztz + \varepsilon \tag{2}$$

其中,$Plgev$ 是衡量政府治理效率的变量,等于地方政府效率指标的标准化值;$Jingze$ 是衡量经济责任审计的变量,等于被审计的领导干部数量的对数值;从空气污染、水污染、固体废弃物污染和噪声污染四个维度衡量环境污染:以废气排放总量($Airpol$)衡量空气污染程度,以水污染排放量($Waterpol$)衡量水污染程度,以一般工业固体废物丢弃量($Solidpol$)衡量固体废弃物污染程度,以环境噪声($Noisepol$)衡量噪声污染程度。

此外,借鉴现有研究成果,还设置了以下控制变量,以控制其他因素的影响:国内生产总值(Gdp)、地区教育水平($Dqjy$)、地区税负水平($Sffb$)、资本形成总额($Tfix$)、固定资产投资($Gztz$)、地区经济开放程度($Open$)、财政透明度($Gidp$)、失业状况($Unem$)。变量定义见表7-10。

表7-10　　　　　　　　　　变量定义

变量	变量名	变量定义
$Plgev$	政府治理效率	地方政府治理效率指标的标准化值
$Jingze$	经济责任审计	当年被审计领导干部人数的对数值
$Airpol$	空气污染	废气排放总量(百亿标立方米)的对数
$Waterpol$	水污染	水污染排放量(万吨)的对数
$Solidpol$	固体废弃物污染	一般工业固体废物丢弃量(万吨)的对数
$Noisepol$	噪声污染	环境噪声污染[dB(A)]的对数
Gdp	国内生产总值	人均GDP
$Dqjy$	地区教育水平	每万人大学生在校生数的对数
$Sffb$	地区税负水平	地区财政收入总额/实际GDP
$Tfix$	资本形成总额	资本形成总额/实际GDP
$Gztz$	固定资产投资	实际固定资产投资总额/实际GDP
$Open$	地区经济开放程度	地区外商直接投资(FDI)/实际GDP
$Gidp$	财政透明度	财政透明度指标的标准化值
$Unem$	失业状况	城镇失业率(%)

7.3.4　实证结果与分析

(一) 描述性统计

表7-11是样本的描述性统计结果。从表7-11可见，政府治理效率($Plgev$)均值为0.001,最小值为-0.986,最大值为0.822。空气污染($Airpol$)均值为4.685,最小值为1.417,最大值为6.087;水污染($Waterpol$)均值为11.800,最小值为8.452,最大值为13.720;固体废弃物污染($Solidpol$)均值为0.031,最小值为-6.908,最大值为4.895;噪声污染($Noisepol$)均值为3.996,最小值为3.863,最大值为4.078。另外,各地区控制变量指标均存在较大差异。国内生产总值(Gdp)均值为10.620,最小值为9.493,最大值为11.69;地区教育水平($Dqjy$)均值为4.593,最小值为3.462,最大值为5.474;地区税负水平($Sffb$)均值为10.890,最小值为

6.191,最大值为21.68;资本形成总额($Tfix$)均值为0.642,最小值为0.379,最大值为1.304;财政透明度($Gidp$)均值为31.250,最小值为14.190,最大值为68.460;固定资产投资($Gztz$)均值为0.781,最小值为0.253,最大值为1.507;地区经济开放程度($Open$)均值为0.021,最小值为0.000,最大值为0.080;失业状况($Unem$)均值为3.404,最小值为1.300,最大值为4.400。经济责任审计($Jingze$)指标:被审计领导干部数的最小值为27人(2014年的西藏),最多的是5 117人(2012年的山东),均值为1 213,标准差为857;从不同年份的被审计领导干部的分布来看,2012—2016年,各省(自治区、直辖市)被审计领导干部数的总和呈现先减少后增加的趋势,见图7-1。2012—2016年不同省(自治区、直辖市)被审计领导干部数的合计数和平均值见表7-12,从不同省(自治区、直辖市)的被审计领导干部人数来看,山东被审计领导干部人数最多,其次是甘肃、广东、湖南等地,被审计领导干部人数较少的是西藏、海南、天津等地。

表7-11　样本的描述性统计

变量	均值	中值	标准差	最小值	最大值
$Plgev$	0.001	−0.020	0.297	−0.986	0.822
$Jingze$	6.787	7.028	0.913	3.714	8.466
$Airpol$	4.685	4.897	0.977	1.417	6.087
$Waterpol$	11.800	11.930	1.095	8.452	13.720
$Solidpol$	0.031	0.432	2.540	−6.908	4.895
$Noisepol$	3.996	3.996	0.034	3.863	4.078
Gdp	10.620	10.590	0.483	9.493	11.690
$Dqjy$	4.593	4.579	0.393	3.462	5.474
$Sffb$	10.890	10.410	3.080	6.191	21.680
$Tfix$	0.642	0.589	0.185	0.379	1.304
$Gidp$	31.250	25.390	13.770	14.190	68.460
$Gztz$	0.781	0.779	0.249	0.253	1.507
$Open$	0.021	0.018	0.017	0.000	0.080
$Unem$	3.404	3.500	0.653	1.300	4.400

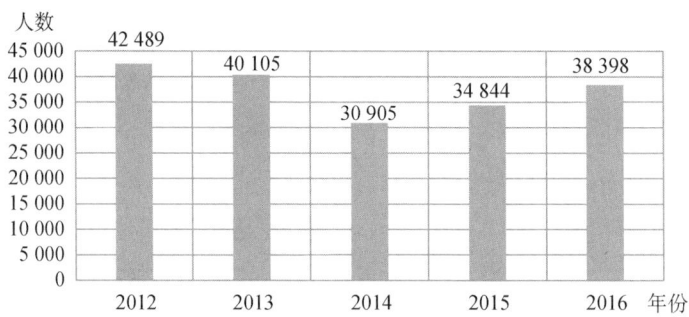

图 7-1 2012—2016 年被审计领导干部总数

表 7-12　　　　　各省(自治区、直辖市)被审计领导干部数据

地　区	被审计领导干部数(合计)	被审计领导干部数(平均值)
山　东	20 421	4 084.2
甘　肃	10 928	2 185.6
广　东	10 717	2 143.4
湖　南	10 430	2 086
河　南	9 935	1 987
陕　西	9 800	1 960
黑龙江	8 754	1 750.8
辽　宁	8 647	1 729.4
江　西	8 169	1 633.8
江　苏	8 013	1 602.6
内蒙古	7 124	1 424.8
四　川	6 786	1 357.2
湖　北	6 377	1 275.4
吉　林	6 283	1 256.6
浙　江	6 180	1 236
安　徽	5 965	1 193
山　西	5 605	1 121
福　建	5 246	1 049.2
云　南	4 903	980.6

(续表)

地 区	被审计领导干部数(合计)	被审计领导干部数(平均值)
新　疆	4 806	961.2
广　西	3 814	762.8
重　庆	3 559	711.8
河　北	3 440	688
贵　州	2 094	418.8
上　海	1 877	375.4
青　海	1 657	331.4
宁　夏	1 607	321.4
北　京	1 411	282.2
天　津	1 105	221
海　南	872	174.4
西　藏	216	43.2

本文对各变量进行了 Pearson 相关检验，主要变量的相关性分析结果见表 7-13。经济责任审计($Jingze$)与政府治理效率($Plgev$)在1%的水平上显著正相关，说明审计具有治理功能，经济责任审计力度越大，越有利于促进地方政府治理效率的提升。空气污染($Airpol$)、水污染($Waterpol$)和环境噪声污染($Noisepol$)与经济责任审计($Jingze$)均在1%的水平上显著正相关，说明审计能够识别监督重点，对污染严重地区的领导干部监督力度更大。Pearson 相关性检验结果初步证明了前文的假设。

表 7-13　　　　　　　　　主要变量的相关性分析

	$Plgev$	$Jingze$	$Airpol$	$Waterpol$	$Solidpol$	$Noisepol$
$Plgev$	1					
$Jingze$	0.273***	1				
$Airpol$	0.242***	0.791***	1			
$Waterpol$	0.500***	0.729***	0.707***	1		
$Solidpol$	−0.281***	0.031 0	0.379***	−0.019 0	1	
$Noisepol$	0.330***	0.383***	0.297***	0.397***	−0.093 0	1

注：*、** 和 *** 分别表示在10%、5%和1%的水平上显著。

(二) 多元回归结果及分析

将经济责任审计指标及政府治理效率指标带入模型(1),考察经济责任审计强度对地方政府治理效率是否有影响,结果见表 7-14 第(1)列,经济责任审计($Jingze$)与政府治理效率($Plgev$)的系数是 0.102,在 1% 水平上显著正相关,即经济责任审计强度越大,对各部门党政领导人在行政履职过程中的监督越强,有利于提升该地区的政府治理水平,即国家审计具有治理功能,前文假设得到验证。此外,政府治理效率的高低还受到地区经济开放程度($Open$)、财政透明度($Gidp$)、固定资产投资($Gztz$)、失业状况($Unem$)的影响,地区经济开放程度越高、财政越透明,固定资产投资越少、失业率越低,越有利于促进地区各方面的发展,从而提升政府治理效率。

表 7-14 经济责任审计与地方政府治理效率(不同市场化水平/法治化程度)

	(1)	(2)	(3)	(4)	(5)
	全样本组	高市场化组	低市场化组	高法治化组	低法治化组
	$Plgev$	$Plgev$	$Plgev$	$Plgev$	$Plgev$
$Jingze$	0.102***	0.002	0.108**	0.011	0.098**
	(2.79)	(0.04)	(2.51)	(0.23)	(2.38)
$Dqjy$	0.061	0.058	0.037	0.007	0.071
	(1.08)	(0.79)	(0.58)	(0.12)	(0.84)
$Sffb$	−0.001	−0.034**	−0.009	−0.020	−0.014
	(−0.13)	(−2.06)	(−0.69)	(−1.17)	(−1.31)
$Open$	5.413***	6.628***	6.840**	5.316***	6.984***
	(5.46)	(4.98)	(2.31)	(4.37)	(3.40)
$Gidp$	0.002*	0.001	0.003**	0.000	0.005***
	(1.67)	(1.14)	(2.14)	(0.02)	(2.82)
$Gztz$	−0.552***	−0.599***	0.065	−0.353**	−0.038
	(−5.43)	(−5.38)	(0.44)	(−2.57)	(−0.24)
$Unem$	−0.098***	−0.138***	0.046	−0.174***	0.045
	(−3.01)	(−3.66)	(0.98)	(−4.56)	(0.91)
$Tfix$	0.167	−0.641**	0.246	−0.407*	0.289*
	(1.18)	(−2.64)	(1.48)	(−1.78)	(1.96)

(续表)

	(1)	(2)	(3)	(4)	(5)
	全样本组	高市场化组	低市场化组	高法治化组	低法治化组
	$Plgev$	$Plgev$	$Plgev$	$Plgev$	$Plgev$
_cons	−0.456	1.253*	−1.547***	1.192**	−1.535**
	(−0.90)	(1.74)	(−2.83)	(2.07)	(−2.64)
N	153	77	76	78	75
$Adj.\ R^2$	0.497	0.598	0.260	0.541	0.322
F	18.541	13.483	3.007	12.546	6.078

注：*、**和***分别表示在10%、5%和1%的水平上显著，括号内为t值。

国家审计在市场化水平不同地区呈现不同效果，低市场化水平地区对国家审计功能有较高的需求及依赖，国家审计的执行效果更好，国家审计的治理功能在市场化程度越低的地区发挥的作用越大。而法律环境的差异通过影响市场参与方行为影响审计作用的发挥，绩效审计在法律制度水平不同的地区呈现不同的发展状况。国家审计的治理功能与市场、法制的监管功能具有替代效应，市场化和法治化水平较低地方对政府官员权力寻租及腐败行为的约束较弱，可能出现党政领导人履行公共职责时的违规行为，需要国家审计加强监督，以避免公权行使过程中的权力异化与寻租腐败。因此，可以合理预计，相对于市场化与法治化水平较高地区，在市场化与法治化水平越低的地区，经济责任审计对政府治理效率的促进作用效果越好。

表7-14第(2)列至第(5)列考察了在市场化及法治化水平不同的地区，经济责任审计对地方政府治理效率的影响。列(3)结果显示，经济责任审计($Jingze$)与政府治理效率($Plgev$)系数是0.108，在5%的水平上显著正相关，即市场化水平较低地区的经济责任审计力度越大，越有利于提升该地区的政府治理效率；列(5)结果显示，经济责任审计($Jingze$)与政府治理效率($Plgev$)系数是0.098，在5%的水平上显著正相关，即法治化水平较低地区的经济责任审计力度越大，越有利于提升该地区的政府治理水平。

表7-15　经济责任审计与地方政府治理效率(不同经济发展水平)

	(1)	(2)	(3)	(4)
	高GDP增长组	低GDP增长组	高GDP水平组	低GDP水平组
	$Plgev$	$Plgev$	$Plgev$	$Plgev$
$Jingze$	0.157***	0.041	0.022	0.153***
	(3.12)	(0.93)	(0.62)	(3.34)

(续表)

	(1)	(2)	(3)	(4)
	高 GDP 增长组	低 GDP 增长组	高 GDP 水平组	低 GDP 水平组
	$Plgev$	$Plgev$	$Plgev$	$Plgev$
$Dqjy$	0.063	0.052	−0.002	0.089
	(0.90)	(0.73)	(−0.04)	(1.48)
$Sffb$	−0.010	−0.001	−0.006	0.003
	(−0.75)	(−0.09)	(−0.40)	(0.25)
$Open$	7.559***	2.853	3.401**	8.666***
	(5.68)	(1.45)	(2.01)	(6.45)
$Gidp$	0.003**	−0.002	0.001	0.003*
	(2.04)	(−1.39)	(0.67)	(1.81)
$Gztz$	−0.398**	−0.422**	−0.334**	−0.039
	(−2.29)	(−2.12)	(−2.49)	(−0.28)
$Unem$	−0.040	−0.088**	−0.146***	0.013
	(−0.61)	(−2.33)	(−4.13)	(0.29)
$Tfix$	0.421**	−0.281	−0.450**	0.557***
	(2.50)	(−1.31)	(−2.43)	(3.60)
_cons	−1.330*	0.361	0.933**	−2.236***
	(−1.83)	(0.67)	(2.10)	(−3.76)
N	79	74	78	75
$Adj. R^2$	0.453	0.537	0.545	0.436
F	11.324	13.624	13.410	12.987

注：*、** 和 *** 分别表示在 10%、5% 和 1% 的水平上显著，括号内为 t 值。

学者们普遍认为，产业结构的优化能够促进经济持续增长。改革开放以来，我国的产业结构持续升级，经济保持较高增长速度。国家统计局的统计数据显示：2018 年我国国内生产总值（GDP）为 90.03 万亿元，增长率为 6.6%。1978—2018 年，年均增长率在 9.4% 以上，GDP 从 1978 年的 3 600 多亿元，递增到 2018 年的 90 多万亿元，按照消除物价上涨因素后的不变价格来计算，GDP 上涨了 33.5 倍。对外货物贸易额增长了近 200 倍，成为世界第一贸易大国。1978 年，我国经济总量居世界第 11 位。2000 年超过意大利，居世界第 6 位。2007 年超过德国,居世界第 3 位。2010 年超过日本,成为世界第二大经济体。近 5 年,我国经济呈现高质量发展态势,表现为产业结构更为合理,第三产业规模已达一半以上,对经济增长的贡献率接近六成,成为拉动经济增长的主要力量;创新更多地转化为新动能,由科技进步贡献的增长份额逐年增加;生态环境逐步改善,单位 GDP 对能源和水的消耗量,近 5 年都下降了 20% 以上,重点城市出现重污染的天数减少一半。在稳增长、促改革、调结构、惠民生、防风险的宏观经济政策导向下,国家审计发挥治理功能时不仅要关注经济发展速度,而且要重视经济增长质量。因此,本文预期,在以 GDP 为标准进行分组考察时,重点在于为经济发展较为落后地区提供良好的经济管理咨询建议,促进其挖掘地区优势、极力发展经济;在以 GDP 增长为标准进行分组考察时,重点关注经济增长速度较快的地区是否更好地履行了环保责任,遵从了产业调整政策及科技创新导向,即经济责任审计对政府治理效率的促进作用较为显著地体现在高 GDP 增长组和低 GDP 水平组。

表 7-15 考察了不同经济发展水平下,经济责任审计对地方政府治理效率的影响。列(1)结果显示,经济责任审计($Jingze$)与政府治理效率($Plgev$)系数是 0.157,在 1% 水平上显著正相关,即 GDP 高增长地区的经济责任审计力度越大,越有利于提升该地区的政府治理效率;列(4)结果显示,经济责任审计($Jingze$)与政府治理效率($Plgev$)系数是 0.153,在 1% 水平上显著正相关,即在 GDP 水平较低地区的经济责任审计力度越大,越有利于提升该地区的政府治理效率。说明在国民经济改革新时期,经济责任审计既关注经济发展速度,也关注经济增长质量,通过激励经济水平落后地区发展和监督经济增长快速地区履责而作用于国家治理。

(三) 进一步研究:环境污染与经济责任审计

国家审计可以通过多条路径发挥治理功能,秉承法治精神、关注审计信息属性、创新国家审计、全面推进政府绩效审计、建立高效政府、完善领导干部经济责任审计、施行权力导向及治理导向审计模式等都是国家审计推动国家治理完善的有效路径,可强化对环境污染的治理力度、提升工业"三废"处理效率,进而提高地方政府治理水平。

2019 年 6 月 26 日,《国务院关于 2018 年度中央预算执行和其他财政收支的审计工作报告》指出,中央财政支持污染防治攻坚战相关资金增长 13.9%,大气、水、土壤等污染防治投入持续加大。2018 年度生态保护和污染防治审计(《国务院关于 2018 年度中央预算执行和其他财政收支的审计工作报告》),重点开展了环渤海生态环境保护审计和9个地区、部门领导干部自然资源资产离任及任中审计,审计发现仍然存在污染源头治理不到位、资源开发利用与生态修复不平衡、部分生态文明重点任务未有效落实等问题。同时,审计还发现,有3个省少征或拖欠水资源费等19.7亿元,5个省结存专项资金26.63亿元,其中3.04亿元闲置2年以上,7个省的107个项目未按期开工或完工。

2019年4月25日,审计署发布的《党政主要领导干部和国有企业领导人员经济责任审计规定实施细则》,要求领导干部经济责任审计重点检查领导干部守法、守纪、守规、尽责情况,加强对领导干部行使权力的制约和监督,推进党风廉政建设和反腐败工作,推进国家治理体系和治理能力现代化。审计关注地方各级党政主要领导干部贯彻执行党和国家重大经济方针政策及决策部署情况,重大经济决策情况,地方政府性债务的举借、管理、使用、偿还和风险管控情况,自然资源资产的开发利用和保护,生态环境保护以及民生改善等情况。生态文明建设是国家治理能力与治理水平现代化的重要衡量指标之一,环境污染是影响社会稳定与经济体制改革的重要因素,而国家审计是国家治理的重要组成部分、服务于国家治理,是国家治理的重要手段与工具,经济责任审计作为国家审计的重要类型,能够有效监督与促进领导干部全面履行包括环境保护及生态文明建设等责任,有助于确保经济改革任务的顺利完成,提升国家治理水平。因此,审计能够有效识别监督重点,某地区的环境污染程度越严重,经济责任审计力度就越大。

本文用模型(2)考察经济责任审计对地区环境污染的反应,结果见表7-16。实证数据显示,空气污染($Airpol$)与经济责任审计($Jingze$)的回归系数为0.543,在1%水平上显著正相关,说明空气污染越严重,经济责任审计的强度越大;水污染($Waterpol$)与经济责任审计($Jingze$)的回归系数为0.498,在5%水平上显著正相关,说明水污染问题越严重,经济责任审计的强度越大;固体废弃物污染($Solidpol$)与经济责任审计($Jingze$)的回归系数为0.094,在1%水平上显著正相关,说明固体废弃物污染问题越严重,经济责任审计的强度越大;环境噪声污染($Noisepol$)与经济责任审计($Jingze$)的回归系数为4.362,在5%水平上显著正相关,说明噪声污染越严重,经济责任审计的强度越大。检验结果证明了前文的分析,即环境污染越严重,地方国家审计机关越关注,投入的经济责任审计力量越多。换而言之,国家审计能够充分意识到环境污染对地区治理的消极影响,从而强化对该地区领导干部的履职状况监督,以促进该地区改善生态环境、维护地区经济可持续发展。

表 7-16　　　　　　　　　環境污染与经济责任审计

	(1)	(2)	(3)	(4)
	$Jingze$	$Jingze$	$Jingze$	$Jingze$
$Airpol$	0.543***			
	(7.33)			
$Waterpol$		0.498**		
		(2.57)		
$Solidpol$			0.094***	
			(5.74)	
$Noisepol$				4.362**
				(2.18)
Gdp	0.097	0.111	0.575***	0.581***
	(1.05)	(0.60)	(6.60)	(8.54)
$Dqjy$	0.201**	0.276**	0.331***	0.137
	(2.14)	(2.45)	(2.79)	(1.34)
$Sffb$	−0.097***	−0.097***	−0.117***	−0.100***
	(−6.50)	(−6.15)	(−6.60)	(−6.12)
$Open$	−3.948	−9.963***	1.306	−10.776***
	(−1.32)	(−2.96)	(0.44)	(−2.98)
$Unem$	−0.093*	0.065	−0.025	0.069
	(−1.77)	(1.23)	(−0.35)	(1.32)
$Tfix$	−0.926***	−0.342	0.378	−0.408
	(−2.96)	(−0.93)	(0.91)	(−1.20)
$Gidp$	0.000	−0.002	−0.006**	−0.004
	(0.21)	(−0.81)	(−2.40)	(−1.32)
$Gztz$	0.047	0.527**	0.145	0.585**
	(0.24)	(2.28)	(0.62)	(2.36)
_cons	3.428*	−1.573	−4.277*	−21.170**
	(1.89)	(−0.82)	(−1.85)	(−2.52)
N	153	153	96	153

(续表)

	(1)	(2)	(3)	(4)
	$Jingze$	$Jingze$	$Jingze$	$Jingze$
$Adj. R^2$	0.773	0.706	0.772	0.710
F	59.107	46.458	38.551	51.372

注：*、** 和 *** 分别表示在 10%、5% 和 1% 的水平上显著，括号内为 t 值。

（四）稳健性检验

为了检验结果的可靠性，本文使用烟尘排放量（$airpol$-1）和工业二氧化硫排放量（$airpol$-2）衡量空气污染程度，用工业固体废弃物处置量（$solidpol$-1）衡量固体废弃物污染程度，将新变量依次代入前述模型进行检验，结果见表7-17。表7-17第（1）列显示，烟尘排放量（$airpol$-1）与经济责任审计（$Jingze$）的回归系数为0.396，在1%水平上显著正相关，说明空气污染越严重，经济责任审计的强度越大。表7-17第（2）列显示，工业二氧化硫排放量（$airpol$-2）与经济责任审计（$Jingze$）的回归系数为0.383，在1%水平上显著正相关，说明空气污染越严重，经济责任审计的强度越大。表7-17第（3）列显示，工业固体废弃物处置量（$solidpol$-1）与经济责任审计（$Jingze$）的回归系数为0.092，在1%水平上显著正相关，说明固体废弃物污染越严重，经济责任审计的强度越大。稳健性检验结果显示，一个地方的环境污染越严重，经济责任审计对其越为关注，投入的审计力量越大。总体而言，本文的研究结果具有较好的稳健性。

表 7-17　　　　环境污染与经济责任审计（稳健性检验）

	(1)	(2)	(3)
	$Jingze$	$Jingze$	$Jingze$
$airpol$-1	0.396***		
	(7.44)		
$airpol$-2		0.383***	
		(9.13)	
$solidpol$-1			0.092***
			(3.64)
控制变量	是	是	是
_cons	4.368**	4.358**	−2.687
	(2.20)	(2.51)	(−1.37)

(续表)

	(1)	(2)	(3)
	$Jingze$	$Jingze$	$Jingze$
N	153	153	153
$Adj. R^2$	0.764	0.784	0.713
F	56.978	114.098	36.541

注：*、** 和 *** 分别表示在10%、5%和1%的水平上显著，括号内为 t 值。

7.3.5 研究结论

本文从大气污染、水污染、固体废弃物污染和噪声污染四个方面度量环境污染，从环境治理视角探讨了经济责任审计对地方政府治理效率的影响。实证研究结果表明：国家审计具有治理功能，经济责任审计强度越大，地方政府治理效率越高；国家审计能够识别并在审计实务中切实关注被审计对象应该履行的环保责任，表现为地方环境问题越严重则经济责任审计投入力度越大，即经济责任审计可以通过关注与强化领导干部的环境保护责任，影响地方政府治理水平。

为了有效发挥经济责任审计对环境污染的监督功能及国家治理的促进作用，国家可从以下两方面着手：一方面，完善有关环境治理的相关法律法规，加强对环境治理的监督，加大对环境污染的处罚力度与环境污染责任的追究力度，以推进生态文明建设，倡导绿色可持续发展；另一方面，强化与完善经济责任审计制度，通过优化经济责任审计权限、拓展经济责任审计内容、创新经济责任审计模式及完善经济责任审计公告等方式，把环境治理、生态效益、节能减排等作为审计的重要内容和评价的重要方面，切实推动追责问责，及时发现和揭露经济社会发展各个领域中出现的矛盾和问题并提出政策建议，以深化经济体制改革，促进管理机制完善，推进国家治理现代化。

8 经济责任导向审计模式

对经济责任审计的全面系统研究为我们创新审计模式提供了现实可能。我们认为,现有的审计模式是可以进行拓展和创新的,研究经济责任导向审计模式是适应受托经济责任内涵的拓展而对一般审计理论进行的一种创新,是在汲取账项导向、制度导向和风险导向审计模式成果的基础上形成的一种新型的组织审计行为活动的审计方式,为更加高效地开展审计工作提供一种新的选择和思路。

8.1 审计模式创新分析

审计模式是一种审计组织方式,它规定了审计活动实施的行动或发展方向。现代审计模式是在总结审计实践经验的基础上,从初级到高级、从不完善到完善逐步发展起来的,主要包括账项导向审计模式(accounting number-oriented audit model)、制度导向审计模式(system-oriented audit model)和风险导向审计模式(risk-oriented audit model)。

8.1.1 现有审计模式评析

1. 账项导向审计模式评析

账项导向审计模式是审计机构和审计人员接受财产所有者的委托,以会计账项为导向,采取详细审计方法,从审计期间会计事项所依据的相关会计原始凭证入手,以验证账证、账账、账表是否相符为重心,通过检查会计账目有无错弊,达到查错防弊的审计目标的一种审计组织方式。

账项导向审计模式的产生有其特定的历史背景。在审计发展的早期,大约在19世纪末之前,由于企业组织结构简单,业务性质单一,融资方式简单,对外投资业务很少,即使企业管理层有粉饰报表和会计造假的动机,其制造虚假经济业务的空间也不大,更多的是在账务处理上下功夫;财产所有者在很多场合事必躬亲,担心雇员特别是中层业务和管理人员在授权经管过程中做出不诚实、不可靠的行为;同时,业务管理特别是财务人员的素质较低,在业务和会计处理上很可能发生差错。因而,财产所有者需要聘请审计人员来发现并防止财务人员的错弊。从方法论的角度看,这个阶段审计的会计事项相对来说不是很多,获取审计证据的方法比较简单,审计人员可以将大部分精力用来详细检查会计账项,所以称为详细审计。由于这个阶段的审计都是以审查账面上的会计事项为主线,所以称为账项导向审计模式。

账项导向审计模式下的审计是围绕会计凭证、会计账簿和会计报表的记录过程进行的。它通过对会计账项进行详细检查来判断企业是否存在舞弊行为或技术性错误。这种以会计账项为基础的审计必须进行大量的检查、核对、加总和重新计算工作,所以,此方法又被称为"详细审计"。

在账项导向审计模式阶段,审计人员将大部分精力投入对会计记录的详细检查工作中,据统计,在整个审计流程中,当时的审计人员约有 3/4 的时间花费在合计和过账上。当时,审计人员对会计记录以外的事项不太重视,其获取的证据主要来自会计部门内部。

该模式下的审计完全依赖实质性测试开展审计工作,审计前的分析性程序和抽样技术还较少使用。该模式投入大量的审计资源,降低了审计效率,增大了审计成本,无法适应现代审计的要求。

2. 制度导向审计模式评析

制度导向审计模式是审计机构和审计人员接受委托人的委托,以内部控制制度为导向,采取统计抽样等审计方法,从审计期间会计事项所依据的相关内部控制制度入手,以评审内部控制制度各个环节是否健全有效为重心,通过审查内部控制制度有无薄弱环节,达到促使财务公允表达的审计目标的一种审计组织方式。

19 世纪即将结束时,在账项导向审计模式占主导地位的后期,随着企业规模的扩大和组织结构的日益复杂,经济活动和交易事项内容不断丰富、复杂,审计工作量迅速增大,详细审计难以实施,职业界开始探索使用抽样审计。此时,判断抽样开始代替了详细审查,但这只是有限度的抽样技术,因为抽样的样本量占总体的比重还比较大,而且抽样是完全建立在审计人员自己的主观判断之上的。由于当时审计人员并没有认识到内部控制制度的有效性,样本的选择带有很大的盲目性。为了进一步提高审计效率,改变抽样判断的随意性,审计人员将审计的视角转向企业的管理制度,特别是会计信息赖以生成的内部控制制度,将内部控制与抽样审计相结合。因为设计合理且执行有效的内部控制可以保障会计报表的可靠性,防止重大错误和舞弊的发生。

从20世纪40年代起,以内部控制测试为基础的抽样审计在西方国家得到广泛应用,由于这个阶段的审计都是以审查内部控制制度为主线,所以称之为制度导向审计模式。

制度导向审计模式下的审计在对被审计单位内部控制制度进行评价与测试的基础上,确定审计重点,利用数理统计原理从审计总体中抽取样本,进行实质性的测试,并根据样本的特征推断总体的特征,以合理保证财务表达的公允性。所以,该方法又被称为"抽样审计"。

在制度导向审计模式下,以评价测试内部控制制度为基础的审计方法的出现与审计目标的改变有很大的关系。由于审计目标已经不再是查错防弊,而是验证财务报表是否真实、公允地反映被审计单位的财务状况和经营成果,财务报表的外部使用者也将注意力越来越多地转向被审计单位的经营管理方面,这就要求审计人员充分关注被审计单位的管理制度,特别是会计信息赖以生成的内部控制制度。以评价与测试内部控制制度为基础的审计方法改变了传统的对经济活动结果进行详细检查的做法,强调对内部控制制度的评价和测试。如果评价的结果表明内部控制制度可以信赖,那么,在实质性测试阶段只需抽取少量样本就可以得出审计结论;如果评价的结果认为内部控制制度不可靠,那么,就应该根据内部控制的具体情况扩大审计测试的范围。

制度导向审计模式下的审计方法将对组织内部控制制度的评价测试置于实质性测试之前,作为运用抽样审计的前提条件。但这种审计方法过于依赖内部控制制度的健全性和有效性测试而忽略了审计风险产生的其他环节,一旦内部控制失效则将加剧审计风险。

3. 风险导向审计模式评析

风险导向审计模式是审计机构和审计人员接受委托人的委托,以审计风险为导向,采取分析的方法对审计风险进行系统分析、评价,通过制定与企业状况相适应的多样化审计策略,将风险控制贯穿整个审计流程,达到将审计风险控制在审计人员可接受水平的审计目标的一个完整的审计组织方式。

20世纪60年代后,随着经济的发展,企业经营风险和财务风险的上升,以及市场竞争的加剧,企业破产清算日益增多,给广大投资者造成了巨大的损失。到了20世纪60年代中期后,审计职业界进入了所谓的"诉讼爆炸"时代,审计诉讼案件频繁发生,并在全球范围内呈不断上升趋势,经营失败导致审计失败的案例屡见不鲜。社会公众对提高审计质量的呼声越来越高,制度导向审计模式的局限性凸显,审计人员仅仅以内部控制测试为基础实施抽样审计很难将审计风险降低到可接受的水平,抽取样本的大小也很难说服政府监管部门和社会公众。为了在理论和实践上解决制度导向审计模式的缺陷,审计职业界很快探索出了充分考虑审计风险因素的、更加科学高效的风险导向审计模式。

风险导向审计模式主要可以分为传统风险导向审计模式和现代风险导向审计模式两种。

(1) 传统风险导向审计模式的核心内容是传统审计风险模型。该模型是由美国注册会计师协会(The American Institute of Certified Public Accountants,简称AICPA)在1983年提出的,即"审计风险=固有风险×控制风险×检查风险",其思路是审计人员在既定的审计风险水平下,通过对会计报表固有风险和控制风险的定量评估,确定检查风险,进而确定实质性测试的性质、时间和范围。该模型使审计资源能够被分配到最容易导致会计报表出现重大错报的领域。传统的风险导向审计模式实质上是制度导向审计模式的发展,只是在制度导向模式中加入了风险测试,建立审计风险模型对风险进行量化的测试,其虽然使效率和效果有了实质性提高,但对固有风险的量化测试具有很强的主观性,不能体现客观性,不能改变制度导向模式自下而上的从交易项目报表测试综合成审计结论的审计方向。

(2) 现代风险导向审计模式是20世纪90年代以后,由国际大型会计师事务所在面临大量的诉讼威胁和为了缩小之前频繁爆发的管理层舞弊和审计失败事件所造成审计期望差距的情况下开发的、以审计风险的评价为中心的审计模式。这些大型会计师事务所对风险导向审计模式的探索,引起了审计准则制定机构和有关方面的关注。国际会计师联合会(International Federation of Accountants,简称IFAC)下设的国际审计与鉴证准则委员会(International Auditing and Assurance Standards Board,简称IAASB)与AICPA下设的美国审计准则委员会(Auditing Standards Board,简称ASB)成立了联合风险评估工作组,于2002年10月发布了审计风险准则征求意见稿,包括《会计报表审计的目标和一般原则》《审计证据》《了解被审计单位及其环境并评估重大错报风险》和《针对评估的重大错报风险实施的程序》。2003年10月,国际审计与IAASB在东京的会议上对征求意见稿进行了最后修订并通过,审计风险准则在2004年12月15日之后得以正式施行。现代风险导向审计模式中的审计风险模型变为"审计风险=重大错报风险×检查风险"。重大错报风险包括两个层次:会计报表认定层次和整体层次。会计报表认定层次的风险运用传统审计模型可以解决。会计报表整体层次的风险主要是指战略经营风险,是会计报表整体不能反映企业经营实际情况的风险。上述由国际大型会计师事务所、理论界及政府监管者探索出的新的审计模式即现代风险导向审计模式。

现代风险导向审计的突出特点是将企业战略分析、经营活动分析、管理层认定分析和会计报表质量分析充分结合起来,不仅关注管理层对会计信息质量的影响,同时关注经营风险对会计报表的影响,从而克服了制度基础审计只见树木、不见森林的缺陷,从战略和系统的高度保证了审计的整体质量。

风险导向审计模式下的审计基于审计风险模型评估被审计单位错报的概率,分析产生错报的各个因素的概率大小,以此为依据确定审计重点,并将审计重点作为审计实质性测试的依据,从而达到将审计风险控制在审计人员可接受的水平范围内的审计目标。

在风险导向审计模式下,基于审计风险模型的审计方法比制度导向审计更加有利于将有限的审计资源分配到高风险的审计领域,通过降低检查风险将审计风险降低到审计人员可以接受的水平,从而节约审计成本,提高审计效率,保证审计质量。

8.1.2 以人为评价客体需要创新审计模式

2006年修订的《中华人民共和国审计法》规定"审计机关按照国家有关规定,对国家机关和依法属于审计机关审计监督对象的其他单位的主要负责人,在任职期间对本地区、本部门或者本单位的财政、财务收支以及有关经济活动应负经济责任的履行情况,进行审计监督"[①]。这是我国首次在法律层面明确规定了经济责任审计要以人为评价客体。

当前,地厅级以下党政领导干部和国有及国有资本占控股或主导地位的企业的领导人员经济责任审计正在不断深化,省部级领导干部经济责任审计和中央单位内部管理的领导干部经济责任审计正在逐步推广。随着经济责任审计实践的不断深入,国家要充分发挥以人为评价客体的经济责任审计的作用,就必须从理论和实践的结合上进一步创新审计模式,为更加高效地组织审计行为活动提供一种新的思路和办法,以适应当前经济责任审计工作不断发展的需要。

8.1.3 以经济责任为评价对象需要创新审计模式

经济责任审计的历史沿革说明,从审计产生开始,其内容就蕴含了经济责任审计的雏形,这也耦合了审计产生的本源目的;在审计发展过程中,由于受托经

---

① 《中华人民共和国审计法》(2006年修正),全国人民代表大会常务委员会于2006年2月28日发布。

济责任内涵的不断拓展,审计对象也从政府官员扩展到企业事业组织的经济责任人。

关于经济责任审计的产生与发展可以从以下几个方面理解。

首先,受托经济责任关系是经济责任审计产生的根本动因。

经济责任审计是社会经济发展到一定阶段的产物。经济的发展促进了所有权与经营权的分离,形成了一种特殊的经济关系,即财产的所有者和经营者之间的受托经济责任关系,这是审计产生的客观基础。

无论是中国的古代,还是西方国家产业革命以后股份公司大发展的近代,都是由于所有权与管理权分离,所有者与经营管理者之间产生了多种多样的受托经济责任关系。委托者和受托者要确认和解除这种受托经济责任关系,就从客观上要求具有相对独立性的第三者来检查受托经济责任的履行情况,以完成确认和解除这种关系的任务,从而保护各个利益关系方的利益。

其次,受托经济责任内涵的拓展是经济责任审计发展的内在动力。

受托经济责任内涵的不断拓展,进一步拓宽了审计的领域,使审计的内容进一步充实。审计在本质上是一种促进受托经济责任得以全面有效履行的特殊的经济控制(蔡春,2001)。按此推论,经济责任审计也就是经济资源的所有者委托审计人员对经济资源的使用者进行的一种控制。由于委托人对受托人理想行为的期望与要求总是不断发展变化的,因而受托经济责任的内涵自然呈现出由简单到复杂不断拓展的趋势。这正是经济责任审计不断发展的内在动力。

最后,受托经济责任内涵的拓展客观上要求进一步创新经济责任审计模式。

就经济责任审计从最初的厂长(经理)离任审计,到承包经营审计,再到领导干部任期经济责任审计的过程来看,后一阶段对前一阶段扬弃的内容较多,继承的内容较少,这说明经济责任审计长期以来并非沿着同一个方向发展,经济责任审计模式还处于一种多变的不稳定状态。虽然经济责任审计实践取得了较为显著的成效,但总体来说,它还处于探索与完善阶段。伴随着受托经济责任内涵的不断拓展,经济责任审计要实现评价经济责任人的受托经济责任履行状况的审计目标,就必须进一步创新审计模式,以充分发挥经济责任审计的功能作用。

8.1.4 审计模式创新需要经济责任导向审计模式

从方法论的角度看,现代审计模式包括账项导向审计模式、制度导向审计模式和风险导向审计模式。审计模式即组织审计工作的方式、方法或途径,是配置审计资源、控制审计风险、规划审计程序、收集审计证据以及形成审计结论的一种范式。

审计模式中的"导向"可以理解为指导审计行为活动开展的一种系统的、战略的思想或理念,它贯穿审计工作的全过程(蔡春等,2011)。

现代审计模式的发展演变反映了受托经济责任内涵的不断拓展变化,但是无论是账项导向审计模式、制度导向审计模式,还是风险导向审计模式的审计重心都没有明确指向经济责任人行为本身。我国经济责任审计实践表明,经济责任审计也是反映受托经济责任的要求和变化的。经济责任审计的基本理论依据是特定受托经济责任关系,此种受托经济责任关系更明确指向行为人本身(蔡春和陈晓媛,2005),即依法属于审计机关审计监督对象的国家机关和其他单位的主要负责人。这是我们提出并确立构建经济责任导向审计模式的根本动因所在。

8.2 经济责任导向审计模式的内涵、概念体系与本质

8.2.1 不同审计模式下受托经济责任内涵的拓展

1. 账项导向审计模式下受托经济责任的内涵

账项导向审计模式下的受托经济责任强调的是受托人在经营管理过程中做出诚实、可靠的行为,保证受托经济资源的安全完整,并在期末通过会计资料向财产所有者报告其受托经济责任之履行情况。此时的受托经济责任的内涵较为简单,主要表现为保全责任。从古希腊神殿财产的代理人,到中世纪封建庄园的管家,甚至是19世纪中期兴起的英国股份公司的管理者,承担的都属于这种简单的受托经济责任。所谓19世纪的股东们对管理当局的希望,只是要求他们成为忠实的管家(John,1968),正说明了这种状况。因此,在账项导向审计模式下,审计的重心是被审计单位的会计报表及相关的会计资料,审计人员力图通过审核大量的凭证及其在会计系统内的周转来发现问题(常勋和黄京青,2004)。其审计目标主要是查错防弊,对簿记的验证体现其内涵特征。

2. 制度导向审计模式下受托经济责任的内涵

在制度导向审计模式下,审计人员将内部控制与抽样审计结合起来,受托经济责任的内涵不仅涉及财产所有者与雇员,而且延伸到了组织的内部。审计人员意识到,组织内部管理层上下级之间的委托代理问题控制得越好,财务舞弊降低的可能性越大,审计出现差错的概率越低。这时的受托经济责任由账项导向审计模式下的雇员笼统地对财产所有者承担,拓展到为组织内部管理层上下级之间的责任。在制度导向审计模式下,审计重心由被审计单位的会计报表及其相关会计资料转为被审计单位内部控制,即审计人员对内部管理层上下级的受托经济责任履行情

况进行分析,再确认审计的重点和目标。

3. 风险导向审计模式下受托经济责任的内涵

风险导向审计模式认为,现代社会经济体是一个结构复杂,各组成部分之间相互联系、相互影响的"网络系统",现代企业则是这个网络系统中的节点和微观个体,它时刻受到整个系统其他组成部分的影响(赵德武和马永强,2006)。因此,审计人员必须从高于内部控制系统的角度,综合考虑各种组织所面对的内部和外部因素,全面、广泛地评价受托人履行受托经济责任的情况。在风险导向审计模式下,审计的重心在于从战略和系统的高度关注高级管理层的战略决策。此时,受托经济责任的内涵在委托人与受托人之间的委托代理关系层级上得到进一步拓展。

4. 不同审计模式下受托经济责任内涵拓展的启示

通过分析不同审计模式下受托经济责任内涵的拓展,可以发现,审计关注的受托经济责任关系的范围和每一层级关系所蕴含的内容都在不断地拓展。然而,现实的情况是,安然、世通等财务舞弊案件的频发说明上述审计模式仍然无法缩小审计期望差距,无法实现审计的本质目标——确保受托经济责任的全面有效履行。因而,本卷倡导构建经济责任导向审计模式。

8.2.2 经济责任导向审计模式的内涵

1. 审计模式的含义及其内在特征

模式的英文表达有 model 和 pattern 两个词汇,均是指人或物的标准式样、典范或样板(王鲁平等,1997)。

胡春元(1997)认为,审计模式是审计导向性的目标、范围和方法等要素的组合,它规定了审计应从何处下手、何时着手、如何着手等问题。

王泽霞(2004)认为,审计模式是人们在社会审计活动中,通过对环境的观察、分析和研究,总结出审计现象的一系列基本特征,并对这些基本特征作综合表述与反映,且将其组织起来构成一个有机整体,从而形成的抽象化、典型化的理论图式或模型。

从上述观点中可以概括出审计模式的内在特征:

(1) 标准性。审计模式的标准性是指审计模式是一种标准形式(样式),是审计人员行为的标准。审计模式一旦确立,所有的审计人员都应该按照该标准形式行事,并对自己偏离该标准的行为负责。

(2) 科学性。世界上所有事物在正式成为标准之前,都需要接受是否科学的考验。审计模式的科学性意味着审计模式要成为标准形式(样式)就一定要经过审计实践的考验,并取得审计人员的认同。

(3) 权威性。审计模式的权威性体现在制定该模式的机构的权威性上。只有具有较高权威的机构所倡导的审计模式才会真正得到所有审计人员的同意和执行。

(4) 丰富性。审计模式的丰富性是指该模式的内涵应该是十分丰富的。审计模式作为一种标准形式,需要一定的框架和实质内容。因此,审计模式的建立也是完善其框架、丰富其内容的过程。

2. 经济责任导向审计模式的内涵剖析

根据对审计模式的含义及其内在特征的分析,我们认为,经济责任导向审计模式是针对确认和解除特定组织之经济责任人履行经济责任的状况来组织审计行为活动的审计方式。具体来说,经济责任导向审计模式就是指审计机构和人员接受委托人的委托,依据国家法律法规和有关政策,以界定、评价特定组织的经济责任人的目标经济责任为重点,在确定目标经济责任的前提下,决定审计测试的范围与程度。即通过审查经济责任人的履责报告,对经济责任人履行经济责任的状况发表审计意见、作出审计评价、出具审计报告的一种审计组织方式。

对于经济责任导向审计模式的内涵可从以下几个方面进行剖析与理解。

(1) 经济责任导向审计模式下的审计主体是审计机构和审计人员。按照审计主体划分,经济责任导向审计模式下的审计类型包括政府审计、民间审计和内部审计三种。

(2) 经济责任导向审计模式下的审计客体是特定组织的经济责任人。本卷所指的特定组织主要包括各级政府、企业和非营利组织。按照对特定组织类型的划分,经济责任人包括从事公共管理的各级政府官员和非营利组织的各级负责人、从事营利活动的企业各级负责人。从理论上讲,凡是受托经济责任关系中的受托方,均可作为经济责任导向审计模式下的审计客体。

(3) 经济责任导向审计模式下的审计目标是确认和解除经济责任人履行经济责任的状况。经济责任人应承担的经济责任包括行为责任和报告责任,其中,行为责任是经济责任人经管经济资源的责任,目标经济责任是行为责任的具体表现形式;报告责任是经济责任人通过履责报告解释说明其履行经济责任状况的责任。经济责任导向审计模式下的审计目标表明经济责任人不仅应当全面履行包括行为责任与报告责任的各项内容,而且使每一项责任都得到切实履行,都要真正符合要求。

（4）经济责任导向审计模式下的审计策略是为了实现确认和解除经济责任人履行经济责任状况的审计目标而设计安排的一整套措施。其具体包括审计计划和流程的设计、审计方法的选择与运用、审计评价指标体系的构建和审计报告体系的改进等。

8.2.3 经济责任导向审计模式下受托经济责任的概念体系

根据现代受托经济责任理论，我们认为，在经济责任导向审计模式下，应该明确界定包括经济责任人、行为责任和报告责任三位一体的受托经济责任的概念体系。

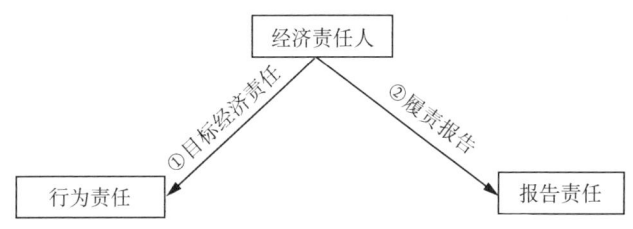

图 8-1 经济责任导向审计模式下的受托经济责任概念体系

1. 经济责任人

在经济责任导向审计模式下，受托经济责任存在于一种委托与受托关系之中。在这种关系中，至少存在委托人和作为受托人的经济责任人两方，委托人授予经济责任人管理和经营经济资源的权力并要求其对管好、用好该种资源负责；经济责任人接受委托人的授权或委托并承担履行相应责任的义务。根据前文对经济责任导向审计模式内涵的剖析，我们认为，经济责任导向审计模式中的经济责任人是指特定组织中受托经管经济资源的行为人，主要包括各级政府官员、企业负责人和非营利组织负责人三个方面。作为承担并履行经济责任的主体，经济责任导向审计模式中的经济责任人具有多样性和层次性。委托受托关系以及与受托经济责任的关系如图 8-2 所示。

2. 经济责任人的行为责任

经济责任导向审计模式下的经济责任人的行为责任是按照委托人关于治理性、控制性、合法合规性、效益性、环境性、社会性等要求经管受托经济资源的责任。委托人的要求代表了其对经济责任人之理想行为所持的期望，反映的是社会的客观需要，而社会需要的层次与水平总是不断提高和发展的，因此，受托经济责任的内涵自然呈现出不断拓展的趋势。

经济责任人的行为责任一般可以通过多种形式予以确立，从而形成行为责任

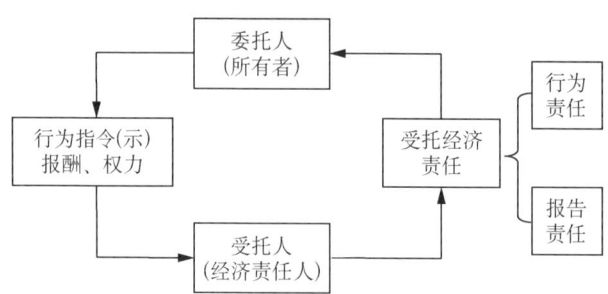

图 8-2 经济责任导向审计模式下的委托受托关系以及与受托经济责任的关系

的目标化的具体表现形式——目标经济责任。目标经济责任既可以通过法律、法规、预算、计划或合同、契约等形式确立,也可以由习惯或习俗确立;可以是书面的形式,也可以是口头的形式。

3. 经济责任人的报告责任

经济责任导向审计模式下的受托经济责任应具有可计量性,即能够通过货币形式或其他标准予以计量,并通过报告的形式(如财政财务报告、社会责任报告等)对计量结果予以报告。报告的形式也将随着受托经济责任内涵的变化而变化。

经济责任导向审计模式下的经济责任人报告责任的主要内容是按照公允性或可信性的要求编报履责报告,以公允反映经济责任人履行行为责任方面的内容。

由于目标经济责任是行为责任的目标化的具体表现形式,所以经济责任导向审计模式下的履责报告实质上应该是解释说明经济责任人履行目标经济责任状况的报告体系,为了全面反映治理责任、经济权力控制责任、管理舞弊控制责任、绩效责任、环境保护责任、社会责任和可持续发展责任等,履责报告体系应当包括财政财务报告、内部控制报告、治理结构报告、财经法纪遵循报告、经济权力行使报告、经营活动报告、经营目标报告、舞弊防范报告、环境责任报告、社会责任报告和可持续发展责任报告。

8.2.4 经济责任导向审计模式的审计本质

经济责任导向审计模式作为一种新型的组织审计工作的方式和理念,其本质必然是从属于审计本质的范畴,同时其独特性又体现了审计功能在促进业已扩展的受托经济责任的全面有效履行领域的拓展。

我们认为,应从受托经济责任在控制领域拓展的视角对经济责任导向审计模式的本质进行分析。

1. 经济责任导向审计模式下审计流程的控制论分析

审计在本质上是一种特殊的经济控制。美国会计学会(AAA)于1973年对审计做出如下定义:审计是一种客观地收集和评价有关经济活动和事项的断言的证据,以确定断言与既定标准的相符程度,并将其结果传递给利害关系人的系统过程。这一描述一方面表达了审计过程的共同特点;另一方面也表达了审计是一种控制过程的思想。该过程的控制主体显然是审计人;被控制对象是有关经济活动和事项的断言所包含的经济信息;控制手段是收集关于断言的证据,与既定标准相比较,以判断其相符程度;传递控制作用的媒介是审计报告,它将断言与既定标准的相符程度的信息传递给有利害关系的使用者,同时也反馈给被审计单位管理当局,对其行为实施影响,受审计报告信息影响的使用者的看法和信任对被审计单位的行为起着社会控制的作用(蔡春,2001)。一般审计流程的控制如图8-3所示。

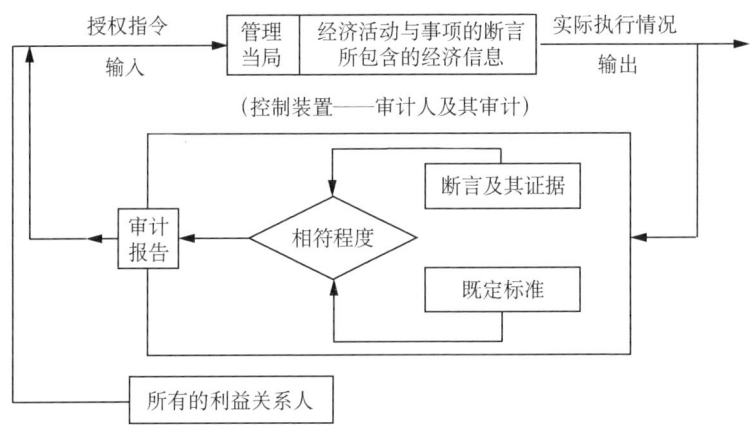

图8-3 一般审计流程的控制①

经济责任导向审计模式作为一种新型的组织审计工作的方式和理念,其本质仍然是一种特殊的经济控制方法。这种控制方法不仅具有一般意义上的审计控制功能,还由于其针对经济责任人履行经济责任的状况进行控制,故已成为一种特殊的经济控制技术。可见,经济责任导向审计模式下的审计流程不仅符合一般审计流程的控制论,而且是对一般审计流程控制论的延伸(蔡春,2001),如图8-4所示。

2. 经济责任导向审计模式下审计行为的控制论分析

按照审计关系人的理论,审计行为由审计人(第一关系人)、被审计人(第二关

---

① 改编自蔡春:《审计理论结构研究》,东北财经大学出版社,2001,第43页。

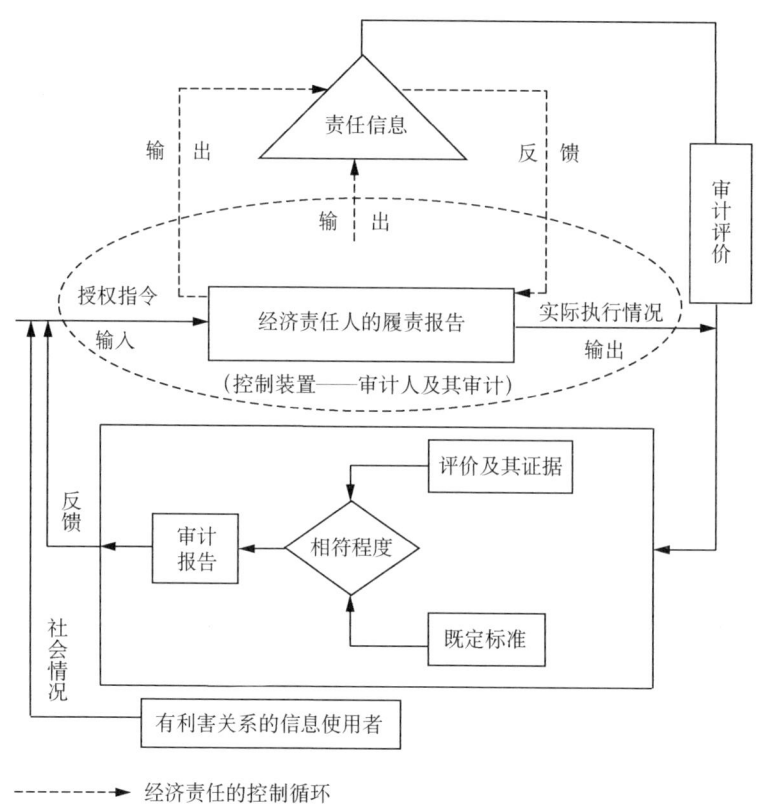

图 8-4 经济责任导向审计模式下的审计流程控制

系人)和审计委托人或授权人(第三关系人)三个方面的关系人的行为构成。其中,被审计人(第二关系人)是经济资源的受托经管者,而审计委托人或授权人(第三关系人)是经济资源的所有者。

在经济责任导向审计模式下,三者之间的关系如下。

第一,审计委托人或授权人(第三关系人)将其经济资源委托并授权经济责任人(第二关系人)经营管理,要求其承担相应的经济责任;经济责任人(第二关系人),即被审计人,接受委托与授权并承担管好用好受托经济资源的经济责任。

第二,审计委托人或授权人(第三关系人)为了了解经济责任人(第二关系人)履行经济责任的状况,委托或者授权审计人(第一关系人)对其实施检查并进行评价;审计人(第一关系人)接受委托或授权,对经济责任人(第二关系人)实施独立的审计。

第三,经济责任人(第二关系人)为了证实自己履行经济责任的状况而接受审计人(第一关系人)的审计;审计人(第一关系人)实施审计并将审计结果和对经济责任人(第二关系人)履行经济责任状况的评价结果报告给审计委托人或授权人(第三关系人)。

经济责任导向审计模式下的审计三方关系人之间的关系如图 8-5 所示。

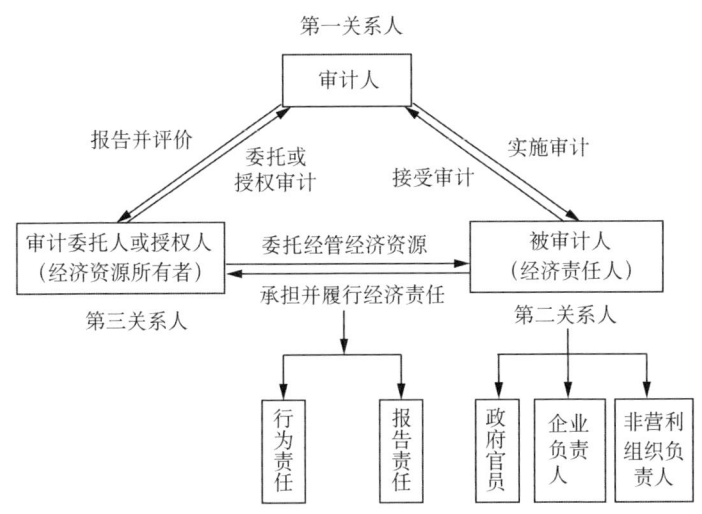

图 8-5 经济责任导向审计模式下的审计三方关系人相互关系

按照上述审计关系人理论,经济责任导向审计模式下的审计行为发生机制可以描述为:作为审计委托人的第三关系人委托或者授权作为审计人的第一关系人对作为被审计人的第二关系人——经济责任人履行经济责任的状况进行审计,并作出审计评价;作为审计人的第一关系人实施审计并将审计结果和对经济责任人履行经济责任的评价结果报告给作为委托人的第三关系人,以此对经济责任人履行经济责任的状况予以确认和解除。在此行为过程中,审计人如有审计处理权,则可对审计过程中发现的经济责任人履行经济责任不符合要求的行为直接实施反馈纠偏,这种控制作用体现得较为明显;审计人如果没有审计处理权,则需要通过审计报告将问题反馈给审计委托人,由其实施纠偏行为,这种控制作用则表现得较为间接。同时,审计客观存在的巨大威慑力量,其反馈给经济责任人及其他关系人的审计结果信息也可以起到间接纠偏的效果,因此,经济责任导向审计模式下的审计行为是一种控制行为,但与一般审计行为不同的是,这种控制行为的重点是针对特定组织的经济责任人履行经济责任的状况进行控制,它是一种特殊的新型审计控制行为。

3. 经济责任导向审计模式下审计对象的控制论分析

对于一般控制过程来说，要实现对被控对象的控制，其必须具备以下两个条件（蔡春，2001）。

第一，被控对象必须存在多种发展的可能性。因为控制的目的是保持或改变被控对象的状态，因而被控对象必须是可以改变的，即存在多种发展的可能性。如果被控对象没有状态的变化，即其未来只有一种可能性，那就无所谓控制。

第二，目标状态在各种可能性中是可以选择的。也就是说，被控对象不仅必须存在多种发展的可能性，而且可以通过一定手段在这些可能性中进行选择。这有两个方面的要求：一是所确定的目标状态必须包括在被控对象的可能性空间之中；二是具备相应的手段和条件把目标状态从可能性空间中选择出来，否则无法实现控制的目的。

在经济责任导向审计模式下，对审计对象的控制从本质上说是对经济责任人履行经济责任状况的控制。经济责任人承担并履行的经济责任的实质是指按照特定要求或者原则管理和经营受托经济资源并报告其经管状况的义务。显然，作为经济责任导向审计模式下的审计对象的经济责任人履行经济责任的状况符合作为控制对象的条件，这是因为：

其一，在经济责任导向审计模式下，经济责任人履行经济责任的状况显然具有多种可能性。从整体上讲，经济责任的履行状况至少有全面有效的履行、非全面有效的履行、全面但非完全有效的履行、有效但非全面的履行这样一些可能性。从行为责任与报告责任的履行状况看，至少有完全符合要求、基本符合要求和不符合要求等可能情况。从对经济责任人履行经济责任状况的评价来看，存在着不同的评价标准，而每一个标准又都存在符合与不符合的可能性。因此，经济责任导向审计模式下的审计对象——经济责任人履行经济责任的状况具有多种发展的可能性，从而符合作为控制对象的第一个条件。

其二，在经济责任导向审计模式下，经济责任人履行经济责任的目标状态是可以选择的。这是因为在经济责任导向审计模式下，不仅目标状态——全面有效地履行经济责任是存在于经济责任履行的多种可能状态之中，而且审计人员利用其特有的专业技能，通过实施审计流程可以将目标状态从多种可能性中选择出来，即审计人员可以有效地判断经济责任是否得到全面有效履行。因此，经济责任导向审计模式下的审计对象——经济责任人履行经济责任的状况也符合作为控制对象的第二个条件。

通过以上分析可知：经济责任导向审计模式的本质是一种特殊的经济控制模式，这种控制模式不仅具有一般意义上的审计控制功能，由于其重心在于对特定组织的经济责任人履行经济责任状况进行控制，其又是一种特殊的经济控制模式。

8.3 经济责任导向审计模式下的审计策略选择

在经济责任导向审计模式下，审计策略是为了实现确认和解除特定组织之经济责任人履行经济责任状况的审计目标而设计安排的一整套措施，是对既有审计策略借鉴和创新的成果。

经济责任导向审计模式下的审计策略将重心立足于经济责任人的经济责任履行环节，以评价经济责任人全面有效履行经济责任状况作为审计的切入点，确定审计重点和分配审计资源。

8.3.1 经济责任导向审计模式下审计计划与审计流程的设计

1. 经济责任导向审计模式下审计计划的设计

经济责任导向审计模式下的审计计划是审计人员按照委托人的要求，基于特定受托经济责任关系的存在，为了促进经济责任人全面有效履行经济责任而预先做出的统一的审计工作安排。

在设计审计计划时，国家审计机关要依据国家国民经济发展规划和审计工作发展规划，严格执行审计规范，确保履行法定职责；要明确具体审计目标，合理选择审计重点，注重提高审计成果的质量和水平；要根据审计资源状况，量力而行，留有余地，统筹协调，合理均衡地安排任务，避免重复，减少交叉。

2. 经济责任导向审计模式下审计流程的设计

经济责任导向审计模式下的审计流程是对基本审计流程的变革和延伸。在经济责任导向审计模式下，由于经济责任人履行经济责任的状况将决定和影响其履责报告表达的公允性，进而增大审计风险、影响审计质量，故在设计审计流程时，重点应该突出对经济责任人目标经济责任的分析及其履责报告的评价。只有这样才能实施针对性强、高效率的审计流程，才能更加准确地识别审计风险和确定审计重点。由此，我们认为，经济责任导向审计模式下的审计流程主要包括目标经济责任分析（目标经济责任的确认、目标经济责任的分解、目标经济责任履行状况测试和评价）、履责报告评价、识别审计风险和确定审计重点、实施基本审计流程和出具审计报告等环节，如图8-6所示。

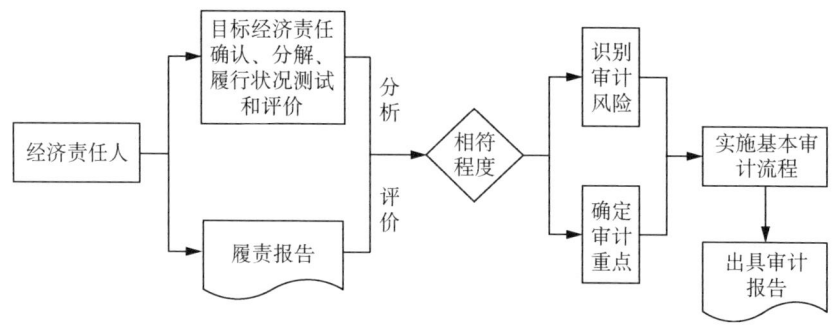

图 8-6 经济责任导向审计模式下的审计流程

(1)目标经济责任分析环节。经济责任导向审计模式下的审计流程是以对目标经济责任的分析为切入点的。审计人员首先应该根据经济责任人(即被审计人)和被审计单位的基本情况,界定、确认经济责任人所应承担的目标经济责任;其次根据经济责任导向审计模式的审计目标,将目标经济责任进行分解,如针对组织内部上下级之间的多层次的目标经济责任,可以将目标经济责任分解到组织内部各委托代理环节;最后按照目标经济责任确立的原则、标准或规定,测试经济责任人履行目标经济责任状况,评价其存在的重大缺陷。

(2)履责报告评价环节。对经济责任人解释说明其目标经济责任履行状况的履责报告进行评价是在对目标经济责任分析的基础上,进一步考虑确定目标经济责任依据的科学性,判断当期目标经济责任变化的合理性,评价当期目标经济责任履行状况,以便为确定审计重点、识别审计风险做好前期准备工作。

(3)识别审计风险和确定审计重点环节。这一环节是实施审计流程的重要一环。通过对目标经济责任和履责报告的分析与评价,确认影响目标经济责任全面有效履行的薄弱环节,从而确定审计重点并识别审计风险,以帮助审计人员制定审计实施方案、分配审计资源、提高审计质量、防范审计风险。

(4)基本审计流程环节。进入基本审计流程以后,审计人员将按照上述环节分析评价的结果,采取访谈、调查问卷等审计方法,有针对性地对确定的审计重点领域进行严格的实质性测试,并结合审计评价指标体系,采用审计评价方法,从定性和定量两个方面对经济责任人履行目标经济责任的状况进行评价。审计人员根据实质性测试和评价结果及取得的其他审计证据,确定是否完成审计或追加审计流程。

(5)出具审计报告环节。如果审计人员判断通过基本审计流程可以确定完成审计,那么审计流程就进入出具审计报告环节,即根据分析评价和测试的结果,汇总审计差异,针对经济责任人是否全面有效履行目标经济责任的状况发表审计意见、作出审计评价,出具审计报告。

综上所述,经济责任导向审计模式下的审计流程的主要特色在于将基本审计流程建立在对目标经济责任先导性分析评价的基础上,突出针对经济责任人行为本身的核心审计理念,重点关注经济责任人履行目标经济责任的状况。

8.3.2 经济责任导向审计模式下审计方法的选择与运用

1. 经济责任导向审计模式下审计方法的选择

从上述关于不同审计模式下的审计方法的评析可见,审计方法是不断适应审计目标的变化而发展变革的。只有选择科学的审计方法才能实现审计的目标。其原因包括:审计资源永远是有限的,不提高审计效率,审计职业将无法生存;审计是高风险的,审计方法不科学或运用不当会给相关方面造成严重损失,并使自己负有不可推卸的连带责任(石爱中,2003)。概括地讲,高效率、低风险的审计方法才是科学的审计方法。

在经济责任导向审计模式下,科学的审计方法应该是能够反映经济责任导向审计模式的特殊性,符合经济责任导向审计模式下的审计工作规律,有利于实现经济责任导向审计模式的审计目标的方法体系。

我们认为,该方法体系主要应包括两个模块:一是审计技术方法,即获取审计证据的方法。在经济责任导向审计模式下,审计人员除了使用审计准则规范的常规审计技术方法,还采用调查、访谈等方法获取审计证据。二是审计评价方法,即结合经济责任评价指标体系,评判经济责任人履行经济责任状况的方法。审计评价方法是经济责任导向审计模式下审计方法的重点和难点。

审计评价是审计人员认识经济责任人履行经济责任状况的一项重要活动。在经济责任导向审计模式下,审计人员需要针对经济责任人履行经济责任的状况及后果进行判断,并据以发表审计意见、作出审计评价。为了保证审计评价的质量,在选择审计评价方法时应该遵循以下原则。

(1) 科学性原则。经济责任导向审计模式下的审计评价涉及界定经济责任人的经济责任,其评价结果可能对当事人具有重要影响。因此,科学性原则应是在选择审计评价方法时所需要考虑的首要原则。所谓科学性原则就是在选择审计评价方法时综合考虑各种因素,具体分析主客观条件,选择适当可行并且有效的方法,进行独立、客观和公正的审计评价。比如,在实践中可以借助各种科学评价方法和计算机系统,通过系统分析来进行正确评价。

(2) 综合性原则。在经济责任导向审计模式下,审计评价往往是在多种因素或多个指标相互作用下的一种综合判断。因此,综合性原则是我们在选择评价方法时所要考虑的一个重要原则。综合性原则有两个方面的含义:一是评价方法本身的综合性,即运用某种评价方法,根据主客观条件,对各项影响因素进行综合判断,确定其权重,进行综合评分,从而得出评价结果;二是在选择方法时考虑各种评价方法的综合使用。由于经济责任导向模式下的审计评价的复杂性和全面性,审计人员在选择审计评价方法时,只有综合使用多种评价方法,才能达到对经济责任人履行经济责任状况进行全面科学评价的效果和目标。

(3) 成本效益原则。成本效益原则是指审计人员在采用某一审计评价方法时,必须保证运用此审计评价方法所带来的效益的增加大于该方法所引起的成本的增加。审计评价方法的选择与其他任何方法的选择一样,既要考虑其科学性、综合性,又要考虑其实用性和可行性。选择审计评价方法时忽略审计成本是不科学的,也是不可取的。因此,成本效益原则是审计人员在选择审计评价方法时必须考虑的重要原则,从而以较小审计成本的投入,获得较好的审计评价效果。

(4) 定量方法为主、定性方法为辅的原则。经济责任导向审计模式下的审计评价是一项难度大、复杂度高、责任性强的工作,在审计评价过程中,审计人员要坚持以定量方法为主,辅之以定性方法,将定量方法和定性方法有机地结合起来,只有这样,才能确认和解除经济责任人的经济责任。

上述原则是审计人员选择审计评价方法的基本原则,在经济责任导向审计模式下,审计人员只有坚持这些基本原则,紧密联系工作实际,才能选择科学的审计评价方法,才能不断提高审计评价质量和效果,进而提高审计质量和效果,实现审计目标。

2. 经济责任导向审计模式下审计技术方法的运用

审计技术方法主要用于获取充分而适当的审计证据,常规的审计技术方法主要由相关审计准则予以规范,如表 8-1 所示。

表 8-1　　　　　　　　常规的审计技术方法

审计准则	获取审计证据的方法
政府审计准则	检查、监盘、观察、查询及函证、计算、分析性复核等

(续表)

审计准则	获取审计证据的方法
注册会计师审计准则	检查、观察、询问、函证、重新计算、重新执行和分析程序等
内部审计准则	审核、观察、监盘、函证、计算、分析性复核等

如前文所述,经济责任导向审计模式是对账项导向、制度导向和风险导向审计模式的一种发展。因此,在经济责任导向审计模式下,审计人员除了运用审计准则明确的检查、观察、监盘、函证与分析性复核等审计技术方法,在实践中更多地应该运用审计调查、访谈、案例研究、系统分析等方法来获取审计证据(中国审计学会,2007)。

(1) 审计调查。审计调查是为了从比较分散的群体中获取对某一事项的评价意见。调查时先要采用抽样方法,获取调查对象,然后向这些调查对象邮寄问卷、开展电话调查或者当面进行询问。使用这种方法需要对调查内容和问卷进行精心设计,并对反馈资料进行科学归类分析。

(2) 访谈。访谈是经济责任导向审计模式下最常用的技术方法之一,可以运用于审计过程中的每个阶段。审计人员可以根据需要,事先准备好一系列问题,然后通过直接谈话或者讨论来了解事实真相、收集审计证据。由于目的不同,访谈大致可以分为以下四个大类:准备性或了解情况式的;收集资料和学习式的;了解看法和观点式的;产生评价和建议式的。访谈的方式可以有多种,既可以同时与多人访谈,也可以与一个人单独访谈;可以通过电话访谈,也可以面对面地访谈。有效的访谈需要审计人员具有丰富的经验和心理学知识,能够与被访谈者建立一种相互信任的和谐关系。访谈之后,审计人员应当对访谈的情况进行整理和分析,并记录在审计工作底稿中。

通过访谈,审计人员可能获取尚未获悉的信息或佐证证据,也可能获取与已获悉信息存在重大差异的信息;审计人员应当根据访谈的结果考虑修改审计流程或实施追加的审计流程。

(3) 案例研究。在经济责任导向审计模式下,选择若干客体进行案例研究是非常必要的。它可以用来证实已经存在的问题,审计人员应对问题进行深入细致的因果分析,同时以研究结果来佐证通过其他方法得出的结论。案例研究应当与获取综合性信息的方法(如问卷调查)结合使用,这可在一定程度上弥补案例研究难以将发现的问题和得出的结论推而广之的不足。

(4) 系统分析。系统分析法是建立在系统理论基础之上的,它将专家群体、数据和各种信息与计算机技术有机地结合起来,是一种从定性到定量的综合集成分析方法。这种方法注重运用这个系统的整体优势和综合优势,通过客观的分析,可以获取充分而适当的审计证据。

经济责任导向审计模式下审计技术方法的运用实质上就是审计人员获取充分、适当的审计证据,并据以发表审计意见、作出审计评价并完成审计目标的过程,如图 8-7 所示。

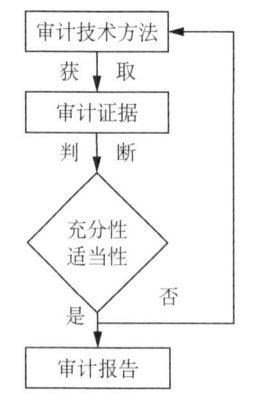

图 8-7 经济责任导向审计模式下审计技术方法运用流程

3. 经济责任导向审计模式下审计评价方法的运用

经济责任导向审计模式下的审计评价方法一般可分为定性评价方法与定量评价方法两大类。定性评价方法是指借助经验、知识、对事物的观察及对事物发展变化规律的了解,科学地进行分析、判断的一类方法。定量评价方法是根据统计数据、检测数据、同类和类似系统的数据资料,按有关标准,应用科学的方法构造数学模型进行定量化评价的一类方法。

(1) 经济责任导向审计模式下审计评价方法运用的总体思路。经济责任导向审计模式下的审计评价是一个复杂的系统,这就意味着对经济责任人履行经济责任的状况做出科学的审计评价是十分复杂和艰巨的。

在经济责任导向审计评价过程中,不存在一种绝对正确的方法。不同的方法只是从不同的角度对评价对象做出某种估计;此外,选择何种评价方法,有时受到主观因素的影响,面对同一个评价对象,不同的人可能会选择不同的方法,而不同的方法所得到的评价结果可能并不完全相同。同时,任何一种评价方法都有自身的局限性。例如,层次分析法等虽然能充分吸收本领域专家的知识和经验,赋予各个指标不同的权重,但主观赋权的主观性却恰恰是该方法无法克服的先天性缺陷。又如,数据包络分析法等虽然实行客观赋权法,克服了主观赋权的人为因素影响,但是也有不足之处:一是客观赋权所得各指标的权数不能体现各指标自身价值的重要性;二是各指标的权数随样本的变化而变化,权数依赖于样本。

因此,针对单一评价方法的不足,审计人员在审计评价中,要综合运用两种或两种以上方法,以实现各种方法的优势互补,得到更为合理、科学的评价结果。

(2) 经济责任导向审计模式下审计综合评价方法的运用。本卷研究构建的经济责任导向审计模式下的审计评价方法是基于层次分析法和模糊评价法的综合评价方法。

层次分析法是美国运筹学家 T. L. Satty 于 1973 年提出的一种系统分析方法（费军和陈绵云）。对于结构复杂的多准则、多目标决策和评价问题，层次分析法是一种有效的决策分析和评价工具。其基本思想是根据问题的性质和要达到的目标，将问题按层次分成各个组成因素；再按支配关系分成有序的递阶层次结构；对同一层次内的因素，通过两两比较的方式确定诸因素之间的相对重要性（权重）；对下一层次因素的重要性，既要考虑本层次，又要考虑到上一层次的权重因子；逐层计算，直至最后一层。层次分析法强调人的思维判断在科学决策中的作用，适用于定性与定量因素相结合的决策和评价问题。

模糊评价法又称模糊综合评判，是在建立各级数学模型的基础上，运用扎德法则作模糊矩阵乘法，然后根据最大隶属度原则给出综合评价结论。该方法的最大优点是不但能处理现象的模糊性，综合各个因素对总体的影响作用，而且能用数字反映人的经验。因此，凡是涉及多因素的综合判断问题，都可以用模糊评价法来解决。

经济责任导向审计模式下的审计评价是一个典型的涉及多因素的综合评价问题，评价指标体系可以按照层次分析法的原理建立递阶层次结构，此外，层次分析法能恰当处理关键因素的权重赋值问题。同时，由于反映经济责任人履行经济责任状况的某些指标是无法量化的，只能用相对的优劣等级来表示，而模糊评价法恰能较好地处理多因素、模糊性及主观判断等问题。因而，我们研究构建的基于层次分析法和模糊评价法相结合的综合评价方法是适用于评价经济责任人履行经济责任状况的。

运用综合评价方法的具体步骤如下。

第一，建立经济责任审计评价指标集。

审计人员在建立经济责任审计评价指标集之前要确定影响经济责任审计评价对象的各个因素和指标，并把影响审计评价对象的因素看成由多层次因素组成的模糊集合，该集合被称为审计评价指标集，记作 $U,U=\{u_1,u_2\cdots\cdots u_m\}$。

利用层次分析法的原理构造审计评价指标的递阶层次结构。比如，第一层次审计评价指标为经济责任人履行经济责任的状况（A）；第二层次审计评价指标分别为履行控制责任的状况 $B1$，履行治理责任的状况 $B2$，履行绩效责任的状况 $B3$，履行环境保护责任的状况 $B4$ 等；最下一层为方案层 Cj，各方案层即上一层次相对应的方案，它们所对应的方案可能是相互交叉的。

第二,利用层次分析法确定权重。

确定权重,即对同层次各审计评价指标进行两两比较,构造比较判断矩阵。

在建立了审计评价指标的递阶层次结构,确定了上下层次之间审计评价指标隶属关系后,审计人员应以上一层次中的审计评价指标为基准,按其所支配的下一层次审计评价指标对上一层次审计评价指标的相对重要性赋予相应的标度。在赋值过程中,审计人员应结合被审计单位实际情况,运用审计职业判断力比较判断基准所含的每两个审计评价指标的重要程度,并按"1—9标度"对重要性程度赋值。

"1—9标度"的含义如表8-2所示。

表8-2　　　　　　　　　"1—9标度"含义①

相对重要程度	含　义
1	两个审计评价指标相比,同等重要
3	两个审计评价指标相比,前者比后者略微重要
5	两个审计评价指标相比,前者相当重要
7	两个审计评价指标相比,前者明显重要
9	两个审计评价指标相比,前者绝对重要
2,4,6,8	上述相邻判断的中间值

对矩阵元素 a_{ij} 值的确定,应采用分发专家咨询表的形式,将审计专家的意见集中、返回、再集中,最后取得对 a_{ij} 判断较为一致的意见。每一轮咨询表收回后,需作统计处理。

(1) 比较矩阵元素 a_{ij} 的平均估计值 $\overline{M}(a_i)$:

$$\overline{M}(a_i) = \frac{1}{m}\sum_{j=1}^{m} a_{ij} \quad (i=1,2,\cdots,n)$$

(2) 计算每一位专家估计值与平均估计值偏差 Δij:

$$\Delta ij = a_{ij} - \overline{M}(a_i) \quad (j=1,2,\cdots,m)$$

计算出 Δij 后,将此轮咨询情况反馈给专家,同时请 Δij 值较大的专家作出新的判断。通过几轮反复,可以得到较为一致的意见。

一般情况下,n 个审计评价指标需要通过次比较,就可以构造出一个比较判断

---

① 此表节选自贾中裕:《经济管理数学的结合与发展》,经济管理出版社,2000,第179页。

矩阵：

$$A = (a_{ij})_{nn} = \begin{bmatrix} a_{11} a_{12} \cdots a_{1n} \\ a_{21} a_{22} \cdots a_{2n} \\ \cdots \\ a_{n1} a_{n2} \cdots a_{nn} \end{bmatrix}$$

其中：a_{ij} 是比较判断矩阵 A 中第 i 个审计评价指标和第 j 个审计评价指标相对于上一层次审计评价指标的相对重要性的标度。

根据层次分析法的原理，满足一致性检验的判断矩阵对应的特征向量的各分量即为各因素对上层的权重 W_i。

第三，确定模糊评价矩阵。

选取相关专家和相关实务工作者组成审计评价小组，采用问卷调查的形式对审计评价指标集中的各个指标进行评价并给出评语，称之为评语集。设评语等级分为 m 个等级，记作 V，$V = \{v_1, v_2, \cdots, v_m\}$。

对单因素 u_i 进行单因素评判，可以得到单因素 u_i 的评价结果 v_{im}，即第 i 个因素 u_i 的单因素评语集。以此类推，m 个因素的评语集就构成一个总的评价矩阵 R，即每一个被评价对象确定了从 U 到 V 上的 n 行 m 列的模糊矩阵：

$$R = (v_{ij}) = \begin{bmatrix} v_{11} v_{12} \cdots v_{1m} \\ v_{21} v_{22} \cdots v_{2m} \\ \cdots \\ v_{n1} v_{n2} \cdots v_{nm} \end{bmatrix}$$

第四，建立模糊评价模型，对各因素指标进行综合评价。

前面我们已经通过构造比较判断矩阵确定了审计评价指标集 U 的权重 W_i。将 W_i 和 R 合成进行模糊变换，即可得：

$$G = W_i \times R = (W_1, W_2, \cdots, W_n) \begin{pmatrix} V_{11} & \cdots & V_{1n} \\ \vdots & \ddots & \vdots \\ V_{m1} & \cdots & V_{mn} \end{pmatrix}$$

根据模糊评判的原理，量化评价结果为：

$$S = G \times K^T$$

其中，S 为审计评价结果，G 为模糊变换，K^T 为审计评价指标相应的分值，W_i

为审计评价指标集的权重。

总之,在经济责任导向审计模式下,基于层次分析法和模糊评价法的综合评价方法,不仅可以得到综合性评价结果,而且可以对各个层次的评价因素进行优劣排序,从而能够起到较好的评价效果。

8.3.3 经济责任导向审计模式下审计报告的探索

1. 经济责任导向审计模式下审计报告的定位

审计报告是审计人员发表专业意见的载体,是审计人员与审计报告使用者沟通的桥梁。审计报告使用者包括被审计单位现实和潜在的投资者、债权人、客户、供应商、政府监管部门、职工、其他与被审计单位有利害关系的单位或个人等。审计报告不仅对所有的利益关系人十分重要,而且对审计人员自身的利益也是十分重要的。

随着审计报告使用者由股东和债权人扩大到社会公众,社会公众对审计应起的作用的理解与审计人员行为结果及审计职业界自身对审计业绩的看法之间存在诸多分歧,即存在审计期望差距。为了不断缩小审计期望差距,对于审计职业界现时能够满足的社会公众的合理期望,审计职业界有必要通过修订审计报告准则进行改进;对于社会公众的不合理期望,或暂时还不能得到满足的合理期望,审计职业界除了通过各种方式与社会公众沟通,加强社会公众对职业界的了解,尽可能消除不合理期望外,还应当在审计报告中明确说明审计存在的缺陷,以促使审计报告使用者合理利用审计报告。

经济责任导向审计模式下的审计报告一方面要遵从审计准则对审计报告的界定;另一方面又要突破现行审计报告仅涉及财务报表信息的局限,体现针对特定组织之经济责任人履行经济责任状况进行评价的特殊性。

因此,经济责任导向审计模式下的审计报告是指审计人员按照审计授权人或委托人的要求,依据审计准则、国家法律法规制度的规定及审计评价指标体系标准,在实施充分的审计流程的基础上,对特定组织之经济责任人年度履责报告的公允性发表审计意见并作出审计评价的书面报告。

关于经济责任导向审计模式下的审计报告的定位,可以从审计报告的目标、审计报告的主体、审计报告的客体及审计报告的依据等方面进行理解。

(1) 审计报告的目标。经济责任导向审计模式下的审计目标是通过确认和解除特定组织之经济责任人履行经济责任的状况,合理保证经济责任人全面有效地履行经济责任。这不仅明确了审计人员实施针对经济责任人行为本身的审计应达到的基本要求,控制并贯穿审计流程始终,而且决定着审计报告的内容和格式。所以,在经济责任导向审计模式下,审计报告的目标必须与审计目标保持一致,审计人员只有在对经济责任人履责报告的公允性发表审计意见并做出审计评价的基础上出具审计报告才能实现审计目标,才能便于审计报告使用者理解审计目标和恰当利用审计报告所提供的信息,以不断缩小审计期望差距。

(2) 审计报告的主体。在经济责任导向审计模式下,审计报告的主体可以概括为"审计人员"。其审计责任就是在实施充分的审计流程、获取充分适当的审计证据的基础上,对经济责任人的履责报告是否不存在重大错报发表审计意见,对经济责任人的履责报告中反映的经济责任人履行经济责任的整体状况进行恰当的审计评价。

(3) 审计报告的客体。在经济责任导向审计模式下,审计客体应该是经济责任人呈报的履责报告的公允性。根据受托经济责任理论,行为责任的扩展引起了报告责任与报告体系的扩展,因而,公允性的含义与应用已不再局限于财务报表层面,而应该扩展为对整个受托经济责任报告体系的要求[①]。具体地说,履责报告的公允性是指经济责任人呈报的履责报告所运用的方法和原则应具有公认性并切合实际;履责报告之内容应反映所有重大事项;履责报告中的信息必须有合理恰当的分类、汇总;履责报告必须反映经济责任人行为责任履行过程的基本事实,提供的信息必须真实可靠。

(4) 审计报告的依据。在经济责任导向审计模式下,审计报告的依据既包括审计人员据以发表审计意见的审计准则、国家法律法规方面的标准,又包括审计人员据以作出审计评价的审计评价指标体系的标准。

2. 经济责任导向审计模式下审计报告的格式

从审计报告格式的变迁历程来看,为了满足审计报告使用者对审计报告信息的不同需要,不断缩小审计期望差距,我国审计报告的格式从两段式发展到现今的四段式,这不仅符合审计报告增加可理解性和可阅读性的发展趋势,也和国际审计报告准则趋同。

现行的审计报告只是针对被审计单位财务报表发表审计意见,而经济责任导向审计模式下的审计报告不仅要针对经济责任人履责报告发表审计意见,而且要做出审计评价。因此,我们认为,根据经济责任导向审计模式的特点,其审计报告的格式应该采用五段式,即引言段、管理层对经济责任人履责报告的责任段、审计

---

① 蔡春:《审计理论结构研究》,东北财经大学出版社,2001,第89页。

人员的责任段、意见段、评价段。

3. 经济责任导向审计模式下审计意见的类型

在经济责任导向审计模式下，审计意见的类型是审计人员在实施充分的审计流程、获取充分适当的审计证据的基础上，依据审计准则、国家法律法规制度规定的要求而确定的。其主要包括无保留意见、保留意见、否定意见和无法表示意见四种类型。

8.4 经济责任导向审计模式下的审计风险防范

审计风险是客观存在的，是任何审计工作都无法避免的，诚如蒙哥马利指出的那样："为了有效地进行审计，审计人员必须接受一定的风险。"[①]在经济责任导向审计模式下，审计风险也是客观存在的，并贯穿审计工作的全过程，研究经济责任导向审计模式下审计风险的防范具有重要的理论和现实意义。

经济责任导向审计模式下的审计目标是确认和解除特定组织之经济责任人履行经济责任的状况，而经济责任人呈报的履责报告能否公允地反映其履行经济责任的状况将在很大程度上决定和影响审计人员发表审计意见、作出审计评价的质量，进而增大其审计风险。

8.4.1 风险及审计风险的解析

1. 风险的含义

对风险的含义，国内外学术界尚无统一的认识（胡春元，1997），主要有损失可能说与损失不确定说、风险因素结合说、预期与实际结果变动说及风险主观说与风险客观说等，它们从不同角度论述风险的不同观点。

在总结各种关于风险含义的观点的基础上，胡春元(1997)认为，风险是指在特定的客观条件下，在特定时期内，某一事件预测结果与实际结果之间的变动程度。变动程度越大，风险越大；反之，则越小。

王明涛(2003)认为，风险是决策过程中由各种不确定性因素导致的决策方案在一定时间内出现特定结果的可能性以及可能损失的程度。它包括损失的概率、可能损失的数量及损失的易变性三方面的内容，其中可能损失的程度处于最重要的位置。

可见，风险是客观存在的，并且是可以度量的；风险存在的前提是各种活动的开展；风险的存在受到各种不确定因素的影响；风险是可以控制的。

---

① 《蒙哥马利审计学》翻译组译：《蒙哥马利审计学》（上），中国商业出版社，1989，第 161 页。

2. 审计风险含义的辨析

风险概念源于其他学科,但在审计领域,基于审计的特点,风险已获得了新的含义。谢志华(1990)认为,审计风险是指在审计业务过程中,由于各种难以或无法预料,或者无法控制的审计缺陷,审计结论与实际状况相偏离,以致审计组织将蒙受丧失审计信誉、承担审计责任的损失的可能性。

吴联生(1995)认为,审计风险是指在审计活动中各方面因素的影响造成损失的可能性。王会金(1996)认为,审计风险是指由于审计组织或审计人员在审计过程中受到某些不确定因素的影响,审计结论与客观事实发生背离,从而受到有关关系人指控并遭受某种损失的可能性。阎金锷和刘力云(1998)认为,审计风险是指审计主体遭受损失或不利的可能性。刘世林和方伟明(2006)认为,审计风险是指审计对象存在重大缺陷,审计主体因作出错误审计结论,发表不恰当审计意见而导致其承担相关责任的危险。肖楠(2011)认为,审计风险是指提出的审计结论背离客观事实导致相关利益方遭受损失后,相关利益方通过诉诸法律等手段令审计主体蒙受损失的风险。

我国《审计机关审计重要性与审计风险评价准则》第十二条规定:"审计风险是指被审计单位的财政、财务收支存在重大错弊而审计人员没有发现,做出不恰当审计结论的可能性。"

《中国注册会计师审计准则第1101号——财务报表审计的目标和一般原则》第十七条规定:"审计风险是指财务报表存在重大错报而注册会计师发表不恰当审计意见的可能性。"

不同的学者、不同的审计准则分别从不同的角度对审计风险的含义进行了界定,归纳起来,主要有"损失的可能性"和"意见不当论"两类观点。目前,在审计实务领域,审计准则描述的审计风险的含义显然更具可操作性,国际审计与鉴证准则委员会(IAASB)发布的国际审计风险准则及其审计风险模型被世界各国审计实务界普遍认可,并成为审计流程的核心内容。

但是,审计准则对审计风险含义的界定仅仅局限于财务报表审计。徐政旦和胡元春(1998)认为,这是对审计风险狭义的理解,审计风险本身具有更广泛的含义,主要包括三个层次:第一层是未能察觉出重大错误的风险;第二层是发表了一个不恰当意见的风险;第三层是审计主体损失的可能性。他们指出,应从广义上解释完整的审计风险概念,即不仅包括审计过程的缺陷导致审计结果与实际不相符而产生损失或责任的风险,而且包括营业失败导致公司无力偿债或倒闭可能对审计人员或审计组织产生伤害的营业风险。

在此,我们认为,对审计风险含义的界定关键是要揭示审计风险的本质特征,并指导审计实务。所以,我们将审计风险界定为审计主体由于对审计客体存在的重大错报发表了不恰当的审计意见而遭受损失的可能性。

8.4.2 经济责任导向审计模式下审计风险及其风险模型

1. 经济责任导向审计模式下审计风险的总体框架

根据上文对审计风险含义的界定,我们认为,经济责任导向审计模式下的审计风险是指审计人员对经济责任人履责报告中存在的重大错报发表了不恰当的审计意见、作出了不恰当的审计评价而遭受损失的可能性。

经济责任导向审计模式下审计风险的总体框架包括以下三个层面:

其一,在经济责任导向审计模式下,经济责任人的履责报告存在重大错报而审计人员发表无保留意见的风险是最基本的审计风险。

从该角度来理解,经济责任导向审计模式下的审计风险是指审计人员由于采用了不恰当的审计流程和审计方法,对审计客体作出了错误的估计或判断,出具了与经济责任人履行经济责任事实相悖的审计报告,未能揭示经济责任人重大的未全面有效地履行经济责任的情况,而受到有关利益关系人的指控并遭受损失的可能性。

其二,在经济责任导向审计模式下,审计人员发表不恰当的审计意见的风险是主要的审计风险。

在经济责任导向审计模式下,审计人员发表不恰当的审计意见的风险包括两种类型:

(1) 经济责任人呈报的履责报告在整体上已公允地反映经济责任人履行经济责任的状况而审计人员认为没有公允地反映的风险。这实际上就是把客观上是正确的事项判断为错误的事项,因此也被称为误拒风险。一般情况下,在审计实务中这种风险出现的可能性较小,一般不予考虑(阎金锷和刘力云,1998)。因为,审计人员为了避免产生误拒风险,会通过扩大审计测试范围,以获取更加充分适当的审计证据,进而发表恰当的审计意见。这样虽然会增加审计成本并影响审计效率,但不会影响审计质量,不会造成严重后果。在经济责任导向审计模式下,由于误拒风险存在对审计客体产生负面影响的可能性,所以,审计人员不应该忽略此类风险。

(2) 经济责任人呈报的履责报告在整体上未公允地反映经济责任人履行经济责任的状况而审计人员认为已经公允地反映的风险。这实际上是把客观上是错误的事项判断为正确的事项,因此也被称为误受风险。在经济责任导向审计模式下,审计人员应该重点关注误受风险,因为它不仅影响审计质量,而且可能造成严重后果,给审计主体带来损失。

其三,在经济责任导向审计模式下,审计人员作出不恰当的审计评价的风险是审计风险的关键点。

经济责任导向审计模式下的审计目标是确认和解除经济责任人履行经济责任的状况。在经济责任导向审计模式下,审计人员不仅要对经济责任人的履责报告进行审计,而且要对经济责任人履行经济责任的状况进行审计评价。在审计评价中,由于诸如经济责任人的目标经济责任的难以确定、审计评价指标体系的不规范、审计评价方法的选择与运用不合理等各种因素的影响,审计人员可能作出不恰当的审计评价,这不仅会涉及经济责任人的切身利益,而且可能会造成一系列后果甚至引起法律诉讼,因此,审计评价成为经济责任导向审计模式下审计流程的一个关键环节,审计评价风险是经济责任导向审计模式下审计风险的关键点。

综上所述,我们将经济责任导向审计模式下的审计风险的总体框架总结如图 8-8 所示。

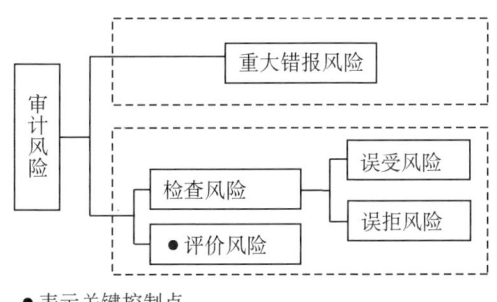

●表示关键控制点

图 8-8　经济责任导向审计模式下审计风险的总体框架

2. 经济责任导向审计模式下的审计风险模型

经济责任导向审计模式下的审计风险模型也应该符合审计风险模型的一般规律,其基本的表达式可以表述如下:

$$审计风险 = 审计客体风险 \times 审计主体风险$$

其中:审计客体风险 = 履责报告风险

　　　审计主体风险 = 检查风险 × 评价风险

在经济责任导向审计模式下,从审计客体的角度来看,经济责任人履行经济责任的状况最终都须通过其呈报的履责报告予以反映,履责报告的编报所运用的方法和原则是否具有公认性、履责报告的内容是否充分反映所有与履行经济责任有关的重大事项等不仅关系到履责报告的公允性,而且会直接影响审计风险。所以,履责报告如果没有公允反映经济责任人履行经济责任的状况,就可能导致审计失败,即履责报告的风险会导致审计风险。

从审计主体的角度来看,审计人员如果没有依据相关准则、国家法律法规制度及审计评价标准实施审计,就会对经济责任人发表不恰当的审计意见、作出不恰当的审计评价,从而导致审计风险,包括检查风险和评价风险。在经济责任导向审计模式下,审计目标直接针对经济责任人行为本身,审计人员不仅要对其呈报的履责报告发表审计意见,而且要对其履行经济责任的状况作出评价。也就是说,即使控制了检查风险,但是如果评价不当,也无法降低总的审计风险水平。所以,审计评价风险是经济责任导向审计模式下的审计风险的关键控制点。

综上所述,经济责任导向审计模式下的审计风险应该由重大错报风险、检查风险和评价风险三个要素构成,它们之间既相互联系,又各自独立。

其审计风险模型可以表述如下:

$$审计风险 = 重大错报风险 \times 检查风险 \times 评价风险$$

其中:

审计风险是指履责报告存在重大错报时,审计人员发表不恰当审计意见、作出不恰当审计评价的风险。

重大错报风险是指履责报告经审计前发生重大错报的风险。

检查风险是指一项错报单独或连同其他错报是重大的,但审计人员未能发现的风险。

评价风险是指审计人员对经济责任人履行经济责任的状况发表不当评价的风险。

8.4.3 经济责任导向审计模式下审计风险的成因、特征及负面效应分析

1. 经济责任导向审计模式下审计风险的成因

经济责任导向审计模式下的审计风险往往是多种因素共同作用的结果,其成因是复杂的,但从总体上来看,我们认为,经济责任导向审计模式下的审计风险的成因可以划分为外生性因素和内生性因素两个方面。

经济责任导向审计模式下导致审计风险的外生性因素是外部因素,主要包括环境因素、审计客体因素等,属于重大错报风险的范畴;内生性因素是审计主体引

发的风险,包括审计人员的胜任能力、审计方法、审计评价等因素,属于检查风险和评价风险的范畴。

(1) 外生性因素。

① 审计环境因素。审计环境因素是指审计赖以生存和发展的政治环境、经济环境、法律环境和社会环境等宏观环境因素,它直接或间接地对审计活动施加影响力和约束力。在此,我们主要从审计体制、审计法律法规、信息技术、审计期望差距等环境因素的角度分析经济责任导向审计模式下审计风险的成因。

第一,审计体制因素。随着经济的发展和环境的变化,我国现行的审计体制,尤其是政府审计体制暴露出不少问题。比如,我国政府审计实行的是双重领导体制,各级政府审计机关在行政上隶属于各级地方政府,接受本级政府的领导,在业务方面接受上一级审计机关的指导。这种制度安排在客观上制约了审计功能的发挥,削弱了审计的独立性。可见,在经济责任导向审计模式下,在目前的审计体制下,审计机关作为政府的一个职能部门,要对其他政府职能部门的经济责任人,特别是对拥有一定权力的主要负责人履行经济责任状况进行审计和评价,必然会受到干扰和影响,致使审计的独立性难以保证,审计目标难以实现,从而增加审计风险。

第二,审计法律法规因素。构建完善的审计法律法规体系是实现依法审计的关键所在。如果审计法律法规体系不完备,或者法律法规之间不衔接,审计人员就失去统一的判断标准,增加发生审计风险的概率。在经济责任导向审计模式下,审计目标直接针对经济责任人行为本身,审计结果要落实到具体的经济责任人及其承担的目标经济责任。但是,相关法律法规的滞后性、不完善、不统一将会造成审计人员对经济责任人的审计评价不当,进而导致审计风险。

第三,信息技术因素。现代信息技术的迅猛发展对社会生活的各个方面产生了广泛而深刻的影响,同时也对审计工作产生了巨大的影响。信息技术的运用改变了信息生成、传递的方式,改变了信息存储的介质和形式,致使违法违纪行为更加隐蔽、披露虚假信息的手段更加高明,客观上加大了经济责任导向审计模式下获取审计证据的难度,增加了审计风险。

第四,审计期望差距因素。社会公众对审计的期望与审计能够发挥的最大功能之间始终存在着差距。例如,经济责任审计的社会影响越来越大,社会民众对审计的期望和要求越来越高,关注程度越来越高,审计风险也随之凸显出来。

② 审计客体因素。审计客体因素主要是指作为经济责任导向审计模式下的

审计对象的经济责任人及其行为责任和报告责任方面的因素,这是导致审计人员不能发现履责报告中存在重大错报的风险的根本原因。

第一,经济责任人的"逆向选择"和"道德风险"。经济责任人受托承担并履行相应的经济责任是建立在委托代理关系基础上的。在现代经济学中,委托代理关系被视作一种契约。在这种契约下,如果作为代理人的经济责任人能够全面有效履行经济责任,则这种代理关系就不会产生额外成本,也就不存在所谓的代理问题。但是,事实上,委托方和经济责任人的目标函数并非完全一致,相关信息在双方之间分布并不对称,经济责任人有可能在追求自身利益最大化的过程中损害委托方的利益,由此产生了"逆向选择"和"道德风险"问题。因而,经济责任人在履行经济责任过程中就有可能选择串通舞弊、幕后交易等行为方式,以达到追求自身利益最大化的目的。同时,经济责任人通过粉饰履责报告,虚构履行经济责任的信息,以避免被追究责任,从而形成审计风险。

第二,目标经济责任的界定。目标经济责任是经济责任人行为责任目标化的具体表现形式。但是,一方面,由于审计客体没有建立经济责任体系和落实问责制等相应的权责制衡机制,确定经济责任人的目标经济责任往往带有一定的随意性,造成目标经济责任界限模糊;另一方面,由于没有统一规范的经济责任评价指标,对目标经济责任进行审计评价的难度增加了。另外,由于经济责任人层次的多样性,在界定其中一些拥有一定权力的主要负责人的经济责任时,需要区分其主管责任和直接责任、个人责任和集体责任、前任责任和现任责任等因素,客观上造成难以界定其目标经济责任,而界定不准会造成责任旁落,责任划分不清会造成审计评价失误,从而形成审计风险。

第三,履责报告的公允性。经济责任人履行经济责任的状况最终要通过履责报告的形式予以反映。由于经济责任人的"逆向选择"和"道德风险",以及目标经济责任界限模糊的客观情况,履责报告存在未能公允反映经济责任人履行目标经济责任状况的可能性,进而形成审计风险。

(2) 内生性因素。

① 审计人员的胜任能力因素。审计人员的胜任能力是指审计人员能够在实务工作环境中按照设定的标准完成工作任务。胜任能力是以审计人员的专业素质为基础的,主要包括专业知识、职业技能、职业价值观、道德与态度等。一般来说,审计人员的胜任能力越强,审计风险就越小;反之,则审计风险越大。

经济责任导向审计模式是一种针对经济责任人行为本身开展的审计组织方

式,审计人员只有具备足够的胜任能力,才能够客观公正地执行审计业务,完成审计任务,实现审计目标。

从我国审计工作实际情况看,以政府审计为例,审计人员的学历结构、知识结构还很不合理,还不能满足审计工作对审计人员胜任能力的要求。虽然绝大部分审计人员能基本完成目前开展的财政、财务收支审计工作,但对于较高层次的审计,如绩效审计、计算机审计等,他们由于知识结构相对单一而不能很好地开展。

同时,审计风险的存在使审计失败成为可能。为了将审计风险降低到审计人员可接受的水平,审计人员在审计工作中必须保持应有的职业怀疑。但是,审计人员对经济责任导向审计模式的特殊性认识不到位,风险意识不强,将会导致其对经济责任人履行经济责任的过程和状况缺乏应有的职业怀疑,在实务中则表现为审计人员在没有获取明确的、绝对的审计证据之前就已经对经济责任人的诚实性及履责报告的公允性作出了审计判断。

另外,在经济责任导向审计模式下,审计人和委托人之间也存在委托代理关系,作为代理人的审计人员由于信息的不对称同样会产生"逆向选择"和"道德风险"问题,存在为了寻求自身效用最大化或收益最大化,利用自己掌握的信息优势与审计客体合谋而做出有损于委托人的行为的可能性。在实务中则表现为帮助被审计对象弄虚作假或搞人情审计,包括接受贿赂、私自截留隐瞒审计所发现的重大违纪问题等。这些故意的舞弊行为,导致审计结果失真,从而引发审计风险。

② 审计方法因素。在审计方法方面,在经济责任导向审计模式下审计人员除了可采用审计准则规范的获取审计证据的审计技术方法,还采用访谈、审计调查、案例研究、系统分析等特殊方法。选择和运用科学的审计方法有利于获取充分而适当的审计证据,保证审计质量,降低审计风险;反之,则将增加审计风险,对相关方面产生负面影响。

但是,目前的审计方法存在着滞后性、局限性等问题,增加了审计人员获取充分而适当的审计证据的难度。

一是审计方法的滞后性。现有的审计方法大多还停留在账项导向审计模式阶段。随着现代社会经济的发展,面对日益复杂的审计对象,这种传统的偏重于对账面资料进行事后审计的方法,将影响经济责任导向审计的效率和效果。

二是审计方法的局限性。经济责任导向审计主要通过对履责报告的审查,发现和确认经济责任人履行经济责任过程中存在的问题。如果审计人员选择和运用审计方法得当,那么就可以获取有关经济责任人履行经济责任状况的充分而适当的审计证据,从而对其作出恰当的审计评价。但是,审计方法也是有局限性的。在经济责任导向审计模式下,审计人员对一些问题特别是涉及领导者个人的一些重大违法违纪问题,如贪污受贿、徇私舞弊、挥霍浪费等,仅仅依靠审计方法,往往难以查实,必须借助其他相关部门的技术方法和强制措施。所以,审计方法的局限性使审计人员发现、界定和评价经济责任人,尤其是领导人的经济责任的难度增大,由此带来检查风险和评价风险。

③ 审计评价因素。审计评价是经济责任导向审计模式的一个关键环节。在经济责任导向审计模式下,审计人员要针对经济责任人履行治理责任、经济权力控制责任、管理舞弊控制责任、绩效责任、环境保护责任、社会责任等状况做出综合评价。评价结果涉及经济责任人个人的切身利益,甚至关系到经济责任人个人的政治前途。因此,不实或不当的审计评价,不但会影响审计结果的运用,导致用人不当或决策失误,甚至还会引起行政复议或法律诉讼。但是,由于目前评价标准不统一,特别是缺乏一套科学的、标准的、操作性强的指标体系,审计评价带有一定的随意性,从而会增大审计风险。

2. 经济责任导向审计模式下审计风险的特征

(1) 经济责任导向审计模式下审计风险的一般特征。

经济责任导向审计模式下的审计风险具有审计风险的一般特征,主要包括以下三个方面。

第一,审计风险的客观性。审计风险的客观性是指审计风险存在于一切审计活动之中,有审计活动就有审计风险,审计风险是不可避免的。现代审计的一个显著特征就是广泛采用抽样审计方法,但无论是统计抽样还是判断抽样,若根据样本特征推断总体特征,两者之间总是存在着一定的误差,即审计人员需要承担相应程度的审计风险。即使是采用详细审计方法,由于审计对象的日益复杂、审计人员胜任能力等因素的影响,仍然存在着审计结果与客观实际不一致的情况。因此,审计人员在审计过程中可以采取各种措施和手段防范和降低审计风险,但不可能消除审计风险,审计风险始终是客观存在的。

第二,审计风险的潜在性。审计风险是一种潜在的可能性,只有当潜在的审计风险转化为现实的风险,即审计人员受到责任追究,遭受损失或面临不利时,审计风险才真正形成。

第三,审计风险的可控性。虽然审计风险何时会发生以及产生的后果无法准确预测,但是审计人员可以通过采取有效的措施防范和控制审计风险,把审计风险降低到可以被接受的水平。账项导向、制度导向和风险导向审计模式的发展历程表明,现代审计并没有因为审计风险的客观存在和不可避免而失去活力,而是朝着主动防范和控制审计风险的方向发展。

(2) 经济责任导向审计模式下审计风险的个性特征。

经济责任导向审计模式作为一种新型的组织审计工作的方式,其审计风险又具备了不同于一般审计风险的个性特征,主要表现在审计风险成因的独特性和审计风险控制的艰巨性两个方面。

第一,风险成因的独特性。在经济责任导向审计模式下,审计目标直接指向经济责任人行为本身,而经济责任人履行的经济责任包括行为责任和报告责任,其中目标经济责任是行为责任目标化的具体表现形式,履责报告就是对经济责任人履行目标经济责任状况的反映。同时,由于经济责任人往往为掌握一定权力的领导者,所以经济责任导向审计模式与其他导向审计模式相比,审计的内容更多、范围更广、难度更大。可见,经济责任人层次的多样性、确定目标经济责任的合理性、审计评价指标的科学性、履责报告表达的公允性等是经济责任导向审计模式下的审计风险形成的特殊原因。

第二,风险控制的艰巨性。经济责任导向审计模式下的审计风险成因的独特性,决定了对其进行控制的艰巨性。因此,一方面,审计人员应该加强对审计风险存在的领域的识别,采取相应的措施加以规避;另一方面,审计人员应该通过改进审计方法、完善审计流程、加强内部管理等方法,最大限度地防范和控制审计风险发生的可能性,从而降低审计风险。

3. **经济责任导向审计模式下审计风险的负面效应**

经济责任导向审计模式下审计风险成因的独特性和控制的艰巨性决定了其产生的负面效应比一般审计风险产生的负面效应更为严重。它不仅会给审计人员、审计授权人或委托人和经济责任人造成损害,而且可能会损害所有的利益关系人的利益。

经济责任导向审计模式下审计风险的负面效应具体表现在以下几方面。

(1) 对审计人员产生的负面效应。

在经济责任导向审计模式下,如果审计人员对履责报告中存在的重大错报发表了不恰当的审计意见并作出了不恰当的审计评价的事实一旦成立,那么,一方面可能引起对审计主体的法律诉讼,审计人员可能因此而承担相应的法律责任,另一方面,会损害审计的公信力,进一步扩大审计期望差距。在经济责任导向审计模式下,虽然审计人员并不能通过审计保证经济责任人全面有效履行经济责任,但是这并不能减轻或免除审计人员应该承担的审计责任;如果审计人员屡屡不能揭示履责报告中存在的重大错报,或者经常对经济责任人履行经济责任作出不恰当甚至与事实相悖的审计评价,那么,社会公众就会怀疑审计人员的独立性、胜任能力、职业道德等,甚至对审计人员失去信任,从而可能导致审计人员很难实现经济责任导向审计模式的审计目标。

(2) 对审计授权人或委托人产生的负面效应。

在经济责任导向审计模式下,如果发生了误受风险,即审计人员错误地肯定了经济责任人的履责报告在整体上没有公允反映的客观事实,则会造成审计授权人或委托人和被审计单位不能发现经济责任人履行经济责任中存在的重大问题,使经济责任人得以逃避责任,甚至被进一步委以重任,从而可能给审计授权人或委托人造成更大的损失。

(3) 对经济责任人产生的负面效应。

在经济责任导向审计模式下,如果发生了误拒风险的事实,即审计人员错误地否定了经济责任人的履责报告在整体上是公允反映的客观事实,则会影响经济责任人的声誉和切身利益,甚至是政治前途。同时也给经济责任人所在地区、部门、单位的正常运行、发展产生不利影响,对企业而言,甚至可能导致重大经济损失。

8.4.4 经济责任导向审计模式下审计风险的防范对策

综上所述,经济责任导向审计模式下的审计风险主要是由外生性因素和内生性因素导致的,具有成因的独特性和控制的艰巨性等特征,产生的负面效应会对相关利益关系人造成极大的损害。由于审计人员无法控制引起审计风险的外生性因素,因此,我们认为,在经济责任导向审计模式下,防范审计风险应该由审计人员通过对内生性因素的控制,将审计风险降低到审计人员可以接受的水平,从而达到提高审计质量的目的,进而促进外生性因素的治理。为此,我们从总体对策和具体对策两个层面来探讨经济责任导向审计模式下审计风险的防范。

1. 经济责任导向审计模式下审计风险防范的总体对策

在经济责任导向审计模式下,审计人员应当重点基于完善审计规范体系、恪守审计独立性原则、提高审计人员的胜任能力等方面的考虑,从总体上防范审计风险。

(1) 完善审计规范体系。

审计规范是对审计行为的规范,它是对审计行为的一种约束与引导机制,主要包括技术性规范与社会性规范两部分。审计的技术性规范主要指审计准则,而审计的社会性规范则主要指审计职业道德规范和法律规范(蔡春,2001)。在经济责任导向审计模式下,为了保证审计目标的实现,充分发挥审计功能,政府应根据社会经济的发展变化,及时建立健全与经济责任导向审计模式相适应的审计规范体系,约束和引导审计人员在审计规范所确立的标准体系内实施审计行为。

① 完善审计技术性规范。即通过制定完善与经济责任导向审计模式相配套的职业技术标准,如审计准则、实务指南等,从技术性层面来约束和引导审计行为,减少审计行为的随意性,防范审计风险。

② 健全审计法律规范。即通过建立健全与经济责任导向审计模式相关的审计法律,从法律层次上明确规定审计关系人的权利与义务及法律制裁的形式与种类,促使参与审计行为活动的各方行为人在法律规定的框架内有序进行审计活动。例如,审计法律应明确规定经济责任人有提供完整、真实履责报告和配合审计的义务,明确其阻碍审计、违规造假的法律责任;审计法律应明确规定审计人员有依法获取审计证据、作出审计评价、运用审计结果等审计责任,从而达到防范审计风险的目的。

③ 强化职业道德规范。即从职业道德的层次要求审计人员树立崇高的职业理想、具备良好的专业胜任能力、具有高度的职业责任感,并按照符合职业道德的要求来履行审计职责,自觉抵制和防止不符合职业道德的行为,如审计合谋等。

(2) 恪守审计独立性原则。

独立性是审计的灵魂,是审计的本质特征,没有独立性的审计不是真正意义上的审计。诚如 A. C. 利特尔顿所指出的那样,审计人员具有一项重要的社会使命,即尽可能保持自己的独立性,以确保他的报告获得所有利益集团的接受(A. C. Littleton,1953)。在经济责任导向审计模式下,审计独立性是审计人员实现特定的审计目标并取信于社会公众的必要条件。正是经济责任审计的独立性保证和促进了经济责任人全面有效地履行其承担的经济责任。一旦审计丧失了独立性,那么审计结果的客观性和公正性就会受到质疑。

审计独立性原则要求审计主体在执行审计或其他鉴证业务时,保持形式上和实质上的独立。实质上的独立要求审计人员在执行业务时,不偏不倚,保持客观的态度,不受外界或他人意见左右。形式上的独立是对第三者而言的,即审计人员在第三者看来是独立于审计授权人或委托人的。形式上的独立是保证实质上独立的前提。因此,恪守审计独立性原则,即审计人员做到实质上和形式上均独立,是保证审计质量、防范审计风险、赢得社会公众信赖的重要手段。

(3) 提高审计人员的胜任能力。

审计人员的胜任能力是其防范审计风险的决定性因素。在经济责任导向审计模式下,审计业务的政策性、综合性强,审计对象多样且复杂,审计人员只有具备足够的胜任能力,即具备足够的专业知识和各类职业技能并秉持正确的职业价值观、道德与态度,才能提高审计质量,防范审计风险。

① 持续更新审计人员的专业知识。随着知识经济时代的来临,知识更新周期越来越短,秦荣生(2002)指出,18 世纪时知识更新周期为 80~90 年,19 世纪到 20 世纪初缩短为 30 年,20 世纪初到 20 世纪 90 年代又缩短为 15 年,20 世纪末缩短为 5~10 年,21 世纪初预计为 3~5 年。同样,审计人员需要具备的专业知识是不断变化和扩展的。随着受托经济责任内涵的不断拓展与演进,审计方法的不断创新与发展,相关审计与会计法律准则的不断修订,审计人员必须通过职业继续教育等形式不断更新其专业知识。审计人员所在组织(如政府审计机关、会计师事务所和内部审计部门等)应当采取相应的措施,为审计人员的继续教育提供适当的机会和资源,并予以规范、指导和评估,确保审计人员通过继续教育更新其专业知识,保持并不断提高胜任能力,从而提高审计质量,防范审计风险。

② 不断拓展审计人员的职业技能。审计人员具备专业知识并不意味着其能够合理、有效地运用专业知识。因此,审计人员应当树立终身学习的理念,不断拓展职业技能,以保证专业知识得到合理、有效的运用。

③ 督促审计人员秉持正确的职业价值观、道德与态度。审计人员在执业过程中,应当秉持维护公众利益、执业谨慎、对客户信息保密和职业行为恰当等基本职业价值观、道德与态度。审计人员只有秉持公正的职业价值观、道德与态度,才能够进行独立、客观、公正的专业判断,并自觉维护各方面利益关系人的利益,从而降低审计风险。

2. 经济责任导向审计模式下审计风险防范的具体对策

在经济责任导向审计模式下,审计目标是确认和解除特定组织之经济责任人履行经济责任的状况。鉴于该模式下经济责任人层次的多样化及其履行经济责任内容的复杂性,我们认为,审计人员应该树立风险防范的理念,制定相应的防范审计风险的具体对策,将风险识别、风险评估和风险应对贯穿于审计流程始终。

（1）风险识别。

风险识别主要指对经济责任人的了解和对经济责任人所在特定组织及其环境的了解。

风险识别是经济责任导向审计模式下防范审计风险的必要程序，可以为审计人员进一步实施风险评估，采取风险应对措施，将审计风险降低到可接受的水平提供重要基础。

了解经济责任人的内容主要包括经济责任人的诚实与职业道德、胜任能力、管理理念、履责经历以及面临的压力等。

了解经济责任人所在特定组织及其环境的内容主要包括：行业状况、法律环境与监管环境以及其他外部因素；组织的性质；组织确定经济责任人目标经济责任政策；组织对经济责任人履行经济责任的考核与评价；组织的内部控制等。

一般来说，审计人员可以通过以下途径获取相关的信息。

① 询问管理层和内部其他相关人员。在询问时，审计人员除了询问管理层和相关经济责任人外，还应当考虑询问不同级别的员工，以获取关于经济责任人及其所在组织的有用信息，为评估履责报告中存在的重大错报风险提供帮助。

② 观察和检查。观察和检查程序主要包括观察经营管理活动，检查文件、记录和内部控制手册，阅读由管理层和治理层编制的报告等。审计人员通过观察和检查可以印证对管理层、相关经济责任人和其他人员的询问结果，并可提供有关经济责任人所在特定组织及其环境的信息。

③ 分析程序。分析程序主要是在询问、观察和检查的基础上，进一步对经济责任人承担的目标经济责任进行分析，以识别经济责任人履行目标经济责任可能存在的风险环节。

（2）风险评估。

风险评估指审计人员利用其职业判断对识别出的风险环节进行评估，确定产生重大错报风险的环节或事项，为采取进一步的风险应对措施提供有价值的信息。概括起来，风险评估主要包括对履责报告层次和经济责任人履行经济责任行为认定层次的重大错报风险的评估。

① 评估两个层次的重大错报风险。在对重大错报风险进行识别后，审计人员应当确定，识别的重大错报风险是与经济责任人履行经济责任行为的认定相关，还是与履责报告整体广泛相关，从而可能影响多项认定。某些重大错报风险可能与

经济责任人履行经济责任行为的认定相关。例如,对经济责任人履行经济责任的考核与评价存在薄弱环节,这一事项表明对经济责任人行为的认定可能存在重大错报的可能性。某些重大错报风险可能与履责报告整体广泛相关,进而影响多项认定。例如,经济责任人缺乏诚信或承受异常的压力可能引发舞弊风险,这些风险与履责报告整体相关。

② 评估控制环境对履责报告层次重大错报的影响。履责报告层次的重大错报风险很可能源于薄弱的控制环境。薄弱的控制环境带来的风险可能对履责报告产生广泛影响,难以限于某一特定经济责任人履行经济责任的行为。例如,经济责任人所在组织对内部控制的重要性缺乏认识,没有建立必要的制度和程序,可能对履责报告产生广泛影响,审计人员应当采取总体应对措施。

③ 评估控制对经济责任人行为认定层次重大错报风险的影响。由于控制有助于防止或发现并纠正经济责任人行为认定层次的重大错报,所以,在评估重大错报风险时,审计人员应当将所了解的控制与特定经济责任人行为的认定相联系。在评估重大错报发生的可能性时,除了考虑可能的风险外,还要考虑控制对风险的抵消和遏制作用。有效的控制会减少错报发生的可能性,而控制不当或缺乏控制,错报就会由可能变成现实。

审计人员应当对经济责任人行为认定层次的重大错报风险的评估予以汇总,以确定进一步审计程序的性质、时间和范围。

(3) 风险应对。

风险应对指审计人员应当针对评估的履责报告层次重大错报风险制定总体应对措施,并针对评估的经济责任人行为认定层次重大错报风险设计和实施进一步审计流程,以将审计风险降至可接受的低水平。

① 审计人员应当针对履责报告层次的重大错报风险制定总体应对措施,包括向审计项目组强调在获取审计证据过程中保持职业怀疑态度的必要性,分派更有经验或具有特殊技能的审计人员或利用专家,向审计项目组提供更多的督导等。

② 审计人员应当针对经济责任人行为认定层次的重大错报风险设计和实施进一步审计流程,包括测试控制的执行有效性以及实施实质性程序。

③ 审计人员应当评价风险评估的结果是否适当,并确定是否已经获取充分、适当的审计证据。

④ 审计人员应当将实施关键的审计流程形成审计工作记录。

8.5 经济责任导向审计模式下的审计质量控制

随着社会经济环境的日益复杂,社会公众对审计信息的依赖程度越来越高,同时也对审计质量提出了更高的期望,这促使审计界不断变革审计模式,以提供符合社会公众需要的高质量审计服务。经济责任导向审计模式下的审计质量体现了对审计授权人或委托人和经济责任人的双重责任,因此,在经济责任导向审计模式下如何进行审计质量控制,降低审计风险,关系到该模式的生存与发展。

8.5.1 经济责任导向审计模式下的审计质量及其影响因素探析

1. 审计质量的含义思辨

审计活动不同于一般的生产活动,它不生产产品,因而,人们难以用物质实体反映出来的使用价值去衡量它的质量。关于审计质量的含义学术界有很多不同的观点。

1983年,Watts和Zimmerman(1983)将审计质量界定为注册会计师报告管理当局违约行为的概率(以被审计人发生违约行为为前提),主要取决于以下两个基本因素:①审计人员发现某一特定违约行为的概率;②审计人员对已经发现的违约行为进行报告或披露的概率。第一个概率(发现)取决于审计人员的职业能力和在审计方面投入的人力和物力,第二个概率(报告违约行为)取决于审计人员相对于客户的独立性。

张龙平(1994)提出审计质量具体表现为审计人员的质量和审计过程的质量,最终体现为审计报告的质量,其核心是审计工作在多大程度上增加了会计报表的可信性。刘力云(1999)将审计质量的含义归纳为两种:一是审计产品质量,因为审计质量最终反映在审计报告的质量上,因而,审计质量就是审计报告的质量;二是审计工作质量,审计包括审计计划、取证、判断和报告的一个系统过程,因而,审计质量是整个审计过程的优劣程度。董大胜(2001)指出,审计质量是指审计机构从事各项审计工作的优劣程度。审计质量的概念有狭义和广义之分。广义的审计质量是指审计工作的质量,即审计工作的总体质量,包括管理工作和业务工作。狭义的审计质量是指业务工作的质量,即具体审计项目质量,包括立项、立项准备、实施、报告、建议等一系列环节的工作效果和达到实际审计目的的程度。

刘英来(2003)认为,审计质量是审计工作水平的综合反映和集中体现。孙宝厚(2008)认为,审计质量分为狭义的审计质量和广义的审计质量。狭义的审计质量指的是最终的审计报告与被审单位的真实情况的吻合程度,若吻合程度高则审计质量高;广义的审计质量指的是审计报告的真实程度以及对审计需求的满足程度。两者的区别在于是否考虑了审计需求。聂曼曼(2009)认为,审计标准与信息使用者的需求是一致的,审计过程与审计结果是反映审计质量的两个方面。徐政旦(2012)认为由于审计质量并不是可以用数据说明的,审计质量体现为是否达到审计目的。

Knechel 等(2013)认为,目前对审计质量并没有统一的定义,对审计质量的感知取决于从谁的角度看问题,也就是说,财务报告过程中的所有利益相关者对审计质量的看法可能不同。DeFond 和 Zhang(2014)认为,应将审计质量定义为一个从非常低到非常高的理论连续体,高质量的审计师不仅要评估客户的会计选择在技术上是否符合公认会计准则,还要评估财务报表对公司潜在经济活动的反映程度。

《中国审计大辞典》将审计质量的概念界定为审计过程执行的程度,关注每一审计环节是否按照规定执行,即审计结果是否达到审计目的。

我们分析认为,审计质量作为一个理论上内涵丰富的概念,既要体现质量的"满足需要"的本质特征,又要体现质量的形成过程、载体以及衡量标准。因此,可以将审计质量定义为审计行为和审计报告满足审计规范和社会期望的程度。

2. 审计质量的衡量

学术界有如下几种方式衡量审计质量。

①事务所规模。DeAngelo(1981)的研究结果表明,规模越大的会计师事务所中的注册会计师在各方面的积极性越高,外界对于其出具的审计报告的信任度也就会越高。李爽和吴溪(2004)通过研究发现会计师事务所的规模越大,其进行审计的过程越合理规范。学术界一般将是否为国际四大或者国内十大作为衡量指标,这种度量方式在实证研究中十分常见。②审计意见。审计结果在审计质量的评价中具有重要意义,许多学者将是否出具非标审计意见作为替代变量来度量审计质量是否较高。通常来说,一家会计师事务所的审计质量越高就越有可能以出具非标意见的方式暗示投资人等与企业密切相关的外部信息使用者,传递该企业财务困境的信息。原红旗等(2012)研究发现,事务所的规模和知名度大小不会左右其注册会计师出具审计意见,但是被审计企业的财务和经营情况会对审计意见的出具起决定作用。③审计收费。规模大的事务所一定程度上代表着高审计质量,而大所在审计时会选择收取更高的费用来证明其审计水平。陈东华等(2006)研究表明,如果企业之前聘请过诸如四大、十大等会计师事务所,如果之后改聘小型事务所,其费用会显著下降,说明偏好选择大型会计师事务所的单位在审

计费用上也倾向于支付更高的费用,从而获得更高的审计质量和更完善的服务。王振林(2002)通过对不同注册会计师的审计收费差异情况进行分析,发现审计收费被可以体现审计质量高低的指标(如事务所的排名等)显著正向影响。

3. 经济责任导向审计模式下的审计质量含义的界定

根据前文所述,经济责任导向审计模式与账项导向、制度导向和风险导向等审计模式相比,在审计对象、审计目标、审计评价标准、审计流程、审计方法及审计报告等方面有很大的不同。因此,我们结合该模式的特征来界定并理解经济责任导向审计模式下审计质量的含义。

(1)从审计对象和审计目标来看,经济责任导向审计模式直接针对特定组织之经济责任人履行经济责任的状况,其审计目标在于确认经济责任人目标经济责任的履行是否符合特定要求或既定原则。因此,该模式下的审计质量应当理解为审计人员发现特定组织的经济责任人履行目标经济责任不符合要求的可能性。

(2)从审计评价标准、审计流程和审计方法来分析,经济责任导向审计模式有独特的针对经济责任人履行目标经济责任的审计评价指标体系、审计流程和审计方法。只有设计和实施恰当的审计流程、构建统一规范的审计评价指标体系、选择和运用科学的审计方法才能充分揭示经济责任人履行经济责任的状况。因此,该模式下的审计质量可以理解为审计人员运用审计评价标准、审计流程和审计方法的程度。

(3)从审计报告方面来看,经济责任导向审计模式下的审计报告是针对经济责任人呈报的履责报告发表审计意见、作出审计评价。因此,该模式下的审计质量可理解为审计人员报告或披露业已发现的特定组织的经济责任人目标经济责任的履行不符合要求的情况之程度。

总体来说,我们认为,经济责任导向审计模式下的审计质量是审计人员报告特定组织的经济责任人未能全面有效履行经济责任状况的概率,它取决于审计环境、审计人员、审计技术等各种因素的联合作用。具体表现为审计行为质量和审计报告质量两个层面。审计报告质量类似于产品质量,也就是说审计报告是审计的"产品";而审计行为质量类似于生产质量,审计流程就是审计的"生产流程"。从两者的关系看,经济责任导向审计模式下的审计行为质量决定审计报告质量,审计报告是审计行为质量的集中体现和最终反映。

4. 经济责任导向审计模式下审计质量的衡量

现有文献对政府审计质量的度量并不统一,主要是基于审计机关查处的违规金额以及提交司法纪检机关和有关部门的涉案人数等进行度量。

5. 经济责任导向审计模式下影响审计质量的因素分析

如果说产品的质量是一个企业的生命,那么,审计质量就是经济责任导向审计模式的生命。

经济责任导向审计人员要提供符合社会公众期望和要求的高质量的审计服务,必须明确经济责任导向审计模式下影响审计质量的因素。只有这样才能采取有针对性的措施,达到控制审计质量、降低审计风险、实现审计目标的目的。

经济责任导向审计模式是一种新型的组织审计行为活动的审计方式,其提供的最终"产品"是一种审计信息。从这个意义上分析,在经济责任导向审计模式下,审计质量就是作为审计结果的审计报告的质量。而审计报告的质量会受到审计环境、审计人员、审计技术、审计规范等诸多内在和外在因素的影响,这决定了审计信息本身具有一定的特殊性和复杂性。同时,由于不同的审计信息使用者对审计信息有着不同的需求或不同的偏好,因此对审计质量具有不同的理解和认识。此外,在经济责任导向审计模式下,经济责任人的目标经济责任的界定是否明确,审计评价指标体系是否科学与规范,都会对确认特定组织之经济责任人履行经济责任的状况产生影响,从而影响其审计质量。

经济责任审计属于国家审计范畴。现有关于国家审计质量影响因素的文献显示,国家审计质量的影响因素一方面来自审计系统内部,另一方面来自审计系统外部。

目前关于审计系统内部影响国家审计质量的因素研究主要聚焦于以下几个方面:①审计机关的独立性。在我国,过去的行政型审计体制和双重领导体制使我国国家审计具有浓厚的行政属性,不可避免地影响审计权限和审计力量,最终影响我国国家审计功能的发挥。Isaksson 和 Bgsten(2012)研究发现权力限制对最高审计机构(SAI)独立性产生重要的负面影响,从而削弱国家审计的监督功能。吴秋生和郭檬楠从审计独立性角度出发,实证研究了 2006 年《中华人民共和国审计法》和 2010 年《中华人民共和国审计法实施条例》关于地方审计机构负责人任免制度的两次修订对审计质量的影响,研究发现,地方审计机关负责人的任免需征求上级意见可以显著提高审计质量。②审计人员的素质。程莹(2015)研究发现,审计人员的相对工资水平、专业胜任能力和地方审计长任期都会对审计质量产生重要影响。③审计执行和处罚力度。④审计资源利用效率。

目前关于审计系统外部影响国家审计质量的因素研究主要聚焦于以下几个方

面：①审计环境。唐雪松等(2012)探讨了地区市场化进程与地方审计机关审计质量的关系,研究发现,地区市场化进程与审计质量呈现出显著正相关关系。池国华等(2018)研究发现,媒体关注发挥了重要的外部监督作用,从而有助于地方政府审计功能的发挥。林斌和刘瑾(2014)以2001—2010年我国31个省(自治区、直辖市)为样本,实证检验了市场化程度、地区财政状况和审计人员等因素对审计绩效的影响,研究结果表明,市场化程度越高的地区,审计机关发现问题、审计整改及建议采纳绩效越好;财政状况较差的地区,审计建议采纳绩效较好,审计机关发现问题和审计整改绩效则较差;审计人员数量相对较多的地区,审计发现问题和审计整改绩效都较好。②非正式制度的文化、信任环境。社会文化价值观是影响审计治理关系的重要因素。国家审计机关和被审计单位之间趋同的文化价值观,能够使双方具有共同的目标和行为准则,能够促进合作,以有效达成国家治理目标(王会金和戚振东,2013)。

8.5.2 经济责任导向审计模式下影响审计质量的内在因素的实证分析

1. 问题的提出

经济责任导向审计模式作为一种新型的组织审计行为活动的审计方式,要实现确认特定组织之经济责任人经济责任的履行是否符合特定要求或既定原则的审计目标,满足所有的利益关系人对审计信息的需求,防范审计风险,关键是审计质量的不断提高。

经济责任导向审计模式的审计质量是审计人员报告特定组织之经济责任人未能全面有效履行经济责任状况的概率,它取决于各种内在和外在因素的联合作用。其中,影响审计质量的内在因素是可控的。因此,在经济责任导向审计模式下,提高审计质量的前提条件就是要对影响审计质量的内在因素进行分析。

经济责任导向审计模式是基于受托经济责任内涵的拓展而产生的对经济责任审计实践的理论创新,经济责任审计作为一项极具中国特色的经济监督制度,我们试图通过对影响经济责任审计质量的内在因素的分析,为分析经济责任导向审计模式下影响审计质量的内在因素提供有益的经验证据。

一方面,我国政府审计机关不断致力于提高经济责任审计质量。国家审计署在2006年至2010年规划和2008年至2012年规划中都强调经济责任审计要坚持"提高质量、防范风险"的原则,并指出落实科学发展观,提高依法审计能力,推动审计工作进一步发展,最终体现在审计队伍作风的加强和审计质量的提高上。另一方面,社会公众的民主意识和参政议政意识的加强以及人大等立法机构监督力度的加强等均推动了经济责任审计质量水平的提高。

尽管我国经济责任审计的实践取得了明显的成效,但是随着经济责任审计范围的扩大、审计层次的提高和审计内容的不断深化,经济责任审计也面临着巨大的挑战,如何保证经济责任审计的审计质量,研究分析影响其审计质量的各种内在因素尤为重要。

为了研究这一问题,我们运用我国2006年的地市级经济责任审计工作的统计数据,分析影响审计质量的内在因素,主要解决两个问题:①什么是影响地市级经济责任审计质量水平的内在主要因素?②在这些内在因素中,哪些因素对地市级经济责任审计质量的影响较大?这对于本卷进一步研究经济责任导向审计模式下审计质量的控制,具有一定的理论和现实意义。

2. 文献回顾

国内外关于影响审计质量的内在因素的实证研究主要集中于独立审计领域,我们主要从影响审计质量的内在因素的角度对国内外的文献进行梳理,为研究影响经济责任审计质量的内在因素提供借鉴。

(1)国外文献回顾。

第一,审计机构的规模、声誉、类型等对审计质量的影响。

Dopuch和Simunic(1980)认为,投资者通过可以观测的审计质量特征,比如大量的专业培训投入、严格的内部复核制度、由享有盛誉的机构论证等,来理性地感受大规模事务所的质量。Kent St. Pierre和James A. Anderson(1984)以及Palmrose(1988)以发生的法律诉讼案件作为审计质量的衡量标志,发现尽管"四大"因为"深口袋"而有更大的被诉可能,但"四大"作为一个整体仍然比非"四大"更少发生法律诉讼。

Titman和Trueman(1986)的研究认为,作为一种有益于投资者作出投资决策的信号,事务所的类型代表着审计质量的水平,由于更高质量的审计服务能让公司的所有者和潜在的投资者获得更有效的财务信息,因而客户愿意支付更高额的审计费用。

Moore和Scott(1989)认为事务所的规模越大,其成本问题越高,对于注册会计师的要求就越高,审计质量也就越高。Moore和Scott(2006)同样认为事务所的规模能够很大程度上影响审计质量,并且事务所的规模越大,注册会计师犯错的可能性越小,审计质量就越高。

Firth等(2012)认为事务所的组织形式也能够影响审计质量,当事务所属于合伙制组织形式时,注册会计师面临的责任风险就会增大,为了规避风险,注册会计师在审计过程中会保持更高程度的职业怀疑,审计质量就会更高。

DeFond 和 Jiambalvo(1991)证明由"四大"审计的客户比由非"四大"审计的客户更少发生报表错弊和违规现象;Beatty(1989)发现由"四大"审计的 IPO 公司较少发生股票价格被低估的情况。

Dye(1993)假设审计质量取决于审计成本和诉讼风险之间的平衡,而注册会计师的财富水平、审计准则的要求通过影响审计成本和诉讼风险影响审计质量。

Vander Banwhede 等(2003)对比利时非上市公司和上市公司盈余管理进行了研究,发现在存在调低利润的盈余管理行为的审计中,"六大"(现为"四大")审计机构的审计质量高于其他审计机构,说明了审计机构的规模对审计质量的影响。

方军雄等(2004)研究亏损公司发现,大所在这一领域表现出来的专业胜任能力与独立性高于小所。吴水澎等(2006)发现,"四大"合作所的审计质量高于国内"十大",国内"十大"的审计质量高于国内非"十大"。梁瑛(2010)认为,规模对审计质量的影响主要体现在事务所拥有的资源和业务承接能力上,大所更有质量优势。

逯颖(2008)指出,会计师事务所的组织形式与审计质量密切相关,"无限连带责任"机制的存在,使得合伙制事务所提供高质量审计服务的动机更强烈。Firth(2012)利用中国上市公司的数据进行实证研究发现,普通合伙制会计师事务所比有限责任制会计师事务所更倾向于发表非标准审计意见,其审计客户的操控性应计利润更低,审计报告更具稳健性。崔丽艳(2013)认为合伙制下的监督机制降低了机会主义执业概率,一定程度上保障了审计质量,相对于普通合伙制、有限责任制会计师事务所,特殊普通合伙制下注册会计师的风险意识与谨慎水平较高,审计报告也更具可信性。

总之,绝大部分的实证研究结果都支持大规模事务所能提供更高质量审计服务的假设,很多实证研究都直接将"四大"作为高质量审计的替代变量。

第二,审计收费对审计质量的影响。

Simunic(1980)认为,大规模事务所可能因其市场力量(垄断)而收取更高的审计费,但市场垄断减少了审计服务的提供数量,因此导致审计质量的降低和审计报告的高成本。

Ireland 和 Lennox(2000)的实证研究显示,审计费用与审计质量呈正相关关系,即会计公司和注册会计师提供的审计质量越好,审计收费就越高。但过高的审计费用也可能使委托人选择较小规模的会计公司,由此可能降低审计质量。

Elitzur 和 Falk(1996)的研究表明,注册会计师"计划"的审计质量在审计服务年限已知时会下降,而在审计费用越高、注册会计师的工作效率越高、审计失败损失越大的情况下审计质量越高。

王善平等(2004)、漆江娜等(2004)分别以 Simunic 审计定价模型研究我国审计市场,发现审计收费与审计质量正相关,审计收费具有信号传递功能。陈少青(2013)分别从风险溢价、投入产出、优质优价等理论展开分析,指出"高风险要求高回报""高投入要求高产出""高质量要求高价格"是合理的。

可见,国外大多数的研究结论支持高审计质量伴随着高审计收费。知名事务所付出额外的审计时间提供高质量审计服务,因此应收取较高的审计费用。

第三,被审计单位经营规模、经济状况对审计质量的影响。

(2)国内文献回顾。

第一,审计机构规模对审计质量的影响。

国内学者在对审计机构规模对审计质量影响的实证研究中存在着两种不一致的结论。

一是认为审计机构规模越大,提供的审计质量越高。王跃堂和陈世敏(2001)研究发现,剔除其他可能影响会计师独立性的因素后,大所在统计意义上显著地具有发布非标准审计意见的倾向,大型审计机构相对具有更为超然的独立性。漆江娜等(2004)的研究显示,国际"四大所"客户公司的盈余管理水平低于本土所的客户水平,据此得出了"四大所"的审计质量明显高于本土所的研究结论。吴水澎和李奇凤(2006)通过检验不同审计主体对客户盈余管理的控制程度,验证了国际"四大"所的审计质量高于国内"十大",国内"十大"所的审计质量高于国内非十大所。

二是认为事务所规模与审计质量背离,事务所规模与审计质量的关联并不显著。夏立军和杨海斌(2002)的研究显示,"十大"所出具非标意见的倾向与非"十大"所没有显著差异。李常青和王澎(2003)验证了相对本土小所,本土大所未能提供更高质量的审计服务,并得出了我国事务所规模与审计质量背离的结论。原红旗和李海波(2003)、刘运国和麦剑青(2000)的研究结论也支持我国事务所规模、品牌与审计质量没有显著差异的观点。

第二,审计收费对审计质量的影响。

罗栋梁(2002)、朱小平和余谦(2004)对 2001—2003 年间的样本数据进行实证研究,得出了大致相同的结论:我国审计市场审计收费与审计质量正相关,我国审计市场价格具有质量信号传递功能。

陈冬华和周春泉(2006)的研究发现,我国审计市场上市公司并未对事务所的声誉支付超额的审计费用。刘斌等(2003)、李爽和吴溪(2004)、张艳和李书锋(2004)的研究结论也表明审计收费与审计质量没有显著相关性。

第三,审计任期对审计质量的影响。

夏立军等(2005)对审计任期与审计质量关系的研究表明,审计任期为1至7年时,审计任期增加并没有损害审计独立性,且在大规模事务所样本中还提高了审计独立性。

刘成立和王晓艳(2006)的研究显示,尽管审计任期较短时上市公司的盈余管理程度较大,审计质量较低,但没有发现审计任期较长时审计质量下降的证据。

第四,审计人员素质对审计质量的影响。

马曙光(2007)的研究发现,政府审计人员的学历水平和审计经验等因素与政府审计质量显著正相关。陈小林等(2016)认为,审计师的个人经验能够在一定程度上影响审计质量,并且这种经验作用在非大型事务所中效果更为明显,在中小型事务所的实际工作过程中,由于审计程序的规章制度并没有大型事务所规范,因此借助审计师的职业经验能够有助于审计质量的提高。王晓珂等(2016)通过研究发现,审计师个人经验越丰富越能有效抑制管理层的机会主义行为,投资者也更加信任经验丰富的审计师审计的财务报告,证实了审计师个人经验与审计质量呈正相关。

韩维芳(2017)研究发现,审计师个人经验越丰富,越有在高审计风险项目中出具非标准无保留审计意见的倾向,并且这种倾向在相对不那么重视审计资源分配的小型会计师事务所中更为明显,由此提出配备经验丰富的审计师将有利于提高审计质量。

施先旺等(2018)结合注意力分配理论研究了注册会计师忙碌程度对审计质量的影响,得出的结论是作为有签字责任的注册会计师,其承担签字任务的(即负责审计的)上市公司数量越多,公司越有可能拿到标准无保留审计意见,即其面临的工作强度越大,越可能发布激进的审计意见。这种情形下审计质量水平是显著低于那些未受到高度工作强度压力的注册会计师。

3. 研究假设

(1) 审计人员数量对经济责任审计质量的影响。

DeAngelo(1981)把审计质量界定为注册会计师发现并且消除财务报告中错误的能力,并认为它取决于注册会计师专业胜任能力和独立性的联合作用。赵劲松(2005)也利用 DeAgenlo 对审计质量的定义,将政府审计质量的影响因素分为技术性、独立性和行政性三个方面,认为政府审计质量影响因素包括审计人员的专业知识和审计技术、审计人员理解和执行国家政策法规的能力、审计人员的宏观视野和分析能力、审计人员的数量、审计工作量、审计人员的声誉、审计体制独立程度、审计发现的问题被纠正的程度等因素。根据前人的研究,结合经济责任审计的特点,我们认为,经济责任审计人员的数量和能力均对经济责任审计质量产生影响。由此,提出假设1:审计人员数量越多,经济责任审计质量越高。

(2) 审计结果对经济责任审计质量的影响。

根据我国中共中央办公厅、国务院办公厅发布的《县级以下党政领导干部任期经济责任审计暂行规定》和《国有企业及国有控股企业领导人员任期经济责任审计暂行规定》,领导干部和企业领导人员应当履行其所承担的经济责任包括主管责任和直接责任。经济责任审计要在审计查出违规金额、管理不规范金额和损失浪费金额的基础上,分别确认领导干部和企业领导人员的主管责任金额和直接责任金额。由此,我们提出假设2:审计查出违规金额越多,经济责任审计质量越高。

4. 研究设计

(1) 样本设计及数据来源。

在设计样本时,我们主要以全国行政区划的地市级政府审计机关的经济责任审计数据为样本。由于北京市、上海市、天津市、重庆市四个直辖市只有区县的设置,无法获取地市级的数据,故我们的样本没有包括直辖市的数据,同时我们也没有选取香港、澳门两个特别行政区及台湾省的数据作为样本。

根据研究假设,按照我国行政区划的标准,经济责任审计数据选取自《中国审计年鉴2007》中的2006年地市级审计机关的经济责任审计工作统计指标。国民生产总值(GDP)等社会经济指标则来自各省、自治区2007年的统计年鉴。

由于数据的可得性,我们选取了2006年21个省、3个自治区的地市的经济责任审计和社会经济指标,对这些数据进行了配对,剔除了数据缺失、异常或不可得的地市级数据,最终实际获得样本为58个。

(2) 模型设计。

$$Quality = \alpha + \beta_1 Auditor + \beta_2 Violation + \beta_3 Info\_s + \beta_4 Turnin\_f + \beta_5 GDP + \varepsilon_i$$

(3) 变量解释。

变量说明如表8-3所示。

表 8-3 变量说明

变量	名称		预期符号	含义
被解释变量	审计质量	$Quality$		经济责任审计查出的属于经济责任人直接责任的金额,是审计质量的替代变量
解释变量	审计人员数量	$Auditor$	+	各个地市级政府审计机关审计人员数量
	审计查出的违规金额	$Violation$	+	经济责任审计查出的违规金额
控制变量	提交审计信息数量	$Info\_s$	?	提交审计报告(信息)的数量
	应上缴财政金额	$Turnin\_f$	?	审计查出的应上缴财政的金额
	国内生产总值	GDP	?	各个地市的国内生产总值

本章以审计查出的属于经济责任人直接责任金额作为审计质量的替代变量。

本章将各个地市级审计机关审计人员数量和经济责任审计查出的违规金额作为解释变量。

同时,本章将政府审计机关提交审计报告(信息)的数量、审计查出的应上缴财政的金额、各个地市的国内生产总值作为控制变量。

5. 研究结果及分析

(1) 描述性统计。

变量的描述性统计结果如表 8-4 所示。

表 8-4 描述性统计结果

变量	均值	标准差	最小值	最大值
$Quality$	3 211.096	8 498.718	4	52 233
$Auditor$	52.433 96	22.418 66	19	113
$Violation$	19 762.5	34 900.99	4	170 000
$Info\_s$	525.188 7	562.899 8	8	3 681
$Turnin\_f$	13 086.69	65 045.43	149	475 211
GDP	4 876 134	5 049 750	703 607	$2.87e+07$

根据表 8-4 的结果,我们发现,在审计质量方面,各个地市级经济责任审计查出的经济责任人直接责任金额的最小值仅为 4 万元,最大值达到 52 233 万元,均值约为 3 211 万元,从整体上看,审计查出的属于经济责任人直接责任的问题金额较

大,表明我国地市级经济责任审计的质量较高,但是从最小值和最大值看,各个地市级审计机关经济责任审计质量之间的差异很大。

在审计人员数量方面,地市级政府审计机关的审计人员平均数量约为52人,最少的只有19人,最多的有113人。从总体上看,我国地市级政府审计机关的审计人员数量较少。

在审计查出的违规金额方面,地市级经济责任审计平均审计查出违规金额约19 763万元,查出的最少违规金额为4万元,查出的最多违规金额为170 000万元。从整体上看,经济责任审计查出的问题较多,但是从最小值和最大值分析看,经济责任审计查出的违规金额在各个地市之间差异很大。

(2) 变量之间的相关性分析。

变量之间的 Person 相关系数矩阵如表8-5所示。

表8-5　　　　　　　　　　Person 相关系数矩阵

	Quality	Auditor	Violation	Info_s	Turnin_f	GDP
Quality	1.000 0					
Auditor	0.393 1***	1.000 0				
	(0.003 6)					
Violation	0.497 5***	0.386 8***	1.000 0			
	(0.000 2)	(0.004 2)				
Info_s	0.213 7	0.212 7	0.648 7***	1.000 0		
	(0.124 4)	(0.126 3)	(0.000 0)			
Turnin_f	−0.002 8	−0.111 8	0.040 0	0.045 6	1.000 0	
	(0.984 4)	(0.425 6)	(0.776 0)	(0.745 8)		
GDP	0.231 8*	0.529 6***	0.339 9**	0.141 9	−0.008 1	1.000 0
	(0.094 8)	(0.000 0)	(0.012 8)	(0.310 8)	(0.954 3)	

注:*** 表示在1%的水平上显著,** 表示在5%的水平上显著,* 表示在10%的水平上显著。

从相关系数矩阵可以看出,审计人员数量与审计质量正相关,相关系数为0.393 1,并且在1%的水平上显著;审计查出的违规金额与审计质量正相关,相关系数为0.497 5,并且在1%的水平上显著;GDP与审计质量正相关,相关系数为0.231 8,并且在10%的水平上显著。

其他变量与审计质量的相关性不显著。

（3）回归结果分析。

回归结果分析如表 8-6 所示。

表 8-6　　　　　　　　　　　回归结果分析

	回归结果分析			
	系数	T 值	P 值	VIF
$Auditor$	97.896 22*	1.73	0.089	1.52
$Violation$	0.130 165 9***	3.11	0.003	2.02
$Info\_s$	−2.715 913	−1.13	0.266	1.75
$Turnin\_f$	0.001 622 6	0.10	0.919	1.02
GDP	−0.000 102 6	−0.42	0.677	1.45
$\_cons$	−2 589.03	−0.91	0.365	
F 值	4.32			
$Prob > F$	0.002 6			
R2	0.314 8			
调整后的 R2	0.241 9			
Mean VIF	1.55			

注：*** 表示在 1% 的水平上显著，** 表示在 5% 的水平上显著，* 表示在 10% 的水平上显著。

从表 8-6 的回归结果中可以看出，F 值为 4.32，Prob＞F 为 0.002 6，说明模型拟合程度较好。Mean VIF 的均值为 1.55，且每个变量的 VIF 值均未超过 10，说明变量之间不存在多重共线性。

从回归结果来看，审计人员数量的系数符号为正，与审计质量正相关，与预期符号一致，P 值为 0.089，在 10% 的水平上显著，这说明审计人员数量对审计质量产生较为显著影响。

审计查出违规金额的系数符号为正，与审计质量正相关，与预期符号一致，P 值为 0.003，在 1% 的水平上显著，这说明审计工作的结果对审计质量产生显著影响。

以上的经验证据支持了假设 1 和假设 2。

（4）审计质量的敏感性分析。

为了更加全面地分析影响经济责任审计质量的内在因素，我们还以经济责任审计移送司法、纪检部门处理的经济责任人数量占经济责任审计的经济责任人数量的比例作为审计质量的替代变量,从相对数的角度对影响经济责任审计质量的内在因素进行敏感性分析,结果如表 8-7 所示。

表 8-7　　　　　　　　　审计质量的敏感性分析

	敏感性分析			
	系数	T 值	P 值	VIF
$Auditor$	0.0016995^{*}	1.71	0.096	3.34
$Violation$	$-1.41e-06^{**}$	-2.41	0.022	1.18
$Info\_s$	-0.0000276	-0.47	0.644	2.03
$Turnin\_f$	$4.38e-06$	1.56	0.129	4.69
GDP	$-9.64e-09$	-1.22	0.231	6.21
$\_cons$	0.0445736	0.98	0.336	
F 值	2.61			
$Prob > F$	0.0436			
$R2$	0.2895			
调整后的 $R2$	0.1785			
Mean VIF	3.49			

注:*** 表示在 1% 的水平上显著,** 表示在 5% 的水平上显著,* 表示在 10% 的水平上显著。

从表 8-7 的敏感性分析结果看,审计人员数量的系数符号为正,与审计质量正相关,与预期符号一致,P 值为 0.096,在 10% 的水平上显著,这说明审计人员数量对审计质量产生较为显著影响。

审计查出违规金额的系数符号为负,与审计质量负相关,与预期符号不一致,P 值为 0.022,在 5% 的水平上显著。我们初步分析认为,这说明审计工作的结果产生了威慑作用,抑制了经济责任人违规行为的发生,从而对审计质量产生显著影响。

敏感性分析结果从另一个角度验证支持了本研究的假设 1。

6. 研究结论

根据以上分析,本章得出以下结论。

第一,从全国样本看,审计人员数量等内在因素对地市级经济责任审计质量产生较为显著的影响。

第二,从全国样本看,经济责任审计查出的违规金额对经济责任审计质量产生显著的影响。

由此推论,审计人员的数量和审计查出的违规金额是影响我国地市级经济责任审计质量的主要因素。今后应该进一步加强对全国地市级政府审计机关经济责任审计力量的投入和审计人才的培养,努力消除地市级经济责任审计力量不足与审计工作任务繁重之间的矛盾,推进经济责任审计质量的提高。

8.5.3 经济责任导向审计模式下审计质量控制的含义、要素及基本对策

1. 经济责任导向审计模式下审计质量控制的含义

经济责任导向审计模式下的审计行为和审计报告均明确指向经济责任人行为本身,其审计质量不仅受到审计人员数量及胜任能力、审计工作量的影响,而且受到审计规范、审计质量控制思路、审计人文环境、审计流程、审计方法等诸多因素的影响。因此,我们应从控制论的视角来理解经济责任导向审计模式下审计质量控制的含义,这是由审计质量的系统性特征所决定的。

(1) 控制论的观点。

控制论认为,控制是指施控主体对受控客体的一种能动作用,这种能动作用使受控客体根据施控主体的预定目标而运作,并最终达到这一目标。一般包括控制的目标、施控主体和受控客体、各个控制环节的信息反馈等三个组成部分。其中,反馈是指一个系统的输出信息能够反作用于输入信息,并对信息的再输入起到控制和调节的作用。

控制论认为,每个控制系统都应该包括前馈控制系统、反馈控制系统和用于监督整个控制过程的保护控制系统三个方面。张文焕(1990)指出,控制论一般只研究带有反馈回路的闭环(反馈)控制系统,因此,反馈控制系统是整个控制系统的核心,也是控制论的核心观点。

(2) 经济责任导向审计模式下审计质量控制的含义。

根据控制论的观点,经济责任导向审计模式下的审计质量控制也应当由前馈审计质量控制系统、反馈审计质量控制系统和保护性审计质量控制系统三个方面。因此,经济责任导向审计模式下的审计质量控制必须建立审前、审中、审后的全过程的控制体系。

作为审计质量控制的主体,审计机构应当明确各项审计业务的目标,合理制订审计计划、设计审计流程、确定审计重点领域、选择并运用科学的审计方法,以保证审计目标的实现。

但是,作为审计机构的前馈审计质量控制有时会受到各种因素的制约,不可能

十全十美。因此,审计机构有必要建立审计质量反馈控制系统,其基本路径是这样的:审计机构比较审计质量控制结果输出值与审计质量控制目标值之间的偏差,然后根据对偏差程度及其产生的原因的分析,采取纠偏措施,确保审计人员遵守法律法规、职业道德规范以及审计准则等各类审计规范的规定,并出具恰当的审计报告。

在运用审计质量反馈控制时,应尽可能提高审计质量信息反馈的效率,以避免或减少输入信息的时滞造成的控制软化。

虽然反馈审计质量控制系统在时间上有一定的滞后性,但它是控制系统必不可少的环节,本次审计质量控制的滞后信息,可能就是下次审计质量控制的超前信息。

同时,建立针对整个过程的保护性审计质量控制体系对于建立健全审计人员的约束与激励机制、培育质量至上的文化环境等也是至关重要的。

综上所述,我们认为,经济责任导向审计模式下的审计质量控制是指审计机构为了使审计行为和审计报告满足审计规范和社会期望的要求,而采取的制定一系列政策和程序的控制活动。只有进行多层次、全方位的控制,才能实现审计质量控制的目标。

2. 经济责任导向审计模式下审计质量控制的要素

我们认为,在经济责任导向审计模式下,审计质量控制的要素主要体现在"为什么控制?谁来控制?控制什么?怎样控制?"等四个方面。

审计质量控制的目标。审计质量控制的目标就是保证审计质量满足审计规范和社会期望的要求。在经济责任导向审计模式下,审计质量控制的目标一是指审计机构及其人员应当遵守法律法规、职业道德规范以及审计准则等各类审计规范的规定;二是指审计机构及审计项目负责人应当根据具体情况出具恰当的审计报告。审计质量控制的目标的实现不仅取决于审计行为的质量,而且取决于审计报告的质量。

审计质量控制的主体。审计质量控制的主体一般是指审计机构,它是完成审计质量控制目标的运行基础。在经济责任导向审计模式下,审计机构作为审计质量控制的主体应该通过建立相关的政策和程序,如责任追究制度、审计人员的约束与激励机制、审计质量控制制度等,以实现审计质量控制的目标。

审计质量控制的客体(对象)。审计质量控制的客体是审计流程,而审计流程是由一系列审计人员行为构成的,因此,经济责任导向审计模式下的审计质量控制的最终对象是审计人员的审计行为。但是,审计行为不可物化并且审计行为随着审计业务的结束而消逝,所以审计质量控制的最具操作性的对象应该是各种反映审计行为的载体,如审计工作底稿等书面资料以及以电子形式存储的信息资料。

审计质量控制的实施。在经济责任导向审计模式下,审计质量控制的实施就是安排关于"怎样控制?"的一系列政策和程序。所谓政策是指审计机构为确保审计质量符合一定的要求而制定的基本方针及策略;所谓程序是指审计机构为贯彻执行质量控制政策而采取的具体措施及手段。

3. 经济责任导向审计模式下审计质量控制的基本对策

(1) 确立全过程控制思路。

经济责任导向审计模式直接针对特定组织之经济责任人行为本身,因此,审计质量控制应该树立审前指导、审中监督、审后复核的控制思想,延伸审前、审后的控制范围,同时加大审中监督的检查力度,从而针对具体审计项目形成全面、有效的控制循环。

具体来说,审计人员应当在制订审计计划时,就项目组成员工作的指导、监督和复核制订计划;在具体实施审计业务过程中,除了项目组内部实施指导、监督和复核外,还应对经济责任界定难、审计风险大、涉及公众利益范围大的业务实施项目质量管理;在审计结束后,须对归档的审计工作底稿实行管理,并由审计机构组织周期性的检查。

(2) 遵守法律法规、职业道德规范、业务准则并重。

审计人员往往认为只要其审计行为遵循审计准则等技术规范,审计质量就控制到位了,从而忽视遵守法律法规和职业道德规范的要求。从全球审计职业界发生的一些重大审计失败及诉讼案的原因来看,除了审计人员未很好遵守技术规范外,跟审计人员忽视遵守法律法规和职业道德规范的要求也有密切关系。事实上,不重视遵守法律法规和职业道德规范,最终将导致无法做到按审计准则的要求来保证审计质量。在经济责任导向审计模式下,审计对象是经济责任人履行经济责任的状况,审计人员如果发表了不恰当的审计意见和审计评价,会对相关经济责任人产生负面影响。因此,在经济责任导向审计模式下,审计机构必须全方位、多角度地采取必要措施,强调遵守法律法规、职业道德规范和业务准则并重,以切实保证审计行为和审计报告的质量。

(3) 严格实行责任追究制度。

在经济责任导向审计模式下,审计机构必须严格实行责任追究制度。基本设想是,为了保证审计质量管理政策和程序的顺利贯彻与执行,要建立项目负责人负责制,明确审计项目质量管理的最终责任人。在此基础上,实行分层次的质量管理责任追究制度。项目负责人对其所承担的每项业务的总体质量负责,审计机构负责人对审计机构整体的质量管理承担最终责任。

(4)营造审计质量管理的人文环境。

在经济责任导向审计模式下,作为审计质量管理主体的审计机构应当制定政策和程序,营造审计质量管理的人文环境。

首先,审计机构的领导层要树立质量至上的意识,审计机构负责人应对审计质量管理制度承担最终责任;各级管理层应当通过清晰、一致及经常的行动示范和信息传达,向全体审计人员强调审计质量管理政策和程序以及实现审计质量管理目标的重要性;审计机构应当委派有胜任能力及必要权限的审计人员承担审计质量管理制度的运作责任,并建立与审计质量挂钩的业绩评价、薪酬及晋升的政策和程序。

其次,审计机构应当制定人力资源政策和程序,合理保证拥有足够的、具有必要素质和胜任能力,并遵守职业道德规范的人员,以实现审计质量管理的目标;人力资源政策和程序不仅要解决好招聘、人员素质、专业胜任能力、职业发展和人员需求预测问题,还必须把人员作为社会人和经济人,切实解决好他们的业绩评价、薪酬和晋升问题。

(5)强化审计复核。

复核一直是审计项目质量管理的重要环节。我们认为,在经济责任导向审计模式下,审计机构应借鉴采用项目质量复核方法,加强审计复核的力度。

项目质量复核是指在审计报告发布之前,对项目组做出的重大判断和准备报告时形成的结论进行客观评价。该复核是由不参与业务的人员进行,增强了复核的独立性和客观性,有利于保证审计质量。另外,该复核产生的威慑作用,有利于督促项目组勤勉尽责。

9　促进经济责任审计发展的对策建议

经济责任审计是现代审计理论与方法与中国特色的审计实践相结合而产生的一种制度创新,对完善领导干部监管机制、加强党风廉政建设、促进民主政治具有重要的现实意义。

经济责任审计运行机制是经济责任审计功能得以有效发挥的一系列原理、方式、方法和制度安排。经济责任审计运行机制是否完善,决定着经济责任审计工作的效率和效果,而经济责任审计的运行效率对经济责任审计能否促进和完善组织治理起着重要作用。

9.1　树立受托经济责任理念,推进责任政府建立

1. 美国审计署更名的启示

2004年,美国审计署更名为责任审计署(Government Accountability Office,简称GAO),其首要任务就是促进联邦政府提高工作绩效,保证联邦政府能够对国会和美国公众尽责任,更名凸显了政府的受托经济责任,这表明对政府的绩效和责任的关注已经逐渐成为现代国家审计的核心内容。

2. 基于受托经济责任理念建立责任政府

根据Sherer和Kent的观点,任何形式的组织都是基于某种特定的受托经济责任关系而存在的。任何组织都有全面有效履行其承担的受托经济责任的义务。因此,受托经济责任关系的存在具有普遍性。国家作为一种特殊的组织,其委托代理关系具有特殊性和复杂性。一方面,这种委托关系既存在于公众与政府之间,也存在于不同级别的政府组织之间,还存在于政府与政府工作人员之间。另一方面,这种委托关系主要涉及公共权力的运行和公共资源的分配和利用。

受托经济责任关系存在的普遍性凸显推进责任政府建立的紧迫性。为了更好地履行公共受托经济责任,防止代理问题导致权力滥用和利益矛盾,经济责任审计必须基于受托经济责任理念,从保证和促进公共受托经济责任全面、有效履行的角

度全面推进责任政府的建立。

9.2 确立经济责任审计目标,提升经济责任审计理论研究的深度和广度

所谓的目标经济责任是指行为责任人应该承担的以目标的方式确定的经济责任。从目标经济责任的理论依据分析,目标经济责任是受托经济责任的人格化。经济责任审计要全面、准确地确认或解除目标经济责任,必须首先明确行为责任人应履行的受托经济责任。受托经济责任的本质要求包括保全责任、合规责任、节约责任、效率责任、效果责任、控制责任及公平责任等。从目标经济责任的定位分析,目标经济责任是一种可持续发展的经济责任。实现可持续发展应遵循经济发展与环境保护相协调、经济发展增量与质量相统一、经济发展与社会全面进步相协调的原则。从目标经济责任的特征分析,目标经济责任是一种有限责任。目标经济责任是指行为责任人因担任特定职务而管理运用财政资金、国有资源和国有资本、有关基金和资金为核心以及从事其他经济活动履行的职责、义务。如果将目标经济责任确定为无限责任,既不利于经济责任审计工作的开展,也不利于领导干部履行公共受托经济责任。从目标经济责任的实现途径分析,目标经济责任是指通过法律、制度、道德以及相关人员的期望等方式,明确党政机关、企事业单位和人民团体等单位主要责任人的责任范围,运用目标化、定量化、制度化的管理方法,并将其作为各级领导的行为规范和考核依据,根据落实情况,实行奖惩,是责、权、利、义的有机结合的行政管理制度。

然而,审计目标总是随着审计环境的变化而变化,随着审计职能的发展而发展,随着人们对审计的主观认识程度的提高而提高。在实现经济高质量发展的历史进程中,我们把目标经济责任的内容划分为治理责任、控制责任、管理舞弊控制责任、效率或绩效责任、环境保护责任、社会责任、可持续发展责任以及报告责任等八个方面,拓展创新经济责任审计概念。

9.3 加强党风廉政建设,营造良好经济责任审计氛围

加强党风廉政建设与经济责任审计相辅相成。一方面,党风廉政建设是全面从严治党的重要内容和迫切需要,是国家长治久安的需要,也是党和政府始终保持与人民群众血肉联系的重要保证;另一方面,加强党风廉政建设的良好氛围为经济责任审计提供了条件,有关党风廉政建设的制度与规定为经济责任审计工作的开

展提供了标准。

制度建设是廉政工作的根本途径和重要保证。俗话说,"没有规矩不成方圆"。规矩是规定人的行为的有效方式,有了这种方式才能制止和杜绝腐败现象的发生与蔓延。强化制度建设,深化制度创新,才能充分发挥制度在惩治腐败和预防腐败中的保证作用,确保惩防体系建设取得实效。

9.4 构建经济责任审计监控体系,进一步深化经济责任审计

1. 构建经济责任审计监控体系的必要性

实现国家治理的途径很多,但现实的中国,明确责任,进而落实责任,是国家治理的关键所在(李金华,2005;蔡春等,2011;刘家义,2012;刘家义,2015)。建立责任政府需要强化责任意识和建立责任追究制度,提高经济责任审计的运行效果。但是有关经济责任审计运行效果的实证研究结果表明,增加经济责任审计业务量并不能显著提高经济责任审计运行效果。鉴于此,我们认为应当从被审计对象入手,构建经济责任审计监控体系。

2. 经济责任审计监控体系的构成

经济责任审计监控体系包括目标经济责任、经济责任履行报告体系、经济责任审计监控机制。目标经济责任可以通过法律形式、聘任合同形式、组织任命以及就职声明书等形式确定。为了说明受托经济责任的履行状况,领导干部应当提供经济责任履行报告,经济责任审计监控机制则由经济权力审计目标、经济权力审计信息、经济权力审计规范、经济权力审计控制手段与方式和经济权力审计组织机构等组成。

3. 经济责任审计监控体系的构建

为了进一步深入推进经济责任审计,提升组织治理效率,我们认为,应该从以下几个方面构建经济责任审计监控体系,以进一步完善经济责任审计制度。

(1) 目标经济责任的确定与经济责任履行报告体系的构建。目标经济责任人是经济责任审计的对象,经济责任履行报告体系是经济责任审计对象的载体,因此,经济责任审计的推进和完善首先应明确相关责任主体的目标经济责任,并构建相应的经济责任履行报告体系。

(2) 以目标经济责任为导向、以经济责任履行报告体系为基础的经济责任审计评价方法与指标体系的构建。任何类型审计的实施效果都受制于审计评价方法与指标体系的科学性和合理性,因此,只有以目标经济责任为导向,才能保证经济

责任审计评价方法的科学性;只有以经济责任履行报告体系为基础,才能保证经济责任审计评价指标体系的合理性。

(3) 政府的经济责任与政府领导人经济责任的合理界定与划分。由于我国实行的是行政首长负责制,重大决策是在民主集中制的基础上,由行政领导人最后拍板定夺。因此,深化经济责任审计必须对政府的经济责任与该政府领导人经济责任进行合理界定与划分,既不因集体决策而加重行政领导人的经济责任,也不能让行政领导人以集体决策为由推脱或减轻其经济责任。

(4) 党委经济责任与行政领导经济责任的合理界定与划分。在我国的行政实践中,党委书记和行政领导的责任有时难以划分,这就给经济责任审计的实施带来了很大的困难,因此,经济责任审计的实施还需要对党委和行政领导的经济责任予以恰当的界定与划分。

(5) 经济责任审计的运行机制与深化政府治理的关系。经济责任审计的实施有利于推进责任政府的建立,因此,经济责任审计运行机制的建立和完善可以促进和完善政府治理,同时,政府治理水平的提升,也有助于经济责任审计运行机制的建立和实施。

(6) 经济责任审计结果公告与有效利用。建立和完善经济责任审计结果公告制度,让社会公众对经济责任审计结果进行有效监督,并将经济责任审计结果作为干部考核、任用和提拔的重要依据,才能真正发挥经济责任审计在国家治理中的作用。

9.5 经济责任审计与政府问责制有机结合

1. 公共受托经济责任:经济责任审计与政府问责制的契合点

政府问责制作为国家政治制度的一部分,是一种有效的国家治理机制,政府问责制通过对政府官员的行政问责,促进公共受托经济责任的有效履行;经济责任审计作为国家治理机制的一个有机组成部分,通过发挥审计的监督、评价和鉴证等功能,促进和保证公共受托经济责任的全面、有效履行。因此,对公共受托经济责任的关注,是经济责任审计与政府问责制的有机契合点。

2. 强化政府官员的责任意识,提升政府治理效率

政府问责制作为一种有效的国家治理机制,其作用的发挥依赖于对责任履行情况的合理界定。通过对政府官员的经济责任审计,并将经济责任审计的结果向公众传达,可以较好地对政府官员的公共受托经济责任履行情况实施全面的鉴证和

评价,并以此作为政府问责的依据。因此,经济责任审计的实施,可以强化政府官员的责任意识,改变政府官员"不求无功,但求无过"的理念,促进政府官员全面有效地履行各项公共受托经济责任,从而促进和完善国家治理机制,提升政府治理效率。

9.6 重构经济责任审计委托制度,完善经济责任审计委托机制

经济责任审计委托制度影响经济责任审计委托权的安排。当前,我国由经济责任审计工作联席会议拟订年度工作计划,由组织部门、纪委部门、人事部门、国资委等来具体委托审计机构对领导干部进行经济责任审计。通过前述有关经济责任审计委托机制的分析可知,全体人民才是公共权力、公共资源和公共财产的所有者,人民代表大会代表人民行使权力。人民代表大会将公共权力、公共资源和公共财产委托给人民政府、政府各部门、事业单位和国有企业进行管理,政府领导、政府各部门主要负责人、事业单位负责人与国有企业负责人间接对全体人民、人民代表大会负有公共受托责任。人民代表大会代表人民对政府权力运用情况进行监督。在当前我国经济责任审计实践工作中,人民代表大会的缺位导致人民不能通过人民代表大会行使经济责任审计的委托权。

另外,经济责任审计委托权的安排与经济责任被审计对象的范围、人数有着直接的关系。从理论上而言,经济责任审计委托权安排越分散,经济责任审计被审计对象的范围可能越大、人数也可能越多,如此,则可以使更多领导干部的权力使用情况置于审计的监督之下。基于以上原因,我们建议重构经济责任审计委托制度,使人民代表大会成为经济责任审计工作联席会议的组成部分,从而构建人民代表大会、党委、政府三位一体的经济责任审计委托模式,如图9-1所示。人民代表大会代表人民行使经济责任委托权,从而对领导干部经济责任履行情况形成外部监督和制约;党委代表党行使经济责任委托权,从而加强对党政领导干部队伍的管理,促进党风廉政建设;政府代表人民政府行使经济责任委托权,从而可以加强政府部门的内部管理,形成有效的内部监督和制约,促进领导干部经济责任的全面、有效履行。

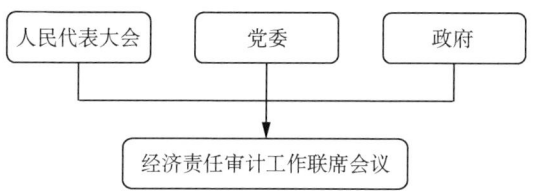

图9-1 人大、党委、政府三位一体的经济责任审计委托模式

9.7 建立注册经济责任审计师制度,完善经济责任审计执行机制

1. 建立注册经济责任审计师制度的必要性

审计作为一种职业,其工作的有效开展要求审计人员具备一定的专业胜任能力。由于审计职业的特殊性,一般公众无法对审计人员的专业胜任能力做出判断和评价。因此,国内外很多涉及公共利益的行业,都实行行业准入制度,通过注册申请与审核环节,提高相关从业人员的专业胜任能力。

我们可以从国外审计事业发展历程来寻求支持性证据。根据审计类型的细分和演进,国外审计职业界已经成立了一些专门的职业审计协会,并推行各种注册审计师制度。1941年,美国创建了内部审计师协会。1972年,国际内部审计师协会(IIA)推行了注册内部审计师(CIA)考试和授证制度。1969年,信息系统审计与控制协会(A Information System Audit and Control Association,简称 ISACA)成立,并推行注册信息系统审计师资格认证制度。1988年,美国注册舞弊审核师协会(Association of Certified Fraud Examiners,简称 ACFE)成立,成为舞弊查核的专业性组织。1991年,加拿大环境审计师协会(CEAA)成立,并与国际内部审计师协会共同组建了环境审计师注册委员会(BEAC)。经济责任审计是国家审计的一种类型,理应建立注册经济责任审计师制度。

2. 建立注册经济责任审计师制度的重要性

注册经济责任审计师制度的建立,有利于推动经济责任审计的职业化进程,确保经济责任审计工作的质量,促进我国国家审计事业的发展。同时,注册经济责任审计师制度的建立,有利于构建以政府为主导的多元经济责任审计监控体系,进而强化政府官员的责任意识,提升政府治理效率。

(1) 建立注册经济责任审计师制度,有利于推动经济责任审计的职业化进程。

经济责任审计作为一种独立的审计类型,其在审计目标、审计内容、审计方法、评价标准以及审计报告等方面,与其他审计类型存在显著差异。经济责任审计工作的有效开展,要求审计人员具备相应的专业胜任能力。鉴于此,结合国外注册内部审计师、注册环境审计师、注册舞弊审核师及注册信息系统审计师的发展历程及趋势,本卷建议我国建立注册经济责任审计师制度,由专门人员从事经济责任审计工作,以推动经济责任审计的职业化进程,确保经济责任审计工作的质量,促进我国审计事业的发展。

(2) 建立注册经济责任审计师制度,有利于构建以政府为主导的多元经济责

任审计监控体系。

当前,我国经济责任审计工作范围涵盖了政府部门、事业单位、国有企业及国有控股企业。只要领导干部离任,就必须对其实施经济责任审计;另外,国家出于干部管理的需要,对部分领导干部还需要进行在任经济责任审计。从我国审计工作的发展趋势来看,领导干部在任经济责任审计的比重还会进一步加大,由此,经济责任审计的工作量也必将大大增加。在我国政府审计部门工作队伍力量有限的情况下,既要保证财政审计、投资审计、社保审计、资源环境审计、企业审计等审计工作的正常开展,又需要应对经济责任审计工作量将进一步增加的挑战。因此,我们认为,我国可以建立注册经济责任审计师制度,通过注册经济责任审计师资格考试选拔经济责任审计师,整合社会审计、内部审计资源,强化经济责任审计人员队伍建设。

建立注册经济责任审计师制度有利于构建以政府为主导的多元经济责任审计监控体系。政府审计部门可以根据项目,成立经济责任审计小组,小组领导或骨干成员由政府审计机构人员担任,小组其他工作成员可以聘任经济责任审计师担任,以充分利用社会审计、内部审计资源,强化经济责任审计工作。另外,政府审计机构在实施经济责任审计工作的过程中,也可以利用社会审计和内部审计的成果,以提高经济责任审计的效率。注册经济责任审计师制度的建立可以强化经济责任审计工作人员队伍建设,提升经济责任审计工作的效率,从而为扩大经济责任审计范围和深度提供人力资源条件,进而强化政府治理,提升政府治理效率。

9.8 建立绩效审计职业制度,提高经济责任审计效率

绩效审计在一定程度上依赖于审计师的职业判断,这对审计师的素质提出了更高的要求。积极的绩效审计师应是主动和全面的,在其管辖权范围内,独立地确认重要的社会和政策问题;在外部权威需要的情况下,进行审计创新以及重要审计的自我创新;遵循公认政府审计准则,发布诸如预算调查和财务趋势等特殊报告;把社会公众及其代表作为最终客户。现代审计职业发展的一种明确的趋势就是更加的专门化和精细化。

经济责任审计在坚持重要性、客观性、谨慎性、科学性、历史性、统一性等原则的基础上,也应该注意经济责任审计的效率性,因为只有提高了效率才能全面广泛地开展经济责任审计。随着"十四五"规划的出台,为了全面推进绩效审计,我们建议建立绩效审计职业制度,这样可以有效地提高经济责任审计效率。建立绩效审

计职业制度,应探讨建立注册绩效审计师制度的可行性及其实现方式,注册绩效审计师的业务范围、能力框架管理和考核,职业规范以及后续教育。

9.9 建立绩效审计报告与绩效审计结果公告制度,提高审计透明度

经济责任审计公告制度是指政府相关部门通过各种形式,将经济责任审计相关信息向社会公众予以公示的一种制度。经济责任审计信息公告可以分为经济责任审计事前公告、经济责任审计事中公告和经济责任审计事后公告三种形式。审计机构在实施经济责任审计前,审计委托部门或其他相关部门可以将拟实施的经济责任审计项目予以公示,以让社会公众了解年度将对哪些领导干部实施经济责任审计,扩大社会公众的知情权。审计机构在实施经济责任审计的过程中,可以将经济责任审计工作的进展情况予以公示,以促进社会公众对经济责任审计工作的支持和参与;社会公众可以在知道经济责任审计工作进展的相关情况下,为经济责任审计工作提供线索或证据。审计机构在完成经济责任审计工作后,可以将经济责任审计报告予以公示,将移交司法机关的案件予以公开,以让社会公众了解经济责任审计工作的成果。经济责任审计信息公告制度可以推动舆论的监督和社会的监督,更能有利于推动领导干部问责制度的落实。

当前,我国经济责任审计公告制度尚不完善,经济责任审计公告的范式、经济责任审计报告的结果运用都处于探索阶段。大力推进经济责任审计公告制度,可以扩大经济责任审计信息传递的范围,满足更多审计信息使用者的要求,从而提高经济责任审计结果的运用水平。经济责任审计公告制度框架如图9-2所示。

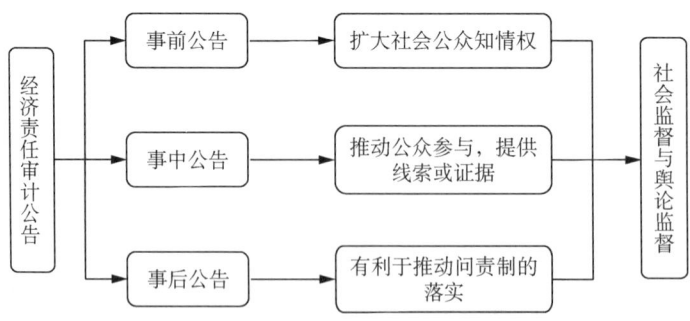

图9-2 经济责任审计公告制度框架

实现上述目标要做好以下两方面的工作：一是与各部门协调配合，制订有效的审计计划。以往的经济责任审计基本都是离任审计，任务急、时间紧，常常与审计机关年初安排的常规审计发生冲突，致使审前准备工作不充分，容易造成盲目审计。对此，审计机关应同有关部门及早协商确定本年度需要审计的领导干部，改变过去单一的离任审计方法，对经济责任审计采取任中、任前、离任三种审计方式，以任中审计为主，严格按计划，对任期满3年的领导干部，无论岗位是否变动，原则上在任中都要进行审计，在计划的安排上注意突出重点，对具有执法权、管理权、掌管资金多，下属单位多的领导干部，重点进行审计；根据组织部门委托，凡组织决定提拔任用掌管资金物资部门的主要领导成员时，都要对其进行任前审计，并逐渐扩大任前审计的范围和比例，逐步实现先审计、再任职的干部任免程序，确保有问题的领导干部坚决不能上任，建议组织部门重新考虑业绩不好的领导干部的任用；把3年内达到离职退休年龄的领导干部的离任审计，统一列入各地的年度审计计划。审计部门根据组织部门提供的领导干部名单，自行制订切实可行的审计计划，力争在领导干部离任前完成经济责任审计。二是建立信息共享系统，实现审计结果的有效运用。对同一被审计单位来说，虽然不同审计任务的审计目标、要求和时间各不相同，但是审计的内容、程序和结果却存在着许多相同点。在省级或市级审计机关建立信息共享系统，审计人员在完成一项审计任务后，妥善整理和保存审计工作底稿，将相关信息输入信息共享系统，其他审计人员在审计同一被审计单位时可查阅相关信息，这样，可以大大提高审计效率，有效地运用审计结果。

9.10 完善经济责任审计信息传递与结果运用机制

注册经济责任审计师制度的建立和完善，可以提升从事经济责任审计人员的专业胜任能力，确保经济责任审计的质量。但是，经济责任审计运行效率的提升，还有待于经济责任审计结果的合理有效利用。然而，当前我国经济责任审计结果的运用中存在的问题在很大程度上限制了经济责任审计的治理功能的发挥。因此，本章在分析当前我国经济责任审计结果运用中存在的主要问题的基础上，结合前述理论分析和实证经验证据，提出相关的对策建议。

1. 当前我国经济责任审计结果运用中存在的主要问题

（1）审计力量不足，导致审计工作结果得不到有效运用。

审计机关的工作任务主要包括预算执行审计、上级审计机关安排的专项审计、领导干部经济责任审计和党委与政府交办的其他审计事项四个方面。审计机关面临的工作任务十分繁重,而现有的编制设置又十分有限,这就造成了以下两个问题:一是重复审计,工作效率低下。审计机关现行的工作分配方法是对接到的任务逐项依次进行审计。但实际上,虽然这些任务在授权主体、时间安排和目的要求上不同,但审计内容和程序却存在着交叉甚至重叠,同一个被审计单位在同一年度可能被经济责任审计小组和其他审计项目组同时审计,很大一部分审计内容相同或类似,但审计结果却不能共享,造成了审计资源的严重浪费,增加了审计机关和审计人员的工作量。二是工作难以事先计划,审计效果得不到保证。审计任务往往时间紧、任务重,审计机关无法事先制订工作计划,审计人员常处于超常运转状态,需要加班加点才能完成任务,特别是在政府换届时,组织部可能临时委派大量的经济责任审计工作,审计人员很难有足够的时间去搞审前调查,制定方案等,即审前准备不充分,审计之中又抢时间赶进度,不能保证审计工作质量。

(2) 经济责任审计评价标准不规范,导致审计评价不准确。

运用经济责任审计结果的一个重要前提是审计评价客观公正、真实可靠。目前,我国在经济责任审计结果的定量定性分析、评价结论的确定、审计建议的选择、审计结论的内容和格式等方面尚无统一规定,仍存在许多人为因素,如何对所有相关因素进行实事求是的分析,对被审计对象的功过是非做出准确的评价已成为一大难题,给审计工作造成了很大的困难。日常工作中常有以下几种不适当的表述:一是包罗万象的全面评价;二是评价内容主观空洞;三是评价绝对化、不留余地。这些不恰当的表述,加大了审计机关工作的风险和相关部门获知被审计领导干部经济责任履行情况的难度。

(3) "先审计,后离任"的原则得不到有效贯彻,导致对审计结果的利用不充分。

在现阶段的领导干部离任经济责任审计中,经济责任审计工作与组织人事制度的结合不够紧密,难以保证经济责任审计成果被充分运用到干部的选拔任用工作中。审计机关接受审计任务时,组织人事部门已下达调任通知,审计机关的工作所起作用仅为帮新领导摸清家底,对离任者和新任领导的经济责任的界定及任职无任何实际意义,给经济责任审计成果的运用带来了非常不利的影响。

(4) 审计覆盖面的限制,导致审计作用无法有效发挥。

审计覆盖面的限制通常表现为以下两方面:一是管辖范围上的限制。经济责任审计按照领导干部的管理权限来确定审计管辖范围,审计机关主要负责对本级以及下一级党政机关、企事业单位、国有企业的领导干部进行经济责任审计,但对实行垂直管理的部门,如司法、税务、工商、技术监督、食品药品监督等部门,审计机关不具有审计监督权,而上一级审计机关的审计重点在这些单位的主管部门,往往无暇顾及基层垂直单位。这些垂直管理单位一部分是行政执法机关,拥有执法监督、经济处罚等权力;一部分是行业专营单位,拥有垄断经营权;还有一部分既有行政执法权又有专营权,权限较大,财务收支资金量也较大。这些单位是滋生腐败的高发区,审计机关对这一领域却存在盲点。二是时间范围上的限制。领导干部的任期往往较长,而审计机关由于人力、时间、财力等方面受到的限制,审计的时间范围一般以 3 年为主,对以前年度的经济责任履行情况只做大概了解或根本不审。时间范围的限制导致审计证据收集的不足,许多问题未能被发现,从而得出不恰当的审计结论。

2. 促进经济责任审计结果合理有效运用的对策建议

针对上述经济责任审计结果运用中出现的问题,我们提出以下对策和建议。

(1) 加快法律规范建设,完善经济审计结果运用机制。

2006 年 2 月修改后的审计法首次明确了经济责任审计的法律地位,为开展经济责任审计进一步提供了法律依据,但是经济责任审计工作中的具体规范、条例仍尚未公布。国家应尽快出台经济责任审计条例,明确经济责任审计的范围、形式、程序、评价和责任等内容,解决目前现实工作中无规范可依,各级审计机关各行其是,凭主观臆断随意操作的问题。待经济责任审计条例出台后,各地可在审计法和经济责任审计条例的指导下,结合本地实际情况制定经济责任审计地方法规。审计人员依据具体的审计规范进行操作和评价,可提高经济责任审计评价的规范性和准确性。

(2) 规范成果转化机制,促进审计结果运用。

结合经济责任审计公告制度,要使审计成果得到有效运用,各方必须做到四个坚持:一是坚持要求各级用人单位先审后离,先审后任,凭审任用,未经审计的领导干部坚决不能任用;二是坚持把审计成果分为优、良、中、差四个级别,纳入领导干部考核、任免程序,不见审计结果不做结论;三是坚持建立领导干部的廉政档案库,将经济责任审计结果报告存入被审计领导干部和国有企业领导人员的廉政档案中,随个人档案共同保管,并永久保存;四是坚持审计结果公告制度,对被审计领导干部和企业领导人员存在的严重违法违规问题,应采取一定方式予以通报,并按规定程序以适当形式向社会公布审计结果,将审计监督与舆论监督、群众监督、社会监督结合起来,形成强大的合力,引起被审计单位及相关部门对审计查出的问题的重视,加大审计结果运用力度。

(3) 建立国家审计部门与纪检监察部门的有机联动机制,加大对违法违纪问题处罚的力度。

在 2021 年全国审计工作会议上,时任审计长胡泽君表示,全国共开展领导干部自然资源资产离任(任中)审计项目 3 076 个,涉及 4 611 人;组织实施中央生态环保科目资金等专项审计,推动加快资金拨付使用和环保项目建设进度;审计 18 个省及所辖 36 个市县政府债务管理情况,推动严格规范举债行为,加快新增专项债券资金投入使用;审计 37 家地方金融机构资产质量情况,督促将不良贷款真实入账,并加快清收、处置。

但是由于处罚力度不大,一些违纪违规问题是"屡查屡犯",经济责任审计未能达到预期的效果。"审计难,处理更难"是当前经济责任审计运行中存在的一个瓶颈。结合前述实证分析的结论,我们认为,为了提升经济责任审计结果的运用效果,促进政府治理机制的完善,应建立国家审计与纪检监察之间的联动机制,加大对经济责任审计中查出的各种违法违纪行为的处罚力度,促进经济责任审计结果的有效利用,从而提升政府治理效率和效果。

(4) 扩大审计覆盖面,确保审计结果运用。

一是重新确定审计管辖范围,将垂直管理单位纳入本级审计机关监督范围,制定有效的上下级联合审计模式,上级审计机关应加大对下级审计机关的审计授权,对于有条件的审计对象,采取上下联合审计方式,由上下级审计机关联合对某个系统的领导干部同步实施经济责任审计,全面审查被审计单位的财务收支状况、资金使用效益、资金流向等,及时发现被审计单位的深层次问题,准确反映领导干部的经济责任履行情况。二是扩大审计时间范围,审计机关合理制订审计计划,统筹安排审计力量,对任期较长的领导干部,以近 3 年审计为主,将以前年度发生的对财务收支和资金使用状况产生重大影响的经济活动也纳入审计范围,进行重点审计,保证审计结论的恰当性。

主要参考文献

安徽省审计厅课题组,戴克柱,2014.对自然资源资产离任审计的几点认识[J].审计研究,(06):3-9.

白日玲,2008.基层领导干部经济责任审计在建设社会主义新农村中的地位与作用[J].审计研究,(03):38-43.

柏继民,2000.坚持任期经济责任审计促进党风廉政建设[J].审计研究,(05):16-19.

蔡春,毕铭悦,2014.关于自然资源资产离任审计的理论思考[J].审计研究,(05):3-9.

蔡春,陈晓媛,2006.环境审计论[M].北京:中国时代经济出版社.

蔡春,2001.审计理论结构研究[M].大连:东北财经大学出版社.

蔡春,田秋蓉,刘雷,2011.经济责任审计与审计理论创新[J].审计研究,(02):9-12.

蔡春,1996.现代企业制度与现代会计和现代审计有关问题的探讨[J].经济学家,(04):61-70.

蔡春,谢柳芳,王彪华,2020.经济责任审计与地方政府治理:以环境污染为视角[J].厦门大学学报(哲学社会科学版),(02):91-104.

常勋,黄京菁,2004.从审计模式的演进看风险导向审计[J].财会通讯,(13):10-13.

陈波,2015.论产权保护导向的自然资源资产离任审计[J].审计与经济研究,30(05):15-23.

陈东,1999.环境审计若干理论问题初探[J].财经论丛,(3):67-71.

陈冬华,周春泉,2006.自选择问题对审计收费的影响:来自中国上市公司的经验证据[J].财经研究,(03):44-55.

陈汉文,池晓勃,1997.关于环境审计的几个问题探讨[J].审计研究资料,02:1-4.

陈荣高,2011.党政主要领导干部经济责任同步审计探索[J].审计研究,(03):8-11,7.

陈少青,2014.会计师事务所组织形式变更对审计收费的影响[D].大连:东北财经大学.

陈思维,1998.环境审计的理论结构[J].审计理论与实践,13:12-14.

陈素琴,洪波,1999.试论企业领导干部任期经济责任审计[J].审计与经济研究,(06):16-18.

陈献东,2014.开展领导干部自然资源资产离任审计的若干思考[J].审计研究,(05):15-19.

陈小林,张雪华,闫焕民,2016.事务所转制、审计师个人特征与会计稳健性[J].会计研究,(06):77-85,95.

陈信元,夏立军,2006.审计任期与审计质量:来自中国证券市场的经验证据[J].会计研究,(01):44-53,93-94.

陈志斌,2003.公共受托责任:政治效应、经济效率与有效的政府会计[J].会计研究,06:36-39.

成法民,2011.高校经济责任审计评价指标体系构建探讨[J].财会通讯,(16):98-99.

程军,刘玉玉,2018.国家审计与地方国有企业创新:基于经济责任审计的视角[J].研究与发展管理,30(02):82-92.

程莹,2015.双重领导管理体制下影响地方政府审计质量的因素分析[J].审计与经济研究,30(04):67-76.

池国华,杨金,谷峰,2018.媒体关注是否提升了政府审计功能?——基于中国省级面板数据的实证研究[J].会计研究,(01):53-59.

崔丽艳,2013.审计任期与审计质量相关研究文献综述[J].合作经济与科技,(01):82-83.

邓名奋,2007.论公民与政府委托:代理关系的构建[J].国家行政学院学报,05:39-42.

底萌妍,2007.经济责任审计的执行主体的再思考[J].商场现代化,(17):337-338.

董大胜,2001.审计技术和方法[M].北京:中国审计出版社.

范柏乃,2007.政府绩效评估与管理[M].1版.上海:复旦大学出版社:38-40.

方军雄,洪剑峭,李若山,2004.我国上市公司审计质量影响因素研究:发现和启示[J].审计研究,(06):35-43.

费军,陈绵云,2003.基于层次分析法的领导干部经济责任审计评价研究[J].计算机工程与应用,(18):25-27.

冯正龙,王泽群,1997.谈厂长(经理)离任经济责任审计中的存货保留单价的确定[J].审计与经济研究,(05):25,48.

福建省三明市审计学会课题组,王春火,赵自云,等,2000.任期经济责任审计若干问题研究[J].审计与经济研究,(03):21-23.

高占江,2007.对县长经济责任审计的理性思考[J].审计研究,04:24-27,7.

谷树忠,2015.加强资源环境审计助力生态文明建设[N].中国经济时报,05-15(014).

郭强华,2005.基于"特种审计制度"的"廉政审计"研究[J].审计与经济研究,(03):9-12,30.

郭振乾,1997.认真履行审计监督职责在两个文明建设中发挥更大作用:在全国审计工作会议上的讲话[J].审计研究,(01):8-17.

哈罗德·孔茨,西里尔·奥唐奈,1982.管理学[M].中国人民大学工业经济系,译.贵阳:贵州人民出版社.

韩锐,2010.经济责任审计若干法律问题之我见[J].审计研究,(02):34-38.

韩维芳,2017.审计风险、审计师个人的经验与审计质量[J].审计与经济研究,32(03):35-45.

何秀芝,李朝旗,丁志,2020.开源GIS软件和空间数据库在资源环境审计中的应用路径[J].审计研究,(02):22-28.

洪承旭,阎建军,2002.商业银行领导经济责任审计评价指标初探[J].审计与经济研究,(02):18-20.

后小仙,赵中伟,2016.经济责任审计与领导干部选拔任用的制度耦合[J].中国行政管理,(03):26-30.

胡春元,1997.审计风险研究[M].大连:东北财经大学出版社.

胡税根,2005.公共部门绩效管理[M].1版.浙江:浙江大学出版社:52-53.

黄溶冰,单建宁,时现,2010.绿色经济视角下的党政领导干部经济责任审计[J].审计研究,(04):33-36.

黄溶冰,2013.党政领导干部经济责任审计的层次变权综合评价模型:基于科学发展观的视角[J].审计研究,(05):53-59.

黄溶冰,2016.基于PSR模型的自然资源资产离任审计研究[J].会计研究,(07):89-95,97.

黄玉华,2007.完善运行机制,注重成果利用,全面加强经济责任审计工作[J].交通企业管理,(12):59-60.

贾中裕,2000.经济与管理数学模型[M].北京:冶金工业出版社.

杰里·D·沙利文、理查德·A·格诺斯佩利奥斯、菲利普·L·德弗利斯,等,1989.蒙哥马利审计学(上)[M].《蒙哥马利审计学》翻译组译.北京:中国商业出版社.

靳永军,2000.略论环境审计[J].陕西省行政学院.陕西省经济管理干部学院学报,01:47-48.

经济责任审计评价科学化课题组,2005.经济责任审计评价科学化研究[J].审计研究,(05):80-83.

莒和通,2003.略论任期经济责任审计中存在问题及对策[J].审计理论与实践,(10):53-54.

李常青,王澍,2003.审计质量与事务所规模背离——来自审计公费实证的证据[C]//《中国管理科学》编辑部.中国优选法统筹法与经济数学研究会.2003年中国管理科学学术会议论文集.

李根权,2007.浅议企业内部审计与内部审计运行机制[J].金融经济,(14):159-160.

李季玲,2013.经济责任审计报告中存在的问题及对策[J].理财,(05):84.

李金华,2001.李金华审计长在津强调:经济责任审计工作要在三个方面下功夫[J].审计理论与实践,(09):1.

李金华,2002.努力实践"三个代表"切实加强审计监督[J].人民论坛,(01):13-15.

李金华,2004.中国审计史:第三卷[M].北京:中国时代经济出版社.

李明辉,2014.政府审计在反腐败中的作用:理论分析与政策建议[J].马克思主义研究,(04):106-115.

李诗银,2003.乡镇领导干部经济责任审计评价指标体系[J].中国审计,(07):80.

李爽,吴溪,2004.监管信号、风险评价与审计定价:来自审计师变更的证据[J].审计研究,(01):13-18.

李涛,龚璇,2013.企业集团内部审计运行机制再造:基于价值创造与风险管控视角[J].财会月刊,(12):88-92.

李维安,2005.公司治理学[M].北京:高等教育出版社.

李晓慧,2005.审计报告的沿革及其运用研究[J].审计研究,(03):85-88.

李晓群,2002.论建立企业领导人员任期经济责任审计评价体系[J].审计理论与实践,(12):16-18.

厉以宁,章铮,1995.环境经济学[M].北京:中国计划出版社.

梁雪铖,2009.经济责任审计与财务收支审计比较分析[J].审计研究,(06):30-33.

梁雪铖,2011.经济责任同步审计评价问题探析[J].审计研究,(03):18-23.

梁宜昕,管素英,2003.高校经济责任审计应注意的问题[J].审计理论与实践,(08):55.

梁瑛,2012.CPA审计质量影响因素研究[D].南昌大学.

林斌,刘瑾,2014.市场化进程、财政状况与审计绩效[J].审计与经济研究,29(03):31-39.

林进添,2016.主体功能区分类视角下的森林资源离任审计:基于福建省ZP县自然资源资产离任审计试点的调研[J].福建江夏学院学报,6(01):8-15,25.

林学启,2011.党管干部90年:模式演变与价值追求[J].理论学刊,4:44-47.

林忠华,2014.领导干部自然资源资产离任审计探讨[J].审计研究,(05):10-14.

刘宝财,2016.自然资源资产离任审计评价模型研究——以党政领导干部权力运行为视角[J].新会计,(06):37-39.

刘斌,叶建中,廖莹毅,2003.我国上市公司审计收费影响因素的实证研究——深沪市2001年报的经验证据[J].审计研究,(01):44-47.

刘成立,王晓艳,2006.事务所任期、审计质量与事务所强制轮换[J].财贸研究,(06):118-124.

刘更新,2012.经济责任审计运行机制的框架构建与特征分析[J].财会月刊(01):31-33.

刘慧斌,任宏伟,2003.论军队领导干部经济责任审计的评价内容及指标体系[J].审计研究,(02):56-59.

刘力云,2005.论强化审计机关的国有企业审计职责[J].审计研究,(04):55-58.

刘力云,1997.浅论环境审计[J].审计研究资料,02:4-13.

刘力云,1999.审计风险与控制[M].北京:中国审计出版社.

刘明辉,孙冀萍,2016.论领导干部自然资源资产离任审计评价体系的构建[J].商业会计,(18):12-15.

刘秋明,2006.基于公共受托责任理论的政府绩效审计研究[D].厦门:厦门大学.

刘世林,方伟明,2006.经济责任审计理论与实务[M].北京:中国时代经济出版社.

刘笑霞,李明辉,2014.苏州嵌入领导干部经济责任审计的区域环境审计实践及其评价[J].审计研究,(06):10-15.

刘英来,2003.关于审计质量控制的思考[J].审计研究,(04):12-13.

刘玉玉,蔡春,王爱国,2021.国家审计覆盖率与国有企业治理效率:来自地方审计机关的经验证据[J].审计与经济研究,36(04):10-20.

刘运国,麦剑青,2006.论四大会计师事务所的审计质量——来自中国证券市场的初步证据[J].中山大学学报(社会科学版),(03):118-124,128.

刘正午,2003.复合审计评价体系在企业经济责任审计评价中的应用[J].审计研究,(01):48-52.

卢梭,2002.社会契约论[M].北京:商务印书馆.

逯颖,2008.会计师事务所组织形式对审计质量的影响[J].审计与经济研究,23(06):47-50.

路秀丽,2003.如何撰写经济责任审计报告[J].中国审计,(09):79-80.

吕文基,2002.党政领导干部经济责任审计的思考及评价体系[J].审计与经济研究,(01):16-19.

罗栋梁,2002.上市公司审计费用决定因素的一般性研究[J].证券市场导报,(12):28-32.

洛克,2001.政府论:下[M].北京:北京电子出版物出版中心:91-100.

马家平,2003.探索领导干部任期经济责任审计的运行机制[J].审计理论与实践,(10):41-42.

马曙光,2007.政府审计人员素质影响审计成果的实证研究[J].审计研究,(03):24-29.

马志娟,2013.腐败治理、政府问责与经济责任审计[J].审计研究,(06):52-56.

孟德斯鸠,1959.论法的精神(上)[M].张雁深,译.北京:商务印书馆,1961.

孟德斯鸠,1961.论法的精神:上册[M].北京:商务印书馆.

糜燕,2002.医院经济责任审计的探讨[J].广西审计,(02):45-46.

聂曼曼,2009.论审计质量概念的重新界定——关于过程质量与结果质量的思考[J].中南财经政法大学学报,(06):55-59.

牛文元,2002."绿色GDP"与中国环境会计制度[J].会计研究,01:40-42.

诺伯特·维纳,2008.控制论:关于在动物和机中控制和通讯的科学[M].郝季仁,译.北京:北京大学出版社.

潘旺明,丁美玲,于军,等,2018.领导干部自然资源资产离任审计实务模型初构:基于绍兴市的试点探索[J].审计研究,(03):53-62.

漆江娜,陈慧霖,张阳,2004.事务所规模·品牌·价格与审计质量——国际"四大"中国审计市场收费与质量研究[J].审计研究,(03):59-65.

钱水祥,阎晓林,2015.经济责任审计服务国家治理路径研究[J].浙江社会科学,(02):137-141.

秦荣生,2002.面向21世纪会计后续教育问题研究[M].北京:经济科学出版社.

秦荣生,2007.深化政府审计监督完善政府治理机制[J].审计研究,(01):3-9.

秦荣生,1999.受托经济责任理论与我国政府审计改革[J].审计研究,(04):8-16.

全球治理委员会,1995.我们的全球家园[R].牛津:牛津大学出版社.

阮滢,2008.论党政领导干部任期经济责任审计功能拓展[J].审计与经济研究,(02):10-14.

施先旺,刘拯,朱敏,2018.注册会计师忙碌会影响审计意见吗？——来自A股上市公司签字注册会计师有限注意力的证据[J].审计与经济研究,33(01):34-43.

石爱中,2003.审计方法科学化[J].审计研究,(04):3-7.

世界环境与发展委员会,1997.我们共同的未来[M],长春:吉林人民出版社,52-56.

宋晴蔚,2004.论新时期党政领导干部经济责任的审计方法[J].审计与经济研究,(05):30-31.

宋夏云,蔡颖,2020.经济责任审计全覆盖的目标和运行机制研究[J].会计之友(20):31-35.

孙宝厚,2008.关于全面审计质量控制若干关键问题的思考[J].审计研究,(02):3-10.

孙永军,刘琪,商松昊,2018.国家审计监督全覆盖运行机制研究[J].会计之友(09):87-89.

孙永尧,2006.论国家审计职能和作用[J].会计之友(下旬刊),(11):8-9.

谭福森,1999.浅谈干部任职经济责任审计的风险性及其对策[J].审计与经济研究,(04):38-40.

唐雪松,罗莎,王海燕,2012.市场化进程与政府审计作用的发挥[J].审计研究,(03):25-31.

田国双,逯艳丽,朱兴杰,2002.企业领导任期经济责任审计评价指标体系的研究[J].林业财务与会计,(01):23-25.

王国华,2009.谈国家审计"免疫系统"的运行机制[J].现代审计与经济,(06):10-11.

王国俊,倪慧萍,2007.党政领导干部经济责任审计的本质及发展趋势[J].南京社会科学,11:50-54.

王会金,戚振东,2013.社会嵌入视角下的国家审计治理作用机制研究[J].会计研究,(09):84-89+97.

王会金,1996.审计风险管理模式及其分析[J].审计研究,(04):5-11.

王金华,殷爽,2005.改进经济责任审计工作的几点建议[J].商业研究,(16):78-81.

王鲁平,段兴民,张利伟,1997.论审计模式[J].西安交通大学学报(社会科学版),(01):36-38.

王明涛,2003.证券投资风险计量、预测与控制[M].上海:上海财经大学出版社.

王善平,李斌,2004.我国上市公司审计收费影响因素的实证分析:来自深市上市公司的经验证据[J].财经理论与实践,(02):68-71.

王寿林,1993.社会主义国家权力制约论[M].大连:东北财经大学出版社.

王晓慧,2006.国有企业经济责任审计三维模式机制的构建[J].审计与经济研究,(03):44-47.

王晓珂,王艳艳,于李胜,等,2016.审计师个人经验与审计质量[J].会计研究,(09):75-81.

王学龙,2003.党政领导干部经济责任审计指标体系及其评价[J].财会研究,(12):53-54.

王学龙,郭江波,汪旭,2010.经济责任审计评价指标体系构建探讨:基于平衡计分卡的视角[J].财会通讯,(07):39-40.

王跃堂,陈世敏,2001.脱钩改制对审计独立性影响的实证研究[J].审计研究,

(03):2-9.

王泽霞,2004.论风险导向审计发展创新——管理舞弊导向审计[J].会计研究,(12):49-54.

王志铭,2002.谈经济责任审计[J].审计理论与实践,(07):7-8.

韦小泉,王立彦,2015.地方党政主要领导干部经济责任审计评价指标体系构建[J].审计研究,(05):20-27.

文硕,1990.世界审计史[M].北京:中国审计出版社.

巫昌国,程庆,1997.对古希腊官吏经济责任审计的思考[J].审计与经济研究,(06):35-36.

吴联生,1995.社会审计风险及其责任关系分析[J].审计研究,(05):38-41.

吴秋生,郭檬楠,上官泽明,2016.地方审计机关负责人任免征求上级意见提高审计质量了吗?:来自我国地市级审计机关负责人任免的证据[J].审计研究,(04):28-34.

吴水澎,李奇凤,2006.国际四大、国内十大与国内非十大的审计质量:来自2003年中国上市公司的经验证据[J].当代财经,(02):114-118.

吴勋,王雨晨,2016.财政分权、经济责任审计功能与官员腐败:基于省级面板数据的实证研究[J].经济问题,(12):124-128.

吴育珊,1999.权力制约及转移[J].广东行政学院学报,2:32-35.

武佳,2000.关于环境审计[J].经济师,07:110-111.

夏立军,杨海斌,2002.从审计意见看审计质量——上市公司2000年度财务报告审计意见实证分析[J].中国注册会计师,(10):23-26+3.

萧玉琴,2001.试论"先离任后审计"的弊端、原因及其对策[J].审计理论与实践,(05):21-22.

肖楠,2011.会计师事务所审计风险及其防范[J].财会通讯,(01):41-43.

谢荣,2003.论审计风险的产生原因、模式演变和控制措施[J].审计研究,(04):24-29.

谢志华,1990.审计管理[M].北京:中国商业出版社.

辛金国,李青,2000.环境审计准则研究[J].审计与经济研究,06:13-16.

徐政旦,胡春元,1998.论民间审计风险[J].审计研究资料,(01):7-13.

徐政旦,2004.审计理论框架结构研究[J].上海市经济管理干部学院学报,(01):53-58.

阎宝泰,2011.党政领导干部经济责任同步审计的实践与思考[J].审计研究,(03):12-17.

阎金锷,刘力云,1998.论审计风险[J].注册会计师通讯,(05):4-8.

杨芳,1999.环境审计的经济学理论基础分析[J].陕西省行政学院.陕西省经济管理干部学院学报,03:28-29.

杨时展,1984.国家审计的本质[J].湖北审计,01:20-25.

原红旗,韩维芳,2012.会计师事务所的地区竞争优势与审计质量[J].审计研究,(02):67-74.

原红旗,李海建,2003.会计师事务所组织形式、规模与审计质量[J].审计研究,(01):32-37.

曾寿喜,刘国常,2007.国家审计风险控制问题研究[M].北京:中国时代经济出版社.

张炳权,贺振山,1998.厂长(经理)任期内定期经济责任审计[J].审计研究,(04):42-44.

张红英,2000.任期经济责任审计研究[J].财会研究,06:52-53.

张锦琳,2003.经济责任审计评价应注意的几个问题[J].审计理论与实践,(01):32-33.

张晶,高运川,2004.环境审计的理论框架[J].环境科学动态,03:8-9.

张军,2000.试论环境审计的理论基础[J].湖北审计,12:4-5.

张立民,张阳,张学斌,2003.任期经济责任审计的制度分析与创新[J].中山大学学报(社会科学版),(04):77-82,126.

张灵芝,2005.论政府审计问责制[J].审计与经济研究,(03):13-15.

张龙平,1994.试论我国注册会计师审计质量控制标准的建设[J].注册会计师通讯,(08):21-27.

张鲁娜,2014.自然资源资产审计[J].经济研究导刊,(19):169-171,175.

张强,2020.经济责任审计方式对公司股价和经营业绩的影响差异研究:基于中央企业控股上市公司的经验证据[J].审计研究,(06):18-25.

张强,朱立言,2009.美国联邦政府绩效评估的最新进展及启示[J].湘潭大学学报(哲学社会科学版),33(05):24-30.

张文焕,1990.控制论·信息论·系统论与现代管理[M].北京:北京出版社.

张艳,李书锋,2004.上市公司审计收费影响因素的实证分析[J].管理评论,(05):

27-30,21-63.

张阳,张霖琳,蔡祺,2017.经济责任审计制度溢出效应促进财政资金配置效率的实证研究[J].财政研究,(03):56-70.

张英福,马丽莹,2008.领导干部经济责任审计评价通用指标体系的构建[J].会计之友(下旬刊),(03):42-43.

赵彩虹,赵伟,2010.构建公正和效率导向的国家审计运行机制[J].财会月刊,(02):74-75.

赵德武,马永强,2006.管理层舞弊、审计失败与审计模式重构——论治理系统基础审计[J].会计研究,(04):16-22.

赵劲松,2005.关于我国政府审计质量特征的一个分析框架[J].审计研究,(04):65-68.

赵琳,2004.环境审计准则体系建设初探[J].财会月刊,11:42-43.

浙江省审计厅课题组,2003.审计在权力制约和监督中的作用研究[J].中国审计,24:15-20.

郑国洪,2017.国企绿色经济责任审计评价的AHP模型思考与改进[J].西南政法大学学报,19(01):97-104.

郑英林,2005.国有企业领导人员经济责任审计工作中审计主体问题探讨[J].审计月刊,(04):14-16.

郑颖,2009.经济责任审计在政府问责制建设中的作用研究[J].审计研究,(03):28-32.

周汉华,2001.政府信息公开:比较,问题与对策[J].环球法律评论,(02):255.

周宏高,2010.防范经济责任审计风险要从基础抓起[J].审计月刊,(08):42.

周云平,陈通,2006.乡镇党政主要负责人经济审计的内容和方法[J].审计研究,02:38-42.

周志忍,1999.当代国外行政改革比较研究[M].1版.北京:国家行政学院出版社,47-50.

朱书依,2000.经济责任审计防范风险对策[J].审计与经济研究,(01):27.

DAVID FLINT,1988. Philosophy and principles of auditing: an introduction[M]. Oxford: Macmillan Education Ltd.

DEFOND M, ZHANG J, 2014. A review of archival auditing research[J]. Journal of Accounting and Economics, 58(2-3):275-326.

DEPARTMENT OF HEALTH,2009. Depart of health autumn performance report 2009[R].

Dye R A,1993. Auditing standards, legal liability, and auditor wealth[J]. Journal of Political Economy. 101(5):887-914.

ELITZUR R, FALK H,1996. Planned audit quality[J]. Journal of Accounting and Public Policy. 15(3):247-269.

ERMEST J, PAVLOCK, FRANK S, SATO JANES A YARDLEY,1990. Accountability standards for corporate reporting[J]. Journal of Accountancy, (5):94-100.

EVELYN PATTERSON, DAVID WRIGHT,2003. Evidence of fraud, audit risk and audit liability regimes[J]. Review of Accounting Studies,(6):28-29.

FIRTH M, Mo P L L, Wong R M K,2012. Auditors' organizational form, legal liability, and reporting conservatism:evidence from China[J]. Contemporary Accounting Research. 29(1):57-93.

FRANCES MILEY, ANDREW READ,2000. Comparing government reporting: Looking for accountability[R].

HEIDI VANDER BAUWHEDE, MARLEEN WILLEKENS, ANN GAEREMYNCK,2003. Audit firm size, public ownership, and firms' discretionary accruals management [J]. The International Journal of Accounting Education and Research. 38(1):1-22.

HERBERT L,1979. Auditing the performance of management[M]. California: Wadsworth Inc.

INDER K KHURANA, RAMAN K K,2003. Litigation risk and the financial reporting credibility of big four vs. non-big four audits:evidence from Anglo-American countries[J]. The Accounting Review. 79(2):473-495.

IRELAND J C, LENNOX C S,2002. The large audit firm fee premium:a case of selectivity bias? [J]. Journal of Accounting, Auditing & Finance. 17(1):73-91.

ISAKSSON ANN-SOFIE, BIGSTEN ARNE,2012. Institution building with limited resources:establishing a supreme audit institution in Rwanda[J].

World Development. 40(9):1870-1881.

KENT S P, JAMES A A, 1984. An Analysis of the Factors Associated with Lawsuits against Public Accountants[J]. The Accounting Review. 59(2):242-263.

KNECHEL W R, KRISHNAN G V, PEVZNER M, SHEFCHIK L B, VELURY U K, 2013. Audit quality: insights from the academic literature[J]. Auditing: A Journal of Practice & Theory, 32(1):385-421.

LINDA ELIZABETH DEANGELO, 1981. Auditor size and audit quality[J]. Journal of Accounting and Economics. 3(3):183-199.

MARK L DEFOND, JAMES JIAMBALVO, 1991. Incidence and Circumstances of Accounting Errors[J]. The Accounting Review, 66(3):643-655.

MOORE G, SCOTT W R, 1989. Auditors' legal liability, collusion with management, and investors' loss[J]. Contemporary Accounting Research. 1989, 5(2):754-774.

RANDOLPH P, 1989. Auditor reputation and the pricing of initial public offer[J]. The Accounting Review. 64(4):693-709.

RUMELHART D E, ZIPSER D, 1985. Feature discovery by competitive learning[J]. Cognitive science, 9(1):75-112.

SANDRA WADDOCK, NEIL SMITH, 2000. Corporate Responsibility Audits: Doing Well by Doing Good[J]. Sloan Management Review, 41(2):75-83.

TITMAN S, TRUEMAN B, 1986. Information quality and the valuation of new issues. Journal of Accounting and Economics, 8(2):159-172.

VINTEN G, 1991. Modern Internal Auditing[M]//SHERER M, TURLEY S: Current Issues in Auditing. HK: PaulChampan Publishing Ltd.

WATTS ROSS L, ZIMMERMAN JEROLD L, 1983. Agency problems, auditing, and the theory of the firm: some evidence[J]. The Journal of Law and Economics, 26(3):613-633.